北京大学中国古文献研究中心集刊

第二十七辑

北京大学中国古文献研究中心　编

编委会（以姓氏笔画为序）
王　岚　　刘玉才　　安平秋
李宗焜　　杨　忠　　杨海峥
吴国武　　漆永祥　　廖可斌

北京大学出版社
PEKING UNIVERSITY PRESS

图书在版编目 (CIP) 数据

北京大学中国古文献研究中心集刊. 第二十七辑 / 北京大学中国古文献研究中心编. —北京：北京大学出版社, 2023.11
ISBN 978-7-301-34646-4

Ⅰ. ①北… Ⅱ. ①北… Ⅲ. ①古文献学—研究—中国—丛刊 Ⅳ. ①G256.1-55

中国国家版本馆 CIP 数据核字 (2023) 第 217754 号

书　　　名	北京大学中国古文献研究中心集刊　第二十七辑 BEIJING DAXUE ZHONGGUO GUWENXIAN YANJIU ZHONGXIN JIKAN DI-ERSHIQI JI
著作责任者	北京大学中国古文献研究中心　编
责任编辑	王　应
标准书号	ISBN 978-7-301-34646-4
出版发行	北京大学出版社
地　　址	北京市海淀区成府路 205 号　100871
网　　址	http://www.pup.cn　新浪微博：@北京大学出版社
电子邮箱	编辑部 dj@pup.cn　总编室 zpup@pup.cn
电　　话	邮购部 010-62752015　发行部 010-62750672　编辑部 010-62756449
印刷者	北京虎彩文化传播有限公司
经销者	新华书店 787 毫米×1092 毫米　16 开本　18 印张　325 千字 2023 年 12 月第 1 版　2023 年 12 月第 1 次印刷
定　　价	70.00 元

未经许可，不得以任何方式复制或抄袭本书之部分或全部内容。
版权所有，侵权必究
举报电话：010-62752024　电子邮箱：fd@pup.cn
图书如有印装质量问题，请与出版部联系，电话：010-62756370

目 录

郑宗颜《考工记讲义》辑订 …………………………………… 张　涛（ 1 ）
《〈经义考〉新校》"论语类"点校指瑕 ……………………… 曹景年（ 25 ）

夏禹剑考 …………………………………………………………… 刘　瑛（ 41 ）
日藏大江家国写本《史记》所见中古佚注八种考述 ………… 张宗品（ 49 ）
《四库总目》小说家之"缀辑琐语"考论 …………………… 朱银宁（ 65 ）

从《白氏六帖》看类书的层累构成 …………………………… 李　更（ 76 ）
《十诵律》与大型字典辞书的编纂 …………………………… 王　冰（104）
英藏未定名《妙法莲华经》汉文写本残片缀补 ……………… 张　炎（125）
洪汝奎刻书及相关文献整理活动考论 ………………………… 仝龙伟（164）
关于版刻仿宋体与宋体字几个问题的讨论 …………………… 韦胤宗（181）

《元丰类稿》清刻本经眼录 …………………………………… 王　岚（201）
宋代江西诗派诗集合刻考 ……………………………………… 吴　娟（214）
明集刻本卷端署名例说 ………………………………………… 颜庆余（232）
翁方纲诗集的版本源流与成书过程举隅 ……………………… 赵宝靖（246）
云南省图书馆藏《寒夜怀知》作者考 ………………………… 杨胜祥（259）
民国以来《梨园集成》相关剧目整理与出版情况平议
　　——兼谈戏曲剧本整理的两种路向 ……………………… 林　嵩（265）

征稿启事 ……………………………………………………………………（282）

郑宗颜《考工记讲义》辑订*

张 涛**

【内容提要】 郑宗颜《考工记讲义》,是继承王安石学风的重要著作,足补王安石有关《考工记》学说之阙。但其书久佚,世鲜知者。今从《永乐大典》礼学辑录稿中检得该书佚文凡七十八条,另附原书序文一篇千余言,略施雠订,勒为定本,略可概见王氏、郑氏学术之一斑。

【关键词】 考工记 辑佚 永乐大典 郑宗颜 王安石

一 引言

宋王安石撰《三经新义》,以倡熙宁新法,一时道一风同,天下景从,而其自撰《周礼新义》(此书曾习称《周官新义》,今统一用此名),尤为个中白眉。未几荆公新学瓦解冰消,诸书散佚,问津者已百无一见。清乾隆中修《四库全书》,由《永乐大典》辑佚王氏《周官新义》,馆臣学士传抄者众,好事者又踵事增华,增补遗漏,外间乃复见王氏新学之书。

据晁公武《郡斋读书志》及陈振孙《直斋书录解题》,《周礼新义》不解《考工记》,其解止于《秋官》[①]。然四库馆臣所见《永乐大典》中,多有王安石说解《考工记》文字,《总目》云:"安石本未解《考工记》,而《永乐大典》乃备载其说,据晁公武《读书志》,盖郑宗颜辑安石《字说》为之,以补其阙,今亦并录其解,备一家之书焉。"[②] 故四库馆臣厘定王安石《周礼新义》为十六卷,别立《考工记解》一目,辑其说为二卷,附《周礼新义》后。

---

* 本文为国家社会科学基金年度项目"元明清通礼著述源流与诠释研究(项目号:19BZX048)"、清华大学自主科研计划(项目号:2021THZWWH02)阶段性成果。

** 本文作者为清华大学中国经学研究院副研究员。

① 〔宋〕晁公武撰,孙猛校证《郡斋读书志校证》卷二"新经周礼义二十二卷"条,上海:上海古籍出版社,1990年,第81—82页;〔宋〕陈振孙撰,徐小蛮、顾美华点校《直斋书录解题》卷二"周礼新义二十二卷"条,上海:上海古籍出版社,1987年,第44—45页。

② 〔清〕永瑢等撰《四库全书总目》卷一九《周官新义十六卷附考工记解二卷》提要,北京:中华书局,1965年,第149—150页。

惟《四库总目》所言，稍有讹误。如《郡斋读书志》但言"不解《考工记》"，未及王安石说解《考工记》内容所出，四库馆臣所云，似据他书，而误记为晁公武书。孙猛于此已有校证①。至《总目》"盖郑宗颜辑安石《字说》为之，以补其阙，今亦并录其解，备一家之书焉"一语，辞义含混，其"一家之书"究为王安石书，抑或郑宗颜书，有欠分明。钱仪吉已以"旧本犹署安石名"为疑；程元敏更以《四库全书》中《考工记解》二卷实为郑宗颜撰作，非王安石书，两者不应混同为言，其新辑《周礼新义》虽全收《四库全书》本王安石《新义》之文，但退《考工记解》二卷为"郑讲"，使王、郑自别，并批评前人"将《周礼新义》佚文羼入'郑讲'，以'郑讲'为王义，令学者迷瞀"②。推原《四库总目》之意，实谓郑宗颜辑王安石《字说》文，而成《考工记解》，其书当署王安石作、郑宗颜辑，非谓《考工记解》为郑宗颜一人所作；乃其言辞不甚明晰，徒滋后人误解，后人所据，又皆本四库馆臣所纂辑本，未见《永乐大典》所抄之文，遑论原书，故亦无从辩白。

谨案清廷修《四库全书》以前，曾于乾隆初年诏开三礼馆，纂修《三礼义疏》，当时直接从《永乐大典》中抄录三礼经解，成三礼馆《永乐大典》礼学辑录稿一帙，今存国家图书馆③。此稿早于《四库全书》辑本四十余年，虽非王安石、郑宗颜原书，但明初编辑《永乐大典》时，原书形貌，仍历历可见。复核此稿，知《永乐大典》所载郑宗颜解《考工记》书，既有郑氏所辑王安石解经文字，又有郑氏自为说解。四库馆臣独取王安石文字，附入《周礼新义》，而于郑宗颜之说，摒弃不顾，此馆臣之贤者识大，未为失察，引发后人迷瞀，非所计及。

然拾遗补阙，识小者之责也。近时就三礼馆《永乐大典》辑录稿重加董理，因知郑宗颜确承王安石学风，的为新学后劲。其解《考工记》，步趋王氏新义，而时有会通发挥，然知之者寡。盖《三经新义》犹且不存，其支与流裔，杳然泯然，更难寻矣。其人生平里贯未详，寂寂无闻，本赖书以传。而其书自明以后即不易觏，唯此一编，略见其学术大旨。遂用三礼馆《永乐大典》辑录稿所载郑氏说为底本，稍事蒐佚，略施雠订，勒为定本，借本刊一角刊布，以为世之研经治礼及关心荆公学脉者之一助。博雅贤哲，幸加垂正，不胜盼祷。

二　凡例

（一）载籍言及郑宗颜书名者，往往而异，如《周礼郑宗颜解义》《《文渊阁书

---

① 〔宋〕晁公武撰，孙猛校证《郡斋读书志校证》卷二"新经周礼义二十二卷"条，第82页。
② 参程元敏《三经新义辑考汇评（三）——周礼》自序，台北："国立"编译馆，1987年，第1页；《重辑〈周礼考工记新义〉论钱仪吉本》，《书目季刊》第80卷第4期，第51—64页。
③ 其详可参张涛《三礼馆辑录〈永乐大典〉经说考》，《故宫博物院院刊》2011年第6期，第98—130页。

目》)、《郑宗颜注冬官考工记》(万历间重编《内阁藏书目录》)、《周礼讲义》(《国史经籍志》《千顷堂书目》《经义考》等)、《考工记注》(清人钱仪吉语);即《永乐大典》内,亦不划一,或称《周礼新讲义》,或称《郑宗颜讲义》云云。此类书名,渊源有自,而均较随意。今依实情,不从旧称,重新定名为《考工记讲义》。

(二)本稿辑录郑宗颜《考工记讲义》佚文凡七十八条,外其书原序一篇。书序系辑自现存《永乐大典》残卷①,附于篇末。其余则全部从三礼馆《永乐大典》辑录稿中抄出。

(三)郑宗颜书原有《周礼·考工记》原文及王安石说经文字。《考工记》今日常见,王安石之说,经四库馆臣辑佚,亦颇流行。为免冗长,本稿概从删略,仅保留郑宗颜说经原文。

(四)七十八条郑宗颜《考工记讲义》佚文,首标阿拉伯数字1—78,以清眉目。至其书原序,附于篇末。

(五)郑宗颜书向无传本,佚文独存于三礼馆《永乐大典》辑录稿及《永乐大典》残卷中,辗转撮录,不无鲁鱼亥豕,然别无异本可以校雠;他书偶有转引其说者,又多擅改。今以理校为主,加增删符号,用圆括号表示删字,方括号表示增字改字,不别出校记。

(六)三礼馆《永乐大典》辑录稿无句读,《永乐大典》残卷有句读但亦有误。本稿所加新式标点,皆为整理者新拟,容有疏漏,敬祈赐教。

三　佚文

1. "国"之字,从或从囗,为其或之也,故围之城郭封疆以辨之。《周官》有言"邦国"者,诸侯之国也,有言"国"者,王之国也。"职"之字,从耳,有职者当听上也;从音,所听乎上者言,所以为言者音也;从戈,苟或失职,则伤之者至矣。九职自三农以至闲民,皆所以任万民。六职不特任万民而已,故王公士大夫皆与焉。且王公之尊,亦有职乎?传曰:"天职生覆,地职形载,圣职教化。"然则王公虽无为而任道,亦所以为职矣。"或坐而论道,或作而行之",劳心之君子也。"或审曲面势,以饬五材,以辨民器,或通四方之珍异以资之,或饬力以长地材,或治丝麻以成之",劳力之野人也。"劳心者治人,劳力者治于人",然则无君子其何以治野人哉!故六职先之以王公、士大夫者,所以治野人以君子也。"治于人者[食人,治人者]食于人",然则无野人其何以养君子哉!故六职成之以百工、商旅、农夫、妇功者,所谓"养君子以野人"也。本在上,末在下,

---

① 〔明〕解缙等编《永乐大典》卷一〇四六〇,第16B—17B页,见《永乐大典》第5册,北京:中华书局,1986年,第4376页。

在上者无为而执要，在下者有为而治详。下有为，上亦有为，是上与下同德，同德则不君，故尊者坐而论道；上无为，下亦无为，是下与上同道，同道则不臣，故率者作而行之。王公坐而论道，能谋之于其始而已，不能行之于其终；士大夫作而行之，能行之于其终而已，不能议之于其始。故坐而论道则继之以作而行之，所谓行之者，推其所论之道而行之，见于事业者也。百工能化材而已，不能通材；商旅能通材而已，不能化材。故"或审曲面势，以饬五材，以辨民器"则继之以"或通四方之珍异以资之"，所谓"资之"者，盖以资百工所饬之材以为民器者也。妇功能治丝麻而已，不能饬力以长丝麻材，农夫能长地材以生丝麻而已，不能治之以为布帛之用。故"饬力以长地材"则继之以"治丝麻以成之"，所谓"成之"者，盖以成其农夫所以长地材之利者也。自王公以至妇功凡六职，而独曰"百工与居一焉"，何也？盖《考工记》正以记百工之事而已。正以记百工之事，而必及于王公士大夫之职，何也？盖百工之事固不可耕且为故也。后世有为彭更之言者，以谓士无事不可食，是岂通功易事、以羡补不足者乎？有为许子之言者，以谓贤者必与民并耕而食，是岂知一人之身，百工之所为备，岂必自为而后用之乎！

2. "王"，从工，工，造业者也，而王为之君焉；从一，土无二王也；一上比，则王在人上，上比者也。"公"，从八从厶，八者，分别相背之形。韩非曰："自营为厶，背厶为公。"王公之公，人臣尊位，故以自营为戒。"道"，从辵从首，一阴一阳之谓道，故可辵而首焉。道之至妙，隐于无形，非形之所能诘，非智之所能谋，在彼无间也，在此无应也。父不得专之于其子，臣不得献之于其君，王公之于此，固有因心而会道，得意而忘言，且偊俟于区区之论哉！若夫降而涉于事，为之末者随时而有污隆，因时而有同异，其理有是非，其宜有当否，王公之于此，固有不得已而论之，岂特论其事而已，又将论其理，岂特论其迹而已，又将论其心。其相与论仁义也，则曰如是而为仁，如是而为义；其相与论礼乐也，则曰如是而为礼，如是而为乐。《书》言"论道经邦，燮理阴阳"，盖为是欤！"作"，从人从乍，凡作无常，一有一亡，是唯人为道，实无作言。王公坐而论道，则知士大夫作而行之者，乃其事也。"士"，从二从［丨］，士尚志，期于为圣人而后止，故出于上。一夫者，一而大，然不如天之无上也。夫者，人所事，大夫则有大焉。未嫁谓之女，未娶谓之士，娶则人事焉。故大夫与夫妇之夫，同谓之夫。未娶则事人而已，故士与士女之士，同谓之士。《诗》曰："勿士行枚。"盖士又训事，以其士之所行者事，故也。《易》曰："夫乾，天下之至健。"此夫有为始语之辞者，以其为夫者能始事也。《语》曰："食夫稻。"此夫有为立语之辞者，以其为夫者能立事也。《传》曰："吾已矣夫。"此夫有为卒语之辞者，以其为夫者能卒事也。惟其能始事、能立事、能卒事，故作而行之者，所以谓之士大夫。"工"，从二，兴事造业，不能上达，故不出上。"审"，从番，番者兽之迹也。察至于无形,审特有迹而已。"器",从大,《易》曰:"形乃谓之器。"有形则有名,有分则有守,大则善守,故也。道者形而上,器者形而下,道则无形,器则有迹。百工兴事造业,不能上达,故"审曲面势,以饬五材,以辨民器"而已。"通",从甬从辵,往来不穷,推而行之者也。"资"从次从贝,资于物,为利之次也。"商",从辛者,商以迁有资无为利,下道也,干上则为辛焉;从内者,以入为利也;从口者,商其事,攫其货之贵贱而懋迁之也。"旅",从㫃,卒伍之法,至于旅,然后有旗;从人,行旅则以人,故也。"饬",从飤从力,于饬能致力者也。"农",从臼,从囟,致爪掌以养所受乎天五者也;从辰者,农事不可缓,务得其时故也。妇者,执其箕箒以事人者也。功者,以其力而兴事造业者也。"审曲面势,以饬五材,以辨民器",《大宰》所谓"百工饬化八材",《司徒》所谓"化材"者也。"通四方之珍异以资之,谓之商旅",《大宰》所谓"商贾阜通货贿",《司徒》所谓"通材"是已。"饬力以长地材,谓之农夫",《大宰》所谓"三农通九谷",《司徒》所谓"稼穑"是已。"治丝麻以成之,谓之妇功",《大宰》所谓"嫔妇治丝治枲",《司徒》所谓"化材"是已。

3. 粤、燕、秦、胡,地名也。镈、庐、函、弓、车,器名也。"镈",从金从薄,以薄物则小,故以薄地除草者谓之镈。《诗》曰"(痔)[庤]乃钱镈",是也。《国语》曰"细钧有钟无镈",尚大故也;"大钧有镈无钟",尚细故也。《周官·镈师》掌金奏之鼓,而谓之镈师,则镈亦小钟也。此言"粤无镈"者,钱镈而已。孟子曰:"函人唯恐伤人。""函",若草木之弓而未发也,若人之颐上下合而口焉,能入物而函之,亦能吐而出也。"庐",从广从户从川从田从皿,水始一勺,总合而为川,土始一块,总合而为田,虚,总合众实而受之者也,皿,总合众有而盛之者也。若虚之无穷,若皿之有量,若川之(游)[逝],若田之止,其为总合一也。庐者,总合之言,故广从之为庐。"弓",象弛弓之形,欲有武而不用,从一者,不得已而用,欲一而止也。"车",从三,象三才者也;从口,利转者也,从[丨]者,通上下乘之也。粤之人皆能为镈,故无镈;燕之人皆能为函,故无函;秦之人皆能为庐,故无庐;胡之人皆能为弓、车,故无弓、车。所谓无者,非无其器也,无其人而已。以经考之:段氏为镈;函人为甲;庐人为庐器;弓人为弓;车,攻木与攻金之工,必有是五者。而粤、燕、秦、胡则无之,其无之也者,以其夫人而能为故也。

4. "创",从仓从刀,仓言发,刀言制。"作",从人从乍,昔亡而今有焉者也。道实无作,而作之者人也。"述",从又从八从辵,作者交错而难知,述者分辨而易审,辨矣,然后辵以述之,述则述其末而已。"守",从宀从寸,宀宜守,亦可以守,寸宜守,亦可以守。仰以取象乎天,俯以取法乎地,近取性命之理于其身,远取性命之情于其物,此圣人所以降道而观象也。故于百工之事,能名其理而作之。取之册名,稽之度数,此圣人所以降象而观器也。故于百工之事,能名其法而作之。烁金为刀,凝土为器,作车行陆,作舟行水,此虽百工之事而已,然而知金之可烁,知土之可凝,知水之可济而为舟,知远之可致而为车者,圣人也。圣人则作之于其无,巧者则述之于其后,圆者中规,方者中矩,立者中绳,衡者中准,则此百工之巧也。然不过循规矩而为方圆,循准绳以为曲直而已,所谓述其末者是也。㮚氏之子常为量,凫氏之子常为(磬)[钟],桃氏之子常为剑,段氏之子常为镈,为父者以此诏其子,为兄者以此诏其弟,不为异业而改其业,不见异物而迁其心,所谓"守之世,谓之工"者,此也。方其以创物言之,则谓之智者,方其以作事言之,则谓之圣人,何也？盖有法序焉。辨其安危之义而为之矢,辨其丰约之体而为之圭,辨其小大之量而为之钟,辨其高下之体而为之轮,此其智也。一器之作,一物之微,其藏乎内者,其致虑至深,其取象至隐。一方一圆,而有天地之象;一曲一直,而有刚柔之理。或箱或辐,而有阴阳之数;或厚或薄,而有盈虚之义。其著于外者,有以严天下之守,而不可乱,有以定天下之分,而不可犯。日为之而不知、日用之而不知者,此其圣也。

5. 天之时有寒暑温凉之不同,地之气有刚柔善恶之不等,其取材也,上必因天之时,下必因地之气,而后可以致美,故先言天有时、地有气,而后言材有美。材不美,则虽工之巧不能善其事,故先言材有美而后言工有巧。合此四者,然后可以为良。故轮人之为轮,于仲冬则斩阳木,于仲夏则斩阴木;弓人之为弓,于冬则折干,于春则液角,于夏则治筋,于秋则合三材。凡此,所以因天之时也。贡金锡则责之扬,贡櫄干则责之荆,孤桐则贡于徐,漆枲则贡于豫。凡此,所以因地之气也。相干则欲其赤黑而乡心、阳声而远根,相筋则欲其小简而长、大结而泽。漆则欲测,丝则欲沉。凡此,则材之美也。舆人为舆,则圆者中规,方者中矩,立者中绳,衡者中水,直者如生,继者如附;轮人为轮,则可规可矩,可水可绳,可权可量。三材既具,巧者和之以为轮;六材既具,巧者和之以为弓。凡此,则工之巧也。

6. 陶者曰我善治埴,圆者中规,方者中矩;匠人曰我善治木,曲者中钩,直者应绳。夫埴木之性,岂特中规矩钩绳哉！然且世世称之,曰陶、匠善治埴、木,以道观之,此亦治天下之过也。何则？纯朴不残,孰为牺樽？白玉不毁,孰为圭璋？文色不乱,孰为五采？五声不乱,孰应六律？故至德之世,民居不知所为,行不知所之,织而衣,耕而食,素朴而民性得矣。后世圣人烁金以为刀,凝土以为器,作车以行陆,作舟以行水,于是始有轮梓之徒以攻木,筑冶之徒以攻金,函鲍之徒以攻皮,画缋之徒以色,以刮摩则有玉椰之类,以抟埴则有陶旒之工,虽有残朴以为器,散体以致用,亦所以因时之利而与民宜之。故《易》曰:"通其变,使民不倦。"此数者,有以人名官者,人善其事者也;有以氏名官者,世习其业者也。故良弓之子必学为裘,良冶之子必学为箕,百工之事虽不可以世守,然而得之于手而应之于心者,又非规矩法度之所能尽哉！是以梓庆之削镂,用志不分,而有凝于神。轮扁之斫轮,行年七十而不能传其子。故孟子曰:"梓匠轮舆能与人规矩,不能使人巧。"

7. 五帝殊时,法度所以不相沿;三王异世,制作所以不相袭。其去古愈久者,其文则愈备。其降道愈远者,其法则愈详。虞夏之法皆略矣,(然)[故]文不胜其质,然虞尤先于夏,故尤以质为贵而上陶。陶者,器之尤质者也。商周之法皆详矣,故质不胜其文,然周尤后于商,故尤以文为贵而上舆。舆者,制之尤备者也。四代之服,或以龙,或以火,或以山,而有虞氏则以皱而已;四代之器,或以肺,或以肝,或以心,而有虞氏则以首而已。推此,有虞之尚质可知矣。四代之养老也,或以燕礼,或以享礼,或以食礼,而周人则兼用之;四代之立学也,或上庠,或东序,或右学,而周人则兼立之。推此,则周之备制可知矣。陶人之为器也,所凝者,土而已,非有金玉犀象之美;所用者,质而已,非有雕琢刻镂之文也,故虞氏贵质,所以上之。舆人之为车也,有轼以为之凭,有轵以为之节,有毂以管其辐,有轴以贯其轮,仰以象乎天,而所覆则有盖,俯以法乎地,而所承则有轸,其工为至多,其材为至备,故周人备制,所以上之。禹继舜之道,则夏犹以质为尚,故卑宫室,而所上者匠,以匠人之职营市朝、造宫室故也。周因商之礼,则商已以文为贵矣,故兴礼乐,而所上者梓,以梓人之职为笋簴、为饮器故也。舜继尧之道,禹继舜之道,故虞之所以称氏,称氏者以其嗣乎上也。纯于帝者,天道也。纯于王者,人道也。故商周所以称人,称人者,以其纯于王也。

8. "车",从三,所以象三材也;从口,所以利转也;从[丨],通上下乘之也。《易》曰:"乘者,君子之器也。"虽为君子之器,而庶人亦乘栈车,故曰"通上下乘之"。车之为器,其材为至备,其工为至多,此周人所以上之。

9. 形而上者谓之道,形而下者谓之器。以道观之,何贵何贱,是谓反衍,无拘而志,与道大蹇。何少何多,是谓谢施,无一而行,与道参差。故器之藏于道德性命之妙者,藏于一而已,而非有数,合于同而已,而非有等。以物观之,高下之相倾,小大之相形,故器之寓于形名法度之间者,其差有等,其别有数,此车所以有六等之数也。车轸四尺,谓之一等,戈柲崇于轸四尺,谓之二等,人崇于戈四尺,谓之三等,殳崇于人四尺,谓之四等,车戟崇于殳四尺,谓之五等,酋矛崇于戟四尺,谓之六等。车为器,上有盖之圆以象天,下有轸之方以象地,而人位其中焉,所以象三材者也。立天之道曰阴与阳,立地之道曰柔与刚,立人之道曰仁与义,《易》所以兼三材而两之,故六画而成卦。车有六等之数,所以象此。

10. "轐",仆也。"轸"者,旌游之所轸也。"(辐)[轮]",一盈一虚,一有一无。运而无穷,无作则止,所谓轮者,如此而已。"舆",有曰之乎上,有井之乎下。载者,舆也,故作车必自舆始;运者,轮也,故察车必自轮始。车之为物,有盖以象天,有轮以象地,有轼以为式,有轵以为节,以虚受慧则有辕,以实受福则有辐,善心则有毂,善首则在軓,有輢以为之倚,有斩以为之戒,其粗寓于规矩法度之间,其妙则藏于道德性命之理,其取象也远,其寓意也深。故先王之于车也,不考其规矩法度之间而已,而于其所以为车之道,必有以察之。察者所以察于无形,审者所以审于有迹。道之为物,视之而不见,听之而不闻,故曰察。惟其察车之道,故所以自轮始。盖轮之为物,有之以为利,无之以为用,故也。行泽之轮,则欲抒,行山之轮,则欲(晖)[倖];规之以视其圜,矩之以视其正,绳之以视其辐之直,水之以视其平沉之均也。凡此,则所以作之者有其法也。视其轮则取诸圜,望其辐则取诸易[直],望其毂则取诸急,视其绠则欲其正。此所以察之者有其道也。

11. 毂也、辐也、牙也,谓之三材。天有时,地有气,材有美,工有巧,合此四者,然后可以为良。故轮人之为轮,斩三材必以其时,三材既具,然后巧者和之。"毂"从车从谷,以虚受慧,以实受福,谷者也。"辐"从车从畐,实轮而(辐)[凑]毂,致福之道也。老子曰:"三十辐共一毂,当其无,有车之用。"故轮有以毂为利转,以辐为直指,二者非牙以为之固抱,不可谓之完,三者阙一不可,故巧者和之,必在于三材之既具也。山虞之职,所谓"仲冬斩阳木,仲夏斩阴木",轮人斩三材以其时,所以顺阴阳之理故也。岂特乎此?弓人为弓,取六材,必以其时,六材既具,巧者和之。和者,可否相济之谓也。六音不和,不可适于耳;五味不和,不可适于口;三材不和,不可以为轮;六材不和,不可以为弓。于轮则取于圜,于辐则取诸直,于毂则取诸急,此见于规矩绳墨之间者,特其粗耳。若夫得之于手而应之于心,又非言之所能尽,是以轮扁之斫轮,虽老而不能传其子。

12. 立天之道曰阴与阳,立地之道曰柔与刚。万物赋形于天地之间者,皆不外乎阴阳之至理。故其受性也,有刚柔之不同。坚刚者,阳之道也,故曰"阳也者,积理而坚",盖阳木则其文理积栗,而其性坚也。柔弱者,阴之道也,故曰"阴也者,疏理而柔",盖阴木疏慢而其性柔也。斩毂之材,欲坚不欲柔,故于阴木则以火养之而使坚,使其理积栗而与阳齐,则毂虽敝,而阳不蔽矣。"矩",郑氏谓当作"距",是也。传曰:"五寸之矩,足以尽天下之方。"斩毂之道,所以养其阴而齐其阳者,岂徒然哉!盖以有法而已矣。然而本阴阳之理,察刚柔之性,虽则寓于规矩法度之间者,岂徒形而已,岂徒器而已?盖有形而上者之道存焉。故曰"斩毂之道,必矩其阴阳"。

13. 水钟曰泽,行泽之轮欲其不附于土,故欲抒之,则刀以割涂。积石曰山,山行之轮欲其不甀于凿,故欲倖,倖则挶以行石。

14. 其工善于一乡者,未若善于一邑之人,所谓良工者也。其工善于一邑者,未若善于一国之人,所谓国工者也。凡为轮者,其圆可规,其方可矩,直者中绳而绳之,可以视其辐之直,衡者中水而水之,可以视其平沉之均,其多寡之同而可量,其轻重之侔而可权,轮人所以为轮之善也。凡为盖者,其上欲尊,其宇则欲卑;其由门也,无已崇之阻,其寓目也,无太卑之蔽;弗冒弗纮,众(敏)〔宙〕而驰不队,此轮人所以为盖之善也。凡为庐者,置而摇之,而其蜎可视,炙诸墙,而其均可视,横而摇之,而其劲可视;六建既备,车不反复,此庐人所以为庐之善也。故三者皆谓之国工。

15. 规矩者,方圆之至也。准绳者,曲直之至也。此饰车即巾车,所谓"孤乘夏缘篆,卿乘夏缦,大夫乘墨车"也。栈车即巾车,所谓栈车也,"栈",从木从戋,有饰则盛,无饰则戋。"弇",从合从廾,廾而合之故也。栈车无革鞔而易坏,故从弇。"饰",从食从巾从人,食以实内,非为外也,巾以美外,非为内也,饰美外也,然非内实则外无所附。天道所贵者自然,而余者人为之耳。"侈"从多从人,由天道则多不为多,多者人为也。饰车有鞔而易固,故欲侈。

16. "辀",从舟从车,载欲准,行欲利,以需为病,以覆为戒故也。"轴",从车从由,车之作止则由之者也。"度",从庶从又,度所以度庶物也,度则用又,又者,度之所起也。"理",从王,所以贯三才者也;从里,人所出不能外是故也。道有远近,度之以理,道无居也,里为可居焉。国马之辀深四尺有七寸,田马之辀深四尺,驽马之辀深三尺有三寸,此辀之有三度者也。材欲其嫩而无恶,体欲其坚而可久,势欲其利而易运,此轴之有三理者也。国马,先儒谓种马、戎马、齐马、道马也。种马驾玉路,戎马驾(大)〔革〕路,齐马驾金路,道马驾象路,田马驾木路,驽所以给宫中之役。种马高八尺,故四尺有(六)〔七〕寸以为之辀深;田马高七尺,故四尺以为之辀深;驽马高六尺,故三尺有三寸以为之辀深。材有小大,任有轻重,任轻而材大,则不能尽其材,材小而任重,则不能胜其任。《易》曰:"大车以载,积中不败。"车之为物也,所以任重而致远。欲其积中而不败也,则必在使其材足以当其任而已矣。故辀人之任木也,任正者(其)十分其辀长,以其一为之围,衡任者五分其长,以其一为之围,小于度,谓之无任。

17. 颀,长貌。典,坚貌。凡揉辀,欲孙而无弧深,故深则折,浅则负。注则利,先儒谓辀之揉者形如注星,则利也;准则久,先儒谓辀之在舆下者平如准,则能久也。传曰:"马骇舆,君子不安舆。"辀之和,则进兴马谋,退兴人谋,而乘者安之,故曰"和则安"。辀欲如弓之形而不可以太深,深则折,故曰"欲弧而无折"。木之直理为经,辀欲顺木理而为之,不可以断绝,故曰"经而无绝"。玉路以种马驾之,革路以戎马驾之,金路以齐马驾之,象路以道马驾之,木路以田马驾之,此车所以任重而致远者,马之力也。然而其进则以马为主。玉路则有太仆驭之,金路则有齐仆驭之,象路则有道仆驭之,木路则有田仆驭之,凡车之所以疾徐进退者,惟人之驭之也。然而退则以人为主。《叔田》之诗曰"两骖如舞",以言其马之节,"两骖雁行",以言其马之序,"两骖如手",以言其马之适,

"两服上襄",以言其马之良,"两服齐首",以言其马之整。非辀之和,而进与马谋,则乌能如是?《叔田》之诗曰"执辔如组",以言其驭之良,《驷(铁)［驖］》之诗曰"六辔在手",以言其驭之善。非辀之和,而退兴人谋,则乌能如是? 故曰: "终日驰骋,左不楗;行数千里,马不契需;终岁御,衣衽不敝。此唯辀之和也。"

18. "车",从三,象三才也,故上焉有盖,以象天,下焉有轸,以象地,王者与天地合其德,与日月合其明,故其寓于车舆之间,而取象乎天地日月星辰者,岂徒为观美而已? 载道而与之俱故也。地之为道,载山岳而不重,振河海而不泄,百物生焉,宝藏兴焉,而王者之博厚之德足以配之,故轸之方也,所以象之。天之为道,遍覆万物而不偏,包函万物而不遗,不言而四时以之行,无为而万物以之生,而王者高明之德足以配之,故盖之圆也,所以象之。传曰:"圆者动,方者静。一动一静,其见天地之心乎!"盖轸之于天地也,岂徒识诸其形容而已? 推形而上者观之,则天地之心于是乎可见矣。老子曰:"三十辐,共一毂,当其无,有车之用。"盖"有之以为利,无之以为用",天之道也,而圣人之道亦不外于是。故"轮辐三十,以象日月"也。星者,天之所示以垂象也。弓者,盖之所赖以庇下也。六尺之弓,谓之庇轵,五尺之弓,谓之庇轮,四尺之弓,谓之庇轸。盖之有弓,而阖辟有节,犹天之列宿,而其隐见有时也。故曰"盖弓二十有八以象星也"。岂特乎此? 以《书》考之,古人观象而绘之于衣者也,象之于衣服之间者;所谓体天之道以为车也,象之于车舆之间者;所谓法天之道以致用也,帝,天道,王,人道也。故周作服九章,而登三辰于旗,其于天道也,特致之而已矣。然而于轮、辐、盖、弓之所取象者,虽后世不易,何哉? 王者之于天道也,体而有之为不足,推而行之为有余。

19. 先王之建旗物也,仰以取象于天,近以取类于物,或以之象日月,或以之象阴阳,或以之象星辰。龙旗所以象苍龙也,苍龙之星九,故龙旗则九斿。鸟旟所以象朱鸟也,朱鸟之星七,故七斿。熊旗所以象白虎也,白虎之星六,故六斿。龟蛇所以象玄武,玄武之星四,故四斿。《觐礼》曰:"侯氏载龙旗、弧韣。"弧旌又为之枉矢,所以象弧星之有大矢。通帛、杂帛,则特以象阴阳者也。大常则又以象日月者也。故于此不言,所言者特所以取象乎星辰者而已。龙旗,即交龙为旗也,以《司常》《司马》之职考之,皆诸侯所建,故于文从斤,人君所建以帅众,则宜有之辨焉故也。熊旗,即熊虎为旗也,于《司常》则言师都所建,于《司马》则言军吏之所载,军吏即师都之为军吏者也。其所建,则众期焉,得天数九,可期物,故"期"于文从其。鸟旟,即鸟隼为旗也,于《司常》则言州里所建,于《司马》则言百官所载,百官于州里之吏,其尊卑则一也,故皆载旟。"旟"之所帅,众有与也,鸟隼南方为有与焉,故于文从与。龟蛇,即龟蛇为旐也,于《司常》则言县鄙,于《司马》则言郊野所载,郊野县鄙之吏,其尊卑一也,故皆载旐。卑者所建兵事则旐于此也。龟,北方之物,北方物之所兆,故于文从兆。《司常》先旗而后旐,以旗物之大小为序;《考工记》先旐而后旗,以旐之多寡为先后也。

20. 上齐谓钟、鼎、斧、斤、戈、戟之齐也。下齐谓大刃、[杀]削矢、鉴燧之齐也。多锡为下齐,少锡为上齐。凫之为物,入水而不溺,胜水而不淫。钟淳之属,乐之器也。先王之作乐,欲其无淫溺之音,故凫氏为声。㮚之为义,坚栗而难渝也。量之铭曰:"嘉量既成,以观四国。永启厥后,兹器为则。"先王之为量也,使四方观此以为则而不敢易,万世守此以为法而不敢变,盖所以示天下之信矣,故使㮚氏为之。段之为义,其长短有数,其大小有别。鎛,治田之器也,先王之为田也,其封守,莫不有经界之辨,其为井邑,莫不有丘甸之制,故段氏所以为鎛器。刃之为物,可以御暴而除恶,故使桃氏为之,桃能破不祥故也。

21. "金",从今从土从八,金化而不亡,土所生也,而别于土。"锡",从金从易,金正西也,金以白为正而锡青,金以坚为正而锡软,所以为金者易矣。铁,黑金也,北方重阴,利以斩杀,铁效法焉。先儒[为][谓]:"凡金多锡,则刃白且明。"金白而锡青,先儒之说如此。盖钟、鼎、斧、斤、戈、戟、大刃、杀[削]矢、鉴燧之所用者,皆黑金而已,故锡比之为白。

22.《书》曰:"器非求旧,惟新。"故筑氏之为削,欲新而无穷,即《庄子》所谓"其刃若新发于硎"也。

23. 五分其金而锡居二,杀矢之齐也。杀矢锡多,为下齐。前言"筑氏执下齐,冶氏执上齐",而此言"冶氏为杀矢",先儒谓补脱之误,是矣。《司弓矢》之职言:"凡矢,枉矢、絜矢利(大)[火]射,用诸守城、车战;杀矢、镞矢,用诸近射、田猎;(增)[矰]矢、(第)[茀]矢,用诸(戈)[弋]射;恒矢、(库)[庫]矢,用诸散射。"凡矢有八,此所言者,特杀矢而矣。《矢人》之职言:"杀矢七分,三在前,四在后,(三)[参]分其长而杀其一,五分其长而羽其一,以其笴厚为之羽深,参其羽以设其刃。"凡为矢者,其笴之长短莫不有度,其羽之深浅莫不有制。此言攻金之工也,故其言轻重长短者,特矢之刃而已矣。凡(在)[伍]用兵,远则弓矢者射之,近则矛者句之矣,然后殳者击之,戈戟者刺之。"戈",从戈从一,取小者也;兵至于用戈,为取小矣;从一者,欲有武而一用,不得已而用,欲一而止矣。"戟",戈类,兵之健者,故从戈从乾。

24. 士,先儒谓国之勇力之士能用五兵者也。《记》曰:"武王克商,神冕搢笏,而虎贲之士说剑之。"躬有长短,而其力有强弱,凡为剑者必因之。故上士所服之剑长而重,下士所服之剑短而轻,中于此者为中制,中士服之。所服也,岂特乎此?《弓人》之为弓,亦各因其君之躬,弓长六尺有五寸,谓之上制,上士服之;弓长六尺有三寸,谓之中制,中士服之;弓长六尺,谓之下制,下士服之。弓、剑二者,士之所当服者也,故长短之制务报其躬而已。

25. "钟",从金,金为之也,从重,《国语》曰:"钟尚羽,乐器重者从细。"

"栾",从䜌从木,为木之䜌也。栾焉,故《诗》曰:"棘人栾栾。"钟之两栾,亦若此也。"铣",从金从先,其净如洗,故曰铣,先儒谓"钟口之两角",钟口则洗而无篆隧之文,故谓之铣。"于",从丁上屈,从二。地气出,天以一阻之为弓,天以二应之为于,于虽上达,于而不直也。盖其动也直,天道也,其动也于,地道也。钟口两角间屈而不直,故铣间谓之于。"鼓",从壴,壴则用焉;从攴,攴,击也。于上,先儒谓"所(系)[击]处",故谓之鼓。"钲",金铙也,鼓人"以金铙止鼓",故从金从正,"金"从止,鼓为正也。于上,所击处,谓之鼓。鼓上,声,非所击处,故谓之钲。"舞",从无,丰也,舞则用舞,蹈厉有节,舜斯为下。钲上,其形丰,而音之所发者,莫不有节,故谓之舞。于也,鼓也,钲也,舞也,四者先儒以谓"钟体"也;甬也,衡也,二者先儒以谓"钟柄"也。"甬"者,往来不穷之谓也,舞上钟柄所接之处,有不穷之义,故谓之甬。"衡",从甬从行从大,用权以甬物者也。权有胜不胜,衡平之以为主,以平为主则无所不行,大者之道也。自甬之上则其势正矣。钟所赖之以为平者也,故谓之衡。旋,先儒谓"以虫为饰"也。"旋",从㫃从正,旗㫃而正,钟县如之,故谓之旋。能事谓之体干,旋虫能属钟也,故谓之干。"篆",从竹从象,义所藏焉,其文显,工能为之,其义匕,非能发匕者弗能察也。钟带,先儒谓"介在于、鼓、钲、舞、甬、衡之间",如篆籀之文而义隐其中,故谓之篆。"枚",从木从文,枚可以为支,数事为条,数物为枚,故篆间谓之枚。"景",从日从京,日在上,京在下,《诗》曰"景山与京",京,人为也,可于之揆景焉。凡物之质,以精为本,人为所揆,固未及质也。精入乎神而幺,景出乎明而大,枚别而可数,故枚间谓之景。《诗》曰"大风有隧",(燧)[隧],道也,先儒谓"鼓中,窒而生光,有似夫(燧)[隧]"也,故于上之攠谓之(燧)[隧]。

26. 薄厚侈弇以形言,清浊以声言,其声之清浊,乃出于其形之薄厚侈弇之不同,然而薄厚之所震动,清浊之所由出,侈弇之所由兴,莫不有说,何则？大钟十分其鼓间,以其一为之厚,失其厚则其声石,失之薄则其声播,失之侈则其声筰,失之弇则其声郁,其甬失之长则其声震。声之疾徐生于形之长短,声之远近生于其形之小大,故钟小而长则其声舒而远闻,钟大而短则其声疾而短闻。《典同》言:"凡为乐器,以十有二声为之齐量。凡声,高声䃂,正声缓,下声肆,陂声散,险声敛,达声(赢)[嬴],微声韽,回声衍,侈声筰,弇声郁,薄声甄,厚声石。"然则凫氏之为钟,亦以此为之齐量,从可知矣。《国语》曰:"先王之制钟也,大不出钧,重不过石。律度量衡于是乎生,小大器用于是乎出。"故钟之或厚或薄,声之或石或播,不可不度也。周景王铸无射,而又为大林以覆之,单穆公以为"听之不及,比之不度,钟声不可以知和,制度不可以出节",伶州鸠以为"细抑大陵,不容于耳,非和也,听声越远,非平也",故钟之或小或大,声之或近或远,不可不察也。

27. 凡为量，必先改煎金锡，金锡不耗，然后权之，视其多寡之齐，既权之，然后准之以齐，其小大既准之，然后量之以为鬴。《廪人》言："凡食者，人四鬴，上也；人三鬴，中也；人二鬴，下也。"说者谓"六斗四升为鬴"，鬴内方而外圆，天地之象也，其臀一寸，其耳三寸，阴耦阳奇之义也。凡量，起于黄钟之黍，累而跃于龠，合于合，升于胜，登于斗，角于斛。黄钟为六律之本，而宫为五声之纲，量之所制，本于黄钟，而其成也，必其复于黄钟之宫，然后大小厚薄得其宜。《律历志》所谓"起于黄钟而反复焉，君制器象也"，岂特乎此？宫于五常为主，而量所以立信也，立信所以示公平于天下也，故用概所以为平，不税所以为公。"极"，从木从亟，木之亟者，屋亟是也，民所取中而莅焉。量之为物，其粗则寓诸规矩法度之末，其妙则有天下之至赜焉。盖出于时文之思索，而归于大公至正之道，（而）民所取中而莅者也。出之以内府，掌之以司市，一之以合方氏，同之以行人，凡以观四国也。故孔子曰："谨权量，四方之政行焉。"《五子之歌》曰："明明我祖，万邦之君。有典有则，贻厥子孙。关石和钧，王府则有。"所谓"永启厥后，兹器维则"也。后世权量之政不谨，陈氏始得以私量贷、公量受，因以窃民誉。老氏欲剖斗折衡，而民不争，盖有激而云。

28. 孟子曰："函人惟恐伤人。"故察革欲其如此。

29. 先儒以"鲍"为"鞄"，以"需"为"柔需"之"需"。

30. 《诗》曰："贲鼓维镛。"贲，大鼓也。路鼓，亦大也。"贲"，从豕为豮，从艹为蕡，从麻为黂，生作之而大也，故异于路。道之大，谓之路；物之大，谓之贲。《鼓人》言："以贲鼓鼓军事。"《左氏》曰："国之大事，在祀与戎。"军，大事也，故以贲鼓鼓之。司马"辨鼓、铎、镯、铙之用，诸侯执贲鼓"。军事，非王所执也；敌王所忾者，诸侯。而"皋"，从夲从白，夲，进趣也。大者得众，进趣，阴虽乘焉不能止也，能皋之而已。皋有缓意，故鼓人以之鼓役事。鲁筑郎囿，季平子欲其速成，叔孙昭之曰："焉用速成，以勤民也？"由是观之，役民之力，不可以遽。《诗》之"百堵皆作，薵鼓弗胜"，言民宜侍之以缓，而鼓之致民，不期乎疾而自疾也。皋又作薵，"薵"，从鼓从人从各，人各致功而不可齐也，以薵鼓节之而已。冒，先儒谓"蒙鼓以革"。启蛰之日，孟春之中也，蛰虫始闻雷声而动，鼓所取象也，故"冒鼓必以放启蛰之日"。

31. "青"，从生从丹。"白"，从二。青，东方也，物生而可见焉，故言生言色。白，西方也，物成而可数焉，故言入言数。青生丹，为出；白受赤，为入。"赤"，从火从大，坎为赤，内阳，乾为大，赤内外皆阳也。"火"字以大为赤，外阳也。"黑"，从重火从囪，至阴之色乃出于至阳，故火上炎囪为黑。"玄"，从入从幺，出而大则赤，入而幺则玄。《素问》曰："道生智，玄生神。"道降而出，出而生智；玄升而入，入而生神。故入在上。玄有赤有黑，《老子》曰："两者同谓之玄。"玄能阴能阳故也。"黄"，从田从芅，地道得中而黄，则其美见于色。黑探其本,叁要其末,青推其色,白逆其数,赤质其物,黄正其所,叅期其极。"文",从乂从人,刚柔杂,故从义;始乎出而显,卒乎入而隐,入在下,则文,地事也。"章",从十从音,音变至十,则章成矣。刚柔杂于东南,至西南而章成。"缋",从糸从贵,缋,阳也,亦作绘,会五采故也。"绣",从糸从肃,阴也,凡绣所象皆德,非苟设饰也,使人有肃心焉。五行之有相生者,有相克者,相生为正色,相克为间色。东方谓之青,南方谓之赤,西方谓之白,北方谓之黑,此正色也;甲乙合而为绿,丙辛合而为红,乙庚合而为碧,丁壬合而为紫,此间色也。正色者,君之象也;间色者,臣之象也。故缋、绣黼皆以正色。"青与白相次,赤与黑相次,玄与黄相次",此缋之以为衣者也。"青与赤谓之文,赤与白谓之章,白与黑谓之黼,黑与青谓之黻",此绣之以为裳者也。缋事则青白赤黑玄黄而对方,绣事则青赤白黑而北方者,何也?缋,阳也,轻清而在衣,尊而不亲者也,故对方而不北;绣,阴也,重浊而在裳,亲而不尊者,故北方而不对。黼画斧形,斧,所以立威天地,严凝之气盛于西北,西北,天用武之方也,故"白与黑谓之黼"。黻则两已相背者,北则物藏之方,东则帝出之方,故"黑与青谓之黻"。

32. 天谓之玄,地谓之黄,故土以黄。天圆而地方,故土则其象方。地道静而有常,天道动而无常,故天则随时而变。地二生火,其于物也为神,神则无方无体,而无乎不在,故《易》曰:"蓍之德,圆而神。卦之德,方以知。"盖神之为道,圆而方故也。《尔雅·释(山)[丘]》曰:"上正章。"凡画山者必以上正之形,故曰"山以章"。无为而仁者,山也。诗人多以南山喻君道,故观象而作服者所以绘山。《诗》曰:"高山仰止。"夫山,人之所仰者也,喻君者民所仰。上苟不正,下何观焉?故绘山必为上正之形。能变能化而不可制畜者,龙也,而其仁足以泽物,故于水则画龙。鸟则"鸟隼为旟"之类也,兽即"熊虎为旗"之类,蛇即"龟蛇为(旗)[旐]"之类。凡此者,或绘之于衣,或绘于之旗常之间,皆画绘之事也。

33. 青,于方为东,于时为春;赤,于方为南,于时为夏;白,于方为西,于时为秋;黑,于方为北,于时为冬。黄配四时之间,而其位在中。凡绣缋者,杂此而章之,所以谓之巧。

34. 有形者,有形形者;有色者,有色色者。形之所形者实矣,而形形者未尝有;色之所色者彰矣,而色色者未尝显。自道观之,素功未离乎有形也,而非所谓形形者;未离乎有(形)色也,而非所谓色色者。自物观之,素功为形之本也,故能受众形之所形;为色之本也,故能受众色之所色。素功,所以象道之本;画绘,所以象地之文。道无为而后可以有为,物无色而后可以有色。故《易》曰:"贲无色。"《记》曰:"甘受和,白受采,忠信之人可以学礼。"《诗》曰:"巧笑倩兮,美目盼兮,素以为绚兮。"盖道有本末,事有先后,倒道而言,忤道而取,非所以进道矣。故先之以素功者,以其内有可贵之质也;后之以画绘者,以其道也,能为人之所宗者,然后能出法以为权。内镇,犹王之镇圭也。后,地道也,故驵琮以为所守之玉焉。

57. 地之利用能地而已,故《易》于《乾》言"大哉乾元",于《坤》言"至哉坤元",故两圭有邸以祀之。先儒谓四圭邸璧,则两以琮为邸可知矣。

58. 琮,祀地之器也。故五等诸侯享天子用璧,享后用琮,而诸侯享于所聘君之夫人,则亦用之。

59. 案,人所按而安者也。枣,棘实也,棘材为最坚。槀者,有积栗而坚之义。《采菽》之诗,刺征诸侯而无信义,惟能结之以信,然后可使来享而劳之,乃所安之。故案十有二寸,枣槀十有二列,以劳诸侯。先儒谓王后劳诸侯皆九列,聘大夫皆五列,则十二列者,劳二王之后也。山川,通气者也,故璋邸射以祀之。致稍饩于宾客,所以通好者也,故其玉亦如之。

60. 《诗》曰:"依我磬声。"众声依焉,尚其声,故石在下。

61. 镞矢用诸近,射田猎者也。兵矢、田矢,谓枉矢、絜矢也。利诸火射,用诸守城、车战也。茀矢,用诸弋射者也。阴者重浊而沉,阳者轻清而浮,水之以辨其阴阳,所以别其轻重也。矢人,主于为矢者也。冶人,特为杀矢之刃而已。司弓矢,掌此以待用者也。故又列之于《夏官》也。

62. "鬴",从鬲从甫,鬲有足,鬴无足,以鬲视鬴,鬴为有父用焉。"甗",从曾从瓦,曾之鬲上者也。量,六斗四升曰鬴,十六斗曰庾,从广从臾,少数也,须臾而度之矣。"甑",郑氏谓无底甗也,从瓦从鬳,鬲献其气,甑能受焉。

63. "瓬",从方从瓦,成有方者也。"陶",从阜从勹从缶,依阜为之,勹、缶属焉。杨子曰:"柔则坏,刚则(埵)〔甄〕。"凡陶瓬之事贵于和,而髺垦薜暴皆刚柔之失而不和者也。《王制》曰:"用器不中度,不鬻于市。"髺垦薜暴,所谓"不中度"者也。

64. 笋虡,乐器所县者也,横者曰笋,植者曰虡。"笋",从竹从勹从日,勹之日为笋,出之日为竹,笋如竹之形也。"虡",从虎从共,乐本一也,而其器异,以器异,故虡异。夫乐本在心,可以常乐,其末在器,则合止有时,不可过也,过实生患。敔为伏虎,亦为是也。夫乐出虚,虚有虎焉。天下之大兽五,脂、膏、臝、羽、鳞。五者,先王用之于宗庙之间,有致其实者,有致其文者。脂者、膏者以为牲,致其实也;臝者、羽者、鳞者以为笋虡,致其文也。雕琢,工之至细者也,故小虫之属以为雕琢。钟,重而声大;臝属,其声大而宏,有力而宜任重,故以为钟虡。磬,轻而声清;羽属,其声清扬而远闻,无力而宜任轻,故以为磬虡。笋之形欲圜,故鳞属,小首而长,抟身而鸿,乃以为笋。

65. "爵",从尸从鬯从口从又从亼。从(尺)〔尸〕,宾祭用焉。(以)〔从〕鬯,饮食养阳气也。从亼,资于尊,所入少也。"觚",从角从瓜,言交物无节,其穷为觚也。"献",从鬲从虎从犬,鬲能养,人所怀也;虎能杀,人所畏也。德可怀,威所畏,则宜献者也。受献者守焉。"酬",从酉从州,主以酒献宾,酬之,宾酢主亦如之;主又酬宾,则亦如之。始献而终酬,献则所饮者少矣,故以爵;一献而三酬,至于酬,则不可以无节,故以觚。爵一升,觚三升,一献而三酬,则一斗矣。郑氏谓"豆当为斗"。

66. 天子之射有三,有燕射,有宾射,有大射。"张兽侯,则以息燕",燕射也;"张五采之侯,则远国属",宾射也;张皮侯而栖鹄,则春以功,则大射也。皮侯,谓熊侯、虎侯、豹侯。射熊侯者,以其威之能服毅也;射豹侯者,以其威之能服猛也;射虎侯者,以虎之为物尤猛者也。是三者,皆谓之皮侯,其被文而相质故也。被文而相质,士之事也,故择士之射则张皮侯。鹄者,远举而难中者也。有才之士,有志于高远,无志于卑近,所行则必至,所发则必中,故行同能偶,而别之以射,则张皮侯而栖鹄。上言"侯三分其广而鹄居一焉",谓皮侯也。《行人》之职言春入贡,秋献功,诸侯之贡士,必居方物之前而于春贡之,乃行大射之礼,而择之于泽宫,所贡之数与于祭,则其君有庆,数不与于祭,则其君有罚。数有庆者益其地,益其地则得为诸侯也;数有罚者削其地,削其地者不得为诸侯。此张大射之侯,所以选诸侯之有功者而用之也。士之中多者得与于祭,中少者不得与于祭。此张大射之侯,所以择其士之有功者而用之也。《诗》曰:"大侯既抗,弓矢斯张。射夫既同,献尔发功。"此射以中侯者为有功也。《传》曰:"一适谓之好德,再适谓之贤贤,三适谓之有功。"此诸侯以能贡士者为有功也,故曰"张皮侯而栖鹄,则春以功"。先儒谓"蠢以功",其说无所考。五采之侯,所以象文德也。远人不服,则修文德以来之,故曰"张五采之侯,则远国属"。兽侯谓画兽之侯也,息燕谓休息老物也。张兽侯则为民除害,害既去而后无为,而可以息燕者也。

67. 侯所象,诸侯者也。天子张熊、虎、豹之三侯而射之,所以象其威之足以服诸侯也;张五采之侯而射之,所以象其文德之足以怀诸侯也。故祭侯之辞曰"惟若宁侯",所以使之安其为诸侯也,乃若不安其为诸侯,不属于王所,则必抗而射女。司马"以九伐之法正邦国,凭弱犯寡,则眚之;贼贤害民,则伐之;暴内陵外,则坛之;野荒民散,则削之",所谓"不宁侯,不属于王所,故抗而射女"也。《王制》曰:"内诸侯,禄也;外诸侯,嗣也。"若安其为侯,则其子孙得世为诸侯矣,故曰"诒女曾孙诸侯百福"。

68.（反任）[凡伍]用兵,远则弓矢者射之,近则矛者句之,句之矣,然后殳者击之,戈戟者刺之。"矛",从尸从𠃌从丿,句而𠃌焉,必或尸之,右持而句左,亦戾矣。"殳",从又从己从丿,殳,右击人,求己胜也。然人亦丿焉。"戈",从一从戈,兵至于用戈,为取小矣,欲一用而止。"戟",从戈从乾,戈类兵之健者也。攻国之人,涉山林之阻,行地远而饮食饥,故其兵欲短;守国之人,不涉山林之阻,行地近而饮食饱,故其兵欲长。"句",从口从勹,句兵者,口丩而句,句所以刂物也,故其兵欲无弹。"刺",从束从刀,束之刺也,物自触之;刀之刺也,人者刺之。刺而当为物自触之刺,不当为人者刺之,故刺兵欲其无蜪。

69.惟王建国,辨方正位,然后可以体国经野,以为民极也。故匠人于建国之际,则置槷以县,视以景,昼参诸日中之景,夜考之极星,以正朝夕。槷,先儒谓臬也,于地之中央,立八尺之臬表以县之,视其景以正四方也。置槷必先"水地以县"者,谓于四角立植,以水望其高下之势,然后于所平之地而置槷焉也。

70.二四为六,一三五为九。天之数,中于五,五交而无变,穷于九,九交而有变。《易》曰:"变则通,通则久。"故国方九里,国中九经九纬,经涂九轨,经纬之涂,所以通四方之往来,故以九为数。《诗》曰:"商邑翼翼,四方之极。"王国者,四方取中而莅焉,必通四方之往来,而可以为久安之计,然后能措国于不倾之地。故国内方九里,旁三门,则四方十二门矣。先儒谓十二子,何也?直者为经,纵者为纬,轨广八尺,经涂九轨,则七十有二尺矣。经涂如此,纬可知焉。祖庙,阳也,故左之;社稷,阴也,故右之。朝者,义之所在也,故立之于前,在所先矣;市者,利之所在也,故设之于后,在所后矣。市者,商旅之所聚;朝者,官吏之所会,故其地各一夫。

71.《记》曰:"鲁公之庙,文世室也;武公之庙,武世室也。"则世室之为宗庙可知。重屋,路寝也。明堂,明政教之堂也。君子营国,宗庙为先,故夏后氏以世室为始。世室特事神而已,所以自居以安身者未备;商人重屋,明其自居以安身,岂特止于事神也?重屋特自居而已,所以明政教、接人事者未备;周人明堂,示其明政教以接人,岂特止于事神以安身也?盖去古愈远,则其制愈备,其法愈详,故夏后氏度以步,而五室九阶,世室之制也;商人度以寻,而修七寻,崇三尺,重屋之制也;周人度以筵,而东西九筵,南北七筵,明堂之制也。夏则继世以有天下,故其宗庙谓之世室。王道始于夏,至商而重之,故其路寝谓之重屋。周则礼乐彰,法度著,故其布政教之堂乃谓之明堂。大寝之门谓之路门者,寝者,天子入而安身之地,静而复于道也。朝门谓之应门者,朝者,接人之地,王者出而应天下之务也。

72."内有九室",谓路门之内;"外有九室",谓应门之外。后听内政于宫,而九嫔赞之,故"内有九室,九嫔居之";王听外治于朝,而九卿赞之,故"外有九室,九卿朝焉"。"九分其国",先儒谓"分国之职也"。

73.五堵为雉,"雉",高一丈,长三丈,于文从矢从佳,雉之为物,其飞若矢,一往而堕,有分守而不相犯者也。雉有分域,故取名焉。门之制五雉,宫隅之制九雉,崇修以此度之也。环涂,谓环城之涂也。经涂所由者众,故九轨;环涂所由者少,故七轨;野涂所由者又少,故五轨。此广狭之制也。都城,谓王子弟所封,其城如门阿之制,都鄙比诸侯之礼为杀,故门阿之制以为都城之制,则度以五雉矣。诸侯比天子为杀,而隆于都城者也,故宫隅之制以为诸侯之城制,则度以七雉矣。野涂以为都之经涂,则五轨;环涂以为诸侯经涂,则七轨,亦此意也。

74. 耦,耦耕者也。里宰以岁时合其锄,故二耜为耦。"甽",于文从田从川,土始于[此],积而成田,水始于此,积而成川。故一耦之伐,广尺深尺谓之[甽,广二尺深二尺谓之]"遂",于文从豕从八从辵,豕八而辵则遂,遂者,水自是而之他也。故广二尺深二尺谓之遂,而夫间有之,遂,直达也。至"沟",然后十百相冓,故于文从水从冓。至于"洫",则众沟会焉,如血脉之通流,故于文从血。《春秋传》曰:"自参以上,称会。""浍"则遂、沟、洫之水皆会焉,故于文从会。《遂人》"治野,夫间有遂,十夫有沟,百夫有洫,千夫有浍";于此言"九夫为井,井间广四尺深四尺谓之沟",盖以横度之,则十夫之地相连属,而以一沟,以方度之,则一里之地,所容者九夫,故九夫为井,孟子曰"方里而井"是也。井间广四尺深四尺者谓之沟,则方里之内凡二沟矣。百夫有洫,则百夫之地相连属,而同以一洫水,十里则百夫也,百夫之地为成,其间广八尺深八尺谓之洫,则十里之间凡为洫者九。千夫有浍,则千夫之地其旁同以一浍水,方百里则千夫也,千夫之地为同,其间广二寻深二仞谓之浍,则千夫之间为浍者九。万夫有川,则方千里矣。浍则专达于川,而各载其名,又以别其水之所自出也。遂人、匠人沟洫之制,考之其实,一也。先儒以遂人为井田之法,而匠人为制地之制,是不然也。

75. "川",从三屈,水有屈,川以通其流也。"涂",从水,依水者也,从余,有舍有辩者依此也。《遂人》治野之法,"百夫有洫,洫上有涂,万夫有川,川上有路";此言大川之上,必有涂焉,何也?量人"天下之涂数皆受而藏之",司险"设国之五沟五涂",则经、畛、道皆以涂为中矣,故皆谓之涂。虽然,此言天下之势,非治野之法也。为高必因丘陵,为下必因川泽,盖因其势而顺之则易为力,违其势而逆之则难为功。防所以止水,故必因地势以就其高;沟所以荡水,故必因水势以就其下。善为沟者于水无所壅,善为防者于水无所决,故"水淫之"。

76. 天有时,地有气,材有美,工有巧,合此四者,然后可以为良,故弓人为弓,取六材必以其[时],六材既聚,然后巧者和之以为弓。六材谓干也,角也,筋也,胶也,丝也,漆也。弓之所以及远者,其力在干,故干以为远;其势在角,故角以为疾;内资是以为里,故筋也者,以为深。三者得因以利之,然后合,故胶也者,以为和;结而固之者,丝也,故丝以为固;饰而坚之者,漆也,故漆以受霜露。凡六者,取之者有道,行之有体,治之有法,六材非一,而不可以为良,备而不美,亦不可以为良。干欲其积致,故于冬析之;角欲其缓而相合,故于春液之;筋欲散而不烦,故于夏治之;胶、丝欲固,故于秋合之。材既美,工既巧,而为之又以其时,三者不偏废,谓之叁均。角与干与筋侔,三者不偏胜,谓之"参均"。干胜一石,加角而胜二石,加筋而胜三石,是"量其力有三均"也。盖多寡轻重等,而后可以谓之均,刚柔强弱称,而后可以谓之和,多寡轻重之不均,欲其和不可得也。故均三者谓之九和。

77. 刚健者,乾之德,君之道也;柔顺者,坤之德,臣之道也。故天子之弓合九而成规,诸侯之弓合七而成规,大夫之弓合五而成规,士合三而成规。合多而成规者,其弓刚,往体寡、来体多故也;合少而成规者,其弓柔,往体多、来体寡故也。数始于一,成于三。堕于数则小,有弋之者,故士之弓合以三。天子数中于五,穷于九,五交而无变,故大夫之弓合以五,九交而有变,故天子之弓合以九。七诎而伸为十,七,火成数也,十,土成数也,土继火者也,故七如十而诎,明将丨而未也。土申之而后丨,诸侯有君道焉,又上诎于天子,故其弓合以七。盖君以道揆之,故能变,臣以法守,故常而无变。《采蘋》言大夫能循法度,则大夫正以守法为职,故(九)五交而无变也。

78. 射之道,其中在乎巧,其至在乎力。志虑,巧也,血气,力也,故为弓者因之。躬有长短,志虑有缓急,血气有强弱,故不可不因。所谓君者,自天子、诸侯、大夫、士言,有君道,可以出命正众也。丰肉而短,骨立[以]直,所谓射有短长也。宽缓以荼,忿挚而奔,所谓志虑有缓急,血气有强弱也。射贵"内志正",故因其志虑,贵"外体直",故因其躬,"为力不同科",故因其血气。非特因其躬之安危,而亦因其躬之长短,"弓长六尺有六寸,谓之上制,上士服之;弓长六尺有三寸,谓之中制,中士服之;弓长六尺,谓之下制,下士服之"是也。又非特因其躬之长短,而亦因其君之尊卑,若天子合九而成规、诸侯合七而成规、大夫合五而成规、士合三而成规是也。

附:《周礼新讲义》郑宗颜序

先王之设官各有职,而所职各有礼。故《小宗伯》之职曰:"毛六牲,辨其名物而颁之于五官。"然则教官,土属也,而主乎牛,教所以顺民,而牛者,顺物也;礼官,木属也,而主乎鸡,礼所趋时,而鸡者,知时也;政官,火属也,而主乎马羊,政以军为主,马行健也,于军有所资,(于)羊能群而善触也,于军有所象;刑官,金属也,而主乎犬,犬善御而且能警也,刑所以御其有恶,而警其未有过也;至于事,则百工制器,以严天地阴阳之理,而豕者能发隐伏也。是以司空之官,于时则主冬,于职则主事,盖以万物至于冬则藏,而其动则可见也,于是属之以百工,而使之兴事造业,发其理之不可见于人者,此先王居百工之意也。

且天地能生物而不能使之有所和,与之材而不能使之有所象。方是时也,先王运其智于心术,而致其功于法度,故因材而为之器,因器而为之象。器有其用也,则使服其器者必思所以观其德;象其有意也,则使攻其器者必思所以体其道。故有芘风雨者为宫室,利川途者为舟车,为衣裳以在躬,为弁冕以在体;有以养目也,为缋章,有以养耳也,为声乐;至于服用不一,而器用不同,皆所以致天下之利也。圆者中规,以其能变也,方者中矩,以其能止也,厚以有载,虚以有容,尊卑所以象天地,奇偶所以法阴阳,器之未尝无象也,名之未尝无义也。故名之所在,象之所取,象之所取,则礼之所在。

先王之礼,将以养人也,而人情之所欲者,养之备矣。故凡可以利天下者,不遗一物,《易》曰:"备物致用,立成器以为天下利,莫大乎圣人。"圣人于《易》以教天下之动,于礼以显天下之(颐)[赜],故非深于《易》,则不足以制礼,而非深于制礼,则不可以言《易》,故曰:"百工之事,皆圣人之作也。"盖其度数足以明妙外之意,其道德足以尽方[中]之形故也。

虽然,莫非事也,而百工者,居其一而已。《记》之所载自王公、士大夫,以至于农夫、妇功,皆有职于国者也。而百工者,事职之所主,故列于事官,而为之属也。然而上无道揆,则下无法守,朝不信道,则工不信度。三公坐而论道,士大夫作而行事,所谓道揆也;百工审曲面势,以饬五材,以辨民器,所谓法守也。惟其上有道揆而朝信道,此道德之所以明也;下有法守而工信度,此风俗之所以同也。先王之时,其所以同风俗者,尤谨于百工,以其衣服器械之所由出也,然则其可不属之以官乎?故有三公以经理天下,有士大夫以任事,而后可以责百工以辨器用,有器用而后商贾有以阜通货贿,三农有稼穑而后嫔妇有以治丝枲,此三者,百工以为利,而百工所以为养也。故其序如此。

《〈经义考〉新校》"论语类"点校指瑕

曹景年*

【内容提要】《〈经义考〉新校》是目前比较完善的《经义考》整理本,惠泽学界良多。但因成于众手,难免有所疏漏。以其中的"论语类"共十一卷为例,其点校整理主要有四个方面的问题,一是文字识读偶有讹误,二是引文起止标注有不当之处,三是断句方面存在当断而不断、不当断而断、断错位置等问题,四是在断句无误的前提下标点使用偶有不当。这四个方面的问题也是古籍整理中常见的问题,它启示古籍整理者要以高度认真负责的态度,尽量避免文字识读讹误,对引文要在理顺文义的基础上谨慎标注起止,必要时要一一核查原文,断句问题、标点使用问题,则需要对文义、文气有全面的把握。

【关键词】《经义考》 《论语》 《〈经义考〉新校》 点校

清代学者朱彝尊编纂的《经义考》一书,是中国古代最大的经学目录学著作,全书三百卷,著录八千余条,引文一万余条[①],体大思精,影响深远。该书版本众多,而林庆彰先生主持整理的《〈经义考〉新校》(上海古籍出版社 2010 年版,以下简称《新校》)是目前《经义考》一书最完善的点校本,它是在《点校补正〈经义考〉》的基础上进一步完善而成。《新校》以《经义考》最善之本,即朱彝尊原刻、卢见曾等乾隆二十二年(1757)续刻本[②]为底本,并参校《文渊阁四库全书》本、《文津阁四库全书》本、《四库全书荟要》本、《四部备要》本等,同时吸纳了翁方纲《〈经义考〉补正》、《四库全书总目》、罗振玉《〈经义考〉校记》以及现代学者的若干校勘成果。笔者在阅读和学习《新校》卷二百十一至卷二百二十一

---

* 本文作者为孔子研究院助理研究员、山东大学博士。
① 两条数据皆张宗友统计,见张宗友《〈经义考〉研究》,北京:中华书局,2009 年,第 66、139 页。
② 朱彝尊去世前仅刻成前一百六十七卷,在卢见曾的资助下于乾隆二十二年续刻成剩余部分,是为初刻初印本。乾隆四十二年经过修版又进行重印,但出现不少讹误,后来各本亦多欠佳。因此,乾隆二十二年初刻初印本为《经义考》最善之本。今此本已由中国书店于 2009 年影印出版,并附翁方纲《补正》及罗振玉《校记》,名为《经义考 补正 校记》,本文所称"底本"即此本。关于《经义考》的版本问题,详参日本学者杉山宽行著,金培懿译《论朱彝尊的〈经义考〉——主论〈经义考〉之诸版本》,见林庆彰、蒋秋华主编《朱彝尊〈经义考〉研究论集》上册,台北"中央研究院"中国文哲研究所筹备处,2001 年,第 91 页。

"论语类"的过程中,发现在点校方面存在不少问题,这些问题很多都是古籍整理中常见的普遍性问题,故分为四个方面提出来进行讨论,一方面有助于《〈经义考〉新校》一书的进一步完善,另一方面对古籍整理工作或许也有一些参考价值。本文所用以参照的底本,是中国书店于2009年影印出版的乾隆二十二年初刻初印本《经义考》。

一 文字识读问题

古籍整理的第一步,也是最基础的工作,就是识读并誊录底本文字。其基本要求是完全忠于底本,凡有改动,必须作出说明。说明有两种,第一种,根据他本或其他资料校正底本文字,需出校记。第二种,将异体字、不规范字、避讳字、错讹字等改为正体字,一般可不出校记,但应于卷首凡例中说明。只有忠于底本,最后才能得出一个可靠的整理本。《新校》在文字的识读和誊录方面基本符合上述要求,但由于疏忽等各种原因,也偶有出现与底本不一致的情况。

(一) 小注误为正文

卷二百十二江熙《论语集解》条所标卷数:"隋志十卷,释文十二卷。"今按:"释文十二卷"底本为小字注,《新校》误为大字正文。

卷二百十八薛季宣《论语少学》条引其自序云:"[①]然则圣人之道其终不可学邪?曰:'无句求之则得,不求则不得也。'"今按:"句"字底本为小字,实际上是一个断句标志,意为当于"无"字下断句,《新校》误将其录为正文。

(二) 文字识读有误

卷二百十二徐孝充《论语讲疏文句义》条,《新校》出校云:"孝充,《四库荟要》本、《文渊阁四库》本俱作孝克。"今按:底本亦作"孝克",《新校》识读有误。

卷二百十四谢良佐《论语解》条引自序云:"人委尘埃者几希矣。"今按:"人"字底本作"不",《新校》误为"人"。

卷二百十八胡公武《论语集解》条引周必大序云:"此谓春秋夷杞何异?"今按:"谓"字底本作"与",《新校》误为"谓"。

卷二百十九李用《论语解》条引陈琏表墓曰:"李忠简公昂英尝以其著《论语解》进于朝。"今按:昂,底本作"昻",是,《新校》识读有误。李昂英,南宋著名

---

① 《新校》为繁体竖排,本文为简体横排,故将其直角引号改为普通引号,并删除专名线,部分专名线改为书名号。

文人。《经义考》多处出现李昂英名字,有些地方确实误"昂"为"昂",如卷一百六十二陈淳《中庸大学讲义》条引李昂英跋曰,即误"昂"为"昂",然此处未误。

卷二百十九郑奕夫《论语本义》条引《宁波府志》云:"陞浮梁州教授。"今按:"陞",底本作"陞",《新校》误为"陞"。

卷二百二十金仁存《论语新义》条引《高丽史》云:"卒谥文成。"又同卷王鹗《论语集义》条引《元史》云:"卒谥文康。"今按:两"谥"字,底本皆作"谥",《新校》误为"谥"。

卷二百二十幹道冲《论语小义》条。今按:幹,底本作"幹",《新校》误为"幹"。

卷二百二十王若虚《论语辨惑》条引其自序云:"彼春推明心术之微……①至于湝过深,揄扬过侈……"今按:"春",底本作"其";"湝",底本作"消息",整理者识读有误。同条又引其自述云:"而张九龙曰……"今按:龙,底本作"成",整理者误为"龙"。

卷二百二十郭好德《论语义》条引袁桷序云:"蹇斯通知。"今按:知,底本作"矣",整理者误为"知"。

卷二百二十刘岂蟠《论语句解》条引张萱云:"芦陵人。"今按:芦,底本作"庐",整理者误为"芦"。

卷二百二十一《孔子徒人图法》条朱彝尊按语云:"若后人为之曲为同,学者徇没而不书矣。"今按:徇,底本作"狗",此非误字,不当擅改。

文字识别的讹误,多是因字形相近导致的,这启示古籍整理者在整理古籍时,识别文字一定要高度仔细认真,避免因马虎大意而导致新的错误出现。

二 引文起止标注问题

古人行文由于不加标点,致使其引文往往难以确定起止。进行古籍整理,确定引文的起止是一项非常重要而繁难的工作。《新校》在这方面存在一些问题,主要是引文起止标注有误,以及偶有脱落下引号或上引号的情况。

(一)引文起止标注有误

卷二百十一《齐论语》条朱彝尊按语云:

《汉志》:"《论语》十二家:齐二十二篇,多《问王》、《知道》。"如淳曰:"问王、知道皆篇名,说者谓是内圣外王之业,此傅会也。《论语》二十篇皆就首章字义名篇,非有包括全篇之义。今逸论语见于《说文》、《初学记》、

---

① 引文中的省略号除特殊说明外皆为笔者抄录时所加,非《新校》原书所有,目的是节省篇幅,减少不必要的引用。

《文选注》、《太平御览》等书，其诠玉之属特详。窃疑齐论所逸二篇，其一乃《问玉》，非《问王》也。考之篆法，三画正均者为王，中画近上者为玉。初无大异，因讹玉为王耳。"王伯厚亦云："问王疑即问玉。亶其然乎？"

今按：所引如淳语，实仅"《问王》、《知道》皆篇名"一句①，其下至"因讹玉为王耳"皆朱彝尊语。下引王伯厚语亦仅"问王疑即问玉"②一句，"亶其然乎"亦朱彝尊语。

卷二百十二缪播《论语旨序》条朱彝尊按语云：

《释文》"夫子矢之"引缪氏《旨序》云："誓也，予所否者。否，方有反。"

今按：所引缪氏《旨序》实际上有两条，"夫子矢之"条缪氏释语仅有"誓也"二字。"予所否者"是《论语》正文，"否，方有反"为缪氏释语。正确标点为：《释文》"夫子矢之"引缪氏《旨序》云："誓也。""予所否者"，"否，方有反"。

卷二百十二梁武帝《论语》条朱彝尊按语云：

《梁书》、《南史》本纪不载帝训释《论语》，而陆氏《释文》于"事君数"引武帝云："数，色具反，数己之功劳也，又可使治其赋也，赋作传。"

今按：所引武帝语亦有两条，"事君数"为第一条，武帝释语止于"功劳也"；"可使治其赋也"为另一条，"赋作传"为武帝释语。正确标点为：陆氏《释文》于"事君数"引武帝云："数，色具反，数己之功劳也。"又"可使治其赋也"，"赋作传"。

卷二百十三韩愈《论语笔解》条引赵希弁曰：

右唐昌黎先生韩文公之说也。其间"朝曰"者，李习之也。《韩文补》云："公作《论语传》未成而殁，见于张籍祭诗，辨之于洪庆善者明矣。"今世所传如"宰予昼寝"，以"昼"作"画"；"子在齐闻韶，三月不知肉味"，以"三月"作"音"；……伊川之学者皆取之。

今按：此处将"韩文补云"的内容断到"洪庆善者明矣"截止，误。此段引文见韩愈文集所附《遗文》之《答侯生问论语书》的旧注③，经核查原文，此段全文皆为"韩文补"的内容，故下引号当标于段末。

卷二百十三王雱《论语口义》条引王应麟曰：

王元泽《口义》有云："教之化民也深于命，民之效上也捷于令，上蔡《论语解》引之。"

---

① 《汉书》卷三十《艺文志》颜师古注引如淳曰，北京：中华书局，1962年，第1717页。
② 〔宋〕王应麟《汉艺文志考证》卷四"孔子徒人图法"条注，《景印文渊阁四库全书》第675册，台北：台湾商务印书馆，1986年，第40页。
③ 〔唐〕韩愈著，马其昶校注《韩昌黎文集校注》，上海：上海古籍出版社，1986年，第727页。

今按：寻其文义，所引王元泽《口义》当止于"捷于令"，"上蔡《论语解》引之"为王应麟语。

卷二百十三陈祥道《论语全解》条引其自序云：

> 庄子曰："六合之外，圣人存而勿论；六合之内，圣人论而弗议。"《春秋》经世，先王之志也，圣人议而弗辨。

今按：所引庄子语见《庄子·齐物论》，下引号置于"弗议"下，误，应至"弗辨"止。

卷二百十四王苹《论语集解》条朱彝尊按语云：

> 今其书已佚，绎祝允明作《先生集序》云："先生有《论语解》，刻成，当有序其旨者，是则弘治间，其书尚存也。"

今按：祝允明语当止于"其旨者"，"是则"以下为朱彝尊语。

卷二百十六胡宏《论语指南》条引楼钥跋云：

> 《论语》一书，自昔大儒不知几人，未有能发明仁之一字。子夏问仁，夫子固尝答以爱人矣；韩昌黎《原道》首曰"博爱之谓仁，他何望焉"；……

今按："他何望焉"非韩愈《原道》语，乃楼钥语，不当放在引号之内。

卷二百十八薛季宣《论语直解》条引其自序云：

> 孔氏有《春秋》、《孝经》，通《礼》、《易》、《诗》、《书》，曰"经其弟子门人，又杂记其难疑答问之言，别为《论语》一书"。

今按："曰"下当仅有一"经"，谓称上述诸书为经。

卷二百二十王若虚《论语辨惑》条引其自述云：

> 子曰："四十五十而无闻焉，斯亦不足畏也。已年四十而见恶焉，其终也已。"

今按：子曰当止于"畏也已"，见《论语·子罕》。"年四十"以下为王氏自述语，非孔子语。

卷二百二十郭好德《论语义》条引袁桷序云：

> 至朱文公承濂洛之正传，始为《语孟》精义，久之，慊然曰："宜尊所闻，今所传《集注》具训中外，下逮荒陬绝岛，家有而人诵，文奥义古，至于不揣者，断章讥驳，识者哂之。京兆郭君好德秉彝，父授徒于乡塾，惧世之不达于辞者，习讥驳之病，撮其精微，合于简易，将使夫初学者若循途以进，遇险以休，使少窒焉，必由是而达，在《易》之《蹇》曰'险而能止知'矣哉。蹇斯通知。"

今按：寻其文义，朱子"慊然曰"当仅有"宜尊所闻"四字，下"今所传《集注》"云云，皆袁氏语。又所引《易》之《蹇》曰，当为"险而能止，知矣哉"，为蹇卦之象辞，"蹇斯通知"为袁氏语。又"《语孟》经义"，当作"《语孟精义》"。

卷二百二十一孙奇逢《论语近指》条引自序云：

> 孟子曰"乃所愿，则学孔子仲尼"，犹天之不可阶而升，乌能学？亦学吾之心而已。

今按：孟子曰当止于"孔子"，见《孟子·公孙丑上》，"仲尼"二字属下读，为孙氏语。

(二)漏脱下引号或上引号

卷二百十三韩愈《论语笔解》条引王楙语末句云：

> ……仆又观退之别集《答侯生问论语》一书，有曰："愈昔注解其书，不敢过求其意，取圣人之旨而合之，则足以取信后生辈耳。韩公以此自谓，夫岂用意于凿乎？

今按："有曰"引文脱漏了下引号①，寻其文义，当标于"后生辈耳"下。

卷二百十三韩愈《论语笔解》条引都穆曰：

> 唐李汉序韩文曰："有《论语解》十卷，传学者，不在集中。予家藏古本，韩文有之。但其说时与今不同，如"六十而耳顺"，解云："耳"当为"尔"，犹言如此也。如"曾谓泰山不如林放乎"，解云"谓"当作"为"，言冉有为泰山非礼也。如"宰予昼寝"，解云"昼"当作"画"。宰予——四科十哲，安得有昼寝之责？如"人之生也直"，解云："直"，"德"字之误，言人生禀天地之大德也……已上诸说，朱子尝谓其鄙浅。复曰："为伊川之学者皆取之。及观韩文有《答侯生问论语书》，曰："愈昔注其书而不敢过求其意，取圣人之旨而合之，则足以信后生辈耳。"然则朱子之所谓鄙浅，固韩公之欲求信于后生者耶！

今按：文中"唐李汉序韩文曰"及"朱子尝谓其鄙浅复曰"均仅有上引号而无下引号，因而不知其引文止于何处。经查，李汉语当止于"不在集中"②。据文义，朱熹语当止于"取之"。

又按：这段话于"解云"下都没有引号，容易引起误解。如"解云'昼'当作'画'。宰予——四科十哲，安得有昼寝之责？"让人误以为解云仅"昼当作画"

---

① 末尾引号为全段之引号，非"有曰"引文的引号。
② 〔唐〕韩愈著，马其昶校注《韩昌黎文集校注》，第2页。

一句,而事实上,"宰予"以下的话也属于解云的内容①。正确标点当是:解云:"昼当作画,宰予四科十哲,安得有昼寝之责?"其余当仿此改正。

卷二百十三侯氏喜《论语问》条朱彝尊按语云:

> 喜字叔起②,韩子赠诗云:"吾党侯生字叔起是也。官终国子主簿。韩子集有《祭国子主簿侯君文》是也。文云:"惟子文学,今谁过之。唱我和我,问我以疑。"所云"问我以疑",则指《论语问》也。

今按:所引韩子赠诗无下引号,段尾双引号无对应的上引号。据文义,所引韩子诗应仅"吾党侯生字叔起"一句,故当于"叔起"下加引号。末尾引号当删除。

三　断句问题

断句是古籍整理最重要的工作之一,正确的断句不但是进行文字校勘、注释的基础,也会给读者带来良好的阅读体验,真正发挥古籍整理的效用。如果断句出现问题,则可能会误导读者,造成阅读障碍。断句要在准确、完整地理解文义的基础上进行,而且还要将文中出现的典故、引文等核查清楚。常见的断句错误大致有三种表现,一是前后文义不相连贯,当断而不断。二是前后文义本相连贯,不当断而断。三是断错位置,即本应于某处断句,而误于另一处断句,这种情形最多。今结合《新校》"论语类"出现的这方面问题进行分析。

(一) 当断而未断

卷二百十三王巩《论语注》条引秦观序云:

> 元丰二年,眉阳苏公用御史言,文涉谤讪属吏,狱具,天子薄其罪,责为黄州团练副使。

今按:"谤讪"下当断句,属吏小官,谤讪属吏不可能获大罪。苏轼系因谤讪朝廷而获罪。属吏,动宾结构,属音主,谓交给负责审案的官吏。狱具,谓经审查案子成立。

卷二百十三陈祥道《论语全解》条引其自序云:

> 圣人岂不欲废去应问体道以自冥哉!

今按:"应问"下应断句,"废去应问"与"体道自冥"为前后相继的两个动作。

卷二百十五刘彝《论语讲义》条引其自序云:

---

① 〔唐〕韩愈、李翱《论语笔解》,《景印文渊阁四库全书》第 196 册,第 8 页。
② 起,《新校》原文为异体字,走旁作辶,今为行文方便改为通行字,下同。

> 是故出疆载质,而有至于皇皇去父母国,而有至于迟迟而席不暇暖、辙不及环也。

今按:"皇皇"下、"迟迟"下皆当断句。《孟子·滕文公下》云:"孔子三月无君,则皇皇如也,出疆必载质。"又《孟子·万章下》云:"迟迟吾行也,去父母国之道也。"

卷二百十七黄榦《论语注义问答通释》条引魏了翁序云:

> 是书之有传,士得之以增益智虑,而益邵所学士之幸也。

今按:"益邵所学"下当断句,邵,动词,光大、使变好,谓使其学问进一步扩充光大。

卷二百十九郑汝谐《论语意原》条引真德秀序云:

> 至读《意原》,则以其已意而逆圣人之志,盖多得之于《八佾》篇,谓其伤权臣之僭,窃痛名分之紊乱,大指与《春秋》相表里。于子贱章……于闻韶章……于三仁章……

今按:"盖多得之"下当加句号,谓多有所得。"于八佾篇"与下"于子贱章""于闻韶章"等并列,并非《意原》一书多得之于《八佾》篇也。又"权臣之僭"当于下"窃"字连读,"伤权臣之僭窃"与"痛名分之紊乱"为对文。

卷二百十九陈孜《论语发微》条引真德秀序云:

> 然尝思之仁者,夫子所罕言,当时门人弟子有问仁者,有问为仁者,有问人之仁者,大约才十余章,而夫子所自言者亦复亡几,学者独于是焉?求之可乎?

今按:"思之"下当断句,下关于仁的问题是其所思的内容。又"独于是焉"下加问号,属于不当断而断,当连读为"独于是焉求之,可乎",谓学者独于上述十余章之文求之,可以吗?

卷二百二十《习斋论语讲义》条引杨万里序云:

> 始吾之读是书也,属乎其趋其若狂醒而不可继也已,凝乎其瞻其若失亡而不可补也已,今也勃乎其辞,其若决溢而不可窒也已。

今按:"其趋""其瞻"下当断句,"属乎"为"其趋"的修饰语,"其若狂醒而不可继也已"则是对"属乎其趋"的进一步说明。下"凝乎其瞻""勃乎其辞"句式与此同。

(二)不当断而断

卷二百十一张禹《鲁安昌侯说》条引晁公武曰:

> 汉时《论语》凡有三。而齐论有《问王》《知道》两篇,详其名,当是论内圣之道、外王之业,未必非夫子之最致意者,不知何说?而张禹独遗之。禹身不知王凤之邪正,其不知此固宜然,势位足以轩轾一世,使斯文尽丧,惜哉!

今按:"不知何说"下不当断句,而应与下句相连,谓不知为何张禹遗漏了这两篇。"固宜然",当于"宜"字句绝,"然"字属下读。

卷二百十二范宁《论语注》条朱彝尊按语云:

> 陆氏《释文》:于无适也,无莫也,引范氏注云"适莫,犹厚薄也"。

今按:"释文"下不应有冒号,当连下文读,且"无适也,无莫也"为所引《论语》原文,当加引号。

卷二百十三韩愈《论语笔解》条引都穆曰:

> 予家藏古本,韩文有之。

今按:"古本"下不应断句,"古本韩文"当连读。

卷二百十四程颐《论语说》条引康绍宗曰:

> 伊川先生《论语解》,时氏本至麻冕礼也,一章而止。

今按:"麻冕礼也"下不应断句,当连下文读,谓时氏本止于"麻冕礼也"这一章,非谓其书仅一章。

卷二百十六吴棫《论语续解 考异 说例》条引朱子曰:

> 徐蒇为刊其书,越州以行。

今按:据文义,"刊其书越州"应连读。

卷二百十六胡寅《论语详说》条引《闽书》云:

> 寅字明仲,安国弟,淳之子也。

今按:"弟"下不当断句,当与下文连读,谓胡寅为胡安国的弟弟胡淳之子。《新校》所断意思变为,胡寅是胡安国的弟弟,胡淳的儿子,与原意不符。

卷二百十七黄榦《论语注义问答通释》条引魏了翁序云:

> 吾友复斋陈师宓叙所以作,张敏则刻之潭、之湘乡、之连溪。

今按:"之潭""之湘乡"下的两个顿号均可删,三者是地名递进关系,意为潭州湘乡县之连溪。

卷二百十八胡公武《论语集解》条引周必大序云:

> 如医、储、药、贾、居、货,惟患其不备,……

今按：所加顿号不当，当断为"如医储药，贾居货"，谓行医储存药物，商贾储存货物。

(三) 断错位置

卷二百十一郑玄《论语释义》条引陆德明曰：

郑氏校鲁论，本以齐、古读正，凡五十事。

今按："本"字当属上读，陆氏原文为"郑校周之本"①。

卷二百十二陈奇《论语注》条引《册府元龟》云：

为搢绅所召，赴京，不得。叙其《论语》，注义多异郑氏，往往与司徒崔浩同。

今按："叙"字当属上读，谓赴京后不得叙用。又"注"字亦当属上读，正确断句为：赴京，不得叙。其《论语注》，义多异郑氏，往往与司徒崔浩同。

卷二百十三韩愈《论语笔解》条引赵希弁云：

虽未必然而为。伊川之学者皆取之。

今按：据文义，"而为"当属下读。

卷二百十三韩愈《论语笔解》条引王楙云：

……王公存刻于会稽。郡斋目曰："韩文公《论语笔解》，自《学而》至《尧曰》二十篇，文公与李翱指摘大义，以破孔氏之注，正所谓'三义'者，观此不可谓'鲁论未讫注'，后世罕传也。

今按：郡斋目，从名称看似应指晁公武《郡斋读书志》，然该书《论语笔解》条并无此处所引之语。寻其文义，"会稽郡斋"当连读，正确标点为：王公存刻于会稽郡斋，目曰"韩文公《论语笔解》"。此处断为"郡斋目"，极易引起读者误解。

卷二百十四谢良佐《论语解》条引其自序云：

知、视、听、言、动，盖皆至，理、声、气、容、色无非妙用。

今按：此句当断为：知视、听、言、动盖皆至理，声、气、容、色无非妙用。

卷二百十四谢良佐《论语解》条引胡寅后序云：

以今日好者渐众，安知来者之不愈于今乎？使有诚好而力行焉，固将默识神受，见于参倚之间，不者几何？不按剑而向夜光之投乎！

今按："不者"当单独成句，谓若不如此。"几何"属下读，为疑问词。

---

① 〔唐〕陆德明《经典释文》卷二十三，中华书局1983年影印通志堂本，第345页。

卷二百十四杨时《论语解》条引其自序云：

> 善夫伯乐之论马也，以为天下马不可以形容筋骨，相视其所视，而遗其所不视，则马之绝尘弭辙者无遗矣。

今按："相"字当属上读，为动词，"不可以形容筋骨相"，谓天下之马不可仅通过外表来品评。

卷二百十四尹焞《论语解》条引其后序云：

> 今取观之，徒有愧汗先圣，不云乎"吾无行不与二三子者，是丘也"。焞于诸公亦云何用此为宽，复请藏之。因志始末。

今按："先圣"当属下读，"先圣不云乎"为一句。"用此"下当断句，可标问号。"为宽复请藏之"为一句，"宽"为人名，即上文提到的祁宽。这段话的意思是，自己的书不好，有愧先圣，但因为祁宽请求收藏它，于是写了这篇后序。

卷二百十五刘弇《论语讲义》条引其自序云：

> 昔者孔子以无名之神功，无体之妙道，屈于不见：知其礼、义、信足以成德；其智、仁、勇足以成治；其温、良、恭、俭、让足以成俗；其恭、宽、信、敏、惠足以成物，而屈于不见用。

今按："知其礼"，"知"字当属上读，"屈于不见知"与下文"屈于不见用"并列。

卷二百十六吴棫《论语续解 考异 说例》条引《中兴艺文志》云：

> 又谓孔门弟子之言，多未尽善，而注信经疏，信注太过。

今按："疏"字当属下读，"注信经，疏信注太过"，言注过于相信经文，而疏过于相信注文。吴氏言《论语》记弟子之言多未尽善，故认为注不当过于相信经文。又传统有疏不破注的说法，过于拘泥旧注，故又主张疏不当受旧注限制过多。

又引陈振孙曰：

> 而《崇文总目》及诸藏书家皆无有棫，盖尝见其书也。

今按："棫"字当属下读，谓虽然诸家书目不著录，但吴棫可能见过此书。

卷二百十六何逢源《论语集解》条引王十朋云：

> 希深长于理学，尤精《论语》。覃思二十年，每见学者，必与讲论《集解》。简严明白，超诣处，诸儒所不到。

今按："集解"当属下读。"必与讲论"，并非讲论《集解》，而是讲论《论语》。《集解》乃其自著书之名。

卷二百十八邱义《论语纂训》条引朱子序云：

> 故其求之，能博取之，能审推是言之，其寡过矣。

今按:"求之""取之"下皆不当断句,当断为"求之能博""取之能审",二语对仗。

卷二百十九蔡节《论语集说》条引姜文龙跋云:

> 是书也,说虽博而所会者约,文虽约而所该者博大,有益于后学,遂请刊于湖瀕。

今按:"大"字当属下读。"所会者约"与"所该者博"为对文。

卷二百十九李春叟《论语传说补》引《广东通志》云:

> 著《论语传说补》,大抵撮晦庵之要语。为之家居,以经学训后生,……

今按:"为之"当属上读,下加句号,谓《论语传说补》一书乃是撮朱熹之要语为之。"家居"属下读。

卷二百二十《习斋论语讲义》条引杨万里序云:

> ……读申韩之书而不申韩者,未始加少;读孔颜之书而不孔颜者,未始不加少,彼之变也,奚以亟此之变也,奚以舒愿与习斋子评之。

今按:"奚以亟""奚以舒"皆应属上读,谓彼之变何以如此迅速,而此之变何以如此舒缓?

卷二百二十王若虚《论语辨惑》条引其自述云:

> 圣人之言亦人情而已,是以明白而易知,中庸而可久学者。求之太过,则其论虽美,而要为失其实,亦何贵于此哉。……宁武子"邦无道则愚",夫子以为不可,及杨龟山曰"有知愚之名则非行其所无事,言不可及则过乎中道矣",……

今按:"学者"当属下读,"可久"下用句号。"及杨龟山","及"字当属上读,下加句号。

卷二百二十郭好德《论语义》条引袁桷序云:

> 唐儒作《五经正义疏》,必先之衍义,而始明其传注,其先之者,何惧汨于经也。……理惟约足,以见汉"稽古"三万言,后世嗤之。……京兆郭君好德秉彝,父授徒于乡塾,惧世之不达于辞者,习讥驳之病,……

今按:"其先之者何?"应为一句,谓为何以衍义为先?"以见"当属上读,谓理只有约才能显现。"父"字当属上读,秉彝父,即秉彝甫,甫,男子尊称。

卷二百二十一陈懿典《论语贯义》条引自序略云:

> 《论语注疏》各篇之首,有《正义论次》一篇,次第之意,孔颖达所著也。

今按:当断为"各篇之首有正义,论次一篇次第之意"。又陈氏称孔颖达著系偶误,应为邢昺著。

卷二百二十一苏过《孔子弟子别传》条引晁说之志墓云：

  ……继贬惠州，安置三年，迁儋耳。安置既四年，渐徙廉州、永州居住，……

今按：两"安置"皆当属上读，某处安置，宋人贬官常用语，谓令其定居某地不得离开，有软禁的意味。

四　标点使用问题

在为古文加标点的过程中，除了会出现断句方面的问题外，在标点的具体使用方面，也会有各种问题出现。

（一）所用标点不符合文义

卷二百十六胡寅《论语详说》条引胡寅自序云：

  ……试举其大者，则缵瞿聃虚空之绪，乱邹鲁礼义之实，谈二帝三皇之治，济申商韩非之政，托人子继述之孝，毁祖宗艰难之业，……皆背违先圣，操心不仁，而精于经义、字说，立乎本朝，据权断论之大验也。

今按：这段话多用七字语，《新校》全用逗号标点，似乎各句之间是并列关系。然寻其文义，应该是每两句表达一个意思，前句为因，后句为果，如"缵瞿聃虚空之绪，乱邹鲁礼义之实"，谓继承佛老的虚空之论，从而变乱儒家礼义实学。因此，当于每两句之后各加分号，以使文义更为明晰。

卷二百十七朱熹《论语集义》条引其《论孟精义》自序云：

  顾其语言气象之间，则实有不难辨者，学者诚用力于此书而有得焉。则于其言虽欲读之，亦且有所不暇矣。

今按："有得焉"下当改为逗号，文义与下文相连。

卷二百十九孙绘《拙斋论孟说》条引魏了翁序云：

  至于《孟子》之书，则又有"刺之、删之、疑之、辨之"常语以辟之者，……

今按：所加引号有误，刺之、删之、疑之、辨之与"常语以辟之"为五项并列之语，指的都是批判《孟子》的代表作。《刺孟》，汉王充撰；《删孟》，宋何涉撰；《疑孟》，宋司马光撰；《常语》，宋李觏撰；《辨孟》，作者不详，或为大义而非篇名。故当删引号，另于"辨之"下加顿号，"常语"加书名号。

卷二百二十《习斋论语讲义》条引杨万里序云：

> 《论语》之书,非吾之稻粱而奚也,天下可无稻粱,则是书可无矣。

今按:"奚也"为疑问词,故其下当用问号或感叹号。

卷二百二十一苏过《孔子弟子别传》条引晁说之志墓云:

> 惜乎!以暴疾卒于镇阳行道中,年五十有二。

今按:惜乎下不必加感叹号,最好与下文连读,不必断开。

(二)专名线使用不当

专名线在古籍整理中,可以起到醒目的作用,但如果对文义理解不准确,有时候也会使用错误。

卷二百十三王令《论语注》条引晁公武云:

> 解《尧曰》篇云"四海不困穷,则天禄不永终矣",王安石书新义取之。

今按:《新校》于"新义"二字加专名线,其实应于"书新义"三字加专名线。王安石《三经新义》包括《诗》《书》《周礼》。

卷二百十四范祖禹《论语说》引《伊洛渊源录》云:

> 淳夫家传遗事,载其言行之懿甚详,……

今按:家传遗事,当标书名线,意为范祖禹《家传》中的《遗事》部分。

卷二百十八张栻《南轩论语解》条引其自序云:

> 秦汉以来,学者失其传,其间虽或有志于力行,而其知不明,摘埴索涂,莫适所依,以卒背于中庸。

今按:中庸原加专名线,误,此中庸非《中庸》之书,而是中庸之道。

卷二百十九郑汝谐《论语意原》条引郑陶孙跋云:

> 教授严陵姜材之愿,得重锓以补其亡,陶孙学业荒陋,无以私淑,忝其祖甚,于此何敢靳?

今按:《新校》于"姜材"下加专名线,误。从文义看,此人全名姜材之,当于"姜材之"三字下加专名线,且"愿"当于下文连读为"愿得重锓以补其亡",谓姜材之想要重新刊刻以补此书的阙亡,故下文郑陶孙自称学业荒陋,不敢拒绝此事。

(三)引号使用过多

对古籍整理来说,引号的作用非常重要,它可以使引文起止一清二楚。但若使用过多,也会影响阅读。如卷二百十一郑玄《论语释义》条朱彝尊按语云:

按:郑氏注与今文不同者:"众星共之","共"作"拱";"先生馔",作"飧",云"食余曰飧";"举直错诸枉","错"作"措",云投也,下同。"子张问十世可知也",无"也"字;"必也射乎","必也"句截。"哀公问社",作"主",云主田,主谓社。"无适也无莫也","适"作"敌","莫"音"慕",云无所贪慕也。"吾党之小子"句截。"则吾必在汶上矣",无"则吾"二字。"子之燕居",作"宴";"子疾病",无"病"字。"冕衣裳者","冕"作"弁"。"异乎三子者之撰",作"僎",读曰"诠",诠之言善也。……又以申枨为孔子弟子。申续子、桑伯子为秦大夫,陈司败为人名,齐大夫老彭为老聃、彭祖,太宰是吴太宰嚭。卞庄子为秦大夫。与诸家异义。

今按:这段话引号使用过多,让人眼花缭乱,其中某字作某,某字解为某,全部加上引号,而对于标注引文起止需要加引号的地方却没有加,例如"云投也""云无所贪慕也"等,其实这才是真正需要加引号的地方。该段中,某作某可不必加引号,而对于所引用的郑氏注原文,当加上引号。例如第一句当按如下断句:

按:郑氏注与今文不同者:"众星共之",共作拱;"先生馔",作飧,云"食余曰飧";"举直错诸枉",错作措,云"投也",下同。

(四)过度使用其他标点

古籍整理,主要用的是句号、逗号、分号、感叹号、问号等常见符号,而破折号、省略号,一般很少用到。有些地方使用这些符号,固然无错,但有画蛇添足之嫌。

例如,卷二百十三韩愈《论语笔解》条引都穆语有"宰予——四科十哲",此破折号似不必用。

又如卷二百十三韩愈《论语笔解》条引赵希弁语有"以'死'作'先'之类……虽未必然而为",原文有"之类",故省略号可不必加。

结　语

古籍整理是一项复杂而又细致的工作,它需要整理者有广博深厚的传统文化知识和精深的古汉语水平。对于所要整理的古文,读懂文义是基础,更重要的是要读通、读畅,读出文从字顺的感觉,这样才能形成正确可靠的标点整理本,从而给读者的阅读提供方便。本文所论述的四个方面的问题,概括了古籍整理中较为常见的问题,通过《〈经义考〉新校》"论语类"的例证,可以更清楚地看到这些问题发生的根源以及解决方法。具体说来,文字识读问题需要细致认真的态度;引文起止问题需要理顺文义,必要时需核查原文;断句问题、标点使用问题,则需要对文义、文气有全面的把握,哪些句子为一个意义群,表达同一个意思,文句各表达什么语气、什么情感,准确把握这些都对标点使用有非常重要的作用。

夏禹剑考

刘　瑛[*]

【内容提要】 陶弘景《古今刀剑录》以夏禹剑居首,而夏禹剑于史无据。陶弘景虚撰夏禹剑,应与夏禹在道教神仙谱系中的地位有关。由陶弘景所著《洞玄灵宝真灵位业图》来看,夏禹的道教位籍与黄帝、颛顼、帝喾、孔子等圣王先贤为同一序列,地位很高,因此作者以夏禹剑开端来彰显其刀剑谱的权威性。从夏禹剑的形制来看,此剑当为陶弘景据道教信仰模式拟构。

【关键词】 陶弘景　《古今刀剑录》　夏禹剑　道教位籍　道教信仰

夏禹剑始见于南朝梁道士陶弘景所著《古今刀剑录》,该书记载了自夏禹至梁武帝历代帝王将相刀剑的名称、规制、铭文、收藏地点、铸造年代等情况,是我国第一部专记刀剑的著作,具有独特的价值。

《古今刀剑录》著录于《宋史·艺文志》子类的"小说家类",题为:"陶弘景《古今刀剑录》一卷。"亦见《崇文总目》的"小说类"下。可见宋代并未视其为实录。至《四库全书总目》则著录于子部谱录类。

陶弘景崇古尚奇,致力搜集历代帝王刀剑故实。夏禹剑列于《古今刀剑录》首位,然此剑于史无考,不知其所据。向读此书,不解作者何以虚撰夏禹剑。近读陶弘景著道教经典《洞玄灵宝真灵位业图》,得到一些启示。作为南朝梁时期开创上清派茅山宗的最具代表性的道家,陶弘景拟撰的夏禹剑,深刻地受到这一时期道教信仰的影响,刀剑的铸造、规制等方面,也都融合了道教诸元素。

《古今刀剑录》今无单行本存世,仅见于两宋编纂的类书、丛书之中。北宋类书《太平御览》卷三百四十二、三百四十三《兵部》所引题为"陶弘景《刀剑录》"[①],是最早的《古今刀剑录》文本。《太平御览》所据应是北宋以前的古本,应更接近原貌,有很高的参考价值。

---

[*] 本文作者为北京大学中国古文献研究中心、北京大学中文系副教授。

[①] 本文所引《太平御览》为影印《太平御览》,北京:中华书局,1985年。引用《百川学海》辑刊本为明弘治十四年(1501)华理刻本《百川学海》,此本今藏中国国家图书馆。

现在的通行本是丛书本《古今刀剑录》辑刊本。最早的是南宋左圭《百川学海》辑刊本,其后有明《汉魏丛书》辑刊本等①。

本文以《太平御览》所引夏禹剑的文本进行讨论②。

《太平御览》卷三百四十三之《兵部》七四"剑中"引"陶弘景《刀剑录》"第一则:

> 夏禹字高密,在位十年。以庚戌八年铸一剑,长三尺九寸。后藏之会稽秦望山腹。上刻二十八宿文,有背面,面记星辰,背记山水日月。③

本文主要从以下两方面考察夏禹剑的记述与道教信仰的关系。

一 夏禹在南北朝时期道教神仙谱系中的位籍与夏禹剑的排位

夏禹剑列于《古今刀剑录》之首,应与夏禹在道教的地位有关。夏禹与道教的渊源由来已久。夏禹受禅为一代圣王,因其治水事迹逐渐被神化。夏禹因感生和遇仙故事受到道教的推崇。传说中夏禹仙化的故事被道教采纳,首先出自灵宝派,传授的途径是道君授帝喾,帝喾授夏禹《灵宝经》,禹由此治水而不死登仙:

> 在昔帝喾时,太上遣三天真皇赍《灵宝五篇真文》以授帝喾,奉受供养,弥其年祀,法箓传乎世。帝喾将仙,乃封之于钟山。钟山在西北弱水之外,山高万五千里。至夏禹登位,乃登名山巡狩,度弱水,登钟山,遂得帝喾所封《灵宝真文》。于是奉持出世,依法修行。禹唯自修而已,不传于世。故禹得大神仙力,能凿龙门,通四渎。功毕,川途治导,天下乂安。④

作为中国本土宗教,道教网罗历代各类人物构建其神仙谱系。晋末南北朝以来,是道教托神造经的活跃时期。《灵宝》《上清》诸经中出现大批新的神灵,说法各不相同,道君、天尊、天神地祇、五方帝君、星官、五岳山川鬼神,先秦诸子百家学者、秦汉魏晋以来著名的神仙方士、神话传说人物、三皇五帝、秦皇汉武等历代帝王将相,皆网罗其中。但诸神名号变化不定,谱系混杂,互无统属,直至南朝后才得以基本定型。

---

① 《古今刀剑录》,《百川学海》辑刊本,第43册,第1页。
② 《百川学海》本《古今刀剑录》第一则云:"夏禹子帝启,在位十年。以庚戌八年铸一铜剑,长三尺九寸。后藏之秦望山腹。上刻二十八宿文,有背面,面文为星辰,背记山川日月。"此本居首为夏启剑,其余内容与《太平御览》本所引相同。
③ 《太平御览》卷三百四十三兵部七四剑中,第1577页。
④ 〔宋〕张君房编,李永晟点校《云笈七签》卷三《道教本始部·灵宝略纪》,北京:中华书局,2003年,第39页。

陶弘景对道教神仙信仰体系的完善有很大贡献。夏禹在道教神仙谱系中位籍的确立，与陶弘景对神仙谱系的规整有很大关系。他撰著《真诰》，内容包括上清经典和修行秘诀，因假托为众仙真口授而名为《真诰》。《真诰》引用众多道经，提到大量历史人物、神话故事、仙官鬼神名称、具体的修行方术，实为早期道教上清派教义和历史的集大成之作。

陶弘景又撰《洞玄灵宝真灵位业图》（以下简称《真灵位业图》），将《元始高上玉检大箓》《元始上真众仙记》《无上秘要》《真诰》《登真隐诀》等上清派道书中的近七百名神仙的称号全部吸收，以图谱的形式排列其品位，共分为七阶，每一等级都是主神居中，其他诸神分别列于左位、右位、散仙位、女仙位。第一阶是以中位主神元始天尊为首的玉清境诸天帝道君，共 29 名；第二阶是以太上大道君为首的上清境诸神，共 104 位；第三阶是以太极金阙帝君为首的上清太极金阙诸神，共 84 名；第四阶是以太上老君为首的太清境诸神，共 174 位；第五阶是以九宫尚书张奉为首的诸天曹仙官，共 36 名；第六阶是以定录真君茅固为首的诸位地仙，共 173 名；第七阶是以鄷都北阴大帝为首的阴曹地狱诸鬼官，共 88 名。构成从天至地的等级秩序，统属庞大的道教神仙谱系，至此，原来庞杂的道教神仙形成了完整的谱系，奠定了后世道教神仙信仰的基础。

其中第三等级的左位列有数位颇受儒家推崇的圣贤，处于中位主神太极金阙帝君的统领之下。按照序列，他们依次为太极上真公孔丘、明晨侍郎三天司真颜回、玄圃真人轩辕黄帝、玄帝颛顼、帝喾、舜、夏禹、尧。

夏禹被列为第三等级左位：

夏禹原注：受钟山真人《灵宝九迹法》，治水有功[①]。

《真灵位业图》继承了《无上秘要》《真诰》夏禹的传说。《无上秘要》卷八十四得太极道人名品云："夏禹姓姒，名文命，承舜王天下。受钟山真公《灵宝九行九真》，又行《玄真法》得道。"[②]《真诰》卷十四云："夏禹诣钟山，啖紫柰，醉金酒，服灵宝，行九真，而犹葬于会稽。"[③]

陶弘景网罗诸神，排定位籍，夏禹的位籍与孔子、颜回、黄帝、颛顼、帝喾、舜、尧并列，地位不言而喻。

陶弘景著《古今刀剑录》以夏禹剑居首，盖出自南北朝时期道教对夏禹的推崇，用夏禹道教神仙身份的属性来衬托其剑来历不凡。夏禹剑与陶弘景为梁武帝亲铸之剑在《古今刀剑录》先后排列，以此彰显其刀剑录的经典意味。

---

① 〔梁〕陶弘景纂，〔唐〕闾丘方远校定，王家葵校理《真灵位业图校理·上第一·第三·左位》，北京：中华书局，2013年，第106页。
② 周作明点校《无上秘要》卷八十四《得太极道人名品》，北京：中华书局，2016年，第1060页。
③ 〔梁〕陶弘景撰，赵益点校《真诰》卷十四《稽神枢第四》，北京：中华书局，2011年，第260页。

道教经典还有天台山古钟为夏禹所铸的传说："天台山玉霄宫古钟,高二尺,重百余斤,制度浑厚,形如铎,上有三十六乳,隐起之文亦甚精妙,相传云夏禹所铸。……顷年于空中,夜夜飞鸣,人皆闻之。忽堕于禹庙内,藏之府库。……咸通中,左常侍李绾为浙东观察使,请玉霄峰叶尊师修斋受箓,于使宅立坛,出此钟以击之。"①此钟作为道教的法器,给人以神异灵验的感觉。夏禹铸剑、铸钟的传说,有道教系列化铸造夏禹神异形象的色彩。

二 夏禹剑的制式、铸造年代中的道教信仰模式

《刀剑录》记夏禹剑:长三尺九寸,上刻二十八宿文,有背面,面记星辰,背记山水日月。

夏禹剑虽为陶弘景悬拟,然而此剑长三尺九寸,却合于刘宋时期道家佩剑的尺寸;剑身的二十八宿星宿的纹饰,也类似于此时期以星象作为剑身纹饰的做法。

刘宋时期道士所著《洞玄灵宝道学科仪》中"作神剑法品"记道家铸剑的规制:"凡是道学,当知作大剑法,斋戒百日,乃使锻人用七月庚申日、八月辛酉日,用好铤若快铁,作精利剑,环圆二寸六分,柄长一尺一寸七分,剑刃长二尺四寸七分,合长三尺九寸。……此剑恒置所卧床上栉被褥之间,使常不离身以自远也,既足以逐辟邪魔万精",并于铸剑时,在剑身上刻斗星星象,"分明均调,布满剑身之中"②。

可见当时的这种道家法剑,长度合计三尺九寸。三尺九寸是道教法剑的最高规格。剑上刻星象,布满剑身。《刀剑录》之夏禹剑,与刘宋时道家宝剑在形制与纹饰上的吻合,并非偶然,应是陶弘景比照当时铸剑的形制及纹饰所附会③。

道人用于尸解的宝剑也是三尺九寸,规格非常高。

造剑尸解法,南北朝道教视为尸解上品,颇为看重:

> 真人用宝剑以尸解者,蝉化之上品也。锻用七月庚申、八月辛酉日,长三尺九寸,广一寸四分,厚三分半,杪九寸。④

---

① 《云笈七签》卷一百二十《道教灵验记·天台山玉霄宫古钟僧偷而卒验》,第 2644 页。
② 《洞玄灵宝道学科仪》卷下,影印正统《道藏》第 24 册,北京:文物出版社,上海:上海书店,天津:天津古籍出版社,1988 年,第 776 页。
③ 参见拙作《〈古今刀剑录〉铸剑丛考》,《北京大学中国古文献研究中心集刊》第十六辑,北京:北京大学出版社,2017 年,第 147—153 页。
④ 〔唐〕段成式撰,许逸民校笺《酉阳杂俎校笺》前集卷二《玉格》,北京:中华书局,2015 年,第 188—189 页。

《云笈七签》"造剑尸解法"的记载更加详细：

> 真人用宝剑以尸解者，蝉化之上品也。当自斋戒百日，乃使锻人，用七月有庚申日、八月有辛酉日，作精利剑。使长三尺九寸，广一寸四分，厚三分半，以杪九寸为左右刃处，其柄任长短取适也，头可安录镮也，唯使长三尺九寸耳。……内镮刻左面为日字，刻右面为月字。先又圆刻日月之外为郭也，所谓伏日月之光基。①

所造尸解剑规格为剑长三尺九寸，环上内刻日、月二字，外刻日月之形，与夏禹剑的长度和纹饰相类。

除此之外，夏禹剑三尺九寸中的三、九之数，在道教中有特殊含义，或与禹步三步九迹之术有某种关联。

禹步是道教禁咒术的一种，原为巫步，后为道教吸收，被当成一种对鬼神、外物有神秘禁制作用的步伐，用于法术、科仪中。《法言·重黎》："昔者姒氏治水土，而巫步多禹。"李轨注："（禹）治水土，涉山川，病足，故行跛也……而俗巫多效禹步。"②其后道教吸收了禹步的传说，又说禹步是夏禹所传而得名。《洞神八帝元变经·禹步致灵》云："禹步者，盖是夏禹所为术，召役神灵之行步，此为万术之根源，玄机之要旨。……因禹制作，故称禹步。"③

禹步有三步九迹之法。葛洪《神仙传》说张道陵"乃行三步九迹"④。

三步九迹的步法，按葛洪《抱朴子内篇》所说如下：

> 禹步法：前举左，右过左，左就右。次举右，左过右，右就左。次举右，右过左，左就右。如此三步，当满二丈一尺，后有九迹。⑤

《抱朴子内篇》的《登涉》篇亦载禹步法，文字有所不同：

> 禹步法：正立，右足在前，左足在后，次复前右足，以左足从右足并，是一步也。次复前右足，次前左足，以右足从左足并，是二步也。次复前右足，以左足从右足并，是三步也。如此，禹步之道毕矣。凡作天下百术，皆宜知禹步，不独此事也。⑥

---

① 《云笈七签》卷八十四《尸解·造剑尸解法》，第1894页。
② 〔西汉〕扬雄撰，汪荣宝注疏，陈仲夫点校《法言义疏》十三《重黎》卷十，北京：中华书局，1987年，第317页。
③ 《洞神八帝元变经·禹步致灵》，影印正统《道藏》第28册，第398页。
④ 〔晋〕葛洪撰，胡守为校释《神仙传校释》卷四《张道陵》，北京：中华书局，2010年，第193页。
⑤ 〔晋〕葛洪撰，王明校释《抱朴子内篇校释》卷十一《仙药》，北京：中华书局，1985年，第209页。
⑥ 《抱朴子内篇校释》卷十七《登涉》，第302—303页。

三步九迹，指禹步中行走三步，留下九个足迹。左、右均指左、右脚。三步九迹是原始的禹步，起源是古巫术，从葛洪的描述来看，禹步九迹是排在一条直线上，并无斗折之形，只相信其有禁制功能，没有理论说明。

道教对于三步九迹上升到理论化的解释是三、九之数合于阳数：

> 诸步纲起于三步九迹，是谓禹步。其来甚远，而夏禹得之，因而传世，非禹所以统也。夫三元九星，三极九宫，以应太阳大数。其法先举左，一跬一步，一前一后，一阴一阳，初与终同步，置脚横直，互相承如丁字所，亦象阴阳之会也。①

三步九迹与道教所称的三元九星，三极九宫一样，都对应三、九这样的"太阳大数"。并且禹步举步的轨迹，象征着阴阳交汇。

《道法会元·禹步斗罡天策论》称："其禹步者，法乎造化之象，日月运行之度也。"②是说禹步的轨迹取法于自然中的日月运行的行度，合于天道，这样就将禹步致灵的观念与天象崇拜糅合在一起。

禹步又发展出了其他形式，如二十八宿罡，即禹步需配合二十八宿，以二十八宿星图为罡步之迹，代表旋斗历箕，蹑行二十八宿，步时念咒。这样便把禹步和日月阴阳、二十八宿整合在了一起，以罡步轨迹象征天象运行。

夏禹剑的三尺九寸取三、九之阳数，刻文配合二十八宿及日月星辰，这种设计理念和禹步三步九迹配合二十八宿布列，出自同一种道教天道模式。尽管夏禹剑的三尺九寸之数代表长度，禹步的三、九之数代表步数，但其核心都是以三、九之数配伍天象，用来对应道教的天道模式，二者源自同一种道教天道信仰。

再看夏禹剑的铸造年代。夏禹本无干支纪年可考，何以《刀剑录》记此剑造于"庚戌八年"，看来应与道教的术数理论有关。

汉以来流行纳甲术。纳甲以天干中的甲乙配东方青龙木，以丙丁配南方朱雀火，以庚辛配西方白虎金，以壬癸配北方玄武水，以戊己配中央土位。纳甲之术为道教所取，是道教术数的基本理论。其中庚、辛是与金配伍。

纳音术根据不同音阶确定的五音，再用干支、五行与其配伍的学说，是道教占验所本。

沈括《梦溪笔谈》中的纳音配伍如下：黄钟之商：宫为中央土、商为西方金、角为东方木、徵为南方火、羽为北方水。③

---

① 《云笈七签》卷六十一《诸家气法·服五方灵气法》，第1355页。
② 《道法会元》卷一百六十《禹步斗罡天策论》，影印正统《道藏》第30册，第1页。
③ 〔宋〕沈括撰，诸雨辰译注《梦溪笔谈》卷五《乐律》，北京：中华书局，2016年，第118—119页。

可见纳音术是以西方配伍五行中的金,与纳甲的配伍相同。

据胡道静考,古人有《纳音五行歌诀》,甲子、乙丑,壬申、癸酉,庚辰、辛巳三对属金,为阳纪。甲午、乙未,壬寅、癸卯,庚戌、辛亥三对属金,为阴纪①。

纳甲中庚、辛配伍是金。按照纳音术的配伍,庚戌、辛亥与五行中的金相配,铸剑用金属,所以应选择庚戌、辛亥日铸造。

敦煌文献《六十甲子纳音性行法》也有相同的说法:

> 庚戌、辛亥金。②

黄宗羲《易学象数论·纳音》也说:

> 庚戌、辛亥,皆金也。③

道家对于尸解剑的铸造日期也有很多讲究,如用于尸解的剑的锻造日期需要选择,铸造日选在庚、辛日:

《太平御览》卷六百六十五引《太极真人石精金光藏景录形神经》记载:

> 其锻人亦须温良,新衣沐浴,造剑之日,尤不得饮酒食肉及游履淹秽。用七月庚申日、八月辛酉日。使长三尺九寸,广一寸四分,厚三分半。④

上述《云笈七签》所记锻造尸解剑日期选择在"七月庚申日"及"八月辛酉日",也包括庚、辛。

可见夏禹剑的"庚戌"八年造,是陶弘景按照道术干支和五行的配伍而虚拟。

结　语

最早著录《古今刀剑录》的《宋史·艺文志》《崇文总目》把此书归入于小说家类,盖以其渺茫无稽,奇幻不经之故。《四库全书》则著录于子部谱录类,《总目》云:"夫宏景所录刀剑、皆古来故实、非讲击刺之巧、明铸造之法。"⑤这是后世的看法。

夏禹剑并无其故实,但也并非凭空虚撰,而是陶弘景按照道教诸元素所拟构。《刀剑录》以夏禹剑居首,应是由推崇夏禹在道教群仙的位秩而来;而对夏

---

① 〔宋〕沈括撰,诸雨辰译注《梦溪笔谈》卷五《乐律》,北京:中华书局,2016年,第119页。
② 关长龙辑校《敦煌本数术文献辑校·禄命类·纳音·六十甲子纳音性行法(一)》,北京:中华书局,2019年,第1323页。
③ 〔清〕黄宗羲撰,郑万耕点校《易学象数论》卷一《纳音》,北京:中华书局,2010年,第41页。
④ 影印《太平御览》卷六百六十五《道部》七《剑解》,第2968页。
⑤ 《四库全书总目·子部谱录类》器物《云林石谱》序,北京:中华书局,1965年,第988页。

禹剑的规制、纹饰、铸造年代的描述，则融合了道教信仰诸元素，参照了道教法剑的规制，杂糅天文星象所虚托。

　　陶弘景以夏禹剑居首，或别有一番意味，他考虑的是以道教神祇中具有极高地位的夏禹来显示其刀剑谱的权威地位。对夏禹剑的规制的描述，是为了让人对此剑生出崇敬之意，认可它的神圣性，产生神秘效应。

日藏大江家国写本《史记》
所见中古佚注八种考述

张宗品[*]

【内容提要】 日本现存《史记》古写本中，有三卷同为平安时期国子诸生大江家国所写。写卷在抄写《史记》正文的同时，又在卷中及卷背誊录了与正文相关的中古史注。内容涉及晋代《太康地记》、徐广《史记音义》，刘宋时期裴骃《史记集解》，南齐邹诞生《史记音义》，唐代颜游秦《汉书决疑》、顾胤《汉书古今集义》、刘伯庄《史记音义》和相传为陆善经的《史记决疑》等八种佚注，计 34 条。本文对不见于今本的古注文字进行了系统辑考，进而指出写本批注在探讨中古时期《史记》传写阅读特征方面的独特价值。

【关键词】 史记　写本　佚注　辑考

日藏古写本中有三卷笔迹相同的《史记》写本，分别为《吕后本纪》《孝文本纪》《孝景本纪》。三篇俱为延久五年（1073）大江家国氏所写，康和三年（1101）家行见合，建久七年（1196）读移[①]。据行格、用字等文献特征，知其底本为宋刻

---

[*] 本文作者为陕西师范大学历史文化学院副教授。

[①] 《吕后本纪》一卷，日本延久五年（1073）学生大江家国抄写点合。是本为卷轴装，13 叶，278 行，楮纸。总长 645.0 厘米，卷高 31 厘米，界高 24 厘米。其中第四、六纸较长，约 56.7 厘米，第十三纸最短，约 43 厘米。四周有栏，行间有界栏，界宽约 2.3 厘米，每行 17、18 字，小注双行，行 24 至 26 字不等。此本系日本公爵毛利元昭氏旧藏，今存山口县防府毛利报公会，1931 年被指定为日本国宝。《孝文本纪》卷子装，计 16 叶，全长 973.0 厘米，除最后一纸外，余纸长 52 厘米至 56 厘米不等。卷高 31 厘米，界高 24 厘米，楮纸，四周单边，有界栏。行 16、17 字，小注双行，行 24 至 26 字。此卷为日本狩野亨吉博士旧藏，今存东北大学附属图书馆，1952 年被指定为日本国宝。《孝景本纪》卷子本，六叶，楮纸。总长 259.0 厘米，卷高 31 厘米，界高约 26.7 厘米，有乌丝界栏，界宽约 2.67 厘米。每行 15 至 21 字，小注双行 20 至 23 字，本文总计 100 行。此卷原古梓堂文库（旧久原文库）藏本，今存大东急记念文库，日本国宝。相关著录参见［日］水泽利忠《史记之文献学的研究》，《史记会注考证校补》第六册，台北：广文书局影印本，1972 年，第 3757—3767 页。

本之前的古写本①。相关的异文校勘，前贤所论已详②，本文则拟对卷中日人批注涉及的六朝隋唐时期八种史注佚文进行系统辑录，略补文献残佚的缺憾。

一　晋《太康地记》

《太康地记》或称《晋太康三年地记》等，《旧唐志·经籍志》载"《地记》五卷太康三年撰"，不著撰人③。该书今佚，王谟、毕沅、黄奭、王仁俊等并有辑本，以毕氏本较全，而周中孚已指出其中疏误④。写本批注中有一条诸辑本及我国传统典籍皆未刊载的佚文，可补辑本之缺。

1. "《太康地记》云：长安北棘门宫西有细柳乡。"（《孝文本纪》"周亚夫为将军，居细柳"背录）

正文卷背所载录佚文的批注全文为：

> 师说：细柳有义通三也。马贞虽难如淳，然裴氏引之，不可弃也。服虔云"在长安西北"，姚察丞云"兵备胡寇，不应屯军昆明池南"，服说是也。《太康地记》云："长安北棘门宫西有细柳乡。"案《三辅故事》云："在石激（缴）西直城门外，阿房宫西北淮⑤中。"如《故事》所说，亦非渭北也。

按，西汉细柳位置，前人多有争议。或谓长安西北，或谓西南。而今西安以"细柳"命名的乡村也有数处，或在西汉长安城遗址西北，或在长安城西南昆明池西。根据出土的西汉"细柳仓"瓦当，已基本可确认在西汉未央宫西北，渭河北岸⑥，服说及《太康地记》所载不误。

---

① 有关日藏《史记》古写本及其判定的研究，参看［日］小助川贞次、池田证寿等《"国家图书馆"（台北）所藏本史记夏本纪释文》，《训点语と训点资料》，2009（122），第43—129页；张宗品《近百年来〈史记〉写本研究述略》，载《古籍整理研究学刊》2014年第3期，第98—106页。
② 较为重要者如［日］泷川资言《史记会注考证》，北京：文学古籍刊行社，1955年影印本；［日］水泽利忠《史记会注考证校补》；王叔岷《史记斠证》，北京：中华书局，2007年；《史记》（点校本二十四史修订本），北京：中华书局，2014年。
③〔后晋〕刘昫等《旧唐书》卷四十六《经籍上》，北京：中华书局，1975年，第2015页。
④ 相关辑本参见张国淦《中国古方志考》，此书另著录《太康土地记》十卷，与《太康三年地记》不同。详见其著《中国古方志考》，上海：中华书局上海编辑所，1962年，第55—57页。顾江龙在新近的讨论中将"太康三年地记"和"太康土地记"俱列为《太康地记》之异称。参见顾江龙《〈太康地记〉考——兼论王隐〈晋书·地道记〉和〈元康地记〉》，《文史》2018年第4辑（总125），第91—116页。
⑤ 淮，今本作"维"，是。本篇所录佚文的标点皆为笔者所加。
⑥ 何清谷《三辅黄图校释》卷二"长安九市"、卷六"仓"，北京：中华书局，2005年，第98—99，第347页。专门讨论见曹发展《汉"百万石仓"与"细柳"地望考》，刊《陕西历史博物馆馆刊》第15辑，西安：三秦出版社，2008年，第90—91页；辛德勇《论细柳仓与澂邑仓》，收于《旧史舆地文录》，北京：中华书局，2013年，第185—188页（原刊于《陕西师范大学学报（哲学社会科学版）》2010年第2期）。

二　晋徐广《史记音义》

《史记音义》，晋徐广撰。《隋志》载为十二卷①，两《唐书》皆著录为十三卷②。一卷之差，或为传写之误，或分卷不同。其书唐时尚存，宋以降无闻。9世纪末日本学者藤原佐世所编《日本国见在书目录》虽未见载录，而平安时期写本尚见征引，则批注者所见之本，或为9世纪以后传入③。

1. "广云：凡中子，非大非小，处其中间者耳，非必三人居中。"（《孝文本纪》："孝文皇帝，高祖中子也"句卷背）

按，此条注文其他文献未见著录，当为徐广《史记音义》佚文。未称裴骃或"集解"字样，也未在正文之下，与其他《集解》注文位置不同，非裴注所引可知。《孝武本纪》的《索隐》注称武帝第九，而不驳"孝景中子"之说，则所见之本当存有此注。梁玉绳《史记志疑》卷七以《史记》称文帝、武帝"中子"为非④，王先谦云："子长曰伯，末曰季，居中者皆为中子，非必次二也。文帝前后有三男，窦后生景帝，而《史记·景纪》云孝文之中子也，亦其证。"⑤千余年前，已有徐广注阐明其故。

2. "广曰：古人以母之姊妹比于母，故为从母；若母之兄弟比于父，故云曰（舅）父，非外祖也。此记当时之言耳。"（《孝文本纪》"封淮南王舅父"行背录）

案，此段文字今本《集解》无，先唐注家名广者只有徐广较为知名，故"广曰"以下当为裴注未取的徐广《史记音义》文字。日本宫内厅书陵部藏元彭寅翁本批注与此相似，文字有节略而称"刘曰"⑥，当为唐刘伯庄的《史记音义》节引徐广注文。

三　刘宋裴骃《史记集解》

作为三家注之首，裴骃《史记集解》久附《史记》正文之下，历代传抄，难免脱讹。因为缺失直接证据，学者多称《索隐》和《正义》文字节略讹脱，对《集解》

---

① 〔唐〕魏征、令狐德棻《隋书》卷三十三《经籍二》，北京：中华书局，1973年，第953页。
② 〔后晋〕刘昫等《旧唐书》卷四十六《经籍上》，第1988页；〔宋〕欧阳修、宋祁《新唐书》卷五十八《艺文二》，北京：中华书局，1975年，第1453页。
③ ［日］藤原佐世撰，孙猛考证《日本国见在书目录详考》，上海：上海古籍出版社，2015年。
④ 〔清〕梁玉绳撰，贺次君点校《史记志疑》卷七"孝景本纪第十一""今上本纪第十二"条，北京：中华书局，1981年，第265页、第277页。
⑤ 〔东汉〕班固著，〔清〕王先谦补注《汉书补注》卷六，上海：上海古籍出版社，2008年，第223页注二。
⑥ 张玉春《〈史记〉日本古注疏证》十"孝文本纪第十"，济南：齐鲁书社，2016年，第73页。

反而很少论及。大江家国写本《孝文本纪》即存有一例。

1. "适,音徒厄反也。"(《孝文本纪》"适见于天"句"天"字正下方双行小注)

按,今本《史记》此处无注文,《汉书》虽有注而与此音注文字不同。因注文为双行小注,又在所释正文之下,与写卷中《史记集解》文字位置相同而与其他批注文字位置迥异,故当为《集解》。检《汉书·王莽传》"适见于天"下颜注:"适音谪。谪,责也,音徒厄反。见音胡电反。"[①]其正文与反切字皆与《史记》写本相同,或师古所见《史记》之本中尚有此条《集解》。水泽利忠《史记会注考证校补》称"'天'下有'集解适音徒厄反也'八字",检写本实无"集解"二字,所录有误[②]。王叔岷《史记斠证》列出六字注文,也推测为裴氏《集解》佚文[③]。

四　南齐邹诞生《史记音》

《隋书·经籍志》载:"《史记音》三卷,梁轻车录事参军邹诞生撰。"[④]《新唐书·艺文志》略同[⑤]。《旧唐书·经籍志》书名作《史记音义》[⑥],与《索隐序》合。《日本国见在书目录》亦作《史记音》,孙猛也以"史记音义"为正[⑦]。盖此书兼有音义而音多义少,故称名略有不同。因中日早期文献皆称《史记音》,故以此为准。颜师古《汉书·司马相如传》题注称:"近代之读相如赋者多矣,皆改易文字,竞为音说,致失本真,徐广、邹诞生、诸诠之、陈武之属是也。今依班书旧文为正,于彼数家,并无取焉。"[⑧]司马贞《史记索隐序》亦称:"南齐轻车录事邹诞生亦作《音义》三卷,音则微殊,义乃更略。"[⑨]可见其书不被唐代学者看重。但司马贞所列六朝《史记》音注较少,因"尔后其学中废"(《索隐序》),故南齐至唐初《史记》注解唯有此书,理应珍视。

《日本国见在书目录》载有《史记音》,批注所引邹氏注文或即为初唐传本,而非出于他书转引。除今本《史记》注引用内容之外,写本批注所见邹诞生音注如下:

---

① 〔东汉〕班固《汉书》卷九十九下《王莽传第六十九下》,北京:中华书局,1962年,第4158页。
② 〔日〕水泽利忠《史记会注考证校补》卷十《孝文本纪第十》,第1册,第722页。
③ 王叔岷《史记斠证》卷十《孝文本纪第十》,第388页。
④ 《隋书》卷三十三《经籍二》,第953页。
⑤ 《新唐书》卷五十八《艺文二》,第1453页。
⑥ 《旧唐书》卷四十六《经籍上》,第1988页。
⑦ 孙猛对相关资料有较详细梳理,但其称《遂初堂书目》著录《史记音义》为邹诞生所作,此说存疑。唐以后未见征引,而刘伯庄《史记音义》流传的可能性更大。见其著《日本国见在书目录详考》(上),第542—543页。
⑧ 《汉书》卷五十七上《司马相如传》,第2529页。
⑨ 《史记》附录二《史记索隐序》,附录部分第7页。

1. "邹：欺与反。""邹音滞。"(《吕后本纪》"太后遂断戚夫人手足，去眼，辉耳，饮暗药，使居厕中，命曰'人彘'"批注)

按，此句"去"，左下批注"邹，欺与反"，虽此后诸家小学书未见和批注"去"字反切上下字都相同的例证，但单字相同者颇有，且多集中于六朝隋唐时期。如《后汉书·仲长统传》"以廉举而以贪去"李贤注，《文选·晋纪总论》"如室斯构而去其凿契"所引公孙罗《音决》，"去"字反切上字皆为"欺"字。敦煌本S2053《礼记音》，S1439《春秋后语释文》"去"的反切下字皆作"与"，与邹诞生音合①。"彘"，右下批注云"邹音滞"，而中古多用反切，未见用"滞"字直音之例。

2. "邹：之亦反。"(《吕后本纪》"据高后掖，忽弗复见"句)

按，此句"据"字右下批注"邹之亦反"，今本无此注。其音切与《汉书》颜注"摭"字同。

3. "邹音缺，或说先信也，后敬也。"(《孝文本纪》元年"法正则民悫"句天头批注)

按，此句"悫"字右注"苦角反，谨也，信也，诚也"。音切与《广韵》合。此处录邹氏直音，相关批注不见他处，当为佚注。

4. "邹氏本作疑字，音拟。刘氏本又作音拟，言比拟与上，南诸氏皆作拟字。"(《孝文本纪》六年"拟于天子""拟"字左侧批注)

按，此记邹氏本异字及音注，今本无。

5. "邹同贞：啼。""邹：营。"(《孝文本纪》"缇萦"，"缇"右注"音体"，左注"邹同贞啼"；"萦"右注"纡营反"，左注"邹营"。)

按，此佚注所引邹氏"缇萦"二字音注皆为直音。旁注《索隐》注音，以资比较。其"萦"右注"纡营反"，本于《史记·扁鹊仓公列传》小司马音注。"缇"字今本《索隐》注云"缇音啼。邹氏音体，非"，与写本注称邹氏音与司马贞音注相同之说有异，写本注文或有误。

6. "禅，如字，邹音善。"(《孝文本纪》"禅场"句天头补注)

按，"禅场"，今本作"墠场"，此行天头补注："禅，如字，邹音善，《汉书》作坛场。师古：筑地为场。币，祭神之帛也。"

7. "邹：弋缔。"(《孝文本纪》"禀禀乡改正朔封禅矣"句批注)

按，"禀禀乡改正朔封禅矣"，今本作"廪廪乡改正服封禅矣"。"朔"字右下注"服"字，文末批注："邹弋缔"，小注："翼音。如淳云：弋，皂也；缔，厚缯也。言至俭也。贾谊云，文帝曰衣皂缔也。"又卷末跋云："私勘此纪，此'弋缔'之文，又'太史公曰'之末至无此文，如邹音本可有'太史公曰'之末？今所疑邹诞生见如何本乎？"小注之文除首二字之外，基本为《汉书·文帝纪》卷末颜注。

---

① 宗福邦、陈世铙、于亭《古音汇纂》，北京：商务印书馆，2019年，第216—218页。

批注中邹诞生音所注文字当为《史记》"上常衣绨衣"一句,今本《孝文本纪》系于文帝后六年末。据邹诞生注,则其所据之本该段文字与《汉书》相似,亦在卷末①。

8."邹:作公反。"(《孝景本纪》后二年"令徒隶衣七緵布"天头"升"字批注)

按,此句"升"字右注"作红反,邹作公反"。今本《史记》此下无《集解》,《索隐》云:"七緵,盖今七升布,言其粗,故令衣之也。"《正义》:"衣,于既反。緵,祖工反。緵,八十缕也。与布相似。七升布用五百六十缕。"皆无邹诞生音。《汉书》亦无此注,所录反切当为邹氏佚注。

五　唐颜游秦《汉书决疑》

《汉书决疑》,颜游秦撰,颜师古注《汉书》时多有取资。《新唐书·艺文志》著录有颜游秦《汉书决疑》十二卷。《旧唐书》有颜延年《汉书决疑》十二卷。按"颜延年"当为"颜游秦"之误②。《日本国见在书目录》未见著录,写本注文或转引自他书。而《汉书决疑》直接征引的原文极少,今本《史记》仅《司马相如列传》"蒙鹖苏"句下《索隐》引《决疑》一条:"鹖音曷。《决疑》注云'鸟尾为苏'也。"③故写本虽仅增加了一条注文,却对我们了解此书体例颇有帮助。

1."今案,《决疑》全取'禀禀乡改正服封禅矣'九字。(双行小注):注云'禀禀然乡于此道,但谦让未成也'。"(《孝文本纪》"禀禀乡改正朔封禅矣"背录)

按,此条注文今本《史记》及《汉书》注未见著录。而《史记》三家注亦无注释,此所谓"注云",当为《决疑》文字。《决疑》此处正文全录"禀禀乡改正服封禅矣"九字,再书注文十三字。可知《汉书决疑》采用摘字为训的注释体例。

六　唐顾胤《汉书古今集义》

《汉书古今集义》二十卷,唐顾胤著,今佚。顾胤,苏州吴人,唐高宗永徽年间为起居郎,后授弘文馆学士,仕至司文郎中。撰武德、贞观两朝国史八十卷,

---

① 内容从"孝文皇帝从代来"至"兴于礼义",见《史记》卷十《孝文本纪》,北京:中华书局,1959年,第433页。清人梁玉绳最早发现此条错简,并称当系于后七年"袭号曰皇帝"下。(梁玉绳《史记志疑》卷七,第262页)孙猛《日本国见在书目录详考》邹诞生"史记音三卷"条下已注意此问题,但同梁氏说,恐不确。(孙猛《日本国见在书目录详考》十一"正史家",第542—543页)张文虎亦同《志疑》。(张文虎《校刊史记集解索隐正义札记》卷一,北京:中华书局,1977年,第105页)笔者以为应在卷末"制曰'可'"之后,"太史公曰"之前。详见拙文《从古写本看今本〈史记·孝文本纪〉的一处错简》,待刊。
② 《旧唐书》卷四十六《经籍志》,第2019页注一五。
③ 《史记》卷一百一十七《司马相如列传》,第3035页注五。

另参撰《太宗实录》二十卷,《旧唐书》卷七十三有传①。宋高似孙《史略》卷二"汉书杂传类"载"颜(今案,当为"顾"字)胤《汉书集义》二十卷"②,此后则未见著录,或亡于宋元之际。《日本国见在书目录》有载,卷数同③。大江家国《孝文本纪》所存佚文如下:

1."《汉集义》云:谓举有德义以匡辅己之不能终其大位。"("举有德以陪朕之不能终"上天头批注)

按,此条佚文释《史记》省略的句意,以为"不能终"指"大位",三家注于此下皆无注解。

2."《汉集》:顾秘曰设□,置也,谓置立此法。"("高帝设之以抚海内,今释宜建"上天头注)

按,"设"下字迹不能辨别,疑为"之"字,释所设的具体内容,或失之苛细,三家注于此皆无注解。"顾秘",即"顾秘监"之省称,当指顾胤。今本《史记·卫将军骠骑列传》司马贞《索隐》注引《集义》亦称"顾秘监"④。而批注既云"《汉集》",又称"顾秘监",或辗转传抄所致。

3."《集》:'有差数',正本是有'差'亦有'数'。"("赐天下鳏寡孤独穷困及年八十已上孤儿九岁已下布帛米肉各有差"天头批注)

按,此条无《集解》,所谓"集"当即《汉集义》。写本"各有差"下补一"数"字,作"各有差数",今本作"各有数"。检诸典籍,或作"各有差",或作"各有数",无"各有差数"之例,或抄者见有以上两种异文而折衷为之。这里提到的"正本",应为抄者所据底本,其校本或作"各有数"。《汉书集义》则是对"有差"的词义作解释。

4."《汉集》:苏云'郑氏音瞯,其目疑貌也。切胡山反。目多白也'。"("故憪然念外人之有非"天头批注)

按,此条注文今本《集解》引孟康《汉书音义》云:"憪然犹介然也。非,奸非也。"《索隐》引苏林注作"憪,寝视不安之貌",与《汉书》颜注所引苏林注同。而顾胤注所引之苏注与上述两书皆不同,或苏林注文不止颜师古及司马贞所引部分,故批注者据《汉集义》而补足两书未引的剩余内容。顾胤引郑氏注,以为通"瞯"字,与李善《文选》卷五十七潘岳《马汧督诔》李善注同。而"目多白"意,虽与《广韵·山韵》及《慧琳音义》卷六十三引唐元庭坚《韵英》释义一致,但显

---

① 《旧唐书》卷七十三《顾胤传》,第2600页。《新唐书》胤本传未载作《汉书集义》事,参《新唐书》卷一百二,第3985页。
② 〔宋〕高似孙《史略》卷二载"颜游秦《汉书决疑》十二卷",光绪十年(1884)黎庶昌《古逸丛书》本,第12A页。
③ 〔日〕藤原佐世撰,孙猛考证《日本国见在书目录详考》十一"正史家",第562页。
④ 《史记》卷一百十一《卫将军骠骑列传》,第3543页注6。

然与上下文语境不符,盖属司马贞所谓"余说皆疏"之类①。"胡山切",反切上下字与《切韵·山韵》同,而《汉书》颜注及《索隐》皆作"下板反"。

5. "《汉集》作'弋绨'。应劭曰:'黑缯也。'孟康曰:'弋,黑也。'案《说文》云:'绨,厚缯也,匹重二斤,音大奚反。'"("上常衣绨衣"行天头批注)

今按,据《汉集义》及应劭、孟康注,今本"衣绨衣"三字早期文本当作"衣弋绨"。《集解》引如淳曰:"贾谊云'身衣皂绨'。"又《史记·乐书》"孝文好道家之学,以为繁礼饰貌,无益于治,躬化谓何耳"句下《正义》注云"《孝文本纪》云上身衣弋绨,所幸慎夫人令衣不曳地,帏帐不得文绣,治霸陵皆以瓦器"②,与《汉集义》合。《汉书》赞亦云"身衣弋绨",注称"如淳曰:'弋,皂也。贾谊曰"身衣皂绨"。'师古曰:'弋,黑色也。绨,厚缯。绨音大奚反。'"③亦即,《汉书》本及上引注家所见皆当作"衣弋绨"④。王叔岷称弋与黓通,《尔雅·释天》"(太岁)在壬曰玄黓"。《广雅·释器》:"黓,黑也。"师古注当本乎此。

6. "《集义》:按《字林》音皇"。(《孝文本纪》"天下旱,蝗",右注"胡𥪧反""胡孟反")

按,三家注无音释,顾书引晋吕忱《字林》为直音。检早期小学典籍中,《广雅·释虫》曹宪音及《唐韵·敬韵》,并以"皇"字标注直音,可知批注所云有据而吕著多为隋唐学者采录。

7. "《汉集》:服虔曰'音属也'。"("属国悍为将屯将军"天头批注)

按,三家注未释音,仅注人名职官信息。此据服虔音释,注出汉人读音。顾氏注音或以时代先后为序,尽量采录早期音释资料。

8. "《汉集》:晋灼云'上言郡国诸侯宜各为孝文立庙,如说是'云云。"("岁献祖宗之庙"天头补注)

按,此条批注全文为:"师古曰:张说是也。既云天子所献祖宗之庙,非谓郡国庙也。《汉集》:晋灼云上言郡国诸侯宜各为孝文立庙,如说是云云。"检今本《史记》注云:"《集解》:张晏曰:'王及列侯岁时遣使诣京师,侍祠助祭也。'如淳曰:'若光武庙在章陵,南阳太守称使者往祭是也。不使侯王祭者,诸侯不得祖天子也。凡临祭祀宗庙,皆为侍祭。'"《史记》《汉书》注文无"汉集"以下内容。据此,批注所引《汉集义》并不认同颜师古对张晏、如淳二家之说正误的判断,抄者附录《汉集义》,为存异说。史文明言"诸侯王列侯使者侍祠天子,岁献

---

① 《史记》卷十《孝文本纪》,第422—423页。
② 《史记》卷二十三《礼书》,第1160页。
③ 《汉书》卷四《文帝纪》,第134—135页。
④ 王叔岷遍检《汉书·东方朔传》《潜夫论·浮侈篇》《汉纪》《金楼子》《帝王略论》《北堂书钞》一二八及《太平御览》六八九、《御览》六九七引《风俗通》等书,文本皆作"弋绨",写本所引《汉集义》又增加一文本证据。见王叔岷《史记斠正》卷十《孝文本纪》,第403页。

注①。胡注释服,刘攽则同意颜注否定"以日易月"之说。

顾胤《集义》先引刘德及郑玄注,正"红"字音读。次引孟康及如淳注,释"大红、小红"衣制。又引崔浩"以日易月"之说。值得注意的是,所引音义诸注,皆为颜注所未载。"颜监云云",指颜师古注,师古曾为秘书少监。最后按语集中驳师古否定"以日易月"说。举《汉书·翟方进传》翟方进后母葬,三十六日除服,以证应劭说为汉代实际施行情况。顾胤又引《续汉书·礼仪志》,释大红、小红及纤服之制②。最后又补释帝王不终三年之丧乃秦制,非文帝首创,驳荀悦旧说。案荀说见《汉纪·文帝纪下》:

> 《书》云:"高宗谅闇,三年不言。"孔子曰:"古之人皆然。""三年之丧天下之通丧。"由来者尚矣。今而废之,以亏大化,非礼也。虽然以国家之重,慎其权柄,虽不谅闇,存其大体可也。③

综观顾氏此注,虽书名为《汉书古今集义》,但所引文献有意采录许多为颜师古未引及否定的文献。顾氏注文对经史,尤其是史部文献采撷较师古注丰富,并注意依据丰富史料,驳斥前人误说。此后司马贞《索隐》注文也重点论述"以日易月"之说,驳斥颜注,说明他同意顾氏观点。在史料征引上,司马贞重点拈出刘德注④,基本不提顾胤所列证据,可见唐人注史其有意相互避让与求异的倾向。顾胤略晚于师古,司马贞在顾胤后数十年,诸家注释,互不称引,亦与后世不同。

七　唐刘伯庄《史记音义》

《旧唐书·经籍志》载刘伯庄《史记音义》三十卷,《新唐书·艺文志》为二十卷。此后《直斋书录解题》及《宋史·艺文志》皆著录为二十卷,当以二十卷为正。《日本国见在书目录》亦载刘伯庄《史记音义》二十卷,著录于《索隐》之前⑤。朱东润《刘伯庄〈史记音义〉辑佚》辑有佚文 233 条⑥,牛巧红又加以补

---

① 张玉春《史记日本古注疏证》卷十《孝文本纪第十》,第 79 页。
② 相关文字原文,参见〔刘宋〕范晔撰,〔唐〕李贤等注《后汉书》志第六《礼仪下·大丧》,北京:中华书局,1965 年,第 3148 页。
③ 〔东汉〕荀悦撰,张烈点校《汉纪》卷八《孝文皇帝纪下》,北京:中华书局,2002 年,第 127 页。
④ 据颜师古《汉书叙例》,刘德亦东汉注家,北海人。见《汉书·叙例》,第 4 页。
⑤ 《旧唐书》卷四十六《经籍上》,第 1988 页;《新唐书》卷五十八《艺文二》,第 1453 页。
⑥ 朱东润《刘伯庄〈史记音义〉辑佚》,见朱东润《史记考索》,上海:华东师范大学出版社,第 211—235 页。

辑,共得256条①,但二人皆未录写本批注。

1."刘《音义》:'禅亦作嬗,亦作婵,同时战反。'"(《孝文本纪》"今纵不能博求天下贤圣有德之人而禅天下焉"背录)

按,写本所录刘伯庄音注,今本《史记》《汉书》皆无载。《汉书·文帝纪》此句颜注云:"晋灼曰:'嬗,古禅字。'"②刘氏所引异文或参考了晋灼注。

2."刘作清,贞作请。"(《孝文本纪》"齐王舅父驷钧为清郭侯"句旁批注)

刘当指刘伯庄《史记音义》,贞当为司马贞《史记索隐》。今本《索隐》注文不涉此字,单行本摘录此字,亦作"清",不作"请"③。可知单行本文字与写本批注者所见不同,二者容有一误。《史记》此处字义皆不及《汉书》易解,《汉书》作"靖郭侯",颜注云:

> 如淳曰:"邑名也,六国时齐有靖郭君。靖音静。"师古曰:"《外戚恩泽侯表》云鄔侯驷钧以齐王舅侯,今此云靖郭,岂初封靖郭后改为鄔乎?鄔音一户反,又音于(度)〔庶〕反。"④

今案《史记·惠景间侯者年表》载"清都侯驷钧",中华本《孝文本纪》作"清郭侯驷钧",《史表》清都侯引《索隐》作"清郭侯"。临淄出土齐国官署封泥有"请郭邑丞""请郭乡印",可证,当据改⑤。"鄔"亦为"郭"字之误。

3."刘音齐,《索》音迟。"(《孝文本纪》"祁侯"条天头注)

按,此条批注引《索隐》文与今本同,唯此六字为今本所无,或师说所加。《索隐》云:"《汉书音义》:祁音迟。"《史记·曹相国世家》"取砀、狐父、祁善置"句"祁"下《索隐》注云:"刘氏音迟,又如字。"⑥"祁"字直音作"齐"者,古籍中未见此例。

4."邹氏本作'疑'字,音拟。刘氏本又作'音拟,言比拟与上',南诸氏皆作拟字。"(《孝文本纪》"拟于天子"条批注)

按,此条注"拟"字音训,可知邹诞生本和刘伯庄本原文皆作"疑"字,而读为"擬"字,义为"比拟"。批注者所见南诸氏本径作"拟",不作"疑",当经后人篡改。虽二字古通,邹氏及刘氏所录更符合早期文本用字习惯。

5."刘上音训,下音导(導)。"("故夫驯道不纯而愚民陷焉"句天头批注)

按,此刘伯庄以直音法对"驯道"二字释音,并指出所通之字。

---

① 新近相关讨论参见牛巧红《刘伯庄〈史记音义〉考评——以〈史记索隐〉、〈正义〉所存佚文为例》,《古籍整理研究学刊》2013年第2期,第27—30页。
② 《汉书》卷四《文帝纪》,第112页注三。
③ 《史记索隐》卷四,清光绪十九年(1893)广雅书局本,第1B页。
④ 《汉书》卷四《文帝纪》,第115页注五。
⑤ 相关讨论参见马孟龙《西汉侯国地理》,上海:上海古籍出版社,2013年,第69页。
⑥ 《史记》卷五十四《曹相国世家》,第2021—2022页。

八　陆善经《史记决疑》

六朝隋唐时期精通经史而称陆氏者有二人最为著名：一为宋齐时期"书橱"陆澄，一为唐人陆善经。据《旧唐书·经籍志》，陆澄有《汉书新注》一卷①。佚注中有《汉书》所无文字，当非《汉书》注。据水泽利忠考证，其他文本中"陆氏"批语颇存先秦事迹，又称"决疑"，故推断批注出自陆善经的《史记决疑》②。《日本国见在书目录》载陆善经所注之书甚多，几可谓遍注群经，但未见提及此书。是否有《史记决疑》之书，尚存疑问。观此本所引，多与礼制相关，颇疑后人杂取陆善经著作中辨析礼制疑义的相关内容而萃为一书，故称"决疑"，未必专为《史记》而作。

1. "陆云第一至第五，在（左）五枚，右一枚；右留符节台，左以与郡。国家有征发，先使第一至郡，未回，又第二，以次至第五。竹使符则析为两行，先使第一，皆与上同。"（《孝文本纪》"九月，初与郡国守相为铜虎符、竹使符"句卷背录文有《索隐》和《汉书》颜注及此段文字）

按，此段文字详细解释左右符节的数量和使用方法，足补汉代符节制度文献之缺，弥足珍贵。其解释申说的对象是应劭的注文，相关内容未见他书征引。此属史籍中典制问题，写本所引两处注文与《史》《汉》文句贴合无间，当为专注而非泛论。

2. "上或'服'作'服朔'，是两字异本。陆作'改服封禅矣'，瓉作'改正'。"（《孝文本纪》写本"禀禀乡改正朔封禅矣"右下注）

按，准上文，此"陆作"云云即陆善经所引文本作"改服封禅矣"。《汉书·文帝纪》无此文，又写本"朔"字右下注"服"字，左注"私案，'服'字不可，为异本"。这条批注记载几种古本异文，服为服虔，陆为陆善经，另有一人姓氏字形不清，似草书"瓉"字。"改正朔"三字分别有"改正服"，"改服朔"（服虔），"改服"（陆氏），"改正"（瓉作）四种异文。小泽利忠《校补》载伊佐早谦旧藏庆应大学图书馆藏元刻彭寅翁本批注云"一本无服字"，与大江家国写本所列最后一种异文相合③。今本此句正文作"禀禀乡改正服封禅矣，谦让未成于今"，当指

---

① 《旧唐书》卷四十六《经籍志》，第1988页上。
② 见水泽利忠《史记会注考证校补》之《史记文献学研究》第二章"史记古板本标记"第四节"陆善经の史记注佚文"，第253—261页。而据水泽氏所言，已辑有上百条佚文，但未见刊载。陆善经事迹见向宗鲁《书陆善经事》（收于屈守元《昭明文选杂述及选讲》，天津：天津古籍出版社，1988年），日人新美宽《陆善经の事迹に迹就いて》（《支那学》第9卷第1号），汶廣《补唐书陆善经传》（《说文月刊》第2卷合订本），虞万里《唐陆善经行历索隐》，载其著《榆枋斋学术论集》，南京：江苏古籍出版社，2002年，第794—806页。
③ 《史记会注考证》卷十《孝文本纪第十》，第741页。

贾谊建议文帝"改正朔,易服色",文帝"谦让未遑"①。后公孙臣和新垣平亦论改易服色事,虽有所动而终未施行。三人所议皆兼有改正和改服两事,故写本正文和后两种异文不确。检《汉书》、唐宋史注及类书,皆称"改正服",无"改服朔"例,当以"改正服"为正。

3."今七升布,言其麤,故令衣之。陆氏云,'緵,盖当古之升也'。"(《孝景本纪》后二年"令徒隶衣七緵布"天头批注)

按,今本《史记》此下无《集解》,《索隐》注云:"七緵,盖今七升布,言其粗,故令衣之也。"《正义》:"衣,于既反。緵,祖工反。緵,八十缕也。与布相似。七升布用五百六十缕。"无陆氏注。单行本《索隐》亦无"陆氏云"以下文字,而"粗"作"麤",与写本合②。《汉书》注本亦并无相关文字。因与今本《索隐》文字相连,批注应为《索隐》佚文。而天头所批,或为《索隐》早期文本面貌。

"緵""升"二字古音相近而通,故以"七緵布"作"七升布"。《汉书·王莽传》孟康注与《正义》同,皆谓"八十缕也"。"緵"或作"稯",本指谷物之数,《国语》:"岁收一井,出稯禾、秉刍、缶米。"《聘礼记》:"四秉曰筥,十筥曰稯,十稯曰秅。"③段玉裁《说文》注云"禾四十秉为稯"④。又引申为布缕之数,《说文·七上·禾部》"稯"字下云:"布之八十缕为稯。"⑤《仪礼·丧服第十一》郑注亦云:"布八十缕为升。'升'字当为'登','登',成也。今之《礼》皆以'登'为'升',俗误已行久矣。"⑥贾公彦疏谓"今亦云八十缕谓之宗。宗即古之升也"⑦。故段玉裁云:"宗、稯、登、升,一语之转。"⑧王引之或引《西京杂记》载邹长倩遗公孙弘书曰:"'五丝为䌰,倍䌰为升,倍升为緎,倍緎为纪,倍纪为緵,倍緵为襚。'"其"升""緵"所称缕数与经注不同,今不取⑨。又"緵"或作"总""緵""䙔""稯",皆音近义通⑩。"稯"为布缕之数,除"七稯"之外,尚有"十稯""八稯"之别,其数

---

① 《史记》卷八十四《贾谊列传》,第2492页。
② 〔唐〕司马贞《史记索隐》卷四,广雅书局本,第3A页。
③ 〔清〕邹汉勋撰,蔡梦麒校点《邹叔子遗书七种·读书偶识六》,长沙:岳麓书社,2011年,第125页。
④ 〔东汉〕许慎著,〔清〕段玉裁注《说文·七上·禾部》,上海:上海古籍出版社,1988年,第327页下。
⑤ 《说文解字注》七篇上,第327页下。
⑥ 《仪礼注疏》卷二十八《丧服第十一》,台北:台湾艺文印书馆影印清嘉庆南昌府学刊十三经注疏本,2001年,第339页。
⑦ 同上书,第342页。
⑧ 《说文解字注》七篇上"緵"字条,第328页上。
⑨ 〔清〕王先谦撰,吴格点校《诗三家义集疏》卷二《羔羊》,北京:中华书局,1987年2月,第95—96页。
⑩ 如《诗经·陈风·东门之枌》"越以鬷迈",《传》:"鬷,数;迈,行也。"《笺》:"越,于;鬷,总也。于是是以总行。欲男女合行。"《玉篇·彳部》:"䙔,子红切。数也。《诗》曰:'越以䙔迈。'"孔《疏》:"鬷谓麻缕,每数一升而用绳纪之,故鬷为数。王肃云:'鬷数,绩麻之缕也。'"见袁梅《诗经异文汇考辨证》,济南:齐鲁书社,2013年,第224—225页。

不固定,以数多者为佳①。

馀 论

　　上述批注涉及六朝隋唐时期至少八种佚注,从内容上看,很多古注已为颜师古、司马贞、张守节等集成的注家所吸收,逸出的有价值的条目较少。这可能是上述古注亡佚的一个重要原因。另一方面,佚注也保存了一些前人不甚关注,但对我们今天了解当时的语言、地理、职官、礼制等社会历史信息颇有价值的珍贵文献,其中又以顾胤的《汉书古今集义》最为丰富。据程金造先生统计,《史记索隐》全书引顾注36条左右,而大江家国写本批注可补入的有13条,占今存文字的三分之一强。学术史上关于陈隋间学者"乐彦""乐产"之争,未有定论,而今人多以"乐彦"为正,大江家国写本《集义》则为"乐产"说提供了一条有力的佐证。《汉集义》又记载了《孝文本纪》正文中"有差数"和"衣弋绨"两处有价值的异文,为我们今天校勘《史记》提供了有益参考。此外,写本还提供《孝文本纪》的一处290字左右的错简信息。凡此种种,揭示了《史记》早期传本的文本面貌。

　　作为一个相对独立的文本系统,大江家国写本及其批注也反映了平安时期日本学者学习《史记》时所面对的文本世界和阅读传统。大量的释读音义的批注显示,早期的《史记》习读首正文字,校异本,注重疏通文字音义。批注中间杂的对日人师说的征引和辨析,也说明他们重视师说,传承沿袭音读训释,别有参酌则多注明史源。批注及注文处理的原则又以补充异说为主。这就决定了《史记》旧本、历代师说(授读)、前代史注和小学典籍是当时最基本的参考文献。因与《史记》内容重合较多,《汉书》及相关注解也是研读《史记》的重要参考资料。由此我们也不难推知唐代学者所能参考的基本史料、面对问题时的思考方式、撰述方式以及史料取舍和避让的基本原则。

　　就三家注经典化过程而言,公元十一世纪左右,日本学者习读《史记》时开始重视司马贞的《索隐》。师说之外,大量补充小司马训释。另一方面,这也说明日本延久五年(1073)大江家国抄写之际,小司马之文并没有附入注释正文。其与《集解》并行,形成两家注,已势在必然。现存最早的两家注合刻本为南宋乾道七年(1171)蔡梦弼本②,这与写本所见读者的阅读需求基本相合。

　　从文本形式上看,《孝文本纪》写本还采用了"背隐义"这种正面和背面同

---

　　① 《吐鲁番文书》第一册所载前秦时期《阿斯塔那三〇五号墓文书》载:"前属催奸吏买八綖布四匹,竟未得。"见韩理洲等辑校编年《全三国两晋南朝文补遗》,西安:三秦出版社,2013年,第164页。
　　② 《史记》两家注及三家注合刻本的相关讨论,参看张玉春《史记版本研究》第五章,第206—219页。

时批注的文献注解和阅读方式[①]。该卷所录《汉书古今集义》第1—6条记于写卷正面,而第7—13条则全部写于背面,正反掺杂,相互印证。其他注文如小司马的《索隐》等文字较多者,也旁批于天头地脚及卷背。前后翻阅比勘,也给人更多的涵泳咀嚼的反思空间。自刻本包背装以降,字体及文本复制方式变化,载体形式有异,不可能再有背隐义这一写本时代特有的史籍注解与阅读方式。虽然刻本中背面无字的蝴蝶装在理论上仍可以作背隐义,但背面手写的批注与正面印刷文字判然有别,明显属于两种文本形式。虽然这种字形差别使得正文和读者的批注不易混淆,但在阅读体验上也进一步扩大了读者和文本之间的距离感。阅读文本时潜在的对话对象也由前代书手变为捉刀的刻工,文本"权威性"的判断标准也由学人变为机构,即由传承师法的学者变为刊本背后的刊刻机构。上述种种写本时期特有的传写方式和批阅痕迹,正是写本特征的活化石,值得后续研究者持续关注。

[①] 郑阿财《论敦煌文献展现的六朝隋唐注释学——以〈毛诗音隐〉为例》中已先注意到上述材料,并对姚氏所称"音隐""背隐意"之类另有隐而未发之意有辨,见《敦煌学·日本学——石冢晴通教授退职纪念论文集》,上海:上海辞书出版社,2005年,第3—13页。(另收于《敦煌学辑刊》2005年第4期,第1—7页)新近的讨论参见苏芃《隐义:一种消失的古书形制》,《光明日报》2017年4月15日11版。

《四库总目》小说家之"缀辑琐语"考论*

朱银宁**

【内容提要】 现代中日学者认为《四库全书总目》的小说分类颇为含混,尤其是"缀辑琐语"类的成立殊为难解。这是受西方小说观念的影响,未能充分体察清人"小说"观的历史源流、内在逻辑和书目分类的基本宗旨。本文以《四库全书总目·子部》"小说家类"中的"缀辑琐语"小类为重点,探讨《总目》的"小说"观和"小说"分类观。通览三种子目,均由"成书方式"加"对象"两个维度构成,"叙述""记录""缀辑"等而下之,"杂事""异闻""琐语"先尊后卑,其分类依据是以信实为核心的价值度,而"缀辑琐语"指补缀或抄撮前人浅薄不经的野谈,价值度最低。这意味着《总目》小说家具备力求整饬的目录学体系与致用实学的小说观,并非如学界所公认的含混不明。

【关键词】 《四库总目》 小说家分类 缀辑琐语

《四库全书总目》将子部小说家类划分为三派:"其一叙述杂事,其一记录异闻,其一缀辑琐语也。"[1]这一分类殊为难解。在中国小说史研究兴起伊始,盐谷温即认为"其区别总不甚明白",故承袭森槐南的做法,更改为"别传""异闻琐语""杂事"三类,将"异闻琐语"归并解释为"架空的怪谈珍说"[2];1925年,徐敬修编辑《说部常识》亦指出"此等分类方法,尚不免含混",因而从派别、文体、篇幅、文字四个角度重新分类中国小说,将《总目》小说家之三类归并入"纪载体":"无论为异闻,为杂事,为琐语,为别传,皆用此种体例也",与"章回体"相对[3]。在重新分类之外,亦有学者对此正面解释,在学界形成了三种平级类

---

* 本文为国家社科基金青年项目《四库全书》'小说家类'纂修研究"(项目号:19CZW028)阶段性成果。

** 本文作者为华东师范大学中文系博士研究生。

[1] 〔清〕永瑢等撰《四库全书总目》,北京:中华书局,1965年,第1182页。以下所引《总目》皆据此版本,不再一一出注。

[2] 〔日〕盐谷温著,孙俍工译《中国文学概论讲话》(下),太原:山西人民出版社,2015年,第353—354页。

[3] 徐敬修编辑,张廷华、程诩校阅《说部常识》,参见陈洪主编《民国中国小说史著集成》第2卷,天津:南开大学出版社,2014年,第322—327页。

目的划分依据并不同一的观点。例如,鲁迅认为这三类"实止两类,前一即杂录,后二即志怪,第析叙事有条贯者为异闻,抄录细碎者为琐语而已"①;陈平原则以"缀辑琐语"存目作品不都是"志怪"为质疑根据,对此提出"纪昀显然使用了两种不同的分类方法:用志人抑或志怪来分别'杂事'/'异闻',用叙事完整或抄录细碎来分别'杂事''异闻'/'琐语'"②。先贤学者的解释皆有洞见,而以笔者拙见,四库馆臣的分类逻辑未必如此复杂。三者之中,理解"缀辑琐语"类的成立最为关键。它著录作品5部,存目作品35部,但貌似缺乏共性,或有学者将《总目》的"琐语"与《史通》的"琐言"混为一谈,更是龃龉不妥。《总目》作为中国传统目录之集大成者,对目录学与小说学研究皆有重大价值;学界长期的争讼,使得以"缀辑琐语"为关键的《总目》小说家分类问题亟待解决。鉴于此,本文从"琐语"一词的内涵入手,考订《总目》中"缀辑琐语"的确指,进而辨正小说家类三种子目的划分依据并作相应评价。

一 "琐语"语义考

"语"的本义是"议论",《说文》:"语,论也"③,又"论,议也","议,语也"④。段玉裁注:"此即毛郑说也。语者,御也。如毛说,一人辩论是非谓之语。如郑说,与人相答问辩难谓之语。"⑤这两种形式皆为说理,如《论语》《孔子家语》中所录孔子及其弟子之语,既有"一人辩论是非",也有"与人相答问辩难",都是为阐明儒家思想。察"语"之内容,多以"述道言治"⑥为功用,如《国语·鲁语下》载季康子向公父文伯之母求教曰:"主亦有以语肥也。"公父文伯之母答道:"君子能劳,后世有继。"《国语·楚语上》载申叔时对楚庄王建议教育太子的方法:"教之语,使明其德,而知先王之务用明德于民也。"韦注:"语,治国之善语。"⑦《史记》载刘邦欲知"秦所以失天下,吾所以得之者何,及古成败之国",陆贾"乃粗述存亡之征,凡著十二篇。每奏一篇,高帝未尝不称善,左右呼万岁,号其书曰'新语'"⑧,观《新语》有《道基》《术事》《辅政》等篇目,皆为政论。有些

---

① 鲁迅《中国小说史略》,北京:中华书局,2010年,第4页。
② 陈平原《小说史:理论与实践》,北京:北京大学出版社,2010年,第157页。
③ 〔东汉〕许慎撰,徐铉校定《说文解字》,北京:中华书局,1963年,第51页。
④ 同上书,第52页。
⑤ 〔清〕段玉裁撰《说文解字注》,北京:中华书局,2013年,第90页。
⑥ 〔南朝梁〕刘勰著,黄叔琳注,李详补注,杨明照校注《增订文心雕龙校注》,北京:中华书局,2012年,第231—232页。
⑦ 〔战国〕左丘明著,韦昭注《国语》,上海:上海古籍出版社,2015年,第355页。
⑧ 〔西汉〕司马迁撰,裴骃集解,司马贞索隐,张守节正义《史记》卷九十七《郦生陆贾列传》,北京:中华书局,1997年,第683页。

"语"运用排比修辞,类似"谚语",如《荀子》:"语曰:好女之色,恶者之孽也;公正之士,众人之痤也;循乎道之人,污邪之贼也。"①依然不脱"述道言治"之功用②。

"琐"的本义是"小",《说文》"琐,玉声也"③,段玉裁注:"谓玉之小声也。《周易》:旅琐琐。郑君、陆绩皆曰:琐琐,小也。"④用"琐"来限定"语"而形成的"琐语"一词,一方面与"国语""家语""新语"处于同一语义场中,表示与这些庙堂庄论存在区别;另一方面也被统摄在"语"这一语义要素之下,意味着同样在"述道言治"的功用中生根。已知最早连用"琐语"一词者乃出土于西晋的汲冢书《琐语》,《晋书》称之为"诸国卜梦妖怪相书"⑤,学界一般认为它是战国初期至中期之间的作品⑥。它的体例为国别体,主题关乎军国,这都大类《国语》;唯一的显著区别是《琐语》多涉神怪,例如以卜梦指导政策军事:

> 齐景公伐宋,至曲陵,梦见大君子,甚长而大,大下而小上,其言甚怒,好仰。晏子曰:"若是则盘庚也。夫盘庚之长,九尺有余,大下小上,白色而髯,其言好仰而声上。"公曰:"是也。是怒君师,不如违之。"遂不伐宋也。⑦

可见,《琐语》之"琐"不是指体例篇幅方面,而是指"卜梦妖怪"的思想内容在当时文化结构中处于相对边缘的位置,即儒家眼中"致远恐泥"的"小道"。《琐语》成书时期百家争鸣,并非诸子皆"不语怪力乱神",如《庄子·天下篇》如此讲述庄子:"古之道术有在于是者,庄周闻其风而悦之。以谬悠之说,荒唐之言,无端崖之辞,时恣纵而不傥,不以觭见之也。以天下为沉浊,不可与庄语。"⑧庄子运用的"非—庄语"说理方式以"谬悠""荒唐""无端崖"为特点,为后世小说作品屡屡援及,取义名篇。"诬而不信"⑨的《琐语》显然与这种"非—庄语"的风貌相类,故明人胡应麟推测"《琐语》之书大抵如后世《夷坚》《齐谐》之类,非杂记商周逸事者也"⑩。

为胡应麟反驳的"杂记商周逸事"之观点滥觞于唐代,至今未绝。《隋志》

---

① 〔清〕王先谦撰,沈啸寰、王星贤点校《荀子集解》,北京:中华书局,1988年,第240页。
② 关于"语"的研究有俞志慧《语:一种古老的文类——以言类之语为例》,《文史哲》2007年第1期,可供参考。
③ 〔东汉〕许慎撰,〔宋〕徐铉校定《说文解字》,第12页。
④ 〔清〕段玉裁《说文解字注》,第16页。
⑤ 〔唐〕房玄龄等《晋书》卷五十一《束晳列传》,北京:中华书局,1997年,第372页。
⑥ 李剑国《唐前志怪小说史(修订本)》,天津:天津教育出版社,2005年,第85页。
⑦ 周博琪主编《永乐大典》第3册,北京:中国戏剧出版社,2008年,第1125页。
⑧ 〔晋〕郭象注,成玄英疏,曹础基、黄兰发点校《庄子注疏》,北京:中华书局,2011年,第569页。
⑨ 〔明〕杨慎撰,王大淳笺证《丹铅总录笺证》,杭州:浙江古籍出版社,2013年,第527页。
⑩ 〔明〕胡应麟《少室山房笔丛》,上海:上海书店出版社,2009年,第362页。

著《琐语》为史部杂史类，两《唐志》同，四库馆臣认为这出于类例笼统："杂史之目，肇于《隋书》，盖载籍既繁，难于条析，义取乎兼包众体，宏括殊名。故王嘉《拾遗记》、汲冢《琐语》得与《魏尚书》《梁实录》并列，不为嫌也。"唐代史学家刘知几将《琐语》称为"乘之流"①并引以为据，颇遭明人诟病，如胡应麟："若此则所谓'琐语'云云者，其足信哉？"②又郭孔延《史通评释》："弃洙泗之删书，信汲冢之《琐语》，是蝉翼为重，千镒为轻。"③"是谓晋《琐语》贤于孔子《春秋》，妄亦甚矣。"④最重要的是，《总目》黜而不载汲冢《琐语》，而在"学林就正"条云："据汲冢书之文，诬文王以商臣之事，小言破道，莫甚于斯。"又"左传补注"条云："引汲冢《琐语》之野谈。"这直接体现出四库馆臣以为汲冢《琐语》鄙陋不可取的态度。现代学者多以《琐语》为据，认为"语"是一种历史杂记，如李剑国赞同丁山道："丁山《中国古代宗教与神话考》一书以为韦注完全是似是而非之谈，认为'语就是周语、鲁语、晋语、楚语一类传述各国故事的杂记'，所论甚当。"⑤有一定道理，然似不足以推翻古注。就皮相而谈，《琐语》确实大类史部；然其根本精神与发展逻辑，与子部的联系更为紧密。刘勰认为诸子的"本体"是以"述道言治，枝条五经"为价值的说理，而"迄至魏晋，作者间出，谰言兼存，琐语并录"⑥，"若乃汤之问棘，云蚊睫有雷霆之声；惠施对梁王，云蜗角有伏尸之战；《列子》有移山跨海之谈，《淮南》有倾天折地之说，此踳驳之类也"，即是诸子从功利性转向娱乐性的开始，"是以世疾诸子，混洞虚诞"⑦。后世小说沿其波而成巨观，"谈虎者矜夸以示剧，而雕龙者闲摄之以为奇；辨鼠者证据以成名，而扪虱者类资之以送日。至于大雅君子，心知其妄而口竞传之，且斥其非而暮引用之"⑧，遂舍本逐末，往而难返。胡应麟以《琐语》为"古今记异之祖""古今小说之祖"⑨；四库馆臣将《琐语》定义为"小言破道"的"野谈"，基本是在这一脉络下言说的。

较早运用"琐语"一词的是刘勰，《文心雕龙》中凡见两处。其一为《杂文》篇，"碎文琐语，肇为连珠"⑩，属文章领域；其二为《诸子》篇，"谰言兼存，琐语并

---

① 〔唐〕刘知几撰，浦起龙通释，吕思勉评，李永圻、张耕华导读整理《史通》，上海：上海古籍出版社，2008年，第333页。
② 〔明〕胡应麟《少室山房笔丛》，第160页。
③ 〔明〕郭孔延《史通评释》，上海：上海古籍出版社，2006年，第167页。
④ 同上书，第176页。
⑤ 李剑国《唐前志怪小说史（修订本）》，第88页。
⑥ 〔南朝梁〕刘勰著，黄叔琳注，李详补注，杨明照校注《增订文心雕龙校注》，第231页。
⑦ 同上书，第231—232页。
⑧ 〔明〕胡应麟撰《少室山房笔丛》，第282页。
⑨ 同上书，第362页。
⑩ 〔南朝梁〕刘勰著，黄叔琳注，李详补注，杨明照校注《增订文心雕龙校注》，第184页。

录"①,与小说家相关。《说文》"谰,抵谰也"②,指不实的诬言。结合上文论述可知,这里与"谰言"并称的"琐语"内容荒诞,价值低下。后世运用"琐语"者基本延续了"价值低下"的内涵,如明人王廷相就"春雪五出"的说法评曰:"此亦神说琐语,乌足凭信?"③清人郝懿行对沈约《宋书》"随读随录"而成《宋琐语》自序,称:"谓之'琐语',盖取不贤识小之意。"④此外尚有"猥谈琐语""淫词琐语"等并举。

综上所述,"琐语"一词指荒诞不经、价值低下的言论。"琐语"作为一种文类应该是"语"这种文类的变体,以汲冢《琐语》为代表。它在发生之初以"述道言治"为价值功用,但思想内容在文化结构中处于相对边缘的位置,与《论语》《国语》这种征实庄重之论相区别,而与《庄子》这种使用"非-庄语"的子书风貌相近。无论汲冢《琐语》的子史之争有无定论,四库馆臣认为它是"小言破道"的"野谈",绝不可信。

二 《总目》"缀辑琐语"的价值判断

《总目》"缀辑琐语"类及其存目的作品内容驳杂,大致可分为以下几种:志怪——《博物志》《述异记》《酉阳杂俎》《续博物志》《博物志补》;故典——《清异录》《清异续录》《笔史》《古杭杂记诗集》;杂事——《蓬窗类记》《渔樵闲话》;笑噱——《笑海丛珠》《东坡问答录》《开颜集》《谈谐》《谐史》《笑苑千金》《醉翁滑稽风月笑谈》《拊掌录》《玉堂诗话》;妙语——《古今谚》,《古今谚》二卷,《古今风谣》二卷,《六语》《广滑稽》;游戏文章——《滑稽小传》《文章善戏》《十处士传》《古今文房登庸录》《香奁四友传》《居学余情》《黎洲野乘》《谐史集》《古今寓言》《广谐史》《豆区八友传》;狭邪——《青泥莲花记》《板桥杂记》。尚余三条,其一为"《小窗自纪》四卷、《艳纪》十四卷、《清纪》五卷、《别纪》四卷"条,提要:"《自纪》皆俳谐杂说及游戏诗赋,词多儇薄。《艳纪》采录汉至明杂文,分体编录,蹖驳殊甚。《清纪》摹仿《世说》,分'清语''清事''清韵''清学'四门。《别纪》兼涉志怪。"虽然四书内容不一,但四库馆臣一并评价曰:"总明季纤诡之习也。"其二为《埤雅广要》条,此书为补陆佃《埤雅》而作,本应属小学类,但质量低下,"所补庞杂饾饤,殆不成文,甚至字谜小说,杂然并载,为荐绅之所难言",被四库馆臣斥而退之小说家,"乃轻诋佃书,殊不知量!今退而列于小说家,俾以类从"。其三为《牡丹荣辱志》条,"以诸花各分等级役属之,又一一详其宜

---

① 〔南朝梁〕刘勰著,黄叔琳注,李详补注,杨明照校注《增订文心雕龙校注》,第231页。
② 〔东汉〕许慎,徐铉校定《说文解字》,第57页。
③ 〔明〕王廷相《王氏家藏集》卷三十七,明嘉靖刻清顺治十二年(1655)修补本。
④ 〔清〕郝懿行《晒书堂集》文集卷四,清光绪十年(1884)东路厅署刻本。

忌",提要曰:"非论花品,亦非种植,入之农家为不伦,今附之小说家焉。"以其无用于种植、品鉴而退之小说家。上述作品内容缺乏共性,但都以价值低下为特点。

"琐语"的成书方式"缀辑"也同样值得注意。缀的本义是"编连",《说文》"合著也"①,玄应《一切经音义》引作"合令著"②,就是"缀合起来、令之相附著"。"辑"是"编辑"的意思,《说文》"缉,绩也"③,即"绩麻"之义。因此,"缀辑"属于同义连用,本来是"连缀、编辑"丝、麻一类,引申成"编排"文字。与著书立说不同,"缀辑"是对既有文字材料的二手加工,其价值相较于原书存在天然的劣势,其加工过程也难以保证质量。察"缀辑琐语"类及其存目作品的成书方式,大致可分为两种:其一是"后人补缀",即对于古书妄为补缺附会;其二是"自为抄撮",即自主采集古书材料合为一书,或制造伪书。就著录作品5种而言,前4种皆出后人补缀,末1种属"自为抄撮"。《博物志》条"或原书散佚,好事者掇取诸书所引《博物志》",这种辑佚工作尚以存其原文为目的,但质量不佳:"以'博物'二字相同,不辨为两书,而贸贸采入乎?"此外更剽掇他书以附会:"其余为他书所未引者,则大抵剽掇《大戴礼》《春秋繁露》……诸书,恒钉成帙",则显然"不尽华之原文也"了。补缀工作之拙劣,甚至采用唐人所撰《隋书·地理志》之文,故曰"尤杂合成编之明证矣"。《述异记》的成书方式如出一辙:"或后人杂采类书所引《述异记》,益以他书杂记,足成卷帙,亦如世所传张华《博物志》欤?"因此,《搜神记》条提评此二书云:"辑二书者,耳目隘陋,故罅漏百出。"这种后人杂合成编的成书方式,严重影响了小说的信实度,《汉武帝内传》条:"今本《博物志》虽真伪相参,不足为证。"《海涵万象录》条:"张华《博物志》,小说杂书,不足为据。"对于《酉阳杂俎》,四库馆臣推测今本由胡应麟抄合,但缀辑工作有随意之嫌:"不知应麟何以得其篇目,岂以意为之耶?"《清异录》则抄录质量不高,有"杂录旧文,删除未尽"的痕迹,又"大抵即谷所造,亦《云仙散录》之流,而独不伪造书名",以为伪书。《续博物志》也出于随意剽掇:"殆亦剽掇说部以为之,仍其旧文,未及削改","龟巢莲叶一条,与华说复出,竟不及检",以至于"自相矛盾""附会舛误"。存目35种都是"自为抄撮"的,其中《笑海丛珠》《渔樵闲话》被指伪托作者,《谐史》被指伪托时代,《东坡问答录》被斥为"伪书中之至劣者";有些抄撮并非蓄意作伪,但其过程有欠严谨,如《开颜集》"皆非原文,亦一病也";《清异续录》"采撮故事,或佚脱其出典,或舛误其字句";《六语》"所录明代近事,往往猥杂,盖嗜博之过,失于翦裁"。总之,这种

---

① 〔东汉〕许慎撰,〔宋〕徐铉校定《说文解字》,第307页。
② 徐时仪校注《一切经音义三种校本合刊》,上海:上海古籍出版社2012年版,第475—476页。
③ 〔东汉〕许慎撰,〔宋〕徐铉校定《说文解字》,第277页。

"缀辑"的成书方式或有辑佚存真之功,但由于作者操作的随意性,其严重的后果是使缀辑对象真伪相淆、不足为据。

既然由"缀辑"之方式与"琐语"之对象构成的作品普遍价值低下,《总目》又为何要设立这一子目呢?

其著录作品 5 种,尚有可取之处。前四条之功用价值,皆在有助文章:《述异记》条并提《博物志》曰:"将以资后来属文之用,亦《博物志》之意。"《酉阳杂俎》条:"遗文秘籍,亦往往错出其中,故论者虽病其浮夸,而不能不相征引。自唐以来,推为小说之翘楚,莫或废也。"《清异录》条:"后人颇引为词藻之用。楼钥《攻媿集》有《白醉轩》诗,据其自序,亦引此书。则宋代名流,即已用为故实。相沿既久,遂亦不可废焉。"《续博物志》虽为《博物志》的续书,但未见有助文章与否,拈出的功用为:"特以宋人旧笈,轶闻琐语,间有存焉,姑录以备参考云尔。"所谓"备参考"当然也不排斥供词章家取材驭事之用。

其存目作品 35 种,几乎一无是处,多条被直斥"极为猥亵""极浅鄙""词意儇薄,了无可取""敝精神于无用之地者"。存目理由主要有二:其一,延续小说家的传统体格。《凡例》云:"古来有是一家,即应立是一类作者,有是一体,即应备是一格。""缀辑琐语"之词义本就绍继桓谭所谓"合丛残小语,近取譬论"的小说家传统而来,而存目中的评价尤为具体,如《谈谐》条:"古有《笑林》诸书,今虽不尽传,而《太平广记》所引数条,体亦如此。盖小说家有此一格也。"《玉堂诗话》也被称为《谐史》之流:"此《谐史》之流,非《诗品》之体,故入之小说家焉。"四库馆臣并不认可"资笑噱""资谈柄"这种价值,《广谐史》条云:"夫寓言十九,原比诸史传之'滑稽',一时游戏成文,未尝不可少资讽谕。至于效尤滋甚,面目转同;无益文章,徒烦楮墨。搜罗虽富,亦难免于叠床架屋之讥矣。"可见,存目的理由仅仅出于备小说家之一格了。其二,辨析指责作品的妄劣之处。所辨最多的是作品信实度,如《滑稽小传》"大抵寓言,无实事也",《古杭杂记诗集》"不足以资考核",《蓬窗类记》"不尽可据";其次为儇薄纤诡之风,游戏文章一类多有此病;最后是有伤风化的问题,斥狭邪一类为"劝百讽一""风雅之罪人"。

"叙述杂事"与"记录异闻"的存目同样了无可取,"凡例"所言甚明:

> 今诏求古籍,特创新规,一一辨厥妍媸,严为去取。其上者悉登编录,罔致遗珠;其次者亦长短兼胪,见瑕瑜之不掩。其有言非立训,义或违经,则附载其名,兼匡厥谬。至于寻常著述,未越群流,虽咎誉之咸无,要流传之已久,准诸家著录之例,亦并存其目,以备考核。等差有辨,旌别兼施,自有典籍以来,无如斯之博且精矣。①

---

① 〔清〕永瑢等《四库全书总目》,第 17 页。

可见，《总目》著录部分的价值是被认可的，存目部分则兼有目录学维度的存古与小说学维度的贬黜。"缀辑琐语"类著录部分尚能差强人意，其存目被斥责的严厉程度就远甚于其他两种存目了。可以说，"缀辑琐语"类存目部分是作为"反面教材"来直接体现四库馆臣小说观的，区别于一般书目的"所录即所认可"，这是小说研究者在运用史料时尤须辨别的。

三 "小说家"三种子目之关系

将"缀辑琐语"类放回《总目》小说家系统中，可知三种子目都是由"成书方式"加"对象"这两种维度构成的。其中，"叙述""记录""缀辑"三种方式等而下之，"杂事""异闻""琐语"三种对象先尊后卑，标榜出三种子目价值的顺序递减。

从"成书方式"的维度看，"叙述杂事"的书写要求是最高的。"叙事"语出《周礼》，包含浓重的"秩序""规范"之意；在史学领域，"善叙事"是"良史"的重要条件，注重"实录""劝善惩恶"和"简要"，笔记体小说也接过了这些史学叙事传统[①]。《总目》中体现最明显的是推崇"简要"。一方面，小说书写最好对材料有所择持，如《何氏语林》条："其简汰颇为精审；其采掇旧文，翦裁镕铸，具有简澹隽雅之致。"又比较道："视伪本李垕《续世说》剿掇南北二《史》，冗沓拥肿、徒盈卷帙者，乃转胜之。"《何氏语林》与《续世说》内容相类，著录前者而存目后者，正是出于成书方式的高下有别。另一方面，措辞上的简要雅驯在小说中被视为出类拔萃，如评《博异记》条："叙述雅赡，而所录诗歌颇工缀，视他小说为胜。"《还冤志》条："其文词亦颇古雅，殊异小说之冗滥。"与"冗滥"相对的"古雅"即指"简要"。对于小说的一般书写要求，则比史部的更为宽容，如《菽园杂记》条："于明代朝野故实，叙述颇详，多可与史相考证；旁及谈谐杂事，皆并列简编，盖自唐、宋以来，说部之体如是也。""缀辑"是三者中最低劣的成书方式，如"《古今谚》二卷《古今风谣》二卷"条："借编录以遣岁月，不足以言著书，其孙宗吾误刻之耳。"由于连"著书"都称不上，四库馆臣在这条的作者下使用了"编"，而不是常用的"撰"。通检《总目》小说家类著录及存目，"编"只出现在遭四库馆臣贬黜的"存目"中，有"叙述杂事"类存目的"《汉世说》十四卷"，占杂事存目约1%；"记录异闻"类存目的"《前定录》二卷""《逸史搜奇》"，占异闻存目约3.3%；"缀辑琐语"类存目的"《古今谚》二卷《古今风谣》二卷""《六语》三十卷""《广滑稽》三十六卷""《谐史集》四卷""《广谐史》十卷"，占琐语存目约

[①] 谭帆《"叙事"语义源流考——兼论中国古代小说的叙事传统》，《文学遗产》2018年第3期，第83—96页。

14.3%。可见,在《总目》小说家类整个体系中,"成书方式"依然对作品价值判断有显著影响;三种方式价值递减,以"编""缀辑"为最下。

从"对象"的维度看,"杂事"是三者中价值最高的,如《萍洲可谈》条:"所记土俗、民风、朝章、国典,皆颇足以资考证,即轶闻、琐事,亦往往有裨劝戒;较他小说之侈神怪、肆诙嘲、徒供谈噱之用者,犹有取焉。""异闻"属于一般小说,价值次于"杂事",如"《甲申杂记》一卷《闻见近录》一卷《随手杂录》一卷":"三书皆间涉神怪,稍近稗官,故列之小说类中;然而所记朝廷大事为多,一切贤奸进退,典故沿革,多为史传所未详,实非尽小说家言也。"与对于"异闻"的宽容不同,"琐语"包含的"狭邪""谐谑"等内容被斥为"污秽",如《东南纪闻》条"南岳夫人一事,尤为猥亵,亦未免堕小说窠臼,自秽其书";在《唐志》列为杂史类的《大唐新语》,只因"其中'谐谑'一门,繁芜猥琐,未免自秽其书",便被四库馆臣退置小说家。可见"琐语"在三种对象中,依然是最鄙下的。

三种子目价值排序的核心依据是什么呢?据《总目》类序,小说家的价值有寓劝诫、广见闻、资考证三种,分布在三种子目的作品中。现加上"有助文章"一项价值,以小说家著录作品123部为范围(存目作品缺乏价值,不计),将提要中明确指出价值的作品部数制表如下(表1):

表1 《四库全书总目》小说类选目价值统计

子目/功用 (作品部数)	寓劝诫	广见闻	资考证 (与史参行)	有助文章	单项占小说 123部百分比
叙述杂事	17	9	58	3	70.7%
记录异闻	5	3	6	10	19.5%
缀辑琐语	0	0	1	4	4.1%
单项占小说 123部百分比	17.9%	9.8%	52.8%	13.8%	

"叙述杂事"中能提供价值的作品占到了小说家类著录作品总数123部的七成,明显压倒其他两种子目,这一比例也得益于其本身著录的作品最多。三种子目本身著录的作品数量确实差距悬殊,"叙述杂事"著录86部,"记录异闻"著录32部,"缀辑琐语"著录5部;但这并不干扰研究结果,因为著录数量的递减情况本身就能体现四库馆臣的价值取向。从价值种类看,"资考证"(与史参行)的作品占总数123部的五成,是数量第二的"寓劝诫"作品的近3倍;这只是保守估计,仍有不少被指"不可为据"的作品未计,反映出四库馆臣对"资考证"的念兹在兹。因此,三种子目价值排序的核心依据是"信实度"。

"成书方式"保障信实度,"对象"决定信实度。从方式看,《总目》一贯注重考证版本源流,辨析真伪善否,努力校雠订正、去伪存真,如《刘宾客嘉话录》条:"盖《学海类编》所收诸书,大抵窜改旧本,以示新异。遂致真伪糅杂,炫惑视听。幸所搀入者,尚有踪迹可寻。今悉刊除,以存其旧。""叙述"包含"实录"的要求,而"缀辑"最难保障信实度。从对象看,"杂事"最为征实,"异闻"也未必不可信。或出于迷信,如《还冤志》条:"强魂毅魄,凭厉气而为变,理固有之,尚非天堂地狱,幻杳不可稽者比也。"或取其精华,如《甘泽谣》条:"今考此书'陶岘'条中,实有布衣焦遂,而绝无口吃之说,足以证师古伪注之谬。是亦足资考证,不尽为无益之谈矣。"四库馆臣对"异闻"的态度尚属宽容,正如《剧谈录》条下按语:"稗官所述,半出传闻,真伪互陈,其风自古,未可全以为据,亦未可全以为诬,在读者考证其得失耳,不以是废此一家也。"包含谐谑、游戏文章的"琐语"最为"幻杳不可稽",著录作品以"有助文章"为主,只是退而求其次的价值,类序中亦不提及,《凡例》云:"本属伪书,流传已久,或掇拾残剩,真赝相参,历代词人已引为故实,未可概为捐弃,则姑录存而辨别之。"相对而言,"对象"的权重大于"成书方式":成书方式相同的作品尚有价值浮动空间,如《搜神记》"即诸书所引,缀合残文,传以他说,亦与《博物志》《述异记》等。但辑二书者,耳目隘陋,故罅漏百出。辑此书者,则多见古籍,颇明体例,故其文斐然可观";对象则能够直接决定价值,如《玄怪录》"志怪之书,无关学问,其完否亦无容深考";三种存目里也多有成书方式低劣的作品,但总体上仍然以"对象"为类相附从。结合而言,最理想的小说是"对象"征实、"成书方式"简要的,《才鬼记》可作为反面典型:"小说家语怪之书,汗牛充栋。鼎祚捃拾残剩以成是编,本无所取义,而体例庞杂又如是,真可谓作为无益矣。"

馀　论

　　《总目》小说家子目的分类依据统一,即以信实为核心的价值度;鲁迅、陈平原等认为《总目》小说家子目的分类依据不统一,是从作品内容与形式角度思考的结果。这种文学批评方法固然为近现代人惯用,但并不能还原《总目》小说家的分类逻辑,更无从考察古人的小说观。四库馆臣眼中的小说并非文学作品,而是阐明王道、致用实学的工具,《凡例》云:"圣贤之学主于明体以达用,凡不可见诸实事者,皆属卮言。"以崇真黜伪为核心的价值判断即出于功利性,"辟其异说,黜彼空言,庶读者知致远经方,务求为有用之学"。四库馆臣对小说家的分类工作,同样从实际需要出发,正如王国维对中国传统思维方式的评价:"吾国人之所长,宁在于实践之方面,而于理论之方面,则以具体的知识工"的诸多记载,甚至可以追寻到"涉事人"之一晁仲衍。其文本在这个时代经历了层次叠加,是毋庸辩驳的事实。但这种层累的影响程度、情况的复杂程度究竟如何?是仅限于注文、出典,抑或波及条目乃至门类设置?即便确曾存在出自白居易的最初文本,相关内容的形态、占比如何?今本面貌在多大程度上能够呈现其原本的视角?均未得到应有的关注。

应该说,近年日本的相关研究已现明显新变。作为日本学术界的不衰之宠,白居易其人其学得到了多角度的细致探讨,从花房英树、津田洁、山崎诚等前辈学者将其作为白居易自编类书用于白诗的解读、注释,到近年大渕贵之、柳川顺子等从文本出发,就该书部类、条目、注释特点,所涉文献来源、承袭关系等问题进行精细地剖析考察,对其成书及传世过程中的增注、增补、演变提出自己的见解,并就其实际特质、用途、目的作出更切实的推断①,进展令人可喜。而相较之下,国内研究虽亦有增多,不乏新见,但总体仍趋向于将其视为一个整体,即使已注意到该书与既有类书之间大面积的材料重叠及可能存在的承用关系,对其本身的驳杂现象与复杂问题亦往往轻轻带过或避而不谈,探讨和使用仍停留在相对简单的状态。

在"主体"特质不明的前提下,强调其与白居易及唐代文学的关系,越过文献问题谈论特点、价值,无疑相对轻巧,但也埋藏着极大的风险。这也是日本学者珠玉在前的情况下,本文依然不揣简陋,涉入这一"公案"的原因之一。

本文亦从"文本细读"入手,选择典型例证,对《白帖》驳杂凌乱的文本再作探究,提取细节现象背后的潜在规律,借以辨识其"层累"痕迹。主要涉及两个角度:一是借助暗藏在《白帖》当中的《初学记》碎片,抽绎暗含其间的不同编纂逻辑,论证今本《白帖》对《初学记》实有出自不同操作主体、"不止一次"的取资;二是捕捉《白帖》部分门类体例与编排上自相矛盾的现象,剖析"单字小目"与"附门"之间编纂思路的冲突,以证其增益之迹。并以此为基础,试就中国古代类书成书、流传、演变的一般规律提出自己看法。

本文在考察方法上,或许不失为一种新尝试,学识所限,疏漏在所难免。谨以就正于方家。

---

① [日]大渕贵之《传世过程における白氏六帖の部立て增修——〈艺文类聚〉〈初学记〉による山部门目の增修を中心として》,《白居易研究年报》十二,东京勉诚社,2011 年,第 213—234 页;《〈白氏六帖〉の特质》,《中国文学论集》四十三,九州岛大学,2014 年,第 95—104 页;[日]柳川顺子《北京图书馆藏〈新雕白氏六帖事类添注出经〉残卷について》,《九州岛大学学术情报·中国文学论集》,1997 年 12 月;《"白氏六帖"炭门考》,《广岛女子大学国际文化学部纪要》新辑第 3 号,第 13—27 页。

一　白氏与"六帖"

《白帖》题名责任人为唐代著名诗人白居易。《旧唐书》本传已见"《经史事类》三十卷"之说①,《新唐书·艺文志》则著录为:"《白氏经史事类》三十卷。白居易,一名《六帖》。"②传世本《白氏文集》所收、学界长期聚讼的"自撰"《醉吟先生墓志铭》,亦可见"又著《事类集要》三十部,合一千一百三十门,时人目为《白氏六帖》,行于世"③之说。

其传世早期版本有宋刊之《白氏六帖事类集》《白氏六帖事类添注出经》④,亦有《白氏六帖类聚》之名见于著录⑤。此书"备词藻之用"⑥,在当时及后世有较为广泛的接受,且不乏续作,如南宋初孔传《六帖新书》(亦被合编为《白孔六帖》)、南宋末杨伯岩《六帖补》等,亦均出士人之手,可见影响深远。

而除此之外,宋人所追述的纂辑过程,或许也是此书在类书史上为人瞩目的因素之一。宋初《杨文公谈苑》载:

> 人言白居易作《六帖》,以陶家瓶数千各题门目,作七层架,列置斋中,命诸生采集事类投瓶,倒取之,抄录成书。故其所记时代多无次序。⑦

这则记载,生动地勾画出一个章法分明、颇具情趣,且高度符合后人想象的理想化类书编纂图景。杨亿既述"人言",其可靠程度、信息来源已无从确考,然自此之后,此说即为人所乐道。如南宋晁公武《郡斋读书志》著录:

> 《六帖》三十卷:右唐白居易撰,以天地事物分门类为声偶,而不载所出书。曾祖父秘阁公为之注,行于世。世传居易作《六帖》,以陶家瓶数千,各题名目,置斋中,命诸生采集其事类,投瓶内。倒取之,钞录成书,故所记时代多无次序云。⑧

---

① 〔后晋〕刘昫《旧唐书》卷一百六十六《列传》一百十六,北京:中华书局,1975年,第4356页。
② 〔宋〕欧阳修《新唐书》卷五十九《艺文志》四十九,北京:中华书局,1975年,第1654页。
③ 〔唐〕白居易撰,顾学颉校点《白居易集》卷七十一,北京:中华书局,1979年,第1054页。
④ 本文所据为日本静嘉堂文库所藏北宋刊本《白氏六帖事类集》(如非特别说明,引文皆据此本,下不一一注明)。《白氏六帖事类添注出经》与《白氏六帖事类集》之差异主要在于出处标注方式,而内容、条目仅偶有出入,暂不多做讨论。
⑤ 《白氏六帖类聚》,著录于《季沧苇藏书目》《皕宋楼藏书志》等,为明文渊阁旧藏,今不传。
⑥ 〔清〕《四库全书总目》卷一三五《子部》卷四五《白孔六帖提要》,北京:中华书局,1965年,第1143页。
⑦ 〔宋〕杨亿口述,黄鉴笔录,宋庠整理《杨文公谈苑》,李裕民辑校,上海:上海古籍出版社,1993年,第8页。
⑧ 〔宋〕晁公武《郡斋读书志》卷十四,孙猛《郡斋读书志校证》,上海:上海古籍出版社,1990年,第652页。

在与之时间相仿的《记纂渊海》等书中,也可见类似引用。而在实际成书时间更早(不迟于两宋之交)的伪书《云仙散录》所载近百种疑似杜撰书名之中,赫然可见"《陶家瓶余事》",或亦从一个侧面折射出宋人对此说的熟悉与热衷。后世述及《白帖》者,同样往往以比为言,今世犹然。

有关汇集资料、编纂成书的生动记载,及加工者、使用者的不断加持,也在无形中强化了人们对这部书的信任度,即这部类书是从"经史"原始资料摘取、汇纂而成的。如南宋韩驹《白孔六帖序》云:"唐白居易掊撼诸书事,提其要,区分汇聚,有益于世。"①作为"提其要"之来源的"诸书",自亦导向原始典籍。而近世,"陶家瓶"也被胡道静先生戏称为"白居易的卡片箱",成为唐代人知识获取与整理存留方式的标本。

但杨亿述及此说,其意实际在于为"所记时代多无次序"这一现象找出解释。不得不说,鲜活美好的图景总是先于关联词"故"所传递的逻辑关系率先吸引了读者的眼球,夺走了核心内容应有的位置,也遮蔽了这一传说实际传递出的宋代,甚至更早的人,对此书编录方面杂乱现象的疑惑。

《白帖》与白居易(或云其某个阶段的知识储备)曾存在某种关联,或许确是事实。如大渊贵之、张雯等学者都注意到其间掌故与白居易早年《百道判》之间的对应,而"诸生共同忙碌的作坊场景"也被排除。但传世文本与白氏的关联模式究竟如何?退一步说,在其后的用户手中,"卡片箱"被"投入"了多少新卡片?"陶家瓶"的设置、摆放,又发生过怎样的调整?传世本从宏观到微观,所呈现的对自然、人事的认知和关注,对典故辞藻的需求,和该书作为工具书满足这种需求的方式,到底属于(或不属于)怎样的时代和人群?当我们从中汲取关于过去时代的信息的时候,到底应如何定位?实际是无法回避的问题,并会影响到后续研究可能延伸的距离乃至方向。

二 《白帖》对《初学记》的材料承用

《白帖》与《艺文类聚》《初学记》并称为"唐代三大类书"②,就今本《白帖》而言,《艺文类聚》《初学记》亦是其取资的重要对象。大渊贵之曾以"山部"为例,考察了其所有门类均与上述二书存在直接对应的情况,并借用"昆仑山""恒山"两门展现了内容间的密切关联,得出"山部"全部二十类中十九类来自增修,传世本《白帖》曾据《艺文类聚》《初学记》进行了部类增补的推论。③"山部"

---

① 《白孔六帖》卷首,影印文渊阁四库全书本。
② 胡道静《中国古代的类书》,北京:中华书局,2005 年,第 103 页。
③ [日]大渊贵之《传世过程における白氏六帖の部立て増修——〈艺文类聚〉〈初学记〉による山部门目の増修を中心として》。

门类在三书之间几近严丝合缝的对应、"恒山"仅一条溢出于《初学记》之外的现象,不可不谓触目惊心。

有唐代类书作为审视《白帖》文本生成的参照系,是今人极大的幸事。特别是《初学记》,既篇幅相近,其百年之隔相较千余年的古今之变亦可称不远。虽一为备皇子学习写作之用的官修书籍,一则从编者到读者皆为士人,颇接地气,二者在内容和体式上既有交叉重叠,也存在明显差异,但其照映、其抵牾,亦均可提供分析的契机。

客观而言,类书编纂中参考已有类书甚至用为蓝本乃惯常做法,官修大型类书亦未能免俗,遑论私人修纂。即使白居易本人,将《初学记》作为"诸书"之一,拆分投入"陶家瓶"亦无不可。但值得注意的是,姑且不论发生在初编或增修之时,这些来自《初学记》的若大若小的碎片,真的是在同一时间、同一次编纂或增益当中进入《白帖》的吗?其间关联现象,值得品味之处颇多。

1. "事对"的"整体迁移"与对《初学记》的简单承用

《初学记》体例清晰,特色鲜明。胡道静先生概括为"这是一部以知识为重点的类书,兼顾词藻典故以及文章名篇,故编辑体制和一般类书都不同。它的'叙事'部分似刘宋颜延之和梁元帝萧绎的《纂要》,'事对'部分似《编珠》,'诗文'部分似《艺文类聚》中的第二条龙。可以说是吸取其前各种重要类书和准类书体制上的特长,汇并而成。既能丰富知识,又便于临文时查检事类"[①]。其中"事对"部分"隶事为对,下注出处",从前人记载或诗文中提取典故辞藻,形成二字、三字、四字或更长的词组,两两成对,供写作诗文参考、甚至直接取用,可谓精巧便捷,极具特色。而其中的一部分,内容连同形式"原汁原味"地出现在了传世本《白帖》当中,这既是材料承用关系最鲜明的体现,也因其"简单粗暴"成为今本《白帖》材料处理方式上一种值得关注的类型。

可以《初学记》卷三十"鸟部·凤第一"为例,其"事对"部分共收录了"衔图·授玺""丹穴·紫庭""六德·五象""十子·五雏""巢歌·栖梧""凤翼·云仪""金味·朱冠""阳精·灵质""止帝梧·集王谷""五彩羽·千金毛"十组典故。其中"金味·朱冠""五彩羽·千金毛"两组也见于《白帖》卷二十九"凤第二",相关部分对比如下(表1,画线部分为有差异的文字):

表1

《初学记》卷三十"鸟部·凤第一"	《白帖》卷二十九"凤第二"
【事对】……金味 朱冠(陆翙《邺中记》)曰:石季龙皇后在观上,有诏书,五色纸著凤口中,凤既衔诏,	……金味朱冠(《邺中记》)曰:石季龙与皇后在观上,有诏书,五色纸书,著凤皇口中。既衔诏,

---

① 胡道静《中国古代的类书》,第128页。

《初学记》卷三十"鸟部·凤第一"	《白帖》卷二九"凤第二"
侍人放数百丈绯绳,辘轳徊转,凤皇飞下。凤以木作之,五色漆画,咮脚皆用金。晋顾恺之《凤赋》曰:朱冠赫以双翘。)……五彩羽 千金毛(《东观汉记》曰:建武十七年,凤皇至,高八九尺,毛羽五彩,集颍川,群鸟并从,盖地数顷,留十七日乃去。王子年《拾遗记》曰:周昭王以青凤之毛为二裘,一曰燠质,一曰暄肌,常以御寒。至厉王末,犹宝此物。及厉王流于彘,人得而珍之,罪有陷大辟者,以青凤毛赎罪免死,片毛则准千金。)①	侍人放数百丈绯绳,鹿卢徊转,凤飞下。凤以木作之,五色画之,咮脚皆用金。顾恺之《凤皇赋》曰:朱冠赫以双翘。)五彩羽千金毛(《东观汉记》曰:建武十七年,凤高八尺,毛羽五色,集颍川郡,群鸟并从,覆地数顷,留十七日乃去。又《拾遗记》曰:周昭王以青凤之毛为二裘,一曰暖质,二曰暄肌,常以御寒。至厉王末犹宝此,及厉王流于厥,人得而珍之。罪有陷大辟者,以一青凤毛赎罪。一毛千金也。)

二者从形式、内容到行文均高度一致,不同处除标注出处时《邺中记》作者"陆翙"、《拾遗记》作者"王子年",及《凤赋》作者顾恺之的时代"晋",在《白帖》不复出现外,无非传写之讹如"彘"与"厥",或行文上的微小差异如"凤"与"凤皇"、"漆画"与"画之"、"色"与"彩"、"燠"与"暖"、"片毛"与"一毛",及语气词"也"之有无,诸如此类②。为数不多,且文字之节略、讹误多出现在《白帖》。

更值得注意的是,这些成对语汇在《白帖》与《初学记》同样采用了两两连写,并在其后一并注出出处、典故的形式。

客观而言,今本《白帖》并非每个条目均有注文,两个甚至多个语汇连续排列的情形并不少见,其形式与成对收录似无二致。如同样在"凤"类,亦可见如:

……仙翰　灵凤(凤仪丹穴)……仙驾　来翔(《吴志》:费祎曰:"凤皇来翔麟吐哺")……居广都之野　节节(《白虎通》曰:雄鸣。)足足(又雌鸣)游必择地(饥不妄食。《白虎通》云。)小音中钟　击磬(《帝王世纪》曰:帝喾击磬,凤皇舒翼而舞。)……③

"仙翰"与"灵凤"、"仙驾"与"来翔"均由两字组成,似与"金咮·朱冠""五彩羽·千金毛"的组合非常相近,但一来这些语汇之间未必存在严格的对仗,且其后出现的注文,均仅涉及后一语汇,即如"凤仪丹穴"仅用以说明"灵凤",无

---

① 〔唐〕徐坚《初学记》,北京:中华书局,1962年,第725页。本文所引《初学记》皆据此本,下不一一注明。

② "及厉王流于厥""以一青凤毛赎罪",中国国家图书馆藏南宋刊本《白氏六帖事类集》作"及厉王流于彘""以一青凤毛赎罪免外",与《初学记》文字更为接近。

③ 按:静嘉堂文库所藏北宋刊本《白帖》条目之间无间隔,如无注文,则标目文字直接相连;中国国家图书馆藏南宋刊本则于标目连续排列时空一格。为求清晰,本文引静嘉堂文库藏本,亦于标目间空一格。后文同。

关"仙翰";"凤皇来翔麟吐哺"亦仅属"来翔",而与"仙驾"无干,这与来自"事对"的成组辞藻,仅仅是形式上的偶合,而性质全然不同;而其后来自《帝王世纪》的"击磬"之前的"居广都之野""节节""足足""游必择地""小音中钟"五个条目皆出自《白虎通义》,"足足""小音中钟"出处承前省。其中"节节"与"足足"、"游必择地"与其注文"饥不妄食"虽然亦可构成对偶,但前者同源各注,后者则为"文注对",采录体式并不相同。

　　《白帖》条目的文注关系相当驳杂,或为出处及相关记述,或仅为所出书籍、篇章,或为上下文,抑或为对偶语句。这里想要强调的是,无注或省略注文之条目连录,与成对语汇并录并注,实属貌合神离。由此亦可知,成对录入语汇,且将不同出处的两条集中做注,当可说明该对语汇有着共同来源,是作为一组被同时取用的。

　　《白帖》与《初学记》之间语汇的重叠广泛存在于多个门类,在作为客体存在的"物"类尤为显著。可以"凤"门所在的《白帖》卷二十九为例,该卷以鸟兽虫鱼为收录对象,与《初学记》卷三十"鸟部""鳞介部",卷二十九"兽部"相应,在可对应的门类中,同形同质之"事对"不时可见。如"龙"门有"五彩·九色","牛"门有"东夷占骨·西河畜桲","羊"门有"土怪·岳精","象"门有"天竺战·苍梧耕","师子"门有"服狸·击象","骆驼"门有"识源泉·知水脉","驴"门有"名驹·奇畜","鼠"门有"尾白·毛苍",不一而足。

　　而详细梳理这些门类,还可发现更多条目虽表面不尽一致,但可确认《白帖》存在讹误与变形,其来源与《初学记》相关联。

　　如《白帖》卷二十九"鼠第六十九",以前述"同形同质"的严格标准来看,仅有"尾白·毛苍"与《初学记》卷二十九"鼠十四"之"事对"完全吻合,而此外尚可见"有皮·无肉""食乌·郊牛""益肉·捧朱"。其中"有皮·无肉"即《初学记》"鼠十四·事对"之"有皮·无骨","有皮"注文未录入,所系注文乃《初学记》中属于"无骨"者,"无肉"当为"无骨"之讹;"食乌·郊牛"对应"食乌·毁牛";"益肉·捧朱"则是"盗肉·捧珠"。排除手民之误,这些依然呈现为最简单、明晰的取用。

　　再如,《白帖》"象第五十三"在"天竺战·苍梧耕"之前有相连的"藏牙""役鼻"两条:

　　……藏牙　役鼻(沈怀远《南越志》曰:象牙长一丈余,脱其牙则藏之,削木代之可得,不尔,则穷其主,得之乃噬也。)鼻为口使(万震《南州异物志》曰:象之为兽,形体特诡。鼻为口使,望头如尾。驯良承教,听言则跪。服重致远,行如丘徙。)天竺战　苍梧耕……师子击(宋悫,字充干。与林邑王战,泛海迷入象浦,林邑王诡阳迈倾国来坐,以其装象前无际。悫曰:"吾闻外国有师子,威服百兽。"乃制其形相御之,象果惊奔,贼众因溃乱。乃奋击,阳迈逆走,遂克林邑,收其珍异,皆是未名之宝也。)……素牙玉絜。

《初学记》卷二十九"象第二"为：

> 藏牙　役鼻（沈怀远《南越志》曰：象牙长一丈余，脱其牙则深藏之。削木代之可得，不尔，穷其主，得乃已也。万震《南州异物志》曰：象之为兽，形体特诡。身倍数牛，目不逾豨。鼻为口役，望头若尾。驯良承教，听言则跪。素牙玉洁，载籍所美。服重致远，行如邱徙。)①

《白帖》"藏牙"下无注，"役鼻"下所注内容实际属于"藏牙"。而此条之后的独立条目"鼻为口使"之下，则为《初学记》"藏牙·役鼻"属于"役鼻"的注文。由"藏牙"注置于"役鼻"后的"小错乱"来看，当亦是二注原本集中编排所致；而"役鼻"注文的"后置"，则或是相关内容其后又经历了条目的再次提取与整合的结果。

因前文已出现类似内容而以互注方式省略注文的情形，《白帖》也不少见。如"鸡第八"之"玉珰·金距"：

> 玉珰　金距（金距见前。习故《长鸣鸡赋》："若乃本其形象，详其羽仪，朱冠玉珰，丹素并施。")

注文先云"金距见前"，其后为与《初学记》基本一致的"玉珰"注，所谓"习故《长鸣鸡赋》"于《初学记》卷三十"鸡第三·事对"之"玉珰·金距"作"习嘏《长鸣鸡赋》"，注文中"若乃本其形象，详其羽仪"并不见于《初学记》此注，看似内容有溢出，实则此篇于《初学记》该类"赋"亦有载录，相关文句包含其中，无需另据其他资料即可补出。再如"牛第五十"之"四耳·八足"，注文先云"四耳见驾车门"（指"牛"之附门"驾车"，亦有"四耳"条，注同《初学记》)，其后是与《初学记》基本相同的"八足"注。

而"师子五十四"之"毛浅若虦·尾大如斗"注云"《尔雅》曰：'虦，浅毛。'下见上注"，前半可谓《初学记》同形态事对之注文"《尔雅》曰：狻猊如虦猫，食虎豹，浅毛也"之节略，而所谓"下见上注"之"下"无疑指对语之后半，循"上注"之说，则可见《白帖》该类前文有"乌弋（汉乌弋国有师子，似虎，正黄，尾端大如牛)"，与《初学记》对应注文"《汉书·西域传》曰：乌弋国有狮子，似虎，正黄，尾端毛大如斗"几乎全同。且存在相同的文义偏离（考证详后文)，当非偶然。

以上讨论的是《白帖》与《初学记》"事对"的雷同。虽然类似"事对"的形态，在《白帖》并非"主流"，借用痕迹明显，但在类书中却并非《初学记》之首创，今可知者，前有胡道静先生已言及的隋杜公瞻《编珠》，而发现于敦煌遗书、通常被认为属中唐时期的《语对》，亦相仿佛。其中《编珠》，即同样采用了"隶事

---

① 《初学记》，第699页。

为对,下注出处"的形式,先列一组对语,下列二者出处及原始文字,与《初学记》"事对"体式完全相同。类似书籍未能传世者,则不知凡几。因此,仅从形式上并不能作出相关内容取自《初学记》的终极判断。但幸运的是,同一类别当中,相重叠的不仅有成组的"事对",其他相关部分在《白帖》排列亦相对集中,可作为辅助证明。如同样在《初学记》"凤"类,"五彩羽·千金毛"为"事对"末条,其后为:

【赋】唐太宗文皇帝凤赋(有一威凤,憩翮朝阳。晨游紫雾,夕饮玄霜。资长风以举翰,戾天衢而远翔。西翥则烟氛闷色,东飞则日月腾光。化垂鹏于北裔,训群乌于南荒。弥乱世而方降,膺明时而自彰。幸赖君子,以依以持。引此风云,濯斯尘滓。披蒙翳于叶下,发光华于枝里。仙翰屈而还舒,灵音摧而复起。盼八极以腾骞,临九天而高峙。……)

《白帖》于"五彩羽·千金毛"之后,亦是"赋:唐太宗《凤赋》曰:有一灵凤,羽翮朝阳。晨游紫雾,夕饮玄霜。资长风以举翰,戾天衢而远翔"。仅对《初学记》所引又作截取。类似情况广泛存在于诸相应门类,不仅有助于证实《白帖》相关内容取自《初学记》,亦可提示《白帖》对《初学记》"简单粗暴"地取用,不仅限于"事对"。相关情形下文将续有涉及。

2. 同源条目在承用方式与材料处理上的"差异性"

在确定《白帖》对《初学记》有袭用,并理出最典型、最醒目的形态之后,可对其使用方式与程度作出进一步考察。可以卷十八"磬二十二"为例,或因与日常生活关系较为疏离,古籍中相关记载并不十分丰富,《白帖》此门内容与《初学记》重叠度相当高,现象也相对简单明晰。

《初学记》卷十六"乐部下·磬第六"内容如下(加注序号于每个条目之后):

【叙事】《世本》曰:无句作磬。(《乐录》又曰:磬,叔所造。未知孰是。无句,尧臣也。)(1)《五经要义》曰:磬,立秋之乐也。(2)《白虎通》曰:磬者,夷则之气,象万物之成。(3)《尔雅》曰:大磬谓之馨。(许乔反)徒击磬谓之寋。(郭璞曰:磬形似犁,管以玉石为之。)(4)《周礼》曰:磬人为磬,倨句一矩有半,其博为一。(5)《三礼图》曰:股广三寸,长尺三寸半,十六枚同一笋虡,谓之编磬。(6)《周礼注》曰:在东方曰笙磬,在西方曰颂磬。(笙,生也。颂作庸,庸,功也。)(7)古磬名有离磬、(见《礼记》)(8)洞阴之磬。(见《汉武内传》,西王母侍女成花君所拊。)(9)出磬石有泗滨、(《尚书》曰:泗滨浮磬。)(10)九真浮岳、(见刘欣期《交州记》)(11)小华之山、(12)泾水鸟危之山。(并见《山海经》)(13)【事对】泗滨 瀛上(《尚书》曰:徐州泗滨浮磬。孔安国曰:泗水中见石,可以为磬也。王子年《拾遗记》曰:浮磬即瀛洲也,上有青石,可为磬,磬长一丈而轻若鸿毛。)

(14)悬石 浮金(王韶之《始兴记》曰:县下流有石室,内有悬石,扣之声若磬,响十余里。郭子横《洞冥记》曰:汉武帝起招仙阁于甘泉宫西,其上悬浮金轻玉之磬。)(15)禹悬 夔拊(《淮南子》曰:禹以五音听政,悬钟鼓磬铎,置鼗,以待四方之士,为号曰:"教寡人以道者击鼓,喻寡人以义者击钟,告寡人以事者振铎,告寡人以忧者击磬,有狱讼告寡人者摇鼗。《吕氏春秋》曰:尧命夔拊石击石,以象上帝玉磬之音,以舞百兽。孔注《尚书》曰:拊,击也。石,磬也。)(16)鸟应 兽舞(《东观汉记》曰:王阜为重泉令,鸾鸟集学官,阜击磬而舞。《尚书》曰:击石拊石,百兽率舞。)(17)鲁堂 汉阁(《汉书》鲁恭王好修宫室,坏孔子旧宅以广宫室,闻钟磬琴瑟之音,遂不复坏。汉阁已见"浮金"注中。)(18)山阳石 水上金(《山海经》曰:鸟危之山,其阳多磬石。郭子横《洞冥记》曰:汉武帝悬浮金轻玉之磬。浮金者,自浮于水上;轻玉者,其质贞明而轻也。)(19)宾媚赂晋 臧文告齐(《左传》曰:晋师从齐师入自丘舆,击马陉,齐侯使宾媚人赂以纪甗玉磬。《国语》曰:鲁饥,臧文仲以玉磬如齐以籴。)(20)

将《白帖》与之对读,可以发现其全部38个条目当中,21条与《初学记》存在内容对应,涉及《初学记》"磬类"20条中的18条。情况如下(表2):

表 2

	《白帖》卷十八"磬二十二"		《初学记》卷十六"乐部下·磬第六"
1	无句作磬(无句,尧时人。)	(1)	《世本》曰:无句作磬。(《乐录》又曰:磬,叔所造。未知孰是。无句,尧臣也。)
2	磬,立秋之乐(《五经义》曰)	(2)	《五经要义》曰:磬,立秋之乐也。
3	磬者,夷则之气,象万物之成。(《白虎通》)	(3)	《白虎通》曰:磬者,夷则之气,象万物之成。
4	《虞书》:夔曰:击石拊石,百兽率舞。(击石、拊石,并击磬也。百兽感音而舞也。)	(16)	禹悬 夔拊(……《吕氏春秋》曰:尧命夔拊石击石,以象上帝玉磬之音,以舞百兽。孔注《尚书》曰:拊,击也。石,磬也。)
		(17)	鸟应 兽舞(……《尚书》曰:击石拊石,百兽率舞。)
5	鸣球(球亦玉磬。)		
6	泗滨之石(《书》曰泗滨浮磬。言石浮可为磬)	(10)	出磬石有泗滨(《尚书》曰:泗滨浮磬。)
		(14)	泗滨 瀛上(《尚书》曰:徐州泗滨浮磬。孔安国曰:泗水中见石,可以为磬也。……)
7	有心之击(子击磬于卫,有过者曰:有心哉击磬乎!)		

续表

	《白帖》卷十八"磬二十二"		《初学记》卷十六"乐部下·磬第六"
8	击磬		
9	襄入于海(襄,磬师名。)		
10	昭其声也		
11	悬黎之磬(玉石名。)		
12	洞阴之磬(磬名也,见《汉武内传》)	(9)	洞阴之磬(见《汉武内传》,西王母侍女成花君所拊。)
13	浮金轻玉之磬(汉武帝之有。)	(15)b	悬石 浮金(……郭子横《洞冥记》曰:汉武帝起招仙阁于甘泉宫西,其上悬浮金轻玉之磬。)
		(19)b	山阳石 水上金(……郭子横《洞冥记》曰:汉武帝悬浮金轻玉之磬。浮金者,自浮于水上;轻玉者,其质贞明而轻也。)
14	宾媚行赂于晋(晋败齐,齐侯使宾媚人赂以纪甗玉磬。宾媚人,国佐也。)	(20)a	宾媚赂晋 臧文告齐(《左传》曰:晋师从齐师入自丘舆,击马陉,齐侯使宾媚人赂以纪甗玉磬。《国语》曰:鲁饥,臧文仲以玉磬如齐以籴。)
15	文仲告籴于齐(《国语》:鲁饥,臧文仲以玉磬告籴于齐。)	(20)b	
16	南邻击钟磬(左思诗)		*卷十八"人部中·贵四"左思咏史诗
17	和钟并击		
18	与笙同音(《诗》云:笙磬同音。)		
19	夔拊(《吕氏春秋》:尧命夔拊石。)	(16)b	禹悬 夔拊(……《吕氏春秋》曰:尧命夔拊石击石,以象上帝玉磬之音,以舞百兽。孔注《尚书》曰:拊,击也。石,磬也。)
20	子击(见上)		
21	兽舞(见上)	(17)b	鸟应 兽舞(《东观汉记》曰:王阜为重泉令,鸾鸟集学宫,阜击磬而舞。《尚书》曰:击石拊石,百兽率舞。)
22	鸟应(东汉王阜为重泉令,鸾鸟集于学。阜击磬,鸟飞应而舞。)	(17)a	
23	簨虡斯悬		
24	襄入于海(子击于卫)		

续表

	《白帖》卷十八"磬二十二"		《初学记》卷十六"乐部下·磬第六"
25	不击不考		
26	石声磬磬以立辩,辩以致死,君子听磬声则思死封疆之臣(《礼记》云。)		
27	《周礼》:磬氏为磬,倨句一矩有半(云云。)	(5)	《周礼》曰:磬人为磬,倨句一矩有半,其博为一。
28	磬师掌击编磬(教视瞭也。)		
29	教缦乐(见钟门)		
30	水滨得(汉成时,犍为郡于水滨得石磬十六枚,刘向说上宜兴辟雍、设胶序、隆雅颂之音,以风化于天下也。)		
31	无句作磬未知孰是(《乐录》云,《世本》亦云。)	(1)	《世本》曰:无句作磬。(《乐录》又曰:磬,叔所造,未知孰是。无句,尧臣也。)
32	笙磬颂磬(《周礼注》曰:在东方曰笙磬。笙,生也。西方曰颂声。颂或作康,康功也。)	(7)	《周礼注》曰:在东方曰笙磬,在西方曰颂磬。(笙,生也。颂作庸,庸,功也。)
33	泗滨(见上)	(14)a	泗滨 瀛上《尚书》曰:徐州泗滨浮磬。孔安国曰:泗水中见石,可以为磬也。王子年《拾遗记》曰:浮磬即瀛洲也,上有青石,可为磬,磬长一丈而轻若鸿毛。)
34	瀛上(王子年《拾遗记》曰:浮瀛洲上有青石可为磬,长一丈而轻若鸣也。)	(14)b	
35	浮金(子郭横《洞冥记》曰:汉武帝起招仙阁于甘泉宫西,其上悬浮金轻玉磬。)	(15)b	悬石 浮金(……郭子横《洞冥记》:汉武帝起招仙阁于甘泉宫西,其上悬浮金轻玉之磬。)
36	禹以五音听政,悬鼓磬铎钟韶以待四方之士。为铭于簨虡曰:语寡人以忧者击磬。(《鬻子》)	(16)a	禹悬 夔拊(《淮南子》:禹以五音听政,悬钟鼓磬铎,置鞀,以待四方之士,为号曰:"教寡人以道者击鼓,喻寡人以义者击钟,告寡人以事者振铎,告寡人以忧者击磬,有狱讼告寡人者摇鞀。")
37	鲁堂(《汉书》:鲁共王坏孔子旧宅以广宫室,闻钟磬琴瑟之声,遂不敢坏。)	(18)a	鲁堂 汉阁(《汉书》鲁恭王好修宫室,坏孔子旧宅以广宫室,闻钟磬琴瑟之音,遂不复坏。汉阁已见"浮金"注中。)
38	汉阁(见上)	(18)b	

可以看到,二者不仅内容重叠率相当高,且《初学记》的条目在《白帖》呈现出两次相当清晰的循环。第一次在《白帖》的第1至22条;虽有5、7至11、17、

18 八个不见于《初学记》的条目间杂其中,除内容相应但出处标注与《初学记》不同的第 4 条之外,其他可对应条目仍大致"顺序出现",6 与 12,14、15 与 19、21、22 在《初学记》的位置有颠倒,但相去亦不远;而 31 至 38 则是再次始于《初学记》(1)条、无其他内容插入、顺序亦毫无窜乱的又一轮密集对应。

这两次循环,从条目、注文特点来看,也呈现出不同特征。其后一轮与前文所论《初学记》"事对"整体承用的规律大体一致,且包括两个完整事对:33、34 即《初学记》(14)条"事对"之首则"泗滨·瀛上",《白帖》分别作注,前者承前文(第 6 条)省略为"见上",后者仅文字有所节略,行文方式丝毫未见变异;37、38 与《初学记》(18)条"鲁堂·汉阁"的对应亦然,"汉阁"以"见上"处理,"鲁堂"注,则仅较《初学记》稍有缩略。此外,第 35 条"浮金"乃是仅存其半的"事对",注文亦然;31、32 两条对应于"叙事",31 条表面看去与《初学记》(1)条相似度不高,但"无句作磬"见其正文、"未知孰是"见注文,实亦截取直用;32 条则可谓将《初学记》(7)条之注文拆分后置于各自所属分句之下,回归了《周礼》注文的原本秩序。总之,这一部分最大的特点仍可概括为"简单粗暴",除手民之误与虚词增减外,几乎不改动行文,直接搬来,为"我"所用,而注释内容则大体为出处、典故。

这一轮中,最具特异性的是第 36 条,内容即《初学记》(16)条"禹悬·夔拊"之"禹悬",虽未出原有标目,形式也由注文转为正文,并伴有从《淮南子》转为《鹖子》的出处变化及相应的文字和信息溢出,但其微妙的"卡位",仍提示这一条目极有可能是通过《初学记》进入《白帖》的,或因其"原配"——"夔拊"已录于前文第 19 条而"失侣",在后来的流传中,半个"事对"的形态和身份被忽略,再由某个熟悉《鹖子》相关记载的整理者或用书人,以其更原始、更详尽的叙述进行了替换,并去除标目,将全文改作正文。

而前一轮则特点明显不同:一是条目形态的变易,二是注释中多有名物训诂与说解、释文性文字。且这两点亦同样见于穿插其间、不载于《初学记》之条目。

条目变形以第 14、15 条最为典型,《初学记》(20)条"宾媚赂晋·臧文告齐"以四字概括典故,在提供知识的同时,亦是可用于骈文写作的对举语汇。而《白帖》"宾媚行赂于晋""文仲告籴于齐",则在转换语法结构、添加虚词之后,成为带有句法的四六成句,无疑更便于在文章中直接使用,或云为文章写作准备的"半成品"。与此相似的还有第 6 条"泗滨之石",《初学记》"叙事"部分,作为磬石著名产地记述为"出磬石有泗滨(《尚书》曰:泗滨浮磬)……"只是一个知识点,而《白帖》"泗滨之石"既未采用《初学记》的表述,亦未使用《尚书》原文,其所构建的新的语法结构,固然可以理解为普通的偏正词组,但不应忽略的是,同时也是骈文常用的四字句式。如果跳过不见于《初学记》的第 7 至

11条,此条也恰可与第12条"洞阴之磬"形成对句。类似的情形,亦见于其后与《初学记》并无关联的第7条"有心之击",出典自《论语·宪问》"子击磬于卫,有荷蒉而过孔氏之门者,曰:有心哉击磬乎!"稍后的第18条"与笙同音"来自《诗经·小雅·鼓钟》"笙磬同音"亦然。而与"与笙同音"形成对句的第17条"和钟并击"宋人未能获知其所出,或亦与表述方式的重新构拟不无关联①。应该说,此类处理是在对《初学记》的"后一轮"取用中完全看不到的。

从注文特点来看,则体现为说解性文字占比相当高。且其中除"无句,尧时人"可见于《初学记》外,其他多不见于《初学记》及《初学记》所标称之书,甚至不见于任何古籍。如第6条"泗滨之石(《书》曰泗滨浮磬。言石浮可为磬)","石浮可为磬"与《尚书》注疏"泗水涯,水中见石,可以为磬""泗水旁山而过,石为泗水之涯,石在水旁,水中见石,似若水中浮然。此石可以为磬,故谓之浮磬也"②亦相径庭,且未见于他书,不无想当然之嫌。而13条"浮金轻玉之磬(汉武帝有之)"③,其内容于《初学记》可见于(15)条"悬石·浮金"之"浮金"注、(19)条"山阳石·水上金"之"水上金"注,均来自"郭子横《洞冥记》",分别作"汉武帝起招仙阁于甘泉宫西,其上悬浮金轻玉之磬","汉武帝悬浮金轻玉之磬。浮金者,自浮于水上;轻玉者,其质贞明而轻也"。可以说,《白帖》于注文中提取"浮金轻玉之磬"立为条目,注文未注出处,亦未载典故,仅简单记录了相关器物的所有者,这亦与其前后不见于《初学记》的条目有相通之处。如第5条"鸣球(球亦玉磬)"、第9条"襄人于海(襄,磬师名)",均为释名物,且前者"亦"字无逻辑;而第4条"《虞书》:夔曰:击石拊石,百兽率舞。(击石、拊石,并击磬也。百兽感音而舞。)"其说解可谓半原创,且着眼点亦在常识层面,有将读者设定于平均智商之下的感觉。总体上,此类注释内容浅白且时有偏差,出自编者或增注者未可知,但类似情形在"后一轮"全未出现。

由此大致可以推测,《白帖》"磬"类对《初学记》的采录,至少存在两次操作,且手法不同。一次可能处于使用多种资料的汇集、编录过程当中,不排除有部分注文同时形成,但总体上缩略变形严重;另一次则似单独使用《初学记》,方式亦近于文、注一同照搬,内容、形式均较好地保留了《初学记》原有形态。虽然这两部分条目在其后可能共同经历了某些新的增注与调整,在一定程度上模糊了初始特征,但仔细辨识,仍可见大概轮廓。

---

① 〔明〕俞安期《唐类函》卷一百(明万历刻本)、〔清〕张英《渊鉴类函》卷一九一(影印文渊阁四库全书本),此条注云:"《易通卦验》:人君击黄钟之钟,与磬声和则公卿大夫诚信。"是否《白帖》原意,尚待考证。
② 《尚书正义》卷六,中华书局影印阮刻《十三经注疏》,1980年版,第148页。
③ 按:日本静嘉堂文库藏北宋刊本原作"汉武帝之有",此据国家图书馆藏南宋绍兴刊本《白氏六帖事类集》。

客观而言，由于形态上的变化，前文所述《白帖》对《初学记》形式上的沿袭，已不能为"前一轮"条目必出《初学记》提供足够的支持。但由相同的典故构成对句，加之条目顺序上的规律，则在一定程度上强化了证据，成为其中相关内容大概率取自《初学记》的主要支持。而同类现象在多个门类的普遍存在，亦可为这一规律提供重要辅助。

大面积内容与《初学记》相重叠，且同一内容在该门类内部以不同形态重复出现，于《白帖》以"物"性、或云"客体"性为特征的门类中不仅不少见，甚至近于普遍现象。可取《白帖》卷二十九"鹦鹉第七"之片段：

……两指向前（《异物志》：鹦鹉西域灵禽，两指向前也。）青羽赤喙（见上注）五色（广州一根杜出鹦鹉五色，曾见其白色者大如母鸭。）水沾羽救火（《灵验记》：有鹦鹉飞集山，山中禽兽辄有爱重之。去后山中有火，鹦鹉入水沾羽飞洒之。天神曰："汝虽有志，何足云？"鹦鹉曰："常侨止此山，禽兽行善，不忍见加。"天神感之，为雨灭其火。）乾皋（一名云云。）三种（《异物志》云：鹦鹉有三种：一种青大如乌；一种白；五色大于青。凡鸟四指，三向前一向后，此鸟两指向前，两指向后。）通梦忧贤（周宣《梦书》曰：鹦鹉一为亡人居宅也。梦见鹦鹉，忧人也。其在堂上者，忧贤也。）感神灭火（见上注）谢庄赋……

"乾皋（一名云云。）"一条外，均可见于《初学记》卷三十"鹦鹉第八"，且自身明显重复，"见上注"亦多次出现。《初学记》该类内容如下：

【叙事】《说文》曰：鹦鹉，能言鸟也。鹦从鸟婴声，鹉从鸟母声。刘艾《汉帝传》曰：兴平元年，益州蛮夷献鹦鹉三……《山海经》曰：黄山及数历之山有鸟焉，其状如鸮。赤喙人舌，能言，名曰鹦鹉。（郭璞云：鹦鹉舌似小儿舌。有五色者，亦有纯白、纯赤者。）《广州记》曰：根杜出五色鹦鹉，曾见其白者大如母鸡。《南方异物志》曰：鹦鹉有三种：青大如乌白；一种白大如鸱鸮；一种五色大于青者。交州巴南尽有之，及五色出杜薄州。凡鸟四指，三向前，一向后，此鸟两指向后。【事对】缃翼 翠衿（曹毗《鹦鹉赋》曰：其形则雎顾鹄盼，鸾跱雁息。丹喙含映，缃葩焕翼。祢衡《鹦鹉赋》曰：绀趾丹觜，绿衣翠衿。）丹足 紫毛（傅玄《鹦鹉赋》曰：凤翔鸾跱，孔质翠荣。悬颔分于丹足，婉朱味之荧荧。孙畅《异物志》曰：鹦鹉，其毛色或苍绿或紫赤，喙曲如鸮而目深，行如鸠雀而能效人言，故见殊贵。）择林 啄蕊（祢衡《鹦鹉赋》曰：飞不妄集，翔必择林。郭璞《山海经图赞》曰：鹦鹉慧鸟，栖林啄蕊。四指中分，行则以嘴。）如鸡 似鸮（吴时《外国传》曰：扶南东有涨海，时出五色鹦鹉，曾见其白者，大如母鸡。《南方异物志》曰：莺鹉有三种，一种大白如鸱鸮。）通梦忧贤 感神灭火（周宣《梦书》曰：鹦鹉为亡人居宅也。梦见鹦鹉，忧亡人也；其在堂上，忧豪贤也。刘义庆《宣验记》曰：鹦鹉飞集他山，山中禽兽辄相爱重。鹦鹉自念，虽乐不可久也，便去。后数月，山中火，鹦鹉遥见，便入水沾羽，飞而洒之。天神言:"汝虽有志,何足云也?"鹦鹉曰:"知不能救,然尝侨居是山,禽兽行善,皆为兄弟,不忍见耳。"天神嘉感,即为灭火。)【赋】后汉祢衡《鹦鹉赋》(惟西域之禽鸟兮,挺自然之奇姿……宋谢庄《赤鹦鹉赋》……

首先,《白帖》的"通梦忧贤"和"感神灭火",显然来自《初学记》"事对"之"通梦忧贤·感神灭火",注文小有压缩;"三种",则取自"叙事"。即"三种"以降之内容,乃属对《初学记》的"简单粗暴式"取用。而此前的"两指向前"与"三种"同出处,内容有交叉;"水沾羽救火"与"感神灭火"虽出处标称有"灵验记""宣验记"之别,但内容相同,且从传世文献载录情况来看,当以《宣验记》为是,《白帖》之"灵验"或属手民之误。即使"两指向前"与"三种"不能遽定同源,"水沾羽救火"与"感神灭火"恐难排除。退一步说,这样的内容重叠如出自同一编者,亦不应发生在如此相近却不相邻的情况下。因此这里指向的依然是:不同的人抄了两次《初学记》,后者未曾用心揣摩前者所录。

再审视《白帖》其前后内容,还可以发现,在"鹦鹉第七"前半部之:

> 黄山(《山海经》曰:黄山有鸟,赤喙青羽,人舌能言语,名之曰鹦鹉。)笼鸟有山薮之思　自然之姿(文)骜矣之性(能言)言鸟(《汉·异域志》:献言鸟。注:鹦鹉。)鹦母(诸葛恪在吴,主座,有鸟飞过,恪曰:"白头翁。"张昭在座,疑恪讥之,乃曰:"恪欺陛下,不闻有鸟名白头翁。若有请觅白头母。"恪问:"鸟有鹦母,请觅鹦父。"昭不能对。)雉顾鹤眄鸾跱凤息丹喙含惠绁葩焕翼(曹毗赋)丹足(左玄《赋》:聚赪爪于丹足。)朱味(婉朱味。)惠鸟(郭璞《赞》云:鹦鹉也。)

亦多可与《初学记》存在对应。其"黄山"一条,即《初学记》"《山海经》曰:黄山及数历之山有鸟焉,其状如鸮。赤喙人舌,能言,名曰鹦䳇"。"言鸟""鹦母",从今本注文看虽与《初学记》并无关联,但这两个标目本身,实已见于"《说文》曰:鹦鹉,能言鸟也。鹦从鸟婴声,鹉从鸟毋声"。"鹦䳇"之文也包含于"《山海经》曰"云云。而"鹦母"与"鹦䳇"不过是这一鸟名的不同书写方式。不仅如此,其后的"雉顾鹤眄鸾跱凤息丹喙含惠绁葩焕翼"见于《初学记》"事对"第一组"绁翼·翠衿"注;"丹足"及其注文,见"事对"第二组"丹足·紫毛",所谓"左玄《赋》"当为"傅玄《赋》"之讹;而"朱味"及注,也见于同篇或云《初学记》的同一条引文。无独有偶,"惠鸟(郭璞《赞》云:鹦鹉也)",亦可谓《初学记》"事对"第三组"择林·啄蕊"注"郭璞《山海经图赞》曰:鹦鹉慧鸟,栖林啄蕊。……"之重新提取。即条目形态变化的同时,亦与《初学记》之间呈现出连续的内容对应、顺序相合。如果将《白帖》流传中持续发生的条目增益与注文、出处的添补考虑在内,则"黄山"与"言鸟""鹦母"不无原本同一出处、连续排列,流传中因条目增益被"笼鸟有山薮之思""自然之姿(文)""骜矣之性(能言)"三条插断的可能。而以诸葛恪为主人公的"鹦母"今本注文与其标目之设置初衷是否存在必然联系,也值得品味。

　　这些条目,与排列稍后、仅隔"献""又献""又"一组与进献相关的记载的"两指向前""水沾羽救火",合起来看,亦同样呈现了与"磬"关联《初学记》"前一轮"极为相似的情形,而"感通灭火"以下,则似属"后一轮"。

　　在内容前后重复的情况下,一些带有特异性的内容表述或讹误,也同样有助于探究相关现象背后的规律。如前文所涉"磬"第 31 条与第 1 条同样对应《初学记》(1)条,而仔细梳理其行文,31 条可见严重的逻辑缺环,"无句作磬未知孰是"连文,仅举"无句作磬"一说,"孰"指代对象不明,且《白帖》不论此条还是前后文,均未载"无句"之外的异说。没头没脑的正文又带了不知所云的注,"《乐录》云《世本》亦云",按常规语法,若两书所载可以"亦"关联,当无龃龉,"孰是"的官司也就不必出现,但这里想要表达的显非如此。在未将《乐录》所载"磬,叔所造"组织进去的情况下,这一注文着实太过玄虚,或许只有强解为"《乐录》有个说法,《世本》也有个说法"了。但此条虽无逻辑,所涉书与《初学记》正同,从内容上亦与第 1 条的"无句作磬(无句,尧时人)",半重叠半互补。因此极大可能是:后一操作者据《初学记》选录相关内容时,发现前人已摘了一部分,故将新条目重心偏移,以凸显未尽之知识点,但因不够用心,处理得七零八落。

　　而前文所涉《白帖》"师子五十四"之"毛浅若戏·尾大如斗(《尔雅》曰:'戏,浅毛。'下见上注)"例,又是另一种情况:注文前半"戏,浅毛",并非《尔雅》既有之训诂,甚至与《尔雅》"虎窃毛谓之虥猫"及郭璞注:"窃,浅也。《诗曰》有猫有虎"貌合而神离,《尔雅正义》此处亦仅云:"《释》曰:窃,浅也。虎之浅毛者别名虥猫。"①而非将"戏"直接训释为"浅毛"。《白帖》的文字,更像是《初学记》同形态事对"《尔雅》曰:狻猊如戏猫,食虎豹。浅毛也"之不科学压缩。而"下见上注"之"下"指对语之后半,即"尾大如斗"部分,《白帖》此类前文有"乌弋(汉乌弋国有师子,似虎,正黄,尾端大如牛)",与《初学记》"尾大如斗"注文"《汉书·西域传》曰:乌弋国有狮子,似虎,正黄,尾端毛大如斗",除末句似有脱误,其他全同。相关内容今可见于《汉书·西域传·乌弋山离国》"其草木、畜产、五谷、果菜、食饮、宫室,市列、钱货、兵器、金珠之属皆与罽宾同,而有桃拔、师子、犀牛"之孟康注"桃拔一名符拔,似鹿,长尾,一角者或为天鹿,两角者或为辟邪。师子似虎,正黄有髯耏,尾端茸毛大如斗"②。实际上,孟康注中所述乃是狮子的一般特征,而非"乌弋国狮子"所独有,类似记载又见于《后汉书·顺帝本纪》"疏勒国献师子封牛"李贤注引《东观汉记》,《东观汉记》或即其

---

① 《尔雅注疏》卷十,中华书局影印阮刻《十三经注疏》,第 2650 页。
② 《汉书》卷九十六,北京:中华书局,1962 年,第 3889 页。

远源。《初学记》用以注"尾大如斗"时,径云"乌弋国有狮子云云",已暗中发生偏离,《白帖》与《初学记》出现同样的"捆绑"方式,当非偶然。而细审该门总体内容与编排,亦可见与"磬"同样的情形(表3):

表 3

	《白帖》卷二十九"师子五十四"		《初学记》卷二十九"狮子第一"
1	狻猊如虦猫(食虎豹也。)	(2)	【叙事】按《说文》曰:虥,狮子也。(虥音呼交反。)(1)《尔雅》曰:狻猊如虦猫,食虎豹。(郭璞注曰:即狮子也。狻音酸,猊音倪,虦音士奸反。)(2)《汉书·西域传》曰:有狮子似虎,正黄,尾端毛大如斗。(3)司马彪《续汉书》:章和元年,安息国遣使献狮子符拔。形似麟而无角。(4)《穆天子传》:狻猊日走五百里。(5)《十洲记》曰:聚窟洲在西海中,申未地,面各方三千里,北接昆仑二十六里。有狮子、辟邪、凿齿、天鹿,长牙铜头铁额之兽。(6)【事对】服狸·击象(张华《博物志》曰:魏武伐冒顿,经白狼山,逢狮子,使格之。……宋炳《狮子击象图序》曰:梁伯玉说沙门释僧吉云:尝从天竺,欲向大秦……)(7)食豹·似麟(《穆天子传》曰:狻猊日走五百里。郭璞注曰:狮子也,食豹。司马彪《续汉书》曰:条支国出狮子、犀牛。章帝章和元年,安息国遣使献狮子符拔,形似麟而唯无角也。)(8)毛浅若虦·尾大如斗(《尔雅》曰:狻猊如虦猫,食虎豹。浅毛也。《汉书·西域传》曰:乌弋国有狮子,似虎,正黄,尾端毛大如斗。)(9)成敬则之梦·破林邑之军(萧子显《齐书》曰:王敬则母为女巫,敬则胞紫色,谓人曰:此儿有鼓角相。敬则年长,两腋下乳各长数寸,梦骑五色狮子,后位至太尉、寻阳公。沈约《宋书》曰:宗悫随檀和之伐林邑,檀海汲山,经入象浦,林邑王范杨迈倾国来逆,限渠不得度。以具装被
2	安息(汉章元帝,安息国献师子,形似麟而无角。)	(4)	
3	乌弋(汉乌弋国有师子,似虎,正黄,尾端大如牛。)	(3)	
4	成敬则之梦(《齐书》:王敬则梦骑五色师子,位至太尉也。)	(10)a	
5	破林邑之军(《宋书》,见象门注。)	(10)b	
6	神兽(毛群之长,奇兽)①		
7	逸才之兽		
8	虥(呼交切。《说文》:曰师子也。)	(1)	
9	狻猊(《尔雅》:狻猊如虦猫,食虎豹。郭璞曰:即师子也。虦在奸反。)	(2)	
10	日走千里(《穆天子传》:狻猊云云。)	(5)	
11	在西海(《海上十洲记》:聚窟在西海中,申未地。面各三千里,北接昆仑二十六里。有师子、辟邪、凿齿、天鹿,牙铜头铁额兽也。)	(6)	
12	献(后汉孝宣帝章和元年,月支国使献扶拔、师子。)	(4)(8)	
13	又(孝顺帝阳和四年,夏疏国献牦牛、师子。)		

---

① 本条及下一条,国家图书馆藏南宋绍兴刊本作"神兽(奇兽)毛群之长(逸才之兽)"。

续表

《白帖》卷二九"师子五十四"		《初学记》卷二九"狮子第一"
14	服狸　击象（张华《博物志》：魏武伐踏顿，经白狼山，逢师子……又宗炳《师子击象图序》曰：梁伯王记沙门释僧去云，尝从天竺，欲向大秦……）	（7）	象，前后无际。恋以为外国有狮子，威伏百兽，乃制其形，与象相御，象果惊奔，贼众因此溃乱。恋乃与马军主马通厉渠直渡，步军因之，共奋击，杨迈进走，大众一时奔散，遂克林邑。）（10）【赋】虞世南《狮子赋》（惟皇王之御历，乃承天而则大。洎至道于区中，被仁风于海外。通凤穴以文轨，袭龙庭以冠带。舍夷言于藁街，陈方物于王会。眇眇地角，悠悠嶂表。有绝域之神兽，因重译而来扰。……譬
15	毛浅若戯　尾大如斗（《尔雅》曰：戯，浅毛。下见上注。）	（9）	鳞羽变质于淮海，金锡成器于陶钧。当是时也，兆庶欣瞻，百僚嘉叹。悦声教之遐宣，属光华之在旦。臣载笔以叨幸，得寓目于奇玩。顺文德以呈祥，乃
16	赋（虞世南《师子赋》曰：有绝域之神兽……譬鳞羽变质于河海，金锡成器于陶钧。）	（11）	编之于东观。）（11）

不仅《白帖》的绝大多数内容可在《初学记》找到对应，且第1至5条、8至16条亦呈现为相当鲜明的两"轮"；也同样"前一轮"内容删略多、形式变化大，而"后一轮"虽文字略有缩减，却轮廓依然。

"磬""鹦鹉""师子"诸门《白帖》与《初学记》的"两轮"对应，已构成规律性现象，这一规律在《白帖》与《初学记》内容存在重叠的门类往往可以得到印证。即如大渊贵之用以论证传世本《白帖》曾据《初学记》进行部类增修的"恒山"一门，其"两轮"的辨识度虽不像前举诸类那么清晰，但仍有迹象可以表明部分条目间"操作"的差异，如《白帖》第10条"珪璧"对应《初学记》"事对"第三条"珪璧·蓬虆"之前半，《初学记》注云："珪璧，已见上'燕玉'注中。"所谓"燕玉"，即《初学记》"事对"首条"赵符·燕玉"之后半，注云："崔鸿《前燕录》曰：慕容儁寿光二年，常山寺大树根下得璧七十、圭七十三，光色精奇，有异常玉。儁以为神岳之命，以太牢祠之。"《初学记》"珪璧"注承前省，而《白帖》虽删减仅余"慕容俊得璧七十二、珪七十"一句，且数量疑有讹误①，但注文既作迁移，显然当时并未采录其前之"燕玉"。而与《初学记》"燕玉"几乎完全相同的"燕璧"，在今本《白帖》与"赵符"相次，赫然列为与"珪璧"仅相隔一条的12、13条，其注文仅节略了"圭"之数量。这种现象，当亦属前后两轮各自操作之典型。

因此，《白帖》对《初学记》存在不少于两次的"异质"取用，当可确定。而与此相关，今本之门类条目与《白帖》初始面貌固相去不知凡几，其部类设置变化，是否如大渊氏所推测的那么简单，或亦有重新考虑的空间。

---

① 按：《十六国春秋》卷二十七《前燕录五》、《晋书》卷一一〇《慕容儁载记》均作"得璧七十、圭七十三"，同《初学记》。

三　不同编纂逻辑的交错

在传世本《白帖》极为驳杂的体例之下，依然可以看到一些规律性现象，它们或许并不引人注目，亦不能覆盖所有门类，但合而观之则尚称清晰。而详绎其内容与编排，则可见隐于其间的不同体例的交错与冲突，透射出背后不同的编纂逻辑。"单字小目"与"附门"就是如此。

1. 不同形态的"二级经目"交错于同一门类

"附门"是今本《白帖》的"明体例"。其设置情况直接呈现于宋本目录。这种附门，或为相近物类，如卷一"寒食四十四，清明附"，卷二"川泽二十一，薮附""锦六十三，绣附"，卷三十"橘八，附柑、柚"；也有相当部分属于对门类所载事物某方面特性的集中汇录，如卷一"日第三，庆瑞、灾食附""月第四，庆瑞、灾食附""星第五，庆瑞、灾异附"，卷二"洛四十七，符瑞附""钱六十一，铸附"，乃至卷二十九"马四十九，附骏马、调习、买卖、秣马、马病、马死、牧放、祭、亡失、厩""牛五十，附杀牛、牧牛、为牺、践踏、驾车、战敌、疾疫""羊五十一，放羊、牺牲、为贽"。如借用一些学者用以描述类书类目体系的"经目""纬目"概念，即"二级经目"。

而"单字小目"则可谓一种"暗体例"。仍以载录鸟兽虫鱼的卷二十九为例，各动物门类之间可见一些共有的"标目"，如"名""瑞""梦""献""射""放""谣""化"等，这些单字标目，是对相关"条"的概括，实际近于一种"小目"，即各自从特定角度呈现该类记述对象的信息，同样带有"二级经目"的色彩。即如"名"以记录别称，"化"以记录（古人因了解不足而误认的）不同物种之间的转化，"瑞"记录相关祥瑞征象，"谣"则是与该动物相关的谣谚。形式如图1：

以出现率较高的"献"为例。在卷二十九，"献"出现于以下各类：

鹦鹉第七：

> 献（谢庄赋：宋元嘉二十一年，湘州献赤鹦鹉，诏群臣为赋之。）又献（晋安帝义熙十四年秋，林邑献白鹦鹉。宋天监二年断诸侯进。又交州献之，能歌，乃不纳。）又（汉兴平元年，益州献鹦鹉三只，日夜食三升麻子，今谷贵，此鸟无益有损，可付安西将军扬定国，令归本土。）

雁第十：

> 献（曹伯阳即位，公孙强好田弋，获鸿献之。）

鹄第十九：

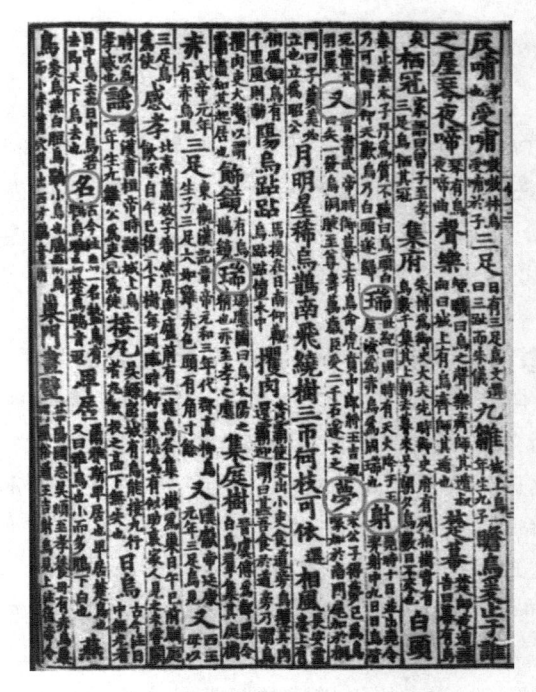

图1　卷二十九"乌第十三"

　　　　献(《说苑》:魏文侯使蔡元泽献鹄于齐,在道失之,献空笼。齐侯曰:"胜得鹄"。)

白鹇第二十五:

　　　　献(《西京杂记》:闽越献高帝白鹇、黑鹇各一只,帝大悦,厚赐之。)

鸠第三十八:

　　　　献(《孔丛子》曰:元日有人献于简子,简子厚赏之而放其鸠。人问故,曰:"正且放鸠也。"人知公放,必竟捕献之,捕益多,不如勿赏。)

马四十九(附骏马):

　　　　献(汉文帝时有献千里马者。)

师子五十四:

　　　　献(后汉孝宣帝章和元年,月支国使献扶拔、师子。)又(孝顺帝阳和四年夏疏国献牦牛、师子。)

犀五十五:

　　　　献(《史》:汉平元始二年,黄支献犀。)

豹五十九：

    献（宣王时锡韩侯，退其豹，掩受北园。因以其献赤豹也。）

鱼八十：

    献（人有献子产生鱼者，令校人畜之于池。校人烹之以告曰："既释之矣。始则圉圉焉，终乃洋洋焉而逝。"子产曰："信得其性哉！"校人笑曰："孰谓子产智也。"）

    珍禽异兽因具有"宝物"或"祥瑞"属性，故可承担联络感情、表达敬意或从属关系的角色，而被"进献"于上国、尊者；相对日常的鱼鸟也会因具有实用价值成为表达心意的工具。此处所举内容有外国进贡，也有贵族、朋友之间馈送，或下级对尊长的进献，标目之下容纳量不限于一条，若有多则类似记载，则可以"又"相连。这样，系于"献"这一名目之下的，就不是某个特定的知识点、典故或辞藻，而是"一类记载"。因此，它不仅是条目，也是体例。虽然是否原始体例尚不可知，是否亦因"带体例"地使用某一特定文献所致也有待考察，但进入《白帖》之后，也就成了今本《白帖》体例的一部分。

    应该说，"单字小目"在《白帖》是一种颇具特异性的存在，与其他类型条目之内容、形式，乃至古人有关《白帖》的记载均有诸多龃龉。首先，在存有"单字小目"的门类，往往并非将全部相关内容网罗于其下，如前举"鹄第十九"之"献"所系典故为《说苑》：魏文侯使蔡元泽献鹄于齐，在道失之，献空笼。齐侯曰：'胜得鹄。'"而该门类同时还设有"献笼"一条，系以《史记》所载"齐王使淳于髡献鹄于楚，中道飞却而揭空笼见楚王"云云，虽非一事而如出一辙，因此，"单字小目"显非《白帖》"贯彻始终"的体例。第二，其提取角度，与其说是内容不如说是视角，特定的组织逻辑导致了其标目与注文的共生关系，无注则"小目"本身失去意义，从今本来看，其注文大多较为详尽，与《白帖》大量条目无注或简注的情形颇异其趣。其三，若云今本相关条目"载所出书"或出后人添补，以下特质则与生俱来且更令人困惑——"单字"为目决定了其标目所能提供的仅是典故"内核"而不具备"藻汇"意义，这一形态与晁公武所描述的"以天地事物分门类为声偶"的《白帖》亦明显不合。这些矛盾现象所指向的，本身就是今本《白帖》可能经历的不同操作。

    而本文所要讨论的，则是作为"二级经目"，"单字小目"与"附类"两种形态不仅并存，且可见交错。即在部分门类，既有属于"二级经目"的"附门"这一"明"例，亦见"单字目"这一"暗"例，功能重叠，内容交叉。从考察《白帖》文本生成的角度，这一现象或可提供极有意义的信息。可以卷二十九"鱼第八十，网、钓、馈献、烹食"为例，"鱼"虽是颇接地气之物种，亦可用为日常礼物，此门设有附门"馈献"，同时亦可见以单字作为"标目"的"献"。

    按照现有编排次序，"献"似当属最后一个附门"烹食"（见图2）。如前文所引,这一典故表达之侧重原本在于:对作为礼物收到的、本不在其生活内容之中的鱼,子产视之为生命体,而"校人"则视为满足口腹之欲的食物,对其物性认知的差异带来了"安置思路"的差别,以及对"智慧"的不同理解。"烹"这一行为虽非核心,但毕竟其中确有"校人烹之"这一情节,亦可与"烹食"发生关联,编置于此并非全然不可。但值得注意的是,此条之前,尚有与"烹食"不存在丝毫关联的"尺泽之鲵(岂量江海)"[①]一条,隔断了"献"一条与"烹食"的形式联系。那么,它是否作为"烹食"的内容存在,也就有了疑问。

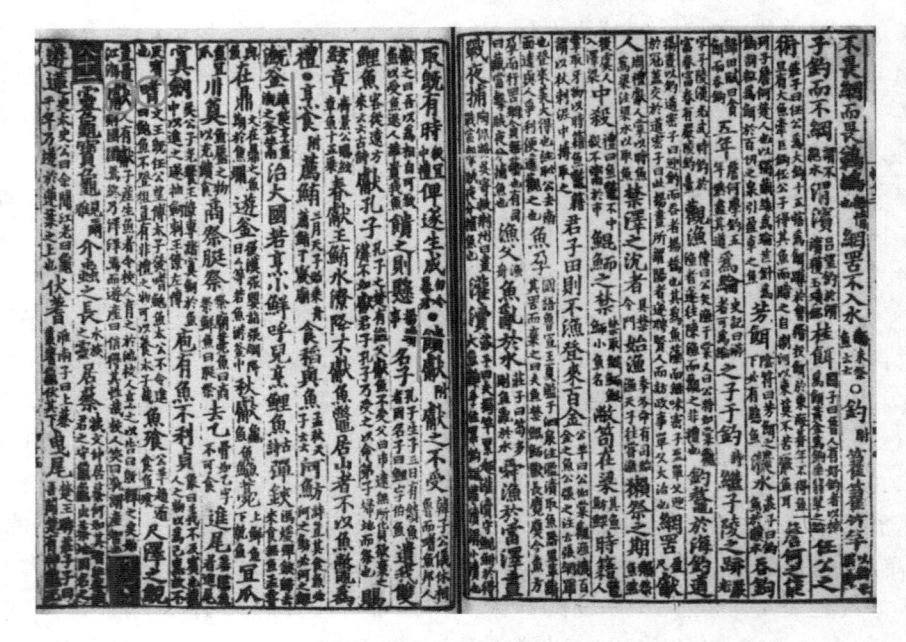

图 2 卷二十九"鱼第八十"

从"鱼"的四个附门来看,"网"之下所系内容尚大致对应;"钓"附门则自"网罟"以下均属于"打鱼",而无关"钓";"附门"插入原有内容之间的可能性是存在的。联系到"献"作为"单字小目"存在于多个门类的情况,本条更可能本属"单字小目"。甚至不仅此条,其稍前、与"食"脱不开干系的"嗜",也同样不排除这一可能。

而与此伴随而来的问题是,"鱼"门同时设有附门"馈献":

○馈献附:献之不受(韩子公仪休相鲁而嗜鱼,邦人献之。曰:"吾以为相自可致鱼。"以受鱼退人。谁贵我鱼。)馈之则悬(扬续事。)名子(孔子生子三日有馈鱼

---

① 按:当出《文选》卷四十五,宋玉《对楚王问》"尺泽之鲵,岂能与之量江海之大哉"。

者,因名子曰鲤,字伯鱼。)遗我双鲤鱼(客从远方来,云云。古诗)献孔子(孔子之楚,有渔父献鱼,不受。父曰:"市远无所货,欲弃之沟,不如献君子。"孔子乃受之,以命弟子扫地而祭也。)赐弦章(齐景公赐弦章鱼十五乘)春献王鲔　水潦降不献鱼鳖　居山者不以鱼鳖为礼。

应该说,相关内容,与"献"条毫无违和感。换言之,作为"单字小目"的"献",与附门"馈献",两种形式不同但角度一致的"二级经目"同时存在于"鱼"这一门类。这一面貌提示的即是,不同体例相互交错于今本《白帖》。

类似情形,还可以卷二"珠第五十六,环附"为例。姑不论将"环"附于"珠"门,而下录十条所涉之"环"或金或玉或牙乃至于"道",无一与"珠"相关,这一编排之是非,其最为离奇之处是,首条之标目与附门名称同为"环",所系掌故为"韩宣子有玉环,其一在郑商,宣子请诸子产,子产不与。注:同工共璞①,自共为双也"。较之该附门其他条目,内容上并无独占"环"这一附类名称的特异之处。那么,此条以"普通"资质占有统领整个附类的标目,这是否也意味着,可能有原为"单字小目"的"环"被同名"附类"所收编呢?

2. 错置的附门

明、暗两种"二级经目"的交错,并不限于前述形态。可以对"哭""泣"的载录为例。

首先,在《白帖》部分门类可见相关"单字小目",包括:

卷一"日第三,灾食附":

> 哭(《传》曰:叔辄哭日食。注:志在于忧灾也。昭子曰:"子叔将死,非所哭也。"言天灾常道,不足忧也。子叔,辄字也。)

卷二"珠第五十六":

> 泣(鲛人寄宿人家,临去泣而出珠盈盘,以与主人。故曰"泉客慷慨以泣珠"。)

卷三"道路第五":

> 哭(阮籍常率意独驾,不由径,车辙所穷,辄恸哭而反。)
> 泣(杨朱泣岐路,谓其可以南,可以北。)

卷三"野第八":

> 哭(孔子恶野哭者。哭所识者则于野。)又(《韩诗外传》曰:孔子出游少原之野。)

卷十二"辟召第七十四":

---

① 按:"同工共璞",静嘉堂文库藏北宋刊本作"同二共璞",此据国家图书馆藏南宋绍兴刊本。

哭（王修为袁谭所辟，不就。谭诛哭之。）

与前文所举卷二十九的同类型条目一样，这些"单字小目"具有"二级经目"的色彩。同时，相关门类中所设"单字小目"，也往往非止一个，如"珠门"，"泣"之外还可见"贯""捐""感""水""卖""瑞""遗(yí)""拾""弄""藏""遗(wèi)"，共12目13条，亦可从一个角度支持这一点。可知，"单字小目"是"哭""泣"内容的载录形态之一。

同时，作为门类，《白帖》卷十有关"朋友之道"的部分，有"死哭第二十"；卷十九丧葬部分，有"哭第二十一，泣、冒法哭诔者附"。《白帖》虽无明确的"部类"划分，但大体将关联内容集中编次，即"门类"之上有隐性存在的"部"，这两处有关"哭"的门，实际各有统属，内容虽偶有重叠，但各自围绕本部类的主题组织内容，与作为"二级经目"的"单字小目"性质实际非常类似，只不过其"上一级"更为宏观而已。因此，这种状况也并不算异常。

但附于卷十九"哭第二十一"的"泣"却是一个颇具特异性的存在：

〇泣，附哭门：泣涕如雨　泣涕涟涟　伫立以泣　啜其泣矣　涕泗滂沱　涕既陨之　横流涕之潺湲（《楚辞》）目尽肿（宋公闭门而哭，目尽肿。）泫然（孔子葬，雨甚至门人后日防墓崩。孔子泫然流涕曰："吾闻之古不修墓。"）垂涕洟泣玉（卞和既刖，抱玉而泣。）泣岐（杨朱泣岐，以其可东可西可南可北。）泣珠（鲛人。）泪承睫（雍门周鼓琴，孟尝君太息，泪承睫，嘘欷。）泣竹（湘妃泣涕，以泪挥竹，竹尽班也。）玉箸（甄后面白，泪双垂如玉箸。）向隅（《说苑》：满堂饮酒，有一人独向隅而泣，则满堂之人皆不乐。）呜咽（袁安忠直，每念王室，呜咽流涕。）继以血（见哭门）沾袍（仲尼感麟，反袂拭面，泣下沾袍。）情因外感（悲自中来）悲来填膺（泪下承睫）泣血（鼠恩云云）孺子泣者（弁人有其母死而孺子泣者，孔子曰："哀则哀矣，而难为继。"）高子皋泣血三年未尝见齿君子以为难也（不见齿，笑不大也。）无洵涕（《国语》：文伯之母戒诸妇云云。）吴起泣西河（《吕氏春秋》：吴起治于西河之外，王错谮之魏武侯，武侯使人召之。起至岸，止车西河而泣下数行。）荆轲泣燕市（《史记》曰：荆轲与高渐离饮于燕市，酒酣歌已，相对而泣，旁若无人。）泣别（蜀宗预聘吴，孙权泣别，赠珠曰："孤老矣，恐不复相见。"见珠门。）

其前六条均出《诗经》，计有：

《邶风·绿衣》：燕燕于飞，差池其羽。之子于归，送之于野。瞻望弗及，泣涕如雨。燕燕于飞，颉之颃之。之子于归，远于将之。瞻望弗及，伫立以泣。

《卫风·氓》：乘彼垝垣，以望复关。不见复关，泣涕涟涟。

《王风·中谷有蓷》：中谷有蓷，暵其湿矣。有女仳离，啜其泣矣。啜其泣矣，何嗟及矣。

《陈风·泽陂》：彼泽之陂，有蒲与荷。有美一人，伤如之何。寤寐无为，涕泗滂沱。

《小雅·小弁》：君子秉心，维其忍之。心之忧矣，涕既陨之。

哭泣之缘由不外离别、身世之悲与家国之恨。第七条出自《楚辞》，即《离骚》"横流涕兮潺湲，隐思君兮陫侧"；第八条出自《左传·定公十年》，"宋公闭门而哭，目尽肿"，乃因嬖人向魋逃离而起，亦均无关丧事。

以下诸条，于注文亦大体可见"泣"之因由，其中"泫然""孺子泣者"可径知因丧事而起；此外"高子皋泣血三年未尝见齿，君子以为难也"出自《礼记》，原文作"高子皋之执亲丧也"云云；"无洵涕"，《国语》所载起因为"公父文伯卒"，亦为此类。合而计之，全部二十九条中，因丧事而发者仅四条，14％而已。其他则范围颇广，又以伤离别、悲身世占比最大。"珠""道路"两门以"单字小目"形式出现的"泣"所涉内容亦皆在其中。

从该卷的门类设置看，从"丧第一""居丧过哀二（不哀附）"到"死第十四""丧贤臣第十五""复第十六""夷盘第十七""重第十八""铭旌第十九""殡殓第二十""哭第二十一""踊第二十二""哀伤二十三""祭奠二十四"，乃至"庐四十八""殇四十九""祥五十（禫附）""忌日五十一"，皆关丧事，整卷乃围绕丧葬礼仪、制度之方方面面组织而成。而"泣"之主类"哭"，全部五十一条中四十八条涉及丧事，亦可谓指向明确，云其为"因丧事而哭"并不过分。同一规律也适用于正文中编次在前的另一个附门"冒法哭诔者"。但很显然，这一内核并不存在于附门"泣"。这里唯一的解释是，一个有着广泛覆盖面的"泣"被"不小心"附载于仅属特定内容范围的"哭"门，进行这一操作的人，显然没有充分注意原有的编纂逻辑，将相当于"一级经目"的"泣"，附于实属"二级经目"的"哭"。这无疑是"政出多门"所致之错杂。

以上是与"单字小目""附门"相关的两种错杂现象，虽极为琐细，却隐藏了今本《白帖》增益的痕迹，为今人考察相关问题留下了线索。

四　无尽迷思与简单事实——关于《白帖》的思考

以上通过探究文本细节，展示了传世本《白帖》可能经历的、取资相同或不同文献，带有不同编纂逻辑的内容增益，已涉及门类设置、编纂体例、文注关系等多个层面。应该说，前文所涉内容与现象，在《白帖》仅是涓滴之于沧海，它撩拨着探寻的眼光，带起了新的质疑与思考，而走入的则是无尽迷思。亦如尝试抽丝之缫人，剥离出些微头绪，却发现几根散线之下依然是无法厘清的纷乱，"剥茧"遥不可及。

即如今本《白帖》所设门类中有多少出于增益或拆分，其"初始时期"门类设置的侧重点与详略程度究竟如何？纷歧叠现的条目形态、文注关系当中，哪种或哪些更近于《白帖》最初的载录形式？所涉增益的先后顺序如何？都依然隐没于错乱纷杂的现象之间。甚至看去相同的条目形态，是否成于一时，也难以遽言。

而可以肯定的则是，《白帖》不论最初是否出于白居易之手，是怎样的体例和形态，在早期，它无疑经历了一个不具备任何权威性的实用工具阶段，其文本几乎处于完全开放状态。对于使用者而言，这仅是传抄而来的"别人家孩子"的学习笔记，人与"书"亲密相处，近于狎昵，也自然而然地在自己的学习和使用中随手添补、不断丰富，这构成了它漫长而琐屑的生长过程。无疑，在雕版书籍进入民众知识世界的第一时间被刊刻，以及白居易诗坛地位的加持，会加速它的定型。但这一过程当中，仍存有太多的不确定性，我们固然无法得知毋昭裔所用底本的来源、状态与刊刻前的整理操作，甚至难以推测，宋初元白体的盛行，以及白居易文学地位的水涨船高，在加快《白帖》经典化过程的同时，是否也刺激了此书的使用、传写、增益，带来短时间内的多元变化与不断更新；其尤甚者，是无法完全排除相关操作中因"以白注白""以白益白"从而强化传世本《白帖》与白氏诗文用典、表达上的对应性之可能。虽然最终的结果正如今天所看到的，在编者地位、刊刻流传，特别是时间带来的距离与光环之下，《白帖》最终成为具有一定经典地位、出自"名人"、不可亵玩的"古"类书，并拥有了稳定的文本。但其对既有类书"简单粗暴"的搬移，门类、体式间各种错杂纷乱的现象，也很难让我们对北宋并不太长的时段里，其变化之频繁与剧烈程度，放下疑虑。

由于年代旷远，信息湮没，想要清晰地还原《白帖》走过的每一步路，详尽定位其中的每一个信息，或许已无法实现。但相较于回答"是怎样"，甄别其中某些现象，提示其"不是怎样"，似非全然不可为，亦不无意义。本文的探讨暂时亦只能停留在这一层面，希望提示的也仅仅是，当作出该书"是白居易准备科目选和制举时整理的读书笔记，主体部分在永贞元年（805）冬以前就已经成型，为白居易早期的读书资料集成"[1]这样的推断并作为后续研究的基础时，这个"主体部分"到底包含全书的多大比重，可能覆盖（或不覆盖）哪些东西，是不宜回避的问题，而非一句"在流传以后还存在着不断补充更新的情况"即可轻松带过；强调以《白帖》作为注释白氏诗文用典之首选时，也需要先行解决该注，甚至它所在的条目、门类，是否白氏所设，而不能因《白帖》中部分内容在进入该书时就带有注文，而简单地等同于可见于白氏诗文的典故之注文必然来自白氏。《白帖》与白居易诗文写作的对应，或可成为后续进一步剥离、辨识

---

[1] 张雯《白居易〈白氏六帖事类集〉纂集考》，《文献》2021年第3期，第150页。

《白帖》在内容、体例上的纷杂、层累,揭示并定位其隐性叠加的一个重要辅助。但同时也需要保持这样的警惕——并不一定今天看到的每一处对应,都是"白居易时期"就存在的。

曾有学者主张将《白氏六帖事类添注出经》视为"资料编"而非"版本",而实际上,"添注出经"固然增益了不少资料信息,"事类集"又何尝不是如此?甚至从二者的差异看,"添注出经"所作的调整位置、整齐注文格式,以及独有的出处、卷次信息,在《白帖》层累构成中只能算是最微小的叠加,其特异处不过是有幸通过传世版本直接呈现出来,成为有形的差异。"类书"作为实用性工具书,存在自身的生长变化是常态,私修类书更是如此,这是无法回避,更无需回避的事实。校之有形可见的版本差异,传世版本形成之前的隐性的层累,在把握和使用此类古籍时,尤其需要重视。这也是从认识古代类书"层累构成"的角度,《白帖》典型意义之所在。

与类书本身这种复杂性相关,不论作文学、文献学还是社会思想史的研究,绝大多数类书都不宜简单地作为整体使用。即如柳川顺子在《"白氏六帖"炭门考》中所云"如不拘泥于白居易作为作者之事实,则此书可谓仍具有研究的价值"[1],动态地把握潜藏于类书传世文本之下的前世今生变化之迹,亦可为我们认识它所经历的时代提供一个新的窗口。

本文写作过程中,承中国国家图书馆袁媛女士,北京大学中文系张鹤天、张鸿鸣同学协助查找文献,谨致谢忱。

---

[1] [日]柳川顺子《"白氏六帖"炭门考》,《广岛女子大学国际文化学部纪要》,新辑第3号,第27页。

《十诵律》与大型字典辞书的编纂[*]

王 冰[**]

【内容提要】 本文以《汉语大字典》《汉语大词典》为例,从提供提前例证、增补新词新义、修正已有训释、沟通字词关系四个方面,举例说明《十诵律》对大型字典辞书的编纂作用。

【关键词】 《十诵律》 《汉语大字典》 《汉语大词典》 辞书编纂

《十诵律》是以姚秦僧人鸠摩罗什为主译的律部文献,作为中国最早被翻译的广律,《十诵律》在律部文献研究和传统文献学研究方面都具有举足轻重的地位。同时,《十诵律》成书于东晋之际,且传承久远,文本众多,以致其使用的语言文字包含大量的新词新义、异文俗写、疑难字词以及一些特殊的语言现象。因此,《十诵律》是研究中古汉语十分理想的佛典文献材料,也是校勘和整理现有大型字典辞书不可多得的参照资料。故本文在前人研究的基础上,以大正藏本《十诵律》为底本,结合大正藏、中华大藏经本《十诵律》后附校勘记,崇宁藏本、碛砂藏本《十诵律》后附音义材料,玄应《一切经音义》、慧琳《一切经音义》、可洪《新集藏经音义随函录》中与《十诵律》相关的佛经音义材料,以及零散的《十诵律》敦煌、吐鲁番写卷,从提供提前例证、增补新词新义、修正已有训释、沟通字词关系四个方面,对《汉语大字典》《汉语大词典》的相关词目进行细致校理。

一 提供提前例证

"例证是字典辞书的重要内容。客观来说,字典编纂者应该为每一个字的每一个义项找到恰当的例证,其中包括最早用例。"[①]但鉴于人力的有限和材料的缺乏,《汉语大字典》《汉语大词典》中的某些词条没有相应的例证或例证时

---

[*] 本文为国家社科基金重点项目"佛经音义与佛典的综合比较研究"(项目号:21AYY019)、安徽省哲学社会科学规划青年项目"《释氏十三经注疏》整理与研究"(项目号:AHSKQ2022D190)阶段性成果。

[**] 本文作者为合肥师范学院讲师,博士。

[①] 韩小荆《〈可洪音义〉研究——以文字为中心》,成都:巴蜀书社,2009年,第21页。

间较晚。《十诵律》作为中国最早被翻译的广律成书于东晋时期,其字词可为《汉语大字典》《汉语大词典》的词目字提供恰当例证,进而明确某字词或某词义产生年代的下限,以供读者查阅、学者研究。

【圣】

《十诵律》卷十一:"是夜办种种,多美饮食,早起敷坐处已,遣使白佛:'食具已办,唯圣知时。'"(T23/77/c)①

按:"圣",中华大藏经本《十诵律》据金藏作"壐",后附校勘记曰:"壐",诸本作"圣"。(C37/327/a)"壐"是"壐"的变体,同"圣"。《龙龛手镜》:"壐、壐、壐、壐、壐、壐、壐,皆变体,音圣,义同。"②《汉语大字典》:"壐,同圣。"③《汉语大字典》没有列举相关例证,上举《十诵律》经文可为其提供。

【睐】

《十诵律》卷十三:"佛在舍卫国,尔时有一婆罗门,有女睐眼,即名睐眼。"(T23/90/a)

按:上举经文中的"睐眼",指眼睛的瞳孔不正。《说文·目部》:"睐,目童子不正也。"④《集韵》:"睐,目偏也。"⑤《玄应音义》卷十四《四分律》卷三十六音义:"睐眼,力代反。《说文》:目瞳子不正也。《苍颉篇》:内视也。"(C056/1032/a)《汉语大字典》"睐"字条下言:"❶瞳仁不正。"⑥但《汉语大字典》此条目下没有列举相应的例证,上举《十诵律》经文可为其提供。

【癣】

《十诵律》卷四十六:"我今问汝:'汝是女不?是人不?非是非人不?非畜生不?非是不能女不?女根上有毛不?不枯坏不?无癣下病不?'"(T23/332/a)《大正藏》校勘记曰:"癣",宋、元、明、宫本作"带"。

---

① 本文所引佛典文献用例,均标注其册数/页数/栏目。其中 T 为日本《大正新修大藏经》(又简称大正藏,佛陀教育基金会出版)、K 为《高丽大藏经》(又简称高丽藏,新文丰出版)、X 为《卍新纂续藏经》(新文丰出版)、C 为《中华大藏经》(中华书局出版)、J 为《嘉兴大藏经》(新文丰出版)、B 为《大藏经补编》、N 为《汉译南传大藏经》(元亨寺版)、D 为《国家图书馆善本佛典》、P 为《永乐北藏》、Y 为《印顺法师佛学著作集》、L 为《乾隆大藏经》,a、b、c 对应某一页的上、中、下栏。如:T23/77/c,表示日本《大正新修大藏经》23 册/77 页/下栏。
② 〔辽〕行均《龙龛手镜(高丽本)》,北京:中华书局,1985 年,第 90 页。
③ 汉语大字典编辑委员会编纂《汉语大字典》,武汉:崇文书局,成都:四川辞书出版社,1985 年,第 1219 页。
④ 〔清〕段玉裁《说文解字注》,北京:中华书局,2013 年,第 136 页。
⑤ 〔宋〕丁度等《集韵》,上海:上海古籍出版社,1985 年,第 114 页。
⑥ 汉语大字典编辑委员会编纂《汉语大字典》,第 2670 页。

按："瘡"，在上举经文中指白带。《汉语大字典》"瘡"字下言："（二）dài❶瘡下即带下。妇科病的通称。《玉篇·疒部》：'瘡，瘡下，病也。'又专指白带、赤带等病。《字汇·疒部》：'瘡，赤瘡，白瘡，妇人下部病。亦单称作带。'"①《汉语大字典》没有列举相应的例证，上举《十诵律》经文可为其提供。

【捩】

《十诵律》卷六："比丘尼持是衣，小却一面，捩衣取汁，着小便处，即时有福德子，来受母胎。"(T23/43/b)

按："捩"，《汉语大字典》言："（二）liè❶扭转。❺揉搓。❻按；挤压。"②笔者以为，《汉语大字典》中的三个义项可以合并成一个义项。如上举《十诵律》中的"捩"，便可表示扭转、揉搓、挤压等含义。《汉语大字典》三个义项下所引较早例证是南朝梁宗懔《荆楚岁时记》："家家槌床打户，捩狗耳，灭灯烛以禳之。"时间较晚，上举《十诵律》经文至迟可将"捩"之扭转、揉搓、挤压等含义的产生年代提前至东晋时期。

【除】

《十诵律》卷六："非亲里者，亲里名若父母、兄弟、姊妹、儿女，乃至七世因缘，除是名非亲里。"(T23/44/c)

按：上举经文中的"除"表示剩下的，不包含在内的。如《汉语大字典》"除"字条言："（一）chú⓰不计算在内。如：除了；除非是；除此而外。"③但其所引较早例证是唐元稹《离思五首》："除却巫山不是云。"时间较晚，上举《十诵律》经文至迟可将"除"之"剩下的，不包含在内的"等含义的产生年代提前至东晋时期。

【柁楼】

《十诵律》卷一："两舷处、两头处、底处、两箱处、竖桅处、柁楼处，是诸处有五宝、若似五宝，比丘以偷夺心取，波罗夷。"(T23/6/a)

按："柁楼"，《汉语大词典》言："船上操舵之室。亦指后舱室。因高起如楼，故称。"④《汉语大词典》所引较早例证是唐杜甫《陪郑广文游何将军山林》之二："翻疑柁楼底，晚饭越中行。"时间较晚，上举《十诵律》经文至迟可将"柁楼"一词的出现年代提前至东晋时期。

---

① 《汉语大字典》，第 2881 页。
② 同上书，第 2019 页。
③ 同上书，第 4446 页。
④ 汉语大词典编纂处编《汉语大词典》，上海：上海辞书出版社，2007 年，第 2544 页。

【交怀】

《十诵律》卷二十六:"念已行水授饭,见佛食之,悲哽交怀。"(T23/188/a)

按:"交怀",《汉语大词典》言:"交集于心中。"①《汉语大词典》所引较早例证是宋苏轼《斜除侍伴读》:"省循非称,愧汗交怀。"时间较晚,上举《十诵律》经文至迟可将"交怀"一词的出现年代提前至东晋时期。

【木丸】

《十诵律》卷三十七:"诸比丘以木丸自治身,佛言:'从今不听,以木丸治身。治者,突吉罗。'"(T23/267/a)

按:"木丸",《汉语大词典》言:"武则天时代的一种行刑用具。为木制的球形物,塞入犯人之口,使不能出声。"②《汉语大词典》所引较早例证是《新唐书·郝象贤传》:"自是讫后世,将刑人,必先以木丸窒口云。"时间较晚,上举《十诵律》经文至迟可将"木丸"一词的出现年代提前至东晋时期。

二 增补新词新义

《十诵律》作为一部口语性质较强的律部佛典文献,又成书于东晋,因此其中有不少新词新义。为提高大型字典辞书收词释义的广泛性和多样性,《汉语大字典》《汉语大词典》可增补这些新词新义。

【瀌】

《十诵律》卷六:"从今是戒,应如是说:若比丘夺衣、失衣、烧衣、瀌衣时,从非亲里居士、居士妇乞。"(T23/45/b)

按:上举经文中的"瀌"乃是"漂"的俗写,义为浮也。《龙龛手镜》:"瀌,俗。瀤、漂,今。匹昭反,浮也。三。"③又"漂"在佛经中常有异文作"瀌",如《解脱戒经》:"若比丘,夺衣、失衣、烧衣、漂衣。时非亲里,有信居士、居士妇多与衣,是比丘当知足受衣。"(T24/661/b)"漂",圣本作"瀌"。《别译杂阿含经》卷九:"佛答天曰:'若我懈怠,必为沈(沉)没。若为沈(沉)没,必为所漂。'"(T02/438/c)"漂",圣本作"瀌"。《增壹阿含经》卷十二:"复次,彼族姓子,或时作此方计,而获财货。以获财货,广施方宜,恒自拥护,恐王敕夺,为贼偷窃,为水所

---

① 《汉语大词典》,上海:上海辞书出版社,2007年,第855页。
② 同上书,第2426页。
③ 〔辽〕行均《龙龛手镜(高丽本)》,第226页。

漂,为火所烧。"(T02/605/a)"漂",圣本作"溦"。

"漂",浮也,"漂衣"则表示衣服被风吹落,浮于水中。《慧琳音义》卷六十四《五分尼戒本》音义:"漂衣,匹遥反。或水或风漂失衣也。顾野王云:漂犹流也。《说文》:从水票声。票音必肖反。"(T54/731/b)《四分戒本如释》卷四:"漂衣者,谓被水漂去也。"(X40/228/b)《毗尼关要》卷六:"漂衣(水所漂也)。"(X40/536/c)《四分律含注戒本疏行宗记》卷三:"漂衣者,风之与水也。"(X40/38/a)"漂衣"之"漂",又或作"澓"。《说文·水部》:"澓,浮也。"段注:"谓浮于水也。《郑风》:'风其漂女。'毛曰:'漂,犹吹也。'按上章言吹,因吹而浮,故曰犹吹。凡言犹之例,视此。漂潎水中击絮也,《庄子》曰'洴澼'。"①《正字通·水部》:"溦,俗澓字。"②《汉语大字典》"溦"字下言:"水貌。《集韵·小韵》:'溦,水貌。'"③《汉语大字典》"溦"字下只有"水貌"一个义项,故其可增添义项"漂(澓)俗字,浮也"。

【见罪】

《十诵律》卷七:"僧应问是比丘:'汝舍是宝不?'答言:'已舍。'僧应问:'汝见罪不?'答言:'见罪。'"(T23/51/b)

按:"见罪",《汉语大词典》:"被责怪;怪罪。"④将"见罪"的两个义项代入上举经文中,不合经义。从经文文意来看,"见罪"当表示知道、认识到自己的错误。因为"见"在古籍中有知道、了解的意思,如《左传·襄公二十五年》:"他日吾见蔑之面而已,今吾见其心矣。"⑤"见其心",即知其心。《淮南子·修务》:"今使六子者易事,而明弗能见者何?"高诱注:"见,犹'知'。"⑥故上举经文中的"见罪"义当为知罪、认罪,《汉语大词典》"见罪"条可增补这一义项。

【喑嗌】

《十诵律》卷四十:"若比丘向余比丘喑嗌,突吉罗;若向比丘尼、式叉摩尼、沙弥、沙弥尼喑嗌,突吉罗。"(T23/291/b)《大正藏》校勘记曰:"嗌",宋、元、明、宫本作"嚊"。下同。

按:上举经文作"嚊"是。《四分律疏饰宗义记》卷六:"《十诵》三十六,(乃至)长老比丘尼,皆言善好,偷兰难陀比丘尼,喑嗌不受。因制若比丘喑嗌向比

---

① 〔清〕段玉裁《说文解字注》,第554页。
② 〔明〕张自烈《正字通》,北京:国际文化出版公司,1996年,第693页。
③ 《汉语大字典》,第1894页。
④ 同上书,第6015页。
⑤ 〔东晋〕杜预注,〔唐〕孔颖达正义《春秋左传正义》,上海:上海古籍出版社,1990年,第625页。
⑥ 陈广忠整理《淮南鸿烈解》,合肥:黄山书社,2011年,第529页。

丘提。(暗,于禁反。噫,乙戒反,体作噎,作嗌非。)"(X42/195/a)《可洪音义》卷十五《十诵律》卷四十音义:"暗噫,上于禁反,下乌界反,不平声也。亦妇人见异事而嗟叹声,此但不言而喉中作声也。下正作噎、呃二形也。下又音益,非呼也。"(K35/110/c)由上可知,"噫"可表示大呼,故"暗噫"义为大声呼喊。《玄应音义》卷十六《十诵比丘尼戒本》音义:"暗噫,于禁反,下乙戒反。暗,嗒也。噫,叹伤也,亦大声也。戒文作嗌,于亦反。嗌,咽也。嗌非字义。"(C057/12/c)《玄应音义》卷十五《十诵律》卷四十音义:"暗噫,于禁、乙戒反。暗噫,大呼也。《说文》:饱息也。律文作嗌,非也。"(C056/1044/a)但《汉语大词典》所收"暗噫"词条下只有"形容心情郁结"一个义项,可根据上文论述增补义项"大声呼喊"。

【奔头】

《十诵律》卷四十九:"若有人着黑衣,奔头往至多人所,作是言:'我作恶罪,不善可羞,随众人所喜,我当作之。'"(T23/356/c)

按:"奔头"一词较早见于《十诵律》,如《十诵律》卷四十九:"世间有四种人,见犯罪生怖畏。何等四?<u>若有人着黑衣,奔头往至多人所,作是言:'我作恶罪,不善可羞,随众人所喜,我当作之。'</u>时彼众人,呵责驱出。有智人见已,作是念:是人着黑衣,奔头往多人所,作是言:'我作恶,不善可羞,随众人所喜,我当作之。作恶业故,众呵驱弃。我当自救,亦教余人,莫作如是恶业。'如是有比丘,于波罗提提舍尼中,生怖畏心,应如是知,未犯者不犯;若已犯者,疾如法悔过。是名初人,见罪怖畏。<u>有人着黑衣,奔头捉棒着肩上,往多人所,作是言:'我作恶罪,不善可羞,随众所喜,我当作之。'</u>时彼众人,即取其棒,打已驱出。有智人见,作是言:'是人作恶,不善,故得大罪。我当自救,亦教余人,莫作如是恶业。'如是有比丘,于波夜提中生怖畏心,应如是知,<u>未犯者不犯;若已犯者,疾悔过,是名第二见罪怖畏。有人着黑衣,奔头捉铁钪着肩上,往多人所,作是言:'我作恶不善,随众所喜,我当作之。'</u>"(T23/356/c)《四分律》《三部律抄》中与之类似的经文作"四犯畏",但删除了"奔头"一词。

"奔头",《汉语大词典》言"可追求的前途或希望"[①],显然是一个名词。但将这一语义代入上举《十诵律》经文中,显然不合经意。据文义可知,《十诵律》的"奔头"应该是奔跑、奔向的意思,"奔头"即"奔投","头"乃是"投"的同音假借字。"奔投"一词较早见于西晋的译经,《法句譬喻经》卷三:"鹿言:'惊怖最苦,我游林野,心恒怵惕。畏惧猎师,及诸豺狼,仿佛有声,奔投坑岸。母子相捐,肝胆悼悸,以此言之,惊怖为苦。'"(T04/595/b)"奔投坑岸",即奔向坑岸。

---

① 《汉语大词典》,第1382页。

《十诵律》之后,《佛冤禅师语录》再次出现了"奔头"一词,如《佛冤禅师语录》卷九:"马驹慎初是个性燥者,得举至打车,即是打牛,即是劈胸,一踢使他阿哪!阿哪!急问云:'车牛聱,纵有三首六臂,直教奔头无路纲。上座怎么数他门户,眼里有筋么也?'"(J37/45/a)此时的"奔头"显然已与"奔投"的语义完全一致,故《汉语大词典》"奔头"条下可增补义项"同奔投"。

【嫡】

《十诵律》卷五十九:"是居士儿及彼女,俱时得病,脊偻狂发,更嫡余人。"(T23/445/a)

按:上举经文中的"嫡"字,于经文文意不合。"嫡",《汉语大字典》收录了四个义项,分别是:"❶正妻。❷正妻所生之子称嫡子,省称'嫡'。❸亲的,血缘最近的。如:嫡亲妹妹;嫡堂兄弟。❹谨慎。"①将《汉语大字典》所收"嫡"的四个义项代入上举经文中,均无法切合经意,故笔者以为"嫡"当是"适"的通假字。古人表示嫡长之义,早期借用"适"表示,后期借用"嫡"表示。《说文·女部》:"嫡,孎也。"段注:"嫡庶字,古人只作适。"②王筠《说文句读》:"嫡庶字,古皆借适,近乃借嫡。"③《诗经·邶风·绿衣》:"绿兮衣兮,绿衣黄裳。"郑玄笺:"喻乱嫡妾之礼。"陆德明《经典释文》卷五:"嫡妾,本亦作'适',同丁历反。"④可见,"嫡""适"在表示嫡长之义上古相通用,而随着汉语词汇意义的不断演变和发展,"嫡""适"之间的通假关系也从嫡长之义扩大到了其他义项上。如"适"的出嫁义,也可借用"嫡"字表示。《四分律》卷四十八:"若年十岁,曾出嫡者,听二年学戒,满十二与受戒。"(T22/924/a)"嫡",宋、元、明、宫本作"适"。"出嫡"正当作"出适",义为出嫁。《可洪音义》卷六《六度集经》卷六音义:"出适,始石反,嫁也,往也。正作嫡、适二形。"(K34/847/c)同理可推,表示到、至之义的"适"也可通假作"嫡",如上举《十诵律》例经所示,故《汉语大字典》"嫡"字条下可增补义项"通适,到、至也"。

【阿罗】

《十诵律》卷六十一:"有时大雷,诸飞鸟怖死。诸居士知是事,即出择取好鸟,除大乌鸟、鹫、秃枭、角鸱、阿罗,如是诸鸟不取,不中食故。"(T23/461/a)

按:《汉语大词典》收录了"阿罗"一词,并言其同"阿罗汉",义为"小乘佛教

---

① 《汉语大词典》,第 1153 页。
② 〔清〕段玉裁《说文解字注》,第 626 页。
③ 〔清〕王筠《说文句读》(四),北京:中国书店,1983 年,第 15 页。
④ 〔唐〕陆德明撰,张一弓点校《经典释文》,上海:上海古籍出版社,2012 年,第 89 页。

所理想的最高果位。佛教亦用称断绝嗜欲,解脱烦恼,修得小乘果的人"①。但是上举《十诵律》经文中的"阿罗",应是与前文的"大乌鸟、鹫、秃枭、角鸱"同属一个义域,表示一种鸟类。"阿罗"表示一种鸟类,还可见于《十诵律》其他经文中,如《十诵律》卷六十一:"诸比丘种种因缘呵竟,是事白佛。佛言:'乌肉不得噉。若噉,得突吉罗罪。'诸比丘问:'是复何等肉?'答:'小乌肉、鹫肉、鸿肉、婆娑秃枭、角鸱、阿罗肉等。'"(T23/461/b)"阿罗肉"即阿罗鸟的肉,故《汉语大词典》"阿罗"条可补收义项"鸟类"。

【摩罗】

《十诵律》卷六十一:"更有居士,见大众集,布施衣物,作是言:'佛若听我衣摩罗、鞞诃罗施。'佛言:'听摩罗、鞞诃罗施。'"(T23/465/a)

按:《汉语大词典》收有"摩罗"一词,释曰:"❶百合的别名。❷鳄鱼。❸梵语 Māra 的译音。即魔。意为扰乱,障碍。佛经中原指欲界第六天的魔王波旬。后泛指一切障道之法。"②将《汉语大词典》所收"摩罗"三个义项代入上举《十诵律》原经,均不切合经意。据经意可知,上举《十诵律》原经中的"摩罗"当是一种衣物的名称。另外,"摩罗"还可表示华鬘、姓氏、王的名字。如《四分律名义标释》卷六:"华鬘,梵语摩罗,此云鬘(音蛮)。经云:'在额上者,名之为鬘。'"(X44/450/a)《四分律名义标释》卷七:"摩罗,是王名。"(X44/455/b)《四分律名义标释》卷二十七"摩罗":"此云力士,此其种姓也。字楼延,亦作卢夷,或作卢芝,亦云卢至,此云可爱乐。"(X44/611/b)故《汉语大词典》"摩罗"条,可补收"衣服、华鬘、姓氏、王的名字"等义项。

【敬难】

《十诵律》卷十八:"使者白王:'我已扫除,祇洹净洁。唯有一人,着弊故衣,近佛坐听法,我等敬难佛故,不敢驱却。'"(T23/124/c)《大正藏》校勘记曰:"敬难",宋、元、明本作"恭敬"。

按:"敬难"义同"敬畏",表示既尊敬又害怕,其中"难"表示畏惧、害怕。《释名·释言语》:"难,惮也,人所忌惮也。"③《篇海类编·鸟兽类·佳部》:"难,畏惮也。"④"敬难"多与"不敢"连用,暗示其语义不仅仅只有尊敬这一层含义。如《大智度论》卷四十一:"复次,佛知众中心所疑,众人敬难佛故,不敢发问。所以者何?"(T25/357/c)因为害怕,所以不敢发问。《大智度论》卷四十:"是诸

---

① 《汉语大词典》,第 6904 页。
② 同上书,第 3731 页。
③ 〔东汉〕刘熙撰,〔清〕毕沅疏证,〔清〕王先谦补《释名疏证补》,北京:中华书局,2008 年,第 124 页。
④ 〔明〕宋濂《篇海类编》(续修四库全书 230 册),上海:上海古籍出版社,1996 年,第 124 页。

比丘,不亲近佛,又敬难心多,故不敢自问。"(T25/354/a)《大智度论》卷七十八:"问曰:'佛是一切智人,何以问弟子,心不惊不没?'答曰:'以众会有疑,敬难故不敢问,是以佛问。'"(T25/613/a)《摩诃僧祇律》卷二十:"阿难即语诸比丘,诸比丘言:'世尊制戒,不听同食处,食前食后,不白比丘,行至余家。我等与诸梵行人,同食共住,敬难,故不敢数白。'"(T22/389/c)若宋、元、明本《十诵律》将"敬难"校改作"恭敬",则失去了畏惧这一层含义,难以明确表达原经经意,故上举《十诵律》经文作"敬难"义长。《汉语大词典》收录了"敬畏"一词,也可补收"敬难"。

【和利】

《十诵律》卷二十一:"佛在王舍城,长老大目犍连与王舍城中和利等十七诸年少乐人授具足戒。"(T23/150/b)

按:"和"同"龢",故"和利"即"龢利",义为和乐安利。《汉语大词典》言:"龢利,和乐安利。《国语·周语下》:'阴阳序次,风雨时至,嘉生繁祉,人民龢(和)利。'"①但将"和乐安利"代入上举《十诵律》例经中,显然不合经意。据经意可知,《十诵律》中的"和利"乃是人名,指优婆离。如《四分律名义标释》卷十二:"十七群比丘,时罗阅城中,有十七群童子,共为亲友。最大者年十七,最小者年十二,最富者八十百千,最贫者八十千。中有一童子,名优波离,最为大者。时诸童子,要共出家,即往僧伽蓝中,求为见度。时诸比丘,即度令出家,授与具足戒,多习嬉戏,少学禅诵。唯优波离童子,先断烦恼,证阿罗汉果(优波离,或云和利,或云和提)。"(X44/492/c)《佛学大辞典》"优婆离":"Upāli,又作优婆利,邬波离,优波离,忧波利。译曰近取,近执。罗汉名。"②"和利"又作"和提",《十诵律》卷十六:"佛在王舍城,尔时王舍城中,十七群年少富贵家子,柔软乐人。和提等未满二十岁,长老目犍连与受具戒。"(T23/116/b)故《汉语大词典》可增收词条"和利""和提",表示人名。

【肥丁】

《十诵律》卷二十六:"是国清凉,水草丰美,有波罗奈国人,逐水草放马,欲令肥丁,来到此处。"(T23/187/c)

按:上举经文中的"肥丁"义为肥壮,《慧琳音义》卷七十五《杂宝藏经》卷三音义:"肥丁,都亭反。丁,强也。《释名》云:丁,壮也,言物体皆壮也。夏时万物丁成实也。经文作肝(肛),都定反,非也。肝(肛),骰也。肝(肛)非字义,骰

---

① 《汉语大词典》,第 7753 页。
② 丁福保《佛学大辞典》,北京:文物出版社,1984 年,第 1380 页。

音豆。"(T54/797/b)"肥丁"较早见于中土文献,东晋葛洪《抱朴子·内篇》卷五:"今医家通明肾气之丸,内补五络之散,骨填苟杞之煎,黄蓍建中之汤,将服之者,皆致肥丁。"[1]"肥丁"即肥壮之义,在古籍文献中用例甚少,目前只有中土文献和佛典文献各一例,分别是上举东晋葛洪《抱朴子》和《十诵律》经文[2],《汉语大词典》可增补该词,以防其佚失。

【吉弊】

《十诵律》卷四十:"诸居士呵责言:'是诸不吉弊女辈,我等先是其主,中间作比丘尼,受我尊重,今我等还受其尊重,无有决定。'"(T23/291/a)

按:"吉弊"一词较早见于《十诵律》,并且也多在《十诵律》中使用,共7处,除上举例经中一处外,现将其余6处罗列如下:

《十诵律》卷四十:"佛在舍卫国,尔时有偷兰难陀比丘尼,月忌未止,而巷中行,血堕污地。诸居士呵责言:'不吉弊女,若有此月忌病,何以出巷中行?'"(T23/294/b)

《十诵律》卷四十四:"诸居士呵责言:'诸比丘尼,不吉弊女,余无屏厕耶?于此净茂草处,着大小便。'"(T23/319/a)

《十诵律》卷四十五:"诸比丘尼闻是事,呵责言:'是不吉弊女!我为汝作衣、浣衣、染衣、割截、篓搋,受大辛苦,受大戒已,便舍我去?'"(T23/328/a)

《十诵律》卷四十六:"先有比丘尼,裸形河中洗浴,诸居士妇呵责言:'不吉弊女,粗身大腹垂乳,何用作比丘尼为?何不反戒作婢?'"(T23/335/a)

《十诵律》卷四十七:"诸居士呵责言:'不吉弊女,更无余行处耶?净草中大小便。'"(T23/344/a)

《十诵律》卷四十七:"诸乞食人不得食,故呵责言:'是不吉弊女,悭惜他家,故令我等不得食。'"(T23/341/a)

从上举7处"吉弊"所在经文中的位置及原经经义来看,"吉弊"应该是一个偏义副词,义为不好、不吉利,语义只用词素"弊"表示。如上举《十诵律》卷四十六中的"不吉弊女,粗身大腹垂乳",与之类似的《十诵律》经文作"不吉,粗身大腹垂乳"。如《十诵律》卷十八:"大德!我一时与诸居士妇,共至阿耆罗河中洗浴。时诸比丘尼,亦入河中,裸形洗浴。诸居士妇见已,心不喜,呵责言:'是辈薄福德,不吉,粗身大腹垂乳,何用学梵行为?'"(T23/128/c)《十诵律》卷

---

[1] 王明《抱朴子内篇校释》,北京:中华书局,1985年,第113页。
[2] "肥丁"除在《十诵律》中出现以外,还出现在《经律异相》中。但《经律异相》中的用例是征引《十诵律》经文,故笔者暂不将其视为单独的一例。

二十七：" 时诸比丘尼，亦入河中，裸形洗浴。诸居士妇见，心不喜，诃责言：'是辈薄福德，不吉，粗身大腹垂乳，何用作比丘尼？'"(T23/196/a)《汉语大词典》可增收"吉弊"一词，义为不好、不吉利。

【转齿】

《十诵律》卷五十二："又问：'有比丘非钱、非衣物，不覆藏取，以盗心移置异处，得波罗夷不？'答：'得。若樗蒲以盗心转齿是。'"(T23/379/b)

按："转齿"一词较早见于《十诵律》，但《汉语大词典》没有收录此词。"樗蒲"是古代的一种博戏，后世谓之赌博。而"转齿"则是赌博时所用的骰子，因其材质多为牙齿骨，古人遂称之为"转齿"。《四分律搜玄录》卷三："言六至罗者，慈云：'是双陆头子、棋子等类。缘将众牙齿骨等作，故云转齿也。'"(X41/907/b)《四分律删繁补阙行事钞》卷二："六转齿者，如《十诵》樗蒲移棋子等。"(T40/60/a)《四分律行事钞资持记》卷二："六转齿，如世赌博多用齿骨，掷采博物，盗心移转，随物成犯。摴蒲、蒲博，皆赌物之异名，亦名博弈。"(T40/284/a)《汉语大词典》收录了"骰子""投子""色子"等和赌博有关的词语，故也可补收它们同一义域范围内的"转齿"。

三 修正已有训释

《汉语大字典》收字众多，编纂工程浩大，难免会出现音义分类、词义训释等方面的不足。利用《十诵律》中的字词，可完善《汉语大字典》存在的这些不足，从而提高其编纂的精准性和完整性。

【佉】

《十诵律》卷五十三："'若作秦形服，大秦安息，薄佉利波罗大形服，得何罪？'答：'得突吉罗。如是等，亦得突吉罗。'"(T23/391/b)《大正藏》校勘记曰："佉"，宋、元、明、宫本作"呿"。

按："佉""呿"作音译用字时，在佛经中常互为异文。如《撰集百缘经》卷四："乃至上闻，国主瓶沙，及波斯匿王，毗舍呿释种，及福楼那等，各赍珍宝，种种财物，与婆罗门，然不肯受。"(T04/220/b)"呿"，宋、元、明本作"佉"。《佛说大般泥洹经》卷五："呿者，掘也。发掘如来，甚深法藏，智慧深入，无有坚固，是故说呿。"(T12/888/b)"呿"，宋、元、明、宫本作"佉"。《大般涅槃经》卷八："佉者，名非善友。非善友者，名为杂秽。不信如来，秘密之藏，是故名佉。"(T12/413/b)"佉"，宋、元、明本作"呿"。《翻梵语》卷一："薄呿梨波罗（译曰薄呿梨者、国波罗者护）忧波离第二卷。"(T54/987/c)"薄呿梨波罗"，即"薄佉利波罗"。

《汉语大字典》"佉"字条言:"(一)qiā《广韵》丘伽切,平戈溪。❶神名。《玉篇·人部》:'佉,神名也。'❷姓。《集韵·戈韵》:'佉,人姓。'(二)qū《洪武正韵》丘于切。❶同'祛'。除去;驱逐。《篇海类编·人物类·人部》:'佉,去也。《荀子》注:佉,与祛同。'❷梵书音译字。如:佉卢(古印度的一种文字,横书左行);佉沙(古西域国名,即疏勒,在今新疆维吾尔自治区喀什地区。)"①如上所示,《汉语大字典》引《玉篇》言"佉"指神名,古籍中确有其事。但《汉语大字典》没有解释此神是何方人物,也没有举出相应的例证。笔者以为,《玉篇》中所言"佉,神名也",此神乃是指"佉卢虱咤",即昔日造梵书之人,又可称为"佉楼""佉卢""佉卢虱""伽卢"等。《佛学大辞典》"佉楼"条:"Kharoṣthi,又作佉卢。具云佉卢虱咤,佉路瑟咤。仙人名。译曰驴唇。"②《可洪音义》卷三《大方等大集日藏经》卷七音义:"佉卢虱咤,上一丘迦反,下一陟加反,仙人名也。隋言驴唇。"(K34/712/c)《出三藏记集》卷一:"昔造书之主,凡有三人。长名曰梵,其书右行;次曰佉楼,其书左行;少者苍(仓)颉,其书下行。"(T55/4/b)《朝鲜佛教通史》卷三:"按伽卢者,即谓佉楼书,亦即梵书也,梵语字典,云佉楼书。《玄应音义》第十七云:'应言佉路瑟咤,谓北方边处人书也。'《百论疏》上之下云:'毗婆娑云,瞿毗婆罗门,造梵书。佉卢仙人,造佉卢书。'"(B31/705/a)"佉卢虱咤"又可简省作"佉",表示神名。龚自珍《己亥杂诗》之三四:"龙猛当年入海初,娑婆曾否有仓佉?只今旷劫重生后,尚识人间七体书。"③"仓佉",即指仓颉和佉楼。故《汉语大字典》引《集韵》"佉,人姓",当是指佉楼之"佉"。

又《汉语大字典》"佉"字条下言,"佉"作为梵书音译字音"qū",如"佉卢""佉沙"。《汉语大字典》这种说法乃是望文生音,当修正。"佉"作为"佉卢""佉沙"的音译用字,应是音"kā"。上文已言"佉"在佛经中作为音译用字时,常与"呿"互换,而"呿"作音译用字时正音"kā"。《汉语大字典》"呿"字条下言:"(二)Kā 译音用字。"④又《佛学大辞典》"佉沙":"国名,旧称曰疏勒。"⑤"佉沙"对应的梵语是"Kāṣa",显然"佉"对应的是"Kā"。同上,《佛学大辞典》"佉卢":"Khara,又作佉楼,仙人名。"⑥"佉卢"之"佉"所对应的梵文是"Kha"。而"佉"在梵汉对译中也多是对译"ka"或"kha",如《大毗卢遮那成佛经疏》卷十九:"◇(kha)佉字形现。"(T39/774/b)《长阿含经》卷十五:"一时佛在俱萨罗国,与大比丘众,千二百五十人,俱游行人间,至俱萨罗佉㝹婆提婆罗门村北,止宿

---

① 《汉语大字典》,第 162 页。
② 丁福保《佛学大辞典》,第 597 页。
③ 〔清〕龚自珍撰,刘逸生注《己亥杂诗》,北京:中华书局,2019 年,第 44 页。
④ 《汉语大字典》,第 646 页。
⑤ 丁福保《佛学大辞典》,第 597 页。
⑥ 同上书,第 597 页。

尸舍婆林中。"(T01/96/c)"佉甕婆提"对应的梵语是"Khānumata"。《杂阿含经》卷十五："譬如有人，言我欲取，佉提罗叶，合集作器，盛水持行者，无有是处。"(T02/107/a)"佉提罗"，对应的梵文是"Khadira"。《妙法莲华经》卷一："佉罗骞驮，阿修罗王。"(T09/2/a)"佉罗骞驮"，所对应的梵语是"Kharaskandha"。《杂阿含经》卷三十："佉楞迦罗。"(T02/217/b)"佉楞迦罗"对应的梵文是"Kāliṅga"或"Kālakaṭa"。因此，"佉"作为音译用字，可音"kā"。

同时，"佉""迦"作为音译用字时，两者在佛经音义中常互为反切下字，暗指两者所切韵母相同或相近。如"迦"作为"佉"的反切下字，《可洪音义》卷十四《佛本行集经》卷十一音义："佉卢，上丘迦反。"(K35/63/b)《可洪音义》卷十八《阿毗达磨品类足论》卷四十七音义："佉楼，上丘伽反。"(K35/228/b)《可洪音义》卷二十《鞞婆沙论》卷九音义："佉沙，上去迦反。"(K35/297/a)又如"佉"作为"迦"的反切下字，《玄应音义》卷二《大般涅槃经》卷二十三音义："迦迦罗，脚佉反。是鸟声也。迦迦，此云乌。"(C056/844/a)《慧琳音义》卷八《大般若波罗蜜多经》卷五六六音义："大迦，姜佉反。"(T54/349/c)同上，《慧琳音义》卷三十六《大日经》卷二音义："娑磔迦，上普沫反，次张革反，下姜佉反。真言中摧坏句。"(T54/546/b)再从梵汉对音的角度来看，"佉"在梵汉对译中也多是对译"ka"或"kha"，而"迦"亦是如此。综上，"佉"作为音译用词，无论是音"kā"或"qiā"，都与"qū"相差较远。故笔者以为，《汉语大字典》言"佉"音"qū"，乃是承袭旧注。

"佉"音去，较早见于辽行均的《龙龛手镜》。《龙龛手镜》："佉，丘迦反，神名。又音去。"①众所周知，《龙龛手镜》中的又音字，一般是本字的俗音。"佉"之"去"音或是当时人望文生音所致，又被后世音韵书承袭下来，认为同"祛"，表示除去、驱逐。如《篇海类编·人物类·人部》："佉，又且于切，音区，去也。《荀子》注：佉，与祛同。"②之后的《洪武正韵》，则将"且于切"改成了"丘于切"。而今《汉语大字典》则是综合《篇海类编》和《洪武正韵》将"佉"释为："(二) qū《洪武正韵》丘于切。❶同'祛'。除去；驱逐。《篇海类编·人物类·人部》：'佉，去也。《荀子》注：佉，与祛同。'"但笔者查阅《荀子》注原文实为"胠与祛同"，《荀子·荣辱篇》："胠于沙而思水，则无逮矣。"杨倞注："胠与祛同。"③又卢文弨曰："案《方言》'祛'作'抾'。"王念孙则认为"胠"为"佱"之讹误字④，"佱"音渠戟反，倦也；俞樾言"胠"当作"阹"；但未有人言"佉与祛同"者，故《篇海类编》

---

① 〔辽〕行均《龙龛手镜（高丽本）》，第27页。
② 〔明〕宋濂《篇海类编》（续修四库全书229册），第646页。
③ 〔清〕王先谦撰，沈啸寰、王星贤整理《荀子集解》，北京：中华书局，2012年，第67页。
④ 〔清〕王念孙撰，徐炜君、樊波成、虞思徵等校点《读书杂志·荀子补遗》，上海：上海古籍出版社，2015年，第1936页。

所引《荀子》注"佉与袪同",其中"佉"或是"肽"的形似讹误字。因为隶书"亻"旁或从篆旁作"刀",与"月"相似,从而《篇海类编》将"肽"误作"佉"。《汉语大字典》的编纂者没有检校《篇海类编》所引《荀子》注"佉与袪同"是否正确,径然引之,实属不该。

【颇】

《十诵律》卷五十三:"问:'颇比丘知比丘粗罪,故覆藏乃至一宿,不得波夜提耶?'"(T23/394/c)

按:上举经文中的"颇"当是句首语气词,表示疑问。《十诵律》中"颇"这样的用法很多,现摘举如下:

《十诵律》卷十四:"是舍卫城,颇有沙门、婆罗门为大众师,多人所敬,皆言好人耶?我当时时,往见亲近,或令我心,清净欢喜。"(T23/98/c)

《十诵律》卷二十一:"白僧:'颇有未问者不?若未问者当更问,若已问者默然。'"(T23/156/b)

《十诵律》卷三十:"尔时长老优波离问佛言:'世尊!颇有僧不如法作羯磨耶?'"(T23/220/a)

《十诵律》卷五十二:"颇有比丘,三道中行淫,不得波罗夷耶?"(T23/379/a)

《十诵律》卷五十四:"问:'颇有比丘,四人界内,一时受具戒,得名为受戒耶?'"(T23/397/a)

但"颇"的这种疑问副词用法,较早见于西晋的译经。如《顶生王故事经》:"尔时,顶生王遥见彼国地,皆平正,尽绀青色。见彼色已,便告诸群臣人民:'卿辈!颇见地平,正绀青色,不乎?'"(T01/823/a)《生经》卷三:"心懋念之,即往到其所,即问之曰:'摩纳学志!卿强健时,颇有消息,问讯不宁?有亲厚朋友乎?'"(T03/89/c)在西晋的译经中,"颇"作为句首疑问语气词,主要出现在无罗叉所翻译的《放光般若经》。如下所示:

《放光般若经》卷一:"云何,舍利弗!诸声闻、辟支佛,颇有是念不耶?"(T08/5/b)

《放光般若经》卷三:"舍利弗问须菩提:'但是三昧,使菩萨疾成阿耨多罗三耶三菩耶?颇复有余三昧?'"(T08/16/b)

《放光般若经》卷九:"须菩提语释提桓因言:'拘翼!汝颇见法,有可护者不?'"(T08/66/b)

《放光般若经》卷十二:"于意云何,颇有异离五阴,为还者无?颇有离萨云,然还者不?"(T08/85/b)

《放光般若经》卷十四:"须菩提言:'世尊! 颇有因缘,可知般若波罗蜜相不? 以相知诸法不?'"(T08/97/c)

那么"颇"为什么会有这种疑问副词的用法呢? 慧琳认为"颇"或作"叵",表示语气词,义为"可"或"不可"。《慧琳音义》卷一《大般若波罗蜜多经》卷四音义:"颇能,坡可反,或作叵。《考声》云:不可也。《文字集略》云:颇,犹可也。皆语辞也。"(T54/315/b)《慧琳音义》卷十八《十轮经》卷四音义:"颇有,破么反,《字书》云:颇,犹可也。或云不可也,亦作叵也。"(T54/420/a)慧琳所说极是,古人反"正"为"乏",反"可"为"叵","叵"一般被认为是"不可"的合音。《说文》新附字:"叵,不可也,从反可。"徐笺:"叵者,不可之合声。"① 又《玄应音义》卷六《妙法莲华经》卷二音义:"叵思,普我反。《三苍》云:叵,不可也。反正为乏,反可为叵,皆字意也。"(C056/908/a)同上,《玄应音义》卷二十五《阿毗达磨顺正理论》卷三十七音义:"无乏,扶法反。暂无名乏。乏,阙少也。反可为叵,反正为乏,字意也。"(C057/130/a)"不可"急读时也常省略作"叵",《书·尧典》:"岳曰:'异哉! 试可乃已。'"孔颖达疏:"史公'可'为'不可'者,声之缓急。俗字增为叵,即可字也。"② 又清顾炎武《日知录》卷三十二:"古人多以语急而省其文者……《书》'弗慎厥德,虽悔可追','可'上省一'不'字。"③ 因此"叵"不仅表示"不可",也表示"可"。

又《广韵》中,"叵"音普火切,是上声果韵滂母歌部字;而"颇"音匹跛切,亦可音普火切。《玉篇》:"颇,普波切,不平也、偏也。又匹跛切。"④《字汇》:"颇,普火切,坡上声。"⑤ 因此"颇""叵"声音相近,可互相通假借用。《佛本行集经》卷三十七:"而今已过,如是无量,无边亿数,百千万年,叵有彼佛,释迦如来,出世不?"(T03/826/a)"叵",元、明本作"颇"。《撰集百缘经》卷九:"时罽宾宁王,将诸群臣,游猎射戏,问诸臣言:'今此世间,叵有人能,有大气力,如我者不?'"(T04/247/c)"叵",元、明本作"颇"。《贤愚经》卷十三:"尔时世尊,将诸比丘,前后围绕,至彼坑所,问诸比丘:'汝等颇识,此虫宿缘,所造行不?'"(T04/444/a)"颇",宋、元、明本作"叵"。《大方广三戒经》卷二:"云何名为,不起诸想? 如是诸想,是中颇得。"(T11/695/a)"颇",宋、元、明、圣本作"叵"。于是,"颇"也因与"叵"通假而具有了"叵"的可或不可之义,用在句中表示疑问语气。

---

① 〔清〕丁福保《说文解字诂林》,北京:中华书局,1988年,第5076页。
② 〔清〕刘逢禄《尚书今古文注疏》(续修四库全书48册),上海:上海古籍出版社,1996年,第28页。
③ 〔清〕顾炎武著,黄汝成集释《日知录集释》,上海:上海古籍出版社,2013年,第1809页。
④ 《宋本玉篇》,北京:中国书店,1983年,第76页。
⑤ 《字汇 字汇补》,上海:上海辞书出版社,1991年,第537页。

《汉语大字典》"颇"字条下言:"(一)pō,❸副词。3.表示语气。唐慧琳《一切经音义》卷十八:'颇,犹可也。'《集韵》:'颇,疑词。'《晋书·谢安传》:'(谢安)既到,(桓)温甚喜,言生平,欢笑竟日。既出,温问左右,颇常见我有如此客不?'北魏杨衒之《洛阳伽蓝记·菩提寺》:'上古以来,颇有此事否?'(二)pǒ❶不可。也作'叵'。唐慧琳《一切经音义》卷十八:'颇,《字书》云:颇,或云不可也。亦作叵也。'"①由上文论述可知,"颇"表示可或不可,都是"叵"的通假字。故笔者以为,《汉语大字典》应该将表示可或不可之义的"颇",置于同一读音之下,读作"pǒ"。

四　沟通字词关系

在查阅《汉语大字典》时,我们经常会发现许多音近义同或一字变体的汉字被《汉语大字典》同时收录,它们之间或因通假借用、正俗异体、形似讹误等原因产生联系。但因为缺乏材料证明,导致《汉语大字典》没有沟通这些汉字之间的形音义关系,从而导致其收词释义的冗杂。现可利用《十诵律》中的字词,改善这一现状。

【弗 划 铲】

《十诵律》卷六:"时有五百群贼,先入林中。是贼主信佛法,见华色比丘尼,端身政坐,威仪清净,见已,生清净信心:'我何不以一弗肉与是比丘尼,令啖?'"(T23/42/a)

按:"弗肉",中华大藏经本《十诵律》据金藏作"划肉",后附校勘记曰:"划肉",诸本作"弗肉"。下同。(C37/257/c)"一弗肉"即是一铁签肉。中华大藏经本、金藏本《十诵律》作"划",乃是"弗"的同音假借字。"弗""划"同是山摄初母产韵字,均可音"初限反"。《龙龛手镜》:"弗,初限反,炙肉弗也。"②《广韵》:"划,划削。初限切。"③因此,"弗""划"在佛经中常互相借用。《慧琳音义》卷四十六《大智度论》卷十八音义:"铁弗,《字苑》:初眼反。今之炙肉弗字也。《字略》:云以签贯肉齐也。论文作铲,今作划。划,削也。"(T54/613/a)同上,《慧琳音义》卷五十六《佛本行集经》卷十八音义:"如弗,《字苑》初眼反,今之炙肉弗也。经文作划削之划,非体也。"(T54/680/b)《萨婆多毗尼毗婆沙》卷五:"以贵价叠裹一划肉,悬着树上。"(T23/531/c)"划",宋、元、明本作"弗"。《佛本行

---

① 《汉语大字典》,第4653页。
② 〔辽〕行均《龙龛手镜(高丽本)》,第549页。
③ 《宋本广韵》,北京:中国书店,1983年,第267页。

集经》卷十八：" 瘵后觅还无，犹如划贯人。"（T03/737/a）" 划"，元、明本作" 弗"。

" 划"古又同" 铲"，义为" 削也"。《广雅·释诂》：" 划，削也。"王念孙疏曰：" 划、铲声义并同。"①《玄应音义》卷十《十住毗婆沙论》卷一音义：" 铁划，又作铲，同。初限反。《说文》：平铁也。《广雅》：划，削也。《声类》云：划，平也。方刃施柄者也。"（C056/968/a）同上，《玄应音义》卷十五《五分律》卷二十一音义：" 铲发，又作划，同。初简反。《广雅》：划，削也。《声类》：划，平也。"（C056/1053/a）《玄应音义》卷五《成具光明定意经》音义：" 划贪，又作铲，同。初蕑反。《广雅》：划，削也。《声类》云：划，平也。"（C056/896/a）因为" 划"同" 铲"，所以" 弗"在佛经中又俗作" 铲"。《玄应音义》卷九《大智度论》卷十八音义：" 铁弗，《字苑》：初眼反。今之炙肉弗字也。论文作铲。铲，削也。"（C056/955/c）《慧琳音义》卷七十九《经律异相》卷四十九音义：" 铁铲，察产反。铁刃以平铲物也。《广雅》：箴谓之铲，平木具也。《博雅》：炙肉铁铲也。经中有作弗，俗字也。铲亦形声字。"（T54/821/b）《可洪音义》卷十《大智度论》卷十八音义：" 铁铲，初眼反，正作弗。"（K34/989/c）《十住毗婆沙论》卷一：" 镬汤涌沸，炮煮其身；铁棒棒头，脑坏眼出；贯着铁弗，举身火燃，血流浇地。"（T26/21/b）" 弗"，宋、元、明、宫本作" 铲"。

《汉语大字典》虽言" 铲"也作" 弗"，表示炙肉时穿肉的铁签；又言" 划"同" 铲"，表示消灭、铲子；但其并没有沟通" 弗"" 划"" 铲"三者之间在穿肉的铁签这一语义上的字际关系，欠妥。

【茜 蒨 浅 蒨 芊】

《十诵律》卷十五：" 若比丘得新衣者，应三种色中，随一一种，坏是衣色，若青、若泥、若茜。若比丘不以三种坏衣色，着新衣者，波逸提。"（T23/109/b）《大正藏》校勘记曰：" 茜"，宫、圣乙本作" 蒨"，下同。

按：" 茜"与前文表示颜色的" 青"" 泥"相类属，义为红色。《玄应音义》卷十五《十诵律》卷十五音义：" 若茜，又作菁、蒨二形，同。千见反。《说文》：茅搜也。人血所生，可以染绛。字从草西声。律文作笺，子前反，表识书者。笺（笺）非此义也。"（C056/1041/b）《可洪音义》卷十五《十诵律》卷十五音义：" 若蒨，千见反，草名，可以染红而绛色也。正作茜，又子先反。非。"（K35/105/b）从《玄应音义》可推，宫、圣乙本作" 蒨"或是" 笺"的换旁俗写，而" 笺"则是" 茜"音近借字。又表示颜色的" 茜"还可音近通假作" 浅"，《可洪音义》卷十七《十诵比丘戒本》音义：" 若浅，七见反。律文作笺，亦非体也。正作茜、芊二形。茜草可以染绛赤色也。"（K35/171/a）

---

① 〔清〕王念孙《广雅疏证》，北京：中华书局，1983年，第84页。

"茜"还可更换声旁作"蒨",《说文·草部》:"茜,茅搜也。"段注:"仓见切,古音在十三部。蒨即茜字也,古音当在十一部,其音变适同耳。"①《玄应音义》卷十九《佛本行集经》卷五十三音义:"蒨草,又作菁、茜二形,同。千见反。一名茈茛,一名茅搜,可以染也。人血所生。"(C057/49/c)《慧琳音义》卷五十一《成唯识宝生论》卷二音义:"青茜,千见反。顾野王云:茜草可以染绛也。《说文》:从艹西声。论作蒨,亦通。"(T54/645/a)《龙龛手镜》:"菁、蒨、蒨,三俗。茜,或作。蒨,正,仓练反,草盛貌,亦草名。"②又:"茜,食(仓)练反,草名,可染绛色也。"③《四分律名义标释》卷三十二:"茜草。茜与蒨同,仓殿切,音倩,染绛之草。《说文》云:茅搜也。《本草》云:茜草一名地血、一名茹藘、一名茅搜、一名蒨叶,似枣叶,而头尖下阔,三五对生,节间茎叶俱涩。其苗蔓延草木上,根紫赤色。《草木疏》云:齐人谓之茜,徐州人谓之牛蔓,旧生乔山之谷,今近处皆有之,或圃人作畦种之蘆(音间)。"(X44/649/a)因为"蒨"可作为"茜"的俗写,故"蒨"拥有"茜"的诸多义项,如草名、染赤色者。

《汉语大字典》虽然收录了"茜""茜""浅""蒨"等字,但在"草名,可染赤色"义上并没有沟通它们之间的音义关系,欠妥。

【挛躄 恋癖】

《十诵律》卷二十一:"似鬼、盲眼、瞎瞽、鸡皮体、挛躄。"(T23/155/b)《大正藏》校勘记曰:"挛躄",宋、元、明、宫本作"癵癖"。

按:"挛躄",指手脚屈曲不能行动。其中"挛"义为身体佝曲,慧琳言其正作"癵"。《慧琳音义》卷六十《根本说一切有部毗奈耶律》卷十九音义:"挛躄,上劣专反,俗字也。《韵英》云:手足筋急拘束不能行步申缩也。正体从疒从䜌,作癵。䜌,音劣转反。下音辟,顾野王云:躄,谓足偏枯不能行也。亦形声字也,从足辟声也。"(T54/709/c)同上,《慧琳音义》卷三十九《不空羂索神咒心经》音义:"癵癖,上劣圆反。顾野王云:病也。谓病身体拘曲也。下匹亦反,《声类》云:宿食不消者也。"(T54/566/b)慧琳言"挛"正体作"癵",乃是慧琳所处唐代将"癵"看作身体佝曲义的正字。但先秦时期,古人是用"䜌"表示身体佝曲之义。"䜌"本义指身体消瘦,身体消瘦便容易出现弓腰驼背、四肢弯曲等症状,故"䜌"可引申表示卷曲貌。《庄子·外篇·在宥》:"天下将不安其性命之情,之八者,乃始䜌卷獊囊,而乱天下也。"陆德明《经典释文》卷二十七:"䜌,力转反。崔本作'栾'。卷,卷勉反,徐居阮反,司马云:䜌卷,不伸舒之状也。"④

---

① 〔清〕段玉裁《说文解字注》,第31页。
② 〔辽〕行均《龙龛手镜(高丽本)》,第262页。
③ 同上书,第262页。
④ 〔唐〕陆德明《经典释文》,第568页。

玄应言"正体从疒从挛,作癴",乃是在"挛"的基础上增加了表意形符"疒"。《慧琳音义》卷六十九《阿毗达磨大毗婆沙论》卷一七七音义:"挛急,劣圆反。《考声》:挛,拘也。顾野王云:癴,谓拘曲也。《说文》:孙(系)也。从手䜌声。或从疒作癴。论作恋,误。"(T54/759/c)因为"挛""挛"古音相同,故两汉之后则开始用"挛"表示身体佝曲之义。《汉书·贾邹枚路传》:"何则以其能越挛拘之语,驰域外之议。"①《释名》五:"栾,挛也,其体上曲,挛拳然也。"②《尔雅·释诂下》:"癴,病也。"其中"癴",西晋郭璞所见的《尔雅》版本作"挛"。

上文已言"挛"表示一种病症时,可增加义符作"癴",而"挛""恋"古相通假,故"癴"又可更换声旁作"癵"。《龙龛手镜》:"癵、癴,二俗。㚟,正,吕圆反。癵,病也。"③《玉篇》:"癴,力员切,体癴曲也。癵,同上。"④《妙法莲华经》卷二:"若得为人,诸根暗钝,矬陋挛躄,盲聋背伛。"(T09/15/c)"挛",宋、元、明本作"癵"。《佛说施灯功德经》:"恒常不盲及挛躄,眼一切时不暗昧,身亦无病无恶声,心常黠慧不愚惑。"(T16/806/a)"挛",元、明本作"癵"。后"癵"又简省作"癴",《慧琳音义》卷八十八《集沙门不拜俗议》卷六音义:"癴伛,劣拳反。手足病也。集文作挛,亦通。下妪矩反。《博雅》云:伛偻,曲脊也。"(T54/873/c)《集韵》:"癴、癵、癴、䏿,病体拘曲也。或作癴、癵、䏿,通作挛。"⑤《正字通》:"癴,零年切,音连,病也,体伤曲也。又寒韵,音鸾,义同。"⑥

《汉语大字典》虽然收录了"挛""挛""恋""癴"等字形,但在表示人体拘曲义上并未沟通它们之间的字际关系,欠妥。

【特 㹠 㹠】

《十诵律》卷五十五:"问:'捉㹠牛尾,得渡河不?'答:'不得。'问:'除㹠牛,若捉余畜生尾,得渡河不?'答:'若捉师子、虎、狼、象、特牛、驴、马尾者,得捉渡河。'"(T23/405/a)《大正藏》校勘记曰:"特",宫本作"㹠"。

按:上举经文作"特"是。《说文·牛部》:"特,朴特,牛父也。"段玉裁校作"特牛也",注曰:"洪氏引《说文》:'特牛,牛父也。'"⑦《玉篇》:"特,徒得切,牡牛也。"⑧上举经文大意是捉母牛的尾不能渡河,捉师子、虎、狼、象、公牛、驴、马的尾可以渡河,"特牛"(公牛)正与前文的"㹠牛"(母牛)形成对比。"特""㹠"在

---

① 〔南朝宋〕范晔《汉书》,北京:中华书局,1965年,第2351页。
② 〔东汉〕刘熙撰,〔清〕毕沅疏证,〔清〕王先谦补《释名疏证补》,第185页。
③ 〔辽〕行均《龙龛手镜(高丽本)》,第469页。
④ 《宋本玉篇》,第220页。
⑤ 〔宋〕丁度等《集韵》,第171页。
⑥ 〔明〕张自烈《正字通》,第794页。
⑦ 〔清〕段玉裁《说文解字注》,第51页。
⑧ 《宋本玉篇》,第426页。

佛经中常讹混,如"特"作"牸"者,《太子须大拿经》:"婆罗门未及得对,男儿便言:'男直银钱一千,特牛一百头;女直金钱二千,牸牛二百头。'"(T03/423/b)"特",宋、元、明本作"牸"。《法华玄义释签》卷十五:"初文言'良犊不高原,下(不)下湿'等者,此引《大经》第二破旧医中云:'若是乳牛,不食酒糟(酒真麦分,糟俗鳖别),其犊调善(不驰空不骤有),放牧之处,不在高原(涅槃),亦不下湿(生死),饮以清水(非欲浊也),不令驰走(不见散也),不与特牛,同共一群(佛不共法),饮食调适(不饥空、不饱俗),如是乳者,名为甘露(秘密藏也)。'"(T33/922/b)"特",甲本作"牸"。又如"牸"作"特"者,《弥沙塞部和酰五分律》卷二十二:"文茶长者,赍食具随后,欲于旷野,无人设处之。千二百五十象,千二百五十牸牛,千二百五十特牛,人载五百乘车,种种美食。"(T22/151/b)"牸",圣本作"特"。《摩诃僧祇律》卷九:"不应依牸牛边,当在羸小牛中行。"(T22/304/a)"牸",宋、元、明、宫本作"特"。《根本说一切有部毗奈耶杂事》卷五:"有婆罗门,是教导之首,获一特牛,后得牸牛,复得特牛,如是展转,牛遂成群。"(T24/227/c)"牸",宫本作"特"。"特""牸"在佛经中如此高频率地讹混,乃是两者所对应的梵语形似讹误所致。《梵和大辞典》中"特牛"所对应的梵文是"gāva","牸牛"所对应的梵文是"gāvi","gāva"(特牛)与"gāvi"(牸牛)形似,易使译者在梵汉对译的过程中混淆两者,从而导致汉译佛经中"特""牸"常相讹混。

"牸"指母牛或雌性的畜类,《玉篇》:"牸,疾利切,母牛也。"①《汉语大字典》"牸"字条下言:"❶母牛。《玉篇·牛部》:'牸,母牛也。'《广韵·志韵》:'牸,牝牛。'❷畜类的雌性。《广雅·释兽》:'牸,雌也。'"②《汉语大字典》《中华字海》又同时收录了"犕",也表示母牛之义。《汉语大字典》:"犕,母牛。"③《中华字海》:"牸,音字,雌性畜生。牸牛|牸马。"④同页,"犕,音波,母牛。康海《中山狼》第三折:'有一个老犕在那里曝日'"⑤。但《汉语大字典》和《中华字海》作为现代两部大型字典,都没有沟通"牸""犕"之间的字际关系。笔者以为,表示母牛义的"犕"乃是"牸"的俗讹字,后人望形生音而读"bó"。因为部件"字""孛"形似易讹,如《可洪音义》卷二十四《大周刊定众经目录》卷十五音义:"万孛,慈寺反,正作字,胸有万字经。"(K35/461/b)又"字",《汉魏六朝隋唐五代字形表》引《唐苏洪姿墓志》作"宩"⑥。所以"牸"十分容易讹写作"犕",《中华大字

---

① 《宋本玉篇》,第428页。
② 《汉语大字典》,第2123页。
③ 同上书,第2123页。
④ 冷玉龙《中华字海》,1994年,第851页。
⑤ 同上书,第851页。
⑥ 臧克和《汉魏六朝隋唐五代字形表》,广州:南方日报出版社,2011年,第461页。

典》:"牸,牸讹字。"①

《汉语大字典》虽然收录了"特""牸""牸",但在母牛一义上并没有沟通三者之间的字际关系,欠妥。

---

① 《中华大字典》,北京:中华书局,1978年,第1256页。

英藏未定名《妙法莲华经》汉文写本残片缀补[*]

张 炎[**]

【内容提要】 敦煌本《妙法莲华经》存有三译，其中鸠摩罗什译本与崛多、笈多校订《添品妙法莲华经》差异不大，整理研究时常难以甄别。英藏敦煌文献编号 S.8400 后《妙法莲华经》部分多属缺题残片，难以确定其经文归属。今将敦煌《妙法莲华经》汉文写本残卷或残片 72 号缀合为 32 组，考实 S.9734 等 35 号英藏未定名缺题残片所属译本。

【关键词】 敦煌 《妙法莲华经》 缀合 英藏 未定名

1900 年，敦煌藏经洞被发现，大量写本文献问世。英国考古学家斯坦因三次中亚考察获得敦煌汉文文献资料，全部入藏英国博物馆，后归英国图书馆东方部收藏，凡 13677 号，采用 Or.8210 编号，此后又用缩写 S.[①]。1957 年，英国翟林奈博士出版《英国博物馆藏敦煌汉文写本注记目录》，分类著录了 S.1 至 S.6980，之后刘铭恕根据公布的这部分缩微胶卷，编成《斯坦因劫经录》，著录到 S.6980，王重民《敦煌遗书总目索引》加以收录。台湾黄永武又据缩微胶卷编制了 S.6981—S.7599 遗书简目。

20 世纪 90 年代，荣新江就世俗文书部分编著《英国图书馆藏敦煌汉文非佛教文献残卷目录（S.6981—13624）》，方广锠先生则针对佛教文献编著《英国图书馆藏敦煌遗书目录（斯 6981 号～斯 8400 号）》，而编号 S.8400 之后的佛教文献尚无编目整理。

---

[*] 本文为教育部人文社会科学研究青年基金项目"敦煌《妙法莲华经》汉文写本整理与研究"（项目号：20YJC730008）、东莞理工学院科研启动专项经费项目"敦煌汉文佛经文献缀合整理与研究"（项目号：GC300501—149）阶段性成果。

[**] 本文作者为东莞理工学院中文系特聘副教授。

[①] 文中的"S"指英国国家图书馆所藏敦煌文献斯坦因编号，主要据《敦煌宝藏》（台北：台北新文丰出版公司，1981—1986 年，简称《宝藏》）、《英国国家图书馆藏敦煌遗书》（桂林：广西师范大学出版社，2011 年起陆续出版，简称《英图》）及 IDP（"国际敦煌项目"）网站公布的彩色照片；"P"指法国国家图书馆所藏敦煌文献伯希和编号，据《法藏敦煌西域文献》（上海：上海古籍出版社，1995—2005 年，简称《法藏》）；"BD"指《国家图书馆藏敦煌遗书》（北京：北京图书馆出版社，2005—2012 年，简称《国图》）编号；"Дх"指《俄藏敦煌文献》（上海：上海古籍出版社，1992—2001 年，简称《俄藏》）编号；"羽"指《敦煌秘笈》（日本大阪武田科学振兴财团，2009—2013 年，简称《秘笈》）编号。

《妙法莲华经》，又称《法华经》，先后六译，现存竺法护译《正法华经》、鸠摩罗什译《妙法莲华经》及崛多、笈多校订《添品妙法莲华经》三种，后两者结构上有所变动，文字差异不大，整理敦煌文献时常难以甄别。现查英藏敦煌文献编号S.8400后属于《妙法莲华经》的残片有600余号（包括护首），这些残片多属缺题残片，通过缀合，我们可以考定其经文归属。秦龙泉已考定不少英藏未定名残片[①]，今再将敦煌《妙法莲华经》汉文写本残卷或残片72号缀合为32组，考实S.9734等35号英藏未定名缺题残片所属译本。

一　S.9734＋S.12829＋S.4380[②]

（一）S.9734，见IDP彩版。残片。如图1右部所示，存9行上部，行8—9字。首行存数字残笔。楷书。有乌丝栏。原卷无题。

（二）S.12829，见IDP彩版。残片。如图1右部所示，存2行上部，行4—7字。楷书。有乌丝栏。原卷无题。

（三）S.4380，见《宝藏》35/565B。下图见IDP彩版。如图1左部所示，首残尾全。存445行，行约17字（偈颂16或20字）。首2行上部残缺。尾题"妙法莲华经卷第三"。楷书。有乌丝栏。

按：上揭三号内容前后相承，可以缀合。如图1所示，S.12829与S.4380衔接处的残字可复合为"异""密"二字。三号内容左右接续，S.9734与S.12829接缝处吻合无间，比照《大正藏》完整经本，依行17字行款，S.9734末行下端可补足"如三千大千世界/山"等字，S.12829首行"川溪谷土地所生"与S.4380首行"林及诸药草"之间缺"卉木丛"3字，三号缀合后可合为完整的一句"山/川溪谷土地所生（卉木丛）林及诸药草"，不缺一字。又S.9734与S.4380卷面上端存有类似污渍印记，可资比勘。三号行款相同（行间距相等，字间距及字体大小相近），书风相似，字迹相同（比较三号皆有的"所"字），可资参证。三号缀合后，所存可辨识的内容起"□(善)哉"[③]讫尾题。相应文字参见《大正藏》T9/19A20—27B9[④]。

S.4380首残尾全，卷前内容属"药草喻品"，崛多、笈多校订《添品妙法莲

---

① 可参看秦龙泉《敦煌〈妙法莲华经〉汉文写本研究——以八卷本为中心》（2018年浙江师范大学硕士学位论文）及冯国栋、秦龙泉《敦煌本〈妙法莲华经〉缺题残卷缀合释例》（《敦煌学辑刊》2020年第3期）。

② 不同卷号可直接缀合的用"＋"号相接。

③ 录文时原卷缺字用□表示，残缺不全或模糊难辨者用▨表示。为凸显缀合效果，缀合图中二卷衔接处添加虚线示意。

④ "《大正藏》T9/19A20—27B9"指《大正新修大藏经》第9册第19页上栏第20行至第27页中栏第9行（A指上栏，B指中栏，C指下栏）。下同。

华经》于该品补足鸠摩罗什译本所缺梵文本内容,该品二经差异较大,比照《大正藏》经文内容,可知卷前文字属罗什译本,后又存品题"妙法莲华经授记品第六""妙法莲华经化城喻品第七"及尾题"妙法莲华经卷第三",该号可判定为罗什译《妙法莲华经》(七卷本),今三号缀接为一,则S.9734、S.12829所属译本、卷本亦可考实。

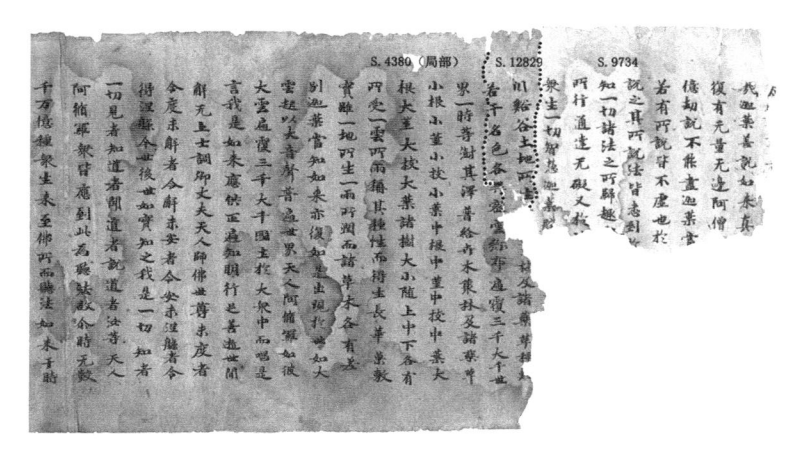

图1　S.9734＋S.12829＋S.4380(局部)缀合图

二　S.8507＋BD431

(一)S.8507,见IDP彩版。残片。如图2右部所示,存16行上部,行8—12字。首行上下残缺。楷书。有乌丝栏。原卷无题。

(二)BD431(洪31;北5008),见《国图》6/440B—447A①。下图见IDP彩版。11纸。首部如图2左部所示,首残尾缺。存308行,行约17字(偈颂16或20字)。首3行下残。楷书。有乌丝栏。《国图》叙录称该卷为7世纪唐写本,首纸背面有古代裱补。

按:上揭二号内容左右相接,可以缀合。如图2所示,比照《大正藏》完整经本,依行17字行款,S.8507末行下端残缺部分可补足"尔时无数千"5字,BD431首行顶端的"万亿种众生"恰与之相接,不缺一字。又二号行款相同(行间距相等,字间距及字体大小相近),书风相似,字迹相同(比较二号皆有的"所""等""界""起""解""涅槃"等字,参表1),可资参证。缀合后所存内容起"山川溪谷土地所生卉木丛林及诸药草"句第3—11字,讫"时诸梵天王"句前4

---

① "《国图》6/440B—447A"指《国图》第6册第440页至447页(A指上栏,B指下栏)。下同。

字。相应文字参见《大正藏》T9/19A28—23C26。

S.8507卷无存题，难以考知其所属译本。BD431首残尾缺，卷前内容属"药草喻品"，比照《大正藏》经文内容，可知卷前文字属罗什译本，后又存品题"妙法莲华经授记品第六""妙法莲华经化城喻品第七"，该号可判定为罗什译《妙法莲华经》。今二号缀接为一，则S.8507所属译本亦可知，具体卷本尚难以考实。

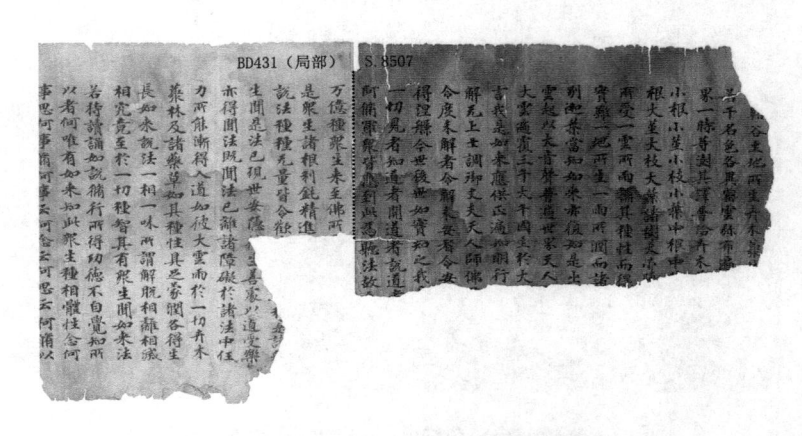

图 2　S.8507＋BD431（局部）缀合图

表 1　S.8507与BD431用字比较表

卷号	例字					
	所	等	界	起	解	涅槃
S8507	所	等	界	起	解	涅槃
BD431	所	等	界	起	解	涅槃

三　S.4200＋S.9546

（一）S.4200，见《宝藏》34/426B—436B。下图见IDP彩版。首部如图3所示，首残尾全。存483行，行约17字（偈颂16或20字）。首行存1字残画，第2—3行上下残，第3—18行下残。尾题"妙法莲华经卷第三"。楷书。有乌丝栏。

（二）S.9546，见IDP彩版。残片。如图3所示，存14行下部，行1—2字。

尾行存 1 字残画。楷书。有乌丝栏。原卷无题。

按：上揭二号内容上下连续，可以缀合。如图 3 所示，断痕大致吻合，撕裂处的残字从右而左、自上而下复合为"中""上""知""不""为""受""力""增""具""林"等字，其中"受""具"二字略有残损，余可成完字。二号内容上下接续，S.4200 第 9 行底端的"是"与 S.9546 第 3 行的"▨（中）药草"相连成句，不缺一字，此后各行仿此。又二号行款相同（皆有乌丝栏，行间距相等，字间距及字体大小相近），书风相似，字迹相同（比较二号皆有的"轮""药""树""修""足""作"等字），可资参证。缀合后所存可辨识的内容起"常演说法"，讫尾题。相应文字参见《大正藏》T9/20A16—27B9。

S.4200 首残尾全，卷前内容属"药草喻品"，比照《大正藏》经文内容，可知卷前文字属罗什译本，后又存品题"妙法莲华经授记品第六""妙法莲华经化城喻品第七"及尾题"妙法莲华经卷第三"，故而该号可定为罗什译《妙法莲华经》，《宝藏》题作"妙法莲华经卷第三"，当是。今既同属一卷，则 S.9546 亦可如此定名。

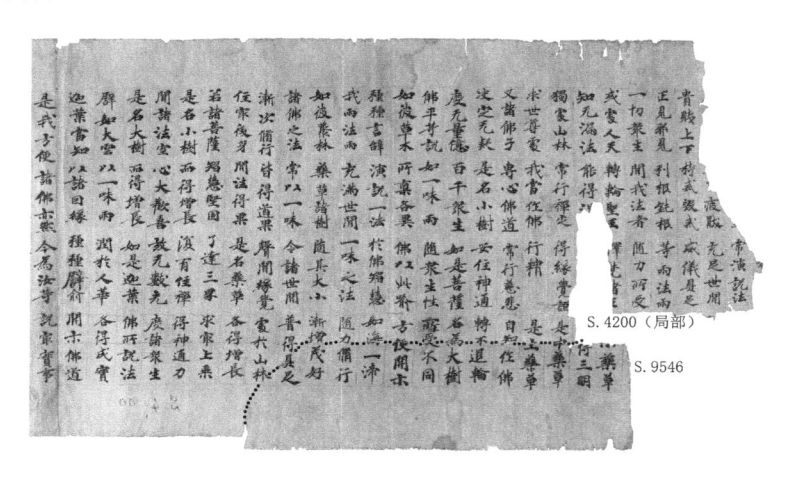

图 3　S.4200（局部）＋S.9546 缀合图

四　S.9549＋BD31＋BD413

（一）S.9549，见 IDP 彩版。残片。如图 4 右部所示，存 4 行，前 3 行每行约 17 字，尾行上下残，该行上端存 5 字右侧残画。楷书。有乌丝栏。原卷无题。

（二）BD31（地 31；北 5266），见《国图》1/160B—163A。下图见 IDP 彩版。5 纸。首尾部如图 4 中部所示，首残尾缺。存 137 行，行约 17 字（偈颂 20 字）。

首行存 5 字左侧残画。楷书。有乌丝栏。《国图》叙录称该卷为 7—8 世纪唐写本,有朱笔校改。

（三）BD413（洪 13；北 5314），见《国图》6/315B—326。下图见 IDP 彩版。18 纸。前部如图 4 左部所示,首缺尾全。存 494 行,行约 17 字（偈颂 20 字）。尾题"妙法莲华经卷第四"。楷书。有乌丝栏。《国图》叙录称该卷为 7—8 世纪唐写本,有朱笔行间校加字,背有古代裱补。

按：秦龙泉已将 BD31＋BD413 缀接,今谓 S.9549 亦可与此二号缀合。如图 4 所示,S.9549 尾行上端存 5 字右侧残画,恰可与 BD31 首行上端 5 字左侧残画拼合为完整的"道过无量阿"。二号内容先后连续,S.9549 尾行下端"得阿耨"下又存 2 字残笔,比照《大正藏》经本,可补足"多罗"2 字,此 5 字与 BD31 第 2 行"三藐三菩提"5 字相连成句。且二号行款相同（皆有乌丝栏,行间距相等,字间距及字体大小相近）,书风相似,字迹相同（比较二号皆有的"护""助""众""为""萨""足"等字）,可资参证。三号缀合后,所存内容起"护持助宣无量无边诸佛之法"句,讫尾题。相应文字参见《大正藏》T9/27C15—37A2。

S.9549 原卷无题,难以考定其所属译本。BD31 存品题"妙法莲华经授学无学人记品第九",BD413 存品题"妙法莲华经法师品第十""妙法莲华经见宝塔品第十一""妙法莲华经提婆达多品第十二"及尾题"妙法莲华经卷第四",据品题次第及分卷情形,此二号当属罗什译《妙法莲华经》（七卷本）,《国图》皆题作"妙法莲华经卷四",甚是。今三号缀合为一,则 S.9549 亦可如此定名。

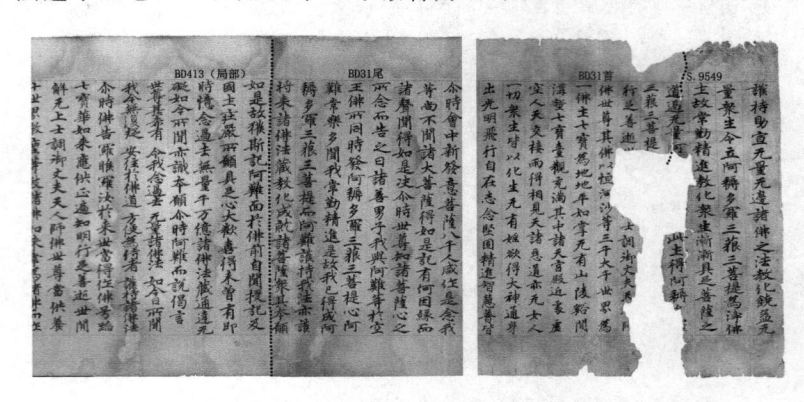

图 4　S.9549＋BD31＋BD413（局部）缀合图

五　S.10177＋S.6429

（一）S.10177,见 IDP 彩版。残片。如图 5 右上部所示,存 5 行上部,行

4—7字。尾行存6字残画。楷书。有乌丝栏。原卷无题。

（二）S.6429，见《宝藏》46/404A—419B。下图见IDP彩版。首部如图5所示，首残尾全。存605行，行约17字（偈颂20字）。首5行上端残损。尾题"妙法莲华经卷第四"。楷书。有乌丝栏。

按：上揭二号内容上下衔接，可以缀合。如图5所示，S.10177所存5残行恰好是S.6429卷首上端残去的部分，二号拼合，断痕密合无间，原本分属二号的"相""二""菩""所""能知皆得"等字皆可复合为一。二号内容上下相承，S.10177首行"三十二相"与S.6429首行"而自𠮾（庄）□（严）"相连成句，中无缺字。又二号行款相同（皆有乌丝栏，行间距相等，字间距及字体大小相近），书风相似，字迹相同（比较二号皆有的"智""善""能""那""者""喜"等字），可资参证。缀合后所存内容起"普皆金色"句后2字，讫尾题。相应文字参见《大正藏》T9/27C28—37A2。

S.6429首残尾全，内存品题"妙法莲华经授学无学人记品第九""妙法莲华经法师品第十""妙法莲华经见宝塔品第十一""妙法莲华经提婆达多品第十二""妙法莲华经劝持品第十三"及尾题"妙法莲华经卷第四"，据品题次第及分卷情形，可判定该号属罗什译《妙法莲华经》（七卷本），《宝藏》题作"妙法莲华经卷第四"，当是。今二号缀合为一，则S.10177亦可如此定名。

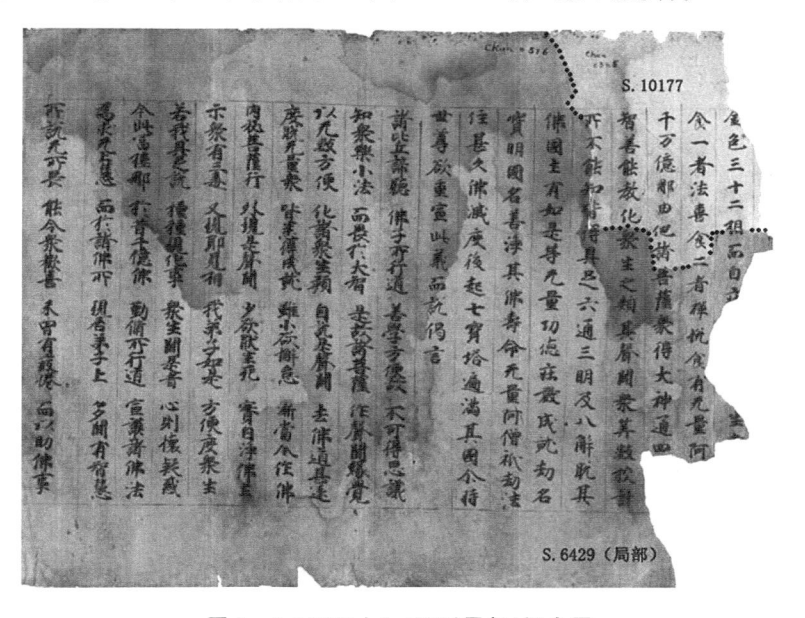

图5　S.10177＋S.6429（局部）缀合图

六　S.12103＋S.2223

（一）S.12103，见IDP彩版。残片。如图6右部所示，存9行上部，行5—9字。首尾行存数字残笔。楷书。有乌丝栏。原卷无题。

（二）S.2223，见《英图》230A—241B。20纸。如图6左部所示，首残尾全。存441行，行约17字（偈颂20字）。首行存4字左侧残画，第2—8行上残。尾题"妙法莲华经卷第四"。楷书。有乌丝栏。《英图》叙录称该卷为8世纪唐写本。

按：上揭二号内容上下左右接续，可以缀合。如图6所示，S.2223第2行底端的"尔时"与S.12103倒数第2行顶端的"世尊欲重宣此义"连言，文意贯通。又S.12103倒数第2行底端的"而说"与S.2223第3行的"偈言"合为完整的一句。且二号行款相同（行间距相等，字间距及字体大小相近），书风相似，字迹相同（比较二号皆有的"那""此""净""能""所""尊""佛"等字，参表2），可资参证。缀合后所存内容起"一者"，讫尾题。相应文字参见《大正藏》T9/27C29—34B22。

S.2223首残尾全，内存品题"妙法莲华经授学无学人记品第九""妙法莲华经法师品第十""妙法莲华经见宝塔品第十一"及尾题"妙法莲华经卷第四"，据品题次第及分卷情形可判定该号属罗什译《妙法莲华经》（八卷本），《英图》拟题为"妙法莲华经（八卷本）卷四"，可从。今既考属同卷，则S.12103亦可如此定名。

图6　S.12103＋S.2223（局部）缀合图

表 2　S.12103 与 S.2223 用字比较表

卷号	例字						
	那	此	净	能	所	尊	佛
S.12103	那	此	淨	能	所	尊	佛
S.2223	那	此	淨	能	所	尊	佛

七　S.11637＋S.10835

（一）S.11637，见 IDP 彩版。残片。如图 7 所示，存 15 行上部，行 3—12 字。首题"妙法莲华经安乐行品第十四"。楷书。

（二）S.10835，见 IDP 彩版。首部如图 7 左部所示，首残尾缺。存 21 行，行约 17 字。首行存 2 字残笔，第 2—9 行上端皆有残缺。楷书。原卷无题。

按：上揭二号内容前后相承，可以缀合。如图 7 所示，S.11637 第 7—15 行与 S.10835 首 9 行上下相续，断痕几可吻合，原本分属二号的残画复合成"菩""殊""摩""惊""行""捷""伽耶"等字。二号内容上下相接，S.11637 第 8 行底端的"文殊"与 S.10835 第 2 行顶端的"师利"合成菩萨名"文殊师利"，此后各行仿此。又二号行款相同（行间距相等，字间距及字体大小相近），书风相似，字迹相同（比较二号皆有的"乐""萨""处""经""说""亲"等字），可资参证。缀合后所存内容起首题，讫"乃至为法犹不亲厚"。相应文字参见《大正藏》T9/37A9—37B8。

S.11637 卷首存题"妙法莲华经安乐行品第十四"，从品题次第来看，当属罗什译本。今考知二号原属同卷，则 S.10835 亦可如此判定。

图 7　S.11637＋S.10835（局部）缀合图

八　S.11950＋S.1456

（一）S.11950，见IDP彩版。小残片。如图8右部所示，存5行下部，行1—4字。首行存2字残笔。楷书。有乌丝栏。原卷无题。

（二）S.1456，见《英图》23/1A—15A。下图见IDP彩版。21纸。首部如图8左部所示，首残尾全。存621行，行约17字（偈颂16或20字）。首行存1字残画，第2—9行上残。尾题"妙法莲华经卷第五"。楷书。有乌丝栏。卷尾有题记："上元三年五月十三日秘书省楷书孙玄爽写。用纸廿一张。装潢手解集。初校化度寺僧法界。再校化度寺僧法界。三校化度寺僧法界。详阅太原寺大德神符。详阅太原寺大德嘉尚。详阅太原寺主慧立。详阅太原寺上座道成。判官司农寺上林署令李德。使朝散大夫守尚舍奉御阎玄道监。"

按：上揭二号内容左右衔接，可以缀合。如图8所示，S.11950与S.1456左右相接，后者第2行下端存一缺口，S.11950左部凸起部分恰可填充，断裂处的残画复合为"亲""近"二字。二号内容先后接续，依行17字行款，据《大正藏》完整经本，S.1456第3行上端可补足"有凶戏相扠相扑及那罗"10字，该句首3字与S.1456第2行"亦不"连同二号拼合而成的"亲近"及S.11950尾行"诸"字合为完整的一句"亦不亲近诸有凶戏"。又二号行款相同（行间距相等，字间距及字体大小相近），书风相似，字迹相同（比较二号皆有的"萨""亲近""外"等字），可资参证。缀合后所存可辨识的内容起"菩萨摩诃萨不亲近国王"句前2字，讫尾题。相应文字参见《大正藏》T9/37A21—46B14。

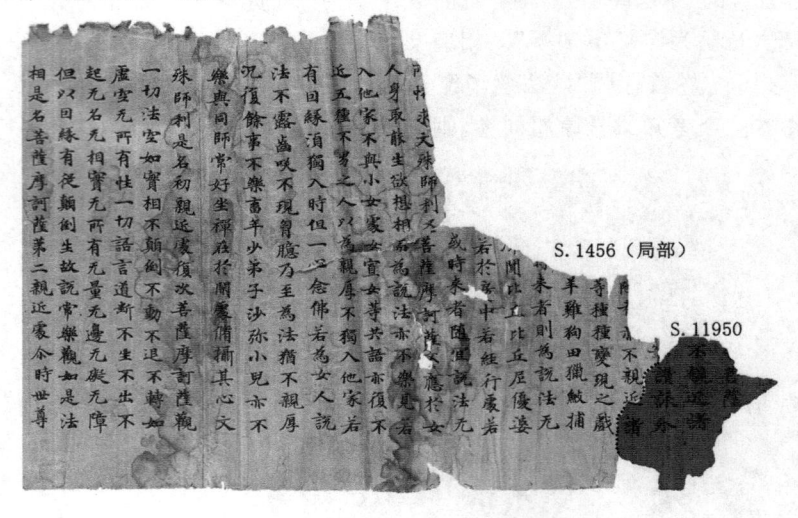

图8　S.11950＋S.1456（局部）缀合图

英藏未定名《妙法莲华经》汉文写本残片缀补　135

S. 11950 为小残片,难以断定其属何译本。S. 1456 首残尾全,内存品题"妙法莲华经从地踊出品第十五""妙法莲华经如来寿量品第十六""妙法莲华经分别功德品第十七"及尾题"妙法莲华经卷第五",据品题次第及分卷情形可知该号属罗什译《妙法莲华经》(七卷本),《英图》拟题为"妙法莲华经卷五",可从。今二号缀合为一,则 S. 11950 亦可如此定名。

九　S. 10838＋S. 3678

(一)S. 10838,见 IDP 彩版。残片。如图 9 所示,存 4 行上部,行 4—11 字。尾行上下残缺。楷书。有乌丝栏。原卷无题。

(二)S. 3678,见《宝藏》30/441A—456A。下图见 IDP 彩版。首部如图 9 所示,首尾均残。存 598 行,行约 17 字(偈颂 16 或 20 字)。首 5 行上残,卷尾数十行下残。尾题"妙法莲华经卷第五"。楷书。有乌丝栏。

按:上揭二号内容前后相承,可以缀合。如图 9 所示,原本分属二号的残字复合成"弥"(略有残损)、"小"二字。二号内容上下衔接,S. 3678 首行"□(若)有因缘"与 S. 10838 第 2 行顶端的"须独入时"先后接续,文意贯通。又二号行款相同(行间距相等,字间距及字体大小相近,皆有乌丝栏),书风相似,字迹相同(比较二号皆有的"为""念""乃""不""以""种""佛"等字,参表 3),可资参证。缀合后所存内容起"亦复不近五种不男之人以为亲厚"后 9 字,讫尾题。相应文字参见《大正藏》T9/37B5—46B14。

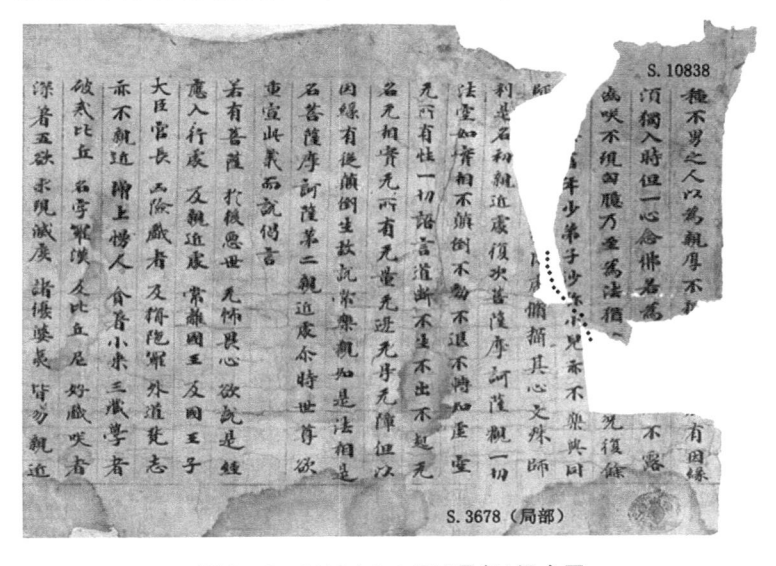

图 9　S. 10838＋S. 3678(局部)缀合图

S.3678卷内存品题"妙法莲华经从地踊出品第十五""妙法莲华经如来寿量品第十六""妙法莲华经分别功德品第十七"及尾题"妙法莲华经卷第五",据品题次第及其分卷可考定该号属罗什译《妙法莲华经》(七卷本),《宝藏》拟题"妙法莲华经卷第五"不误。今二号缀合为一,S.10838可同样定名。

表3　S.10838与S.3678用字比较表

卷号	例字						
	为	念	乃	不	以	种	佛
S.10838	爲	念	乃	不	以	種	佛
S.3678	爲	念	乃	不	以	種	佛

十　S.16＋S.9627

(一)S.16,见《英图》1/110B—125A。下图见IDP彩版。27纸。首部如图10所示,首残尾全。存493行,行约17字(偈颂16或20字)。首2行上下残,第3—8行下残。第9行中间有残缺。尾题"妙法莲华经卷第五"。楷书。有乌丝栏。《英图》叙录称该卷为7—8世纪唐写本。

(二)S.9627,见IDP彩版。残片。如图10右下部所示,存9行下部,行2—6字。楷书。有乌丝栏。原卷无题。

按：上揭二号内容上下连续,可以缀合。如图10所示,撕裂处的残字从右而左、自上而下拼合成"离""栴""外""怖""为"等字,其中仅"为"字得成完字,余字因二号接缝处缝隙略有残损。二号内容上下相接,S.16首行"无怖"与S.9627首行"囗(畏)心"相连成句,不缺一字。又二号行款相同(行间距相同,字间距及字体大小相近),书风相似,字迹相同(比较二号皆有的"戏笑""萨""为""尼""所"等字),可资参证。缀合后所存内容起"无怖囗(畏)心",讫尾题。相应文字参见《大正藏》T9/37B19—46B14。

S.16卷内存有品题"妙法莲华经从地踊出品第十五""妙法莲华经如来寿量品第十六""妙法莲华经分别功德品第十七"及尾题"妙法莲华经卷第五",故而可断定其属罗什译《妙法莲华经》(七卷本),《英图》题作"妙法莲华经卷五"不误。今二号缀合为一,亦知S.9627所属译本,可如此定名。

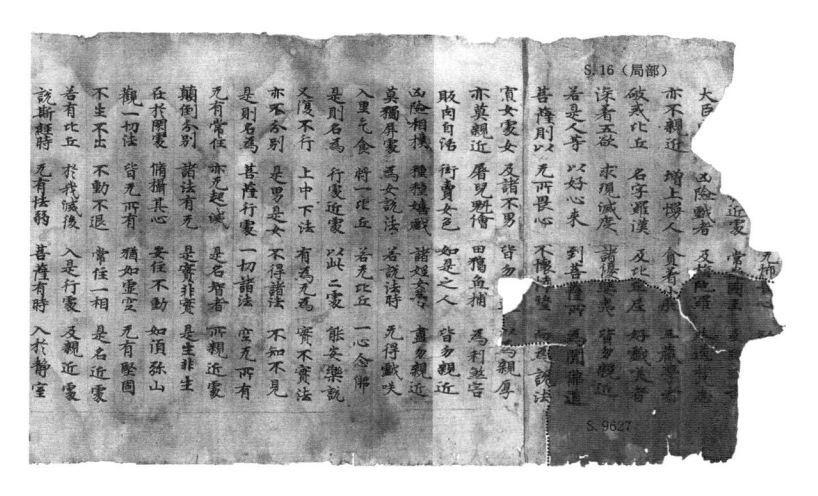

图10　S.16(局部)＋S.9627缀合图

十一　S.9653＋S.3516

（一）S.9653，见IDP彩版。残片。如图11所示，存9行，行约17字。整卷仅第8行为满行，余行皆有残损。楷书。有乌丝栏。原卷无题。

（二）S.3516，见《宝藏》29/238A—250B。下图见IDP彩版。首部如图11所示，首残尾全。存484行，行约17字（偈颂16或20字）。尾题"妙法莲华经卷第五"。楷书。有乌丝栏。

按：上揭二号内容前后相承，可以缀合。如图11所示，S.9653尾行底端的"若以与之"与S.3516首行顶端的"□□☒(王诸眷)属必大惊怪"前后相连，语意完整。又二号行款相同（行间距及字间距相等，字体大小相近，皆有乌丝栏），书风相似，字迹相同（比较二号皆有的"欢""众""国""起""珍""与""之"等字，参表4），可资参证。缀合后所存可辨识的内容起"是法华经"，讫尾题。相应文字参见《大正藏》T9/38C20—46B14。

S.3516卷内存有品题"妙法莲华经从地踊出品第十五""妙法莲华经如来寿量品第十六""妙法莲华经分别功德品第十七"及尾题"妙法莲华经卷第五"，据此品题次第及其分卷可知该号属罗什译《妙法莲华经》（七卷本），《宝藏》拟题"妙法莲华经卷第五"不诬。S.9653与之既属同卷，亦可考知其所属译本，可同样定名。

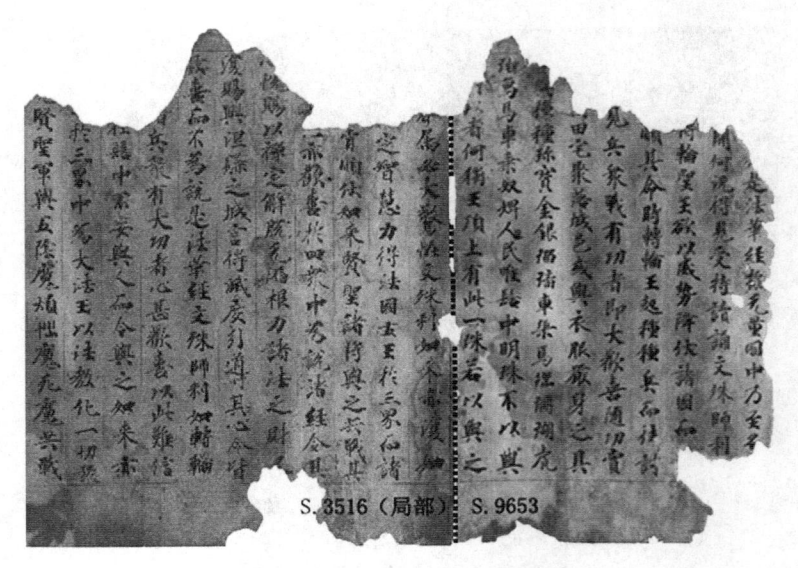

图 11　S.9653＋S.3516(局部)缀合图

表 4　S.9653 与 S.3516 用字比较表

卷号	例字						
	欢	众	国	起	珍	与	之
S.9653							
S.3516							

十二　S.9636＋S.3212

（一）S.9636，见 IDP 彩版。残片。如图 12 右部所示，存 4 行下部，行 4—9 字。尾行存 9 字右侧残画。楷书。有乌丝栏。原卷无题。

（二）S.3212，见《宝藏》26/584A—590B。下图见 IDP 彩版。首部如图 12 左部所示，首残尾缺。存 245 行，行约 17 字（偈颂 16 或 20 字）。首行存 9 字左侧残画。楷书。有乌丝栏。

按：上揭二号内容前后衔接，可以缀合。如图 12 所示，S.9636 与 S.3212 左右相接，原本分属二号的残画自上而下拼合为"说法又见诸佛身相金"等字。二号内容前后接续，二号底端拼合而成的"身相金□（色）"与 S.3212 第 2 行顶端的"放无量光"前后相连,文意贯通。又二号行款相同(皆有乌丝栏,行间距相等,字间距及字体大小相近),书风相似,字迹相同(比较二号皆有的"众""数""诸""说""于""等"字),可资参证。缀合后所存内容起"如日之照"句后2字,讫"无复众患"句首字。相应文字参见《大正藏》T9/39B20—43A18。

S.3212首残尾缺,内存品题"妙法莲华经从地踊出品第十五""妙法莲华经如来寿量品第十六",据品题次第及分卷情形可知该卷属罗什译《妙法莲华经》(七卷本)。今二号既属同卷,则 S.9636 亦可如此判定。

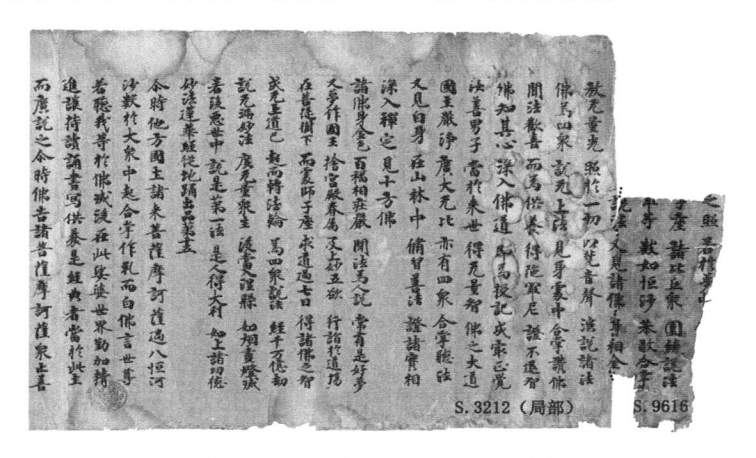

图 12　S.9636＋S.3212(局部)缀合图

十三　S.5430＋S.7195＋S.9548＋BD5224＋BD10472

(一)S.5430,见《宝藏》42/435B—436B。下图见 IDP 彩版。尾部如图 13-1 右部所示,首尾均残。存 59 行,行约 17 字(偈颂 20 字)。首行存数字左侧残画,末行上下残。楷书。有乌丝栏。

(二)S.7195,见《宝藏》54/515B—516A。首部如图 13-1 左部所示,尾部如图 13-2 右部所示,首尾均残。存 20 行,行约 17 字。首行存 2 字残画,尾行上下残。楷书。有乌丝栏。原卷无题。

(三)S.9548,见 IDP 彩版。残片。如图 13-2 中部所示,存 6 行,行约 17 字。第3—4 行为满行,余行皆有残缺。楷书。有乌丝栏。原卷无题。

(四)BD5224(夜24,北5646),见《国图》70/86A—88B。4 纸。首部如图 13-2 左部所示,首尾均残。存 109 行,行约 17 字(偈颂 20 字)。首尾行存数字残画,第 2 行下残。楷书。有乌丝栏。原卷无题。《国图》叙录称该卷为 7—8 世纪唐写本,卷面多水渍霉斑,背有古代裱补。

（五）BD10472(L601)，见《国图》107/323A。残片。2纸。存9行下部1—15字。首行存1字残笔，尾行存6字残画。楷书。有乌丝栏。原卷无题。《国图》叙录称该卷为7—8世纪唐写本。

按：秦龙泉已将BD5224＋BD10472缀接，今谓S.5430、S.7195、S.9548三号亦可与之缀合。如图13-1所示，S.5430与S.7195左右衔接，原本分属二号的"数""菩"（2次）、"复""二千""尘数""摩诃""能"等字复合为一，其中"数"及第一个"菩"字仍有残损，余可成完璧。如图13-2所示，S.7195与S.9548左右相接，撕裂处断痕若合符节，衔接处残字从右而左、自上而下复合为"璎珞摩尼珠""众""然周至供养"等字。S.9548与BD5224左右相接，衔接处的残字可拼合为"赞叹诸""言"等字。又四号内容前后相承，S.7195第2行的"☐（复）有二千中国土微☐（尘）"与S.5430末行的"☐☐（数菩）萨☐☐☐（摩诃萨）"相连成句。S.9548第2行的"众宝香炉烧无"与S.7195尾行顶端的"价香"连言。BD5224第2行的"合掌向"与S.9548尾行顶端的"佛"字合成完整的一句，语意贯通。且五号行款相同（皆有乌丝栏，行间距及字间距相同，字体大小相近），书风相似，字迹相同（比较五号皆有的"菩萨"二字），可资参证。五号缀合后所存可辨识的内容起"而作是言"句4字左侧残画，讫"是中应起塔"句5字右侧残画。相应文字参见《大正藏》T9/43A16—46B10。

S.5430卷内存有品题"妙法莲华经分别功德品第十七"，据品题次第可知该号属罗什译《妙法莲华经》，今五号缀合为一，S.9548等4号皆可如此判定。

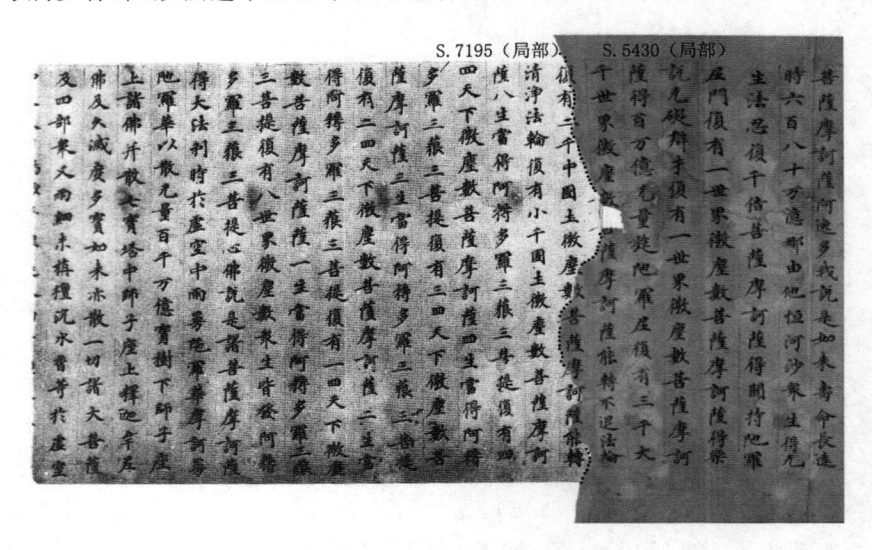

图13-1　S.5430（局部）＋S.7195（局部）缀合图

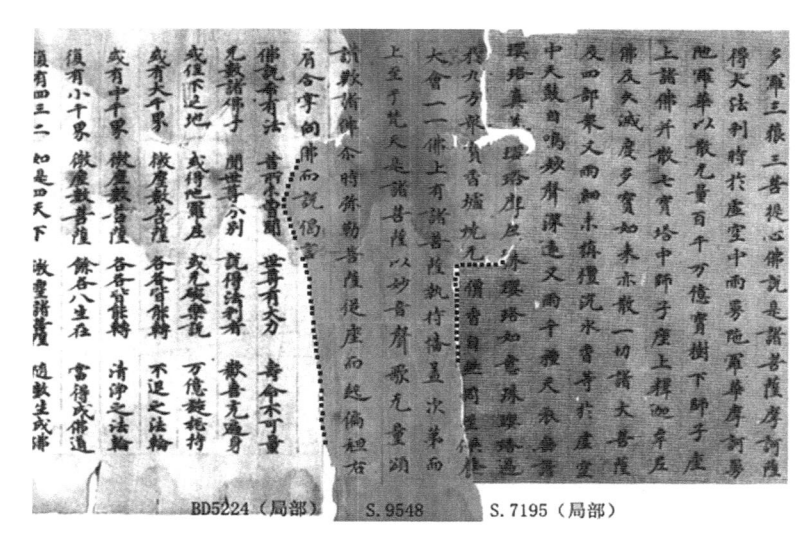

图 13-2　S.7195(局部)＋S.9548＋BD5224(局部)缀合图

十四　S.6567＋S.10342

（一）S.6567，见《宝藏》48/524A—539B。下图见 IDP 彩版。首部如图 14 所示，首残尾全。存 590 行，行约 17 字（偈颂 16 或 20 字）。首行存数字残笔。第 2—7 行下部残损。尾题"妙法莲华经卷第六"。楷书。

（二）S.10342，见 IDP 彩版。小残片。如图 14 所示，存 5 行中部，行 1—3 字。首行存 1 字残笔。楷书。原卷无题。

按：上揭二号内容上下连续，可以缀合。如图 14 所示，S.6567 第 2—5 行下部与 S.10342 之间的断痕吻合，原本分属二号的残字复合为"复""第五"3 字，其中"复"字仍有残损，余可成完字。二号内容上下相连，S.6567 第 2 行底端的"若"字与 S.10342 第 2 行"城邑"相连成句。又二号行款相同（行间距相等、字间距及字体大小相近）①，书风相似，字迹相同（比较二号皆有的"转""知""行""教""善"等字），可资参证。缀合后所存可辨识的内容起"若在僧坊"句后 2 字，迄尾题。相应文字参见《大正藏》T9/46C1—55A9。

S.6567 首残尾全，卷内存品题"妙法莲华经法师功德品第十九""妙法莲华经常不轻菩萨品第廿""妙法莲华经如来神力品第廿一""妙法莲华经嘱累品第廿二""妙法莲华经药王菩萨本事品第廿三"及尾题"妙法莲华经卷第六"，据

---

①　S.6567 卷端略有皱褶，S.10342 与之衔接处字略有不接，缀合图中二者行距略有参差。

品题次第及其分卷可判定该号属罗什译《妙法莲华经》（七卷本），《宝藏》拟题为"妙法莲华经卷第六"，当是。今可考 S.10342 与之为同一写卷之撕裂，所属译本可定，亦可如此定名。

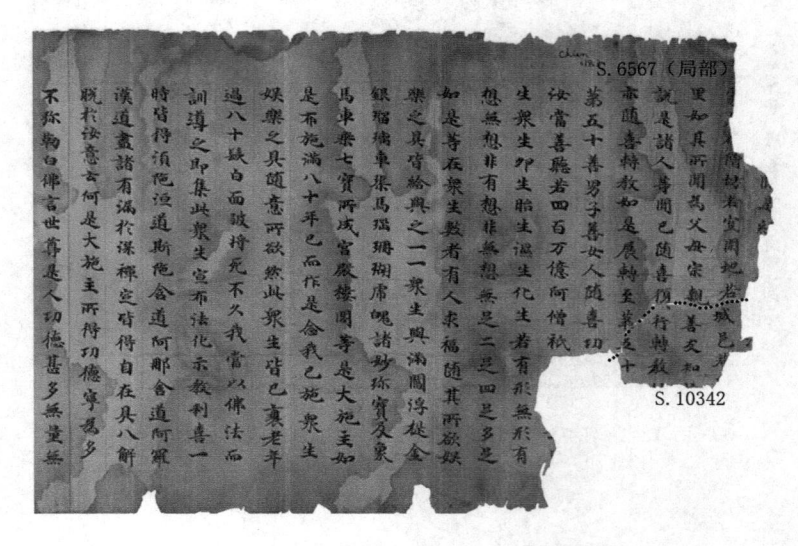

图 14　S.6567（局部）＋S.10342 缀合图

十五　S.963＋S.12425

（一）S.963，见《英图》16/192B—204B。下图见 IDP 彩版。22 纸。首部如图 15 所示，首残尾全。存 576 行，行约 17 字（偈颂 16 或 20 字）。尾题"妙法莲华经卷第六"。楷书。《英图》叙录称该卷为 7—8 世纪唐写本，所用纸为经黄打纸。

（二）S.12425，见 IDP 彩版。残片。如图 15 所示，存 4 行中部，行 4—6 字。首行存 1 字残笔。楷书。原卷无题。

按：上揭二号内容上下连续，可以缀合。如图 15 所示，原本分属二号的残字缀接为一，S.963 第 4 行上端底部"是"字末笔撕裂在 S.12425 尾行顶端，二号拼合，该字仍略有残损。二号内容上下衔接，S.963 第 3 行上部底端的"尽诸有▨（漏）"与 S.12425 第 3 行顶端的"▨（于）深禅定皆得自▨（在）"前后相连，文义贯通。又二号行款相同（行间距相等，字间距及字体大小相近），书风相似，字迹相同（比较二号皆有的"所""得""禅""大"等字），可资参证。缀合后所存内容起"训导之"句首字，讫尾题。相应文字参见《大正藏》T9/46C16—55A9。

S.963卷内存有品题"妙法莲华经常不轻菩萨品第二十""妙法莲华经如来神力品第二十一""妙法莲华经嘱累品第二十二""妙法莲华经药王菩萨本事品第二十三"及尾题"妙法莲华经卷第六",据品题次第及其分卷可判定该卷属罗什译《妙法莲华经》(七卷本),《英图》题作"妙法莲华经卷六"不诬。今二号缀合为一,则S.12425亦可如此定名。

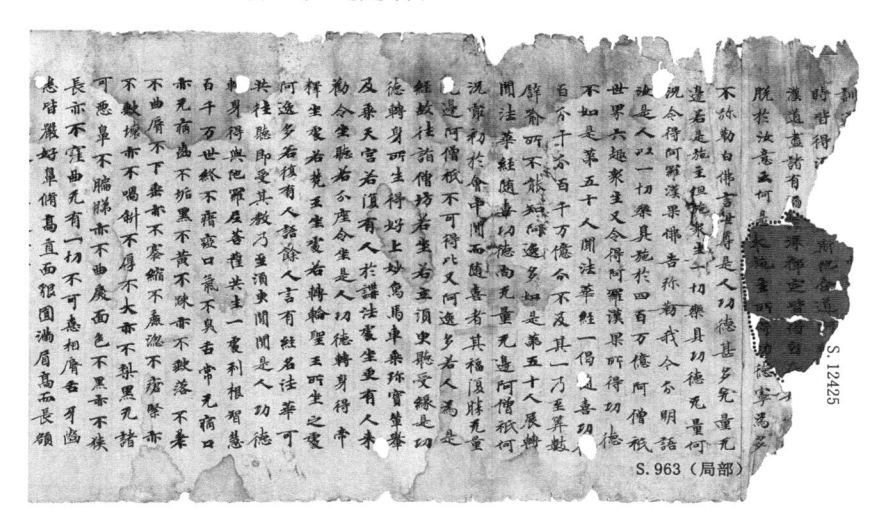

图15　S.963(局部)＋S.12425缀合图

十六　BD4875＋S.11678

(一)BD4875(巨75,北5735),见《国图》65/120A—130A。19纸。首部如图16所示,首残尾全。存416行,行约17字(偈颂16或20字)。首9行下残。尾题"妙法莲华经卷第六"。楷书。有乌丝栏。《国图》叙录称该卷为7—8世纪唐写本。

(二)S.11678,见IDP彩版。残片。如图16所示,存3行,仅第2行存5整字,余行皆有残损。楷书。有乌丝栏。原卷无题。

按:上揭二号内容左右衔接,可以缀合。如图16所示,断裂处的残画复合为"皆""来"二字,其中"皆"字可成完璧。二号内容先后接续,S.11678第2行底端的"紧那"与BD4875第9行顶端的"罗女"合成"紧那罗女"一词。又二号行款相同(皆有乌丝栏,行间距相等,字间距及字体大小相近),书风相似,字迹相同(比较二号皆有的"紧那罗"等字),可资参证。缀合后所存内容起"□(若)▨(读)",讫尾题。相应文字参见《大正藏》T9/49B16—55A9。

BD4875首残尾全,内有品题"妙法莲华经常不轻菩萨品第二十""妙法莲

144　北京大学中国古文献研究中心集刊　第二十七辑

华经如来神力品第二十一""妙法莲华经嘱累品第二十二""妙法莲华经药王菩萨本事品第二十三"及尾题"妙法莲华经卷第六",据品题次第及分卷情形,可判定该卷属罗什译《妙法莲华经》(七卷本),《国图》题作"妙法莲华经卷六",可从。今二号缀合为一,则S.11678亦可如此定名。

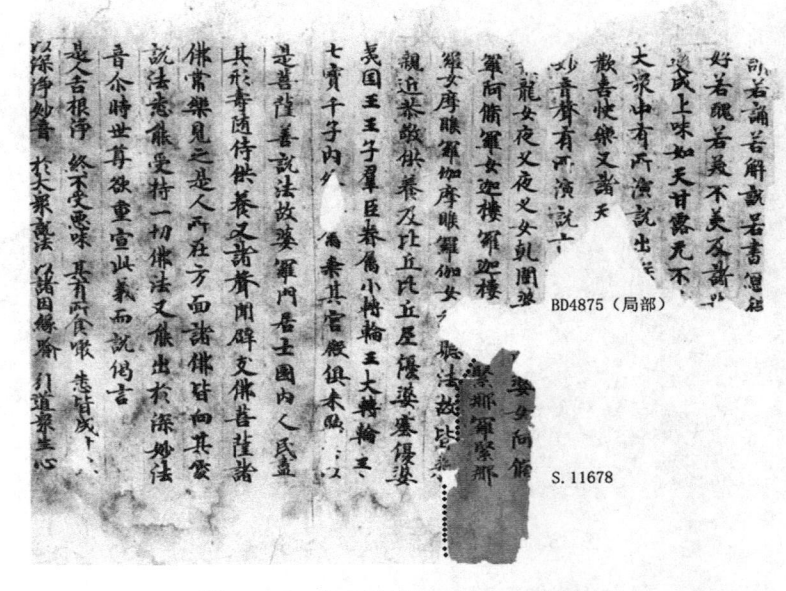

图16　BD4875(局部)＋S.11678缀合图

十七　S.9645＋S.3480

(一)S.9645,见IDP彩版。如图17所示,首尾均残。存9行,行约17字。首行存9字左侧残笔。尾行上残9字,仅"偈言"二字完整。楷书。有乌丝栏。原卷无题。

(二)S.3480,见《宝藏》29/4A—9A。下图见IDP彩版。如图17所示,首残尾缺。存210行,行约17字(偈颂16或20字)。首行上下残,仅"世"字完整。楷书。有乌丝栏。

按:上揭二号内容左右相接,可以缀合。如图17所示,断裂处的残画自上而下复合为"法""尊欲重宣此义而说"等字,其中"法"字仍有残损。二号内容先后相连,二号拼合而成的"而说"与S.9645末行底端的"偈言"合成"而说偈言"句,S.3480第2行顶端的偈颂"过去有佛"与之先后衔接,句意贯连。又二号行款相同(皆有乌丝栏,行间距相等,字间距及字体大小相近),书风相似,字迹相同(比较二号皆有的"灭后""解""萨""能""经"等字),可资参证。缀合后所存可辨识的内容起"于汝意云何"句 5 字左侧残画,讫"诸水之中海为第一"句前 5 字。相应文字参见《大正藏》T9/51B1—54A20。

S.3480 首残尾缺,内存品题"妙法莲华经如来神力品第二十一""妙法莲华经嘱累品第二十二""妙法莲华经药王菩萨本事品第二十三",据品题次第可知该号当属罗什译《妙法莲华经》,今考知 S.9645 与之原属同卷,亦可如此判定。

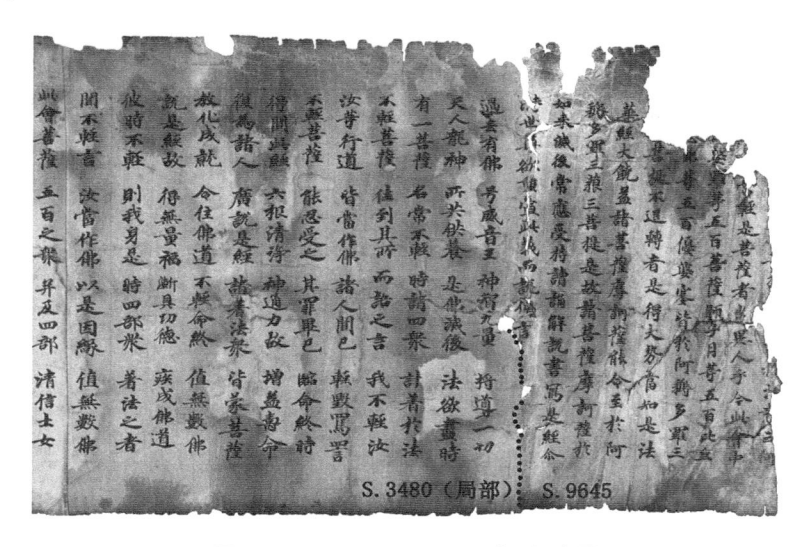

图 17　S.9645＋S.3480(局部)缀合图

十八　S.11944＋S.3348

(一)S.11944,见 IDP 彩版。小残片。如图 18 所示,存 7 行上部,行 3—8 字。楷书。有乌丝栏。原卷无题。

(二)S.3348,见《宝藏》27/681A—686B。下图见 IDP 彩版。首部如图 18 左部所示,首残尾全。存 262 行,行约 17 字(偈颂 20 字)。首 8 行下残。尾题"妙法莲华经卷第六"。楷书。有乌丝栏。卷尾存题记:"上元元年九月廿五日左春坊楷书萧敬写。用纸二十张。装潢手解集。初校福林寺僧智彦。再校西明寺僧行轨。三校西明寺僧怀瓒。□□□寺大德神符。"

按:上揭二号内容左右相接,可以缀合。如图 18 所示,S.11944 与 S.3348 左右相连,原本分属二号的"婆""婆"(2 次)、"世"等字复合为一,其中第一个"婆"字仍有残缺,余成完字。二号内容左右接续,据《大正藏》完整内容,依行

17字行款，S.11944尾行下端可补足"摩诃萨及诸比丘比丘"等字，S.3348第2行上端"尼"字恰与之相连，合成完整的佛教习语"比丘尼"，语意贯通。又二号行款相同（皆有乌丝栏，行间距相等，字间距及字体大小相近），书风相似，字迹相同（比较二号皆有的"佛""后""处""说""经""界"等字），可资参证。缀合后所存可辨识的内容起"皆于佛前一心合掌"的第5—7字，讫尾题。相应文字参见《大正藏》T9/51C10—55A9。

S.11944为小残片，难以考知其所属译本、卷本。S.3348首残尾全，内存品题"妙法莲华经嘱累品第二十二""妙法莲华经药王菩萨本事品第二十三"及尾题"妙法莲华经卷第六"，据品题次第及尾题可知该卷属罗什译《妙法莲华经》（七卷本），《宝藏》拟题为"妙法莲华经卷第六"，当是。今二号合而为一，则S.11944亦可如此定名。

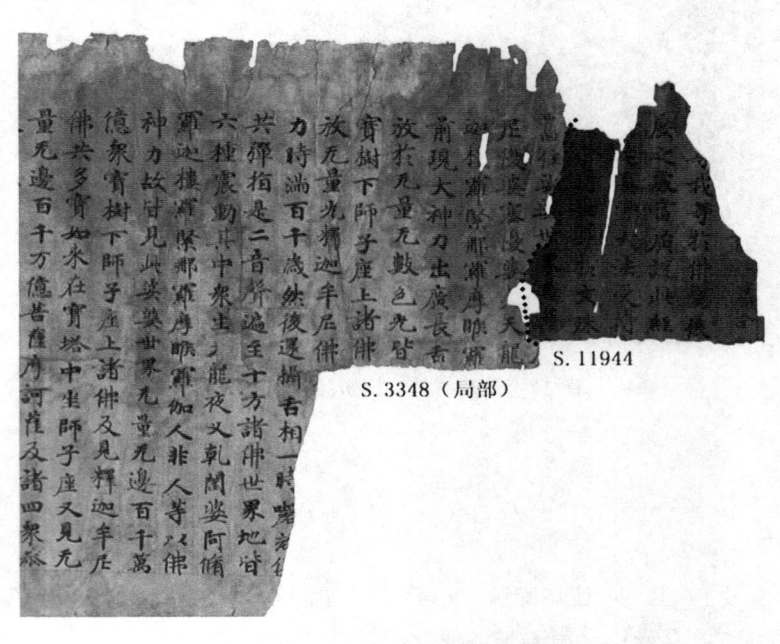

图18　S.11944＋S.3348（局部）缀合图

十九　S.7574＋S.10327

（一）S.7574，见《宝藏》55/242B。如图19右部所示，首尾均残。存20行，行20字（偈颂）。首行上下残，第2行及倒数第2—3行上残，尾行存3字残笔。楷书。有乌丝栏。

（二）S.10327，见IDP彩版。残片。如图19左部所示，首尾均残。存9

行,行约17字。首尾行存数字残画,第2行上下残,倒数第2—3行下残。楷书。有乌丝栏。原卷无题。

按:上揭二号内容前后相续,应可缀合。如图19所示,S.7574与S.10327左右相接,原本分属二号的残画从右而左、自上而下复合为"法王""我于无"等字。二号内容前后相接,比照《大正藏》完整经文,依行17字行款格式,S.10327第2行上部可补足"手摩无量"4字,连同该号第2行顶端的"☐(菩)萨摩诃萨顶"与S.7574号倒数第2行底端的"以右"2字合为完整的一句"以右手摩无量菩萨摩诃萨顶",语义贯通。又二号行款相同(皆有乌丝栏,行间距相同,字间距及字体大小相近),书风相似,字迹相同(比较二号皆有的"得""是""经""萨""此"等字),可资参证。缀合后所存可辨识的内容起"尔时世尊欲重宣此义"句第2—4字,讫"今以付嘱☐☐(汝等)"。相应文字参见《大正藏》T9/52A28—52C11。

S.10327内容同见于《妙法莲华经》与《添品妙法莲华经》,难以考实其经文归属。S.7574末2行文字属"嘱累品",卷尾所存品题次第"第廿一",与常见该品"第二十二"的品题次第并不一致,可知该号当属未曾收入"提婆达多品"的罗什译《妙法莲华经》(古本)。今二号缀合为一,则S.10327亦可如此判定。

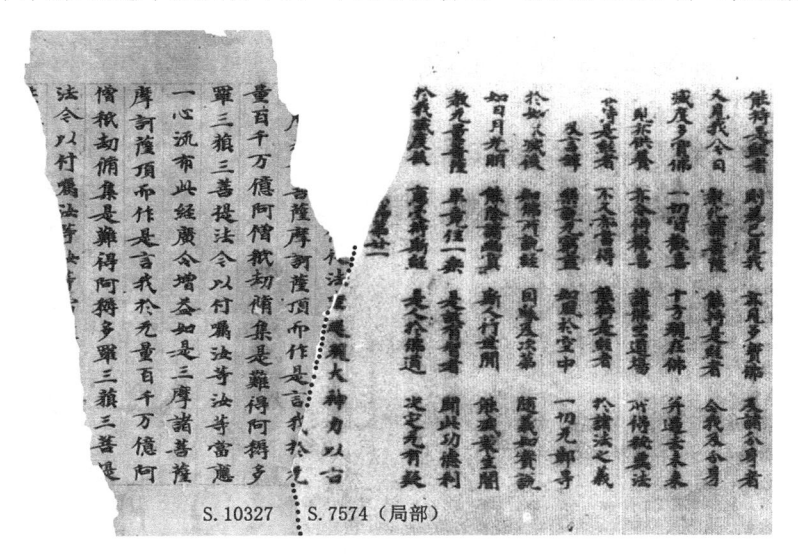

图19　S.7574(局部)＋S.10327缀合图

二十　S.9632＋BD6321

(一)S.9632,见IDP彩版。残片。如图20所示,存5行上部,行3—6字。

尾行存1字残笔。存残首题"妙法莲华经妙▨(音)"。楷书。有乌丝栏。

（二）BD6321（咸21，北5865），见《国图》84/197B—210B。20纸。首部如图20右部所示，首残尾全。存536行，行约17字（偈颂20字）。楷书。有乌丝栏。存残首题"▨(菩)萨品第廿四"，尾题"妙法莲华经卷第七"。《国图》叙录称该卷为8世纪唐写本。

按：上揭二号内容上下左右衔接，可以缀合。如图20所示，断痕多可吻合，原本分属二号的残画复合为"音""佛""遍""等诸""光"等字，其中"音"字仍有残损。二号内容上下相接，二号首行合成完整的首题"妙法莲华经妙音菩萨品第廿四"，此后各行均相接，文意贯连。又二号行款相同（行间距相等，字间距及字体大小相近，皆有乌丝栏），书风相似，字迹相同（比较二号皆有的"尔时""莲华""释迦牟尼"等字），可资参证。缀合后所存内容起首题"妙法莲华经妙音菩萨品第廿四"，讫尾题。相应文字参见《大正藏》T9/55A16—62B1。

二号合成首题"妙法莲华经妙▨(音)菩萨品第廿四"，又BD6321卷内存品题"妙法莲华经观世音菩萨普门品第二十五""妙法莲华经陀罗尼品第廿六""妙法莲华经妙庄严王本事品第二十七""妙法莲华经普贤菩萨劝发品第二十八"及尾题"妙法莲华经卷第七"，据品题次第及分卷情形，可知BD6321属罗什译《妙法莲华经》（七卷本），《国图》据以拟题为"妙法莲华经卷七"不诬，S.9632亦可如此定名。

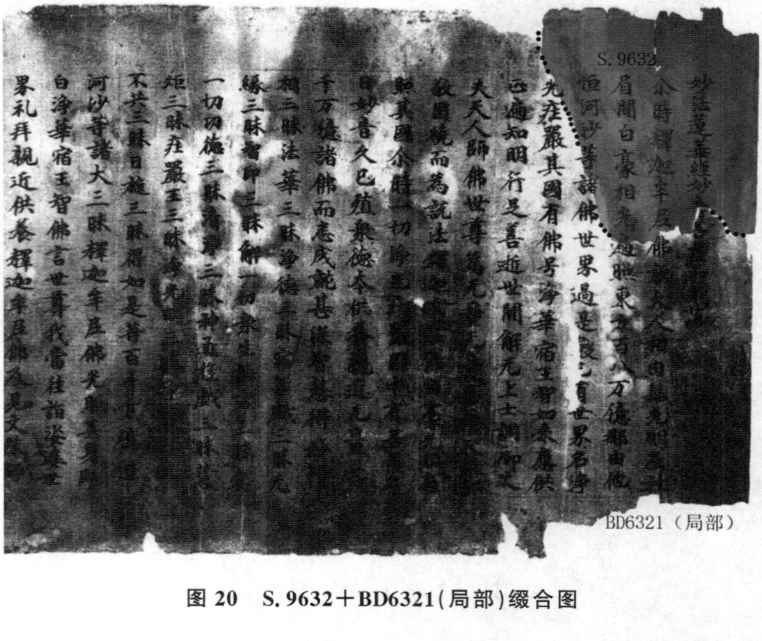

图20　S.9632＋BD6321(局部)缀合图

二十一　S.9886＋S.10122＋S.6711

（一）S.9886，见IDP彩版。残片。如图21右部所示，存15行下部，行1—11字。首6行上下残缺。楷书。有乌丝栏。原卷无题。

（二）S.10122，见IDP彩版。残片。如图21右部所示，存7行中部，行2—10字。首行存数字残笔。楷书。有乌丝栏。原卷无题。

（三）S.6711，见《宝藏》50/559B—571B。下图见IDP彩版。首部如图21左部所示，首残尾全。存510行，行约17字（偈颂20字）。首9行上部残缺。尾题"妙法莲华经卷第七"。楷书。有乌丝栏。

按：上揭三号内容先后相承，可以缀合。如图21所示，S.9886尾5行与S.10122、S.6711上下左右接续，衔接处的残字可复合为"万""身""婆""殊""菩"等字。S.10122与S.6711衔接处的残画可拼合为"宿王"二字。三号内容前后衔接，S.10122第3行下端的"释迦牟尼佛光照其"与S.9886倒数第4行顶端的"身"字相连成句，句意贯通。S.10122尾行底端的"药"与S.6711第2行顶端的"上菩萨"合成完整的菩萨名"药上菩萨"，文义完整。又三号行款相同（行间距相等，字间距及字体大小相近），书风相似，字迹相同（比较三号皆有的"释迦牟尼佛"等字），可资参证。三号缀合后，所存内容起"号净华宿王智如来"后3字，讫尾题。相应文字参见《大正藏》T9/55A20—62B1。

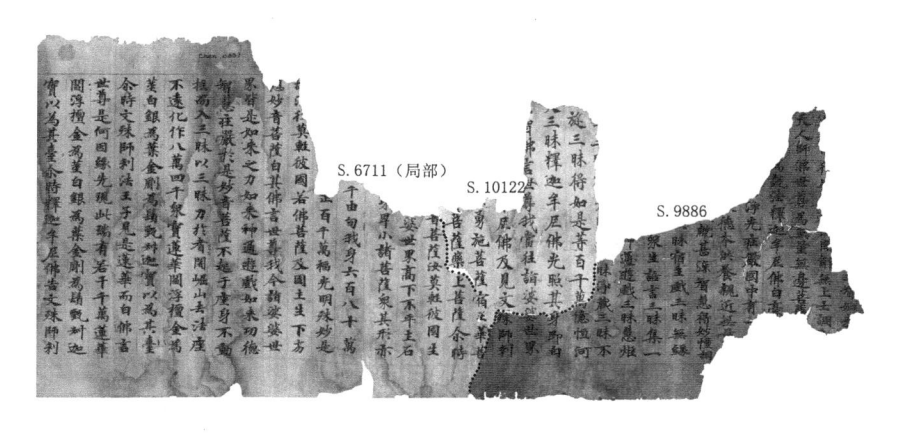

图21　S.9886＋S.10122＋S.6711（局部）缀合图

S.9886、S.10122卷无存题，内容同见于《妙法莲华经》与《添品妙法莲华经》。S.6711首残尾全，内存品题"妙法莲华经观世音菩萨普门品第廿五""妙法莲华经陀罗尼品第廿六""妙法莲华经妙庄严王本事品第廿七""妙法莲华经普贤菩萨劝发品第廿八"及尾题"妙法莲华经卷第七"，据品题次第及分卷情形可知该号属罗什译《妙法莲华经》(七卷本)。今三号缀接为一,则 S.9886、S.10122 皆可如此判定,可定名为"妙法莲华经卷七"。

二十二 S.3455＋S.10113

(一) S.3455,见《宝藏》28/518A—531B。下图见 IDP 彩版。首部如图 22 所示,首残尾全。存 564 行,行约 17 字(偈颂 20 字)。首 2 行上下残,第 3—5 行上残。楷书。有乌丝栏。尾题"妙法莲华经卷第七"。

(二) S.10113,见 IDP 彩版。小残片。如图 22 右上部所示,存 4 行上部,行 1—5 字。楷书。有乌丝栏。原卷无题。

按:上揭二号内容上下连续,当可缀合。如图 22 所示,断痕密合无间,原本分属二号的"菩""力"二字得成完字。二号内容上下相接,S.10113 首行"⬚⬚(而能)有"与 S.3455 第 3 行顶端的"是大神通力"相连成句,文意贯通。又二号行款相同(皆有乌丝栏,行间距相等,字间距及字体大小相近),书风近似,字迹相同(比较二号皆有的"说""是""能""世尊"等字),可资参证。缀合后所存可辨识的内容起"世尊",讫尾题。相应文字参见《大正藏》T9/55B28—62A29。

S.3455 卷内存品题"妙法莲华经观世音菩萨普门品第二十五""妙法莲华经陀罗尼品第二十六""妙法莲华经普贤菩萨劝发品第二十八"及尾题"妙法莲华经卷第七",据其分卷及品题次第可判定该号属罗什译《妙法莲华经》(七卷本),《宝藏》拟题"妙法莲华经卷第七"可从,今二号缀合为一,则 S.10113 亦可如此定名。

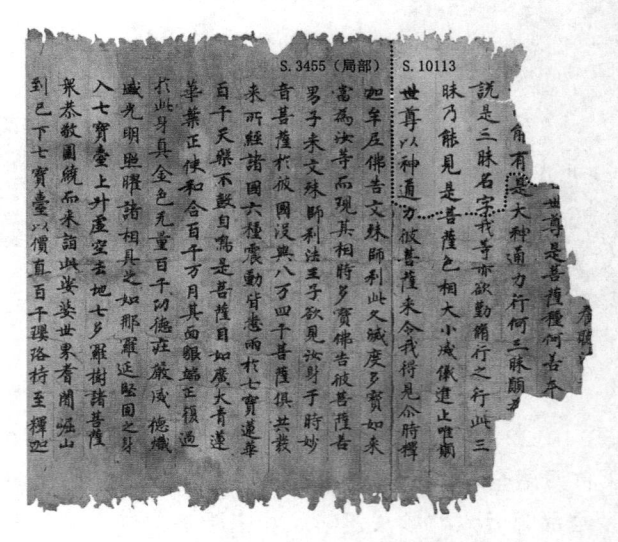

图 22 S.3455(局部)＋S.10113 缀合图

二十三　S.9776＋S.6660＋S.12981

（一）S.9776，见 IDP 彩版。残片。如图 23 所示，存 10 行下部，行 1—7 字，首尾行存 1—2 字残画。楷书。有乌丝栏。原卷无题。

（二）S.6660，见《宝藏》50/35B—47A。下图见 IDP 彩版。首部如图 23 所示，首尾均残。存 472 行，行约 17 字（偈颂 20 字）。楷书。有乌丝栏。存残尾题"妙法莲华"。

（三）S.12981，见 IDP 彩版。小残片。如图 23 所示，存 4 行中部，行 1—4 字。楷书。有乌丝栏。原卷无题。

按：上揭三号内容上下连续，可以缀合。如图 23 所示，S.12981 首行"久"字右侧笔画撕裂在 S.9776 第 8 行下端，二号拼合，该字可成完字。S.9776 尾行仅存 1 字残画，恰可与 S.6660 第 6 行底端及 S.12981 第 3 行底端所存笔画残泐合成一"见"字，S.12981 与 S.6660 接缝处另可拼合成"尔""时"二字。三号内容先后接续衔接[①]，S.9776 倒数第 4 行底端的"不摄五"与 S.6660 第 4 行顶端的"情"字相连成句，文意贯通。S.12981 第 2 行"又问讯多"与 S.9776 倒数第 2 行底端的"宝"字及 S.6660 第 6 行顶端的"如来"二字合为完整的一句"又

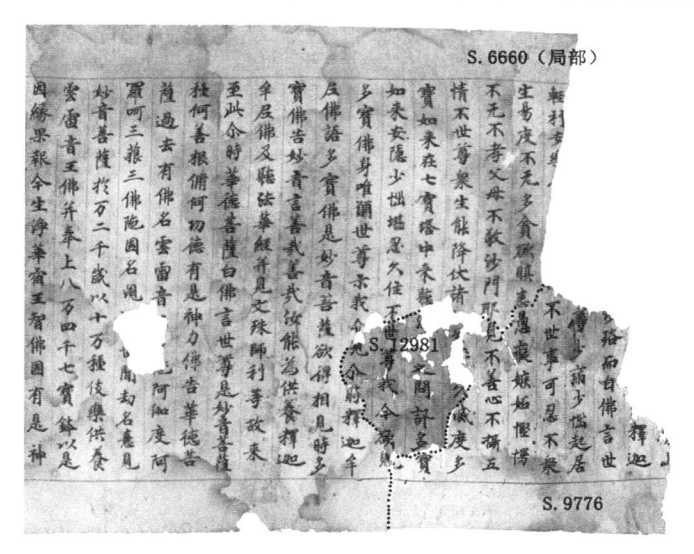

图 23　S.9776＋S.6660（局部）＋S.12981 缀合图

---

① 因 S.6660 卷端、S.9776 卷面扭曲，缀合图中，S.6660 与 S.9776 衔接处乌丝栏不甚相接，行间距略有参差，S.12981 与 S.9776 接缝处字亦略有不接。

问讯多宝如来"。又三号行款相同（皆有乌丝栏,行间距相等,字间距及字体大小相近）,书风相似,字迹相同（比较前二号皆有的"世""尊""恼""心""慢""释""起"等字,后二号皆有的"世尊""我"等字,参表5）,可资参证。缀合后所存可辨识的内容起"持至释迦牟尼佛所"的"释迦",讫尾题。相应文字参见《大正藏》T9/55C19—62A29。

S.6660卷内存有品题"妙法莲华经观世音菩萨普门品第二十五""妙法莲华经陀罗尼品第二十六""妙法莲华经妙庄严王本事品第二十七""妙法莲华经普贤菩萨劝发品第二十八",存残尾题"妙法莲华"四字,据该号品题次第,可知应属罗什译《妙法莲华经》。今二号缀合为一,S.9776、S.12981可作出同样判定。

表5　S.9776与S.6660、S.12981用字比较表

卷号	例字							
	世	尊	恼	心	慢	释	起	我
S.9776	世	尊	恼	心	慢	释	起	—
S.6660	世	尊	恼	心	慢	释	起	我
S.12981	世	尊	—	—	—	—	—	我

二十四　Дx.2929＋S.9770

（一）Дx.2929,见《俄藏》10/130A。尾部如图24右部所示,首尾均残。存18行,行约17字。首尾行皆存数字残画。楷书。有乌丝栏。

（二）S.9770,见IDP彩版。残片。如图24左部所示,存8行上部,行4—8字。首行存1字左侧残画。楷书。有乌丝栏。原卷无题。

按：上揭二号内容左右衔接,可以缀合。如图24所示,Дx.2929倒数第2行顶端"者"字左侧笔画恰好撕裂在S.9770首行,二号拼合,该字可成完璧。二号内容左右相接,比照《大正藏》经文内容,依行17字行款,Дx.2929倒数第2行下部可补足"段坏/而得解脱/若三千"9字,后3字与S.9770第2行"大千国土"相连成句,文意贯通。又二号行款相同（皆有乌丝栏,行间距相等,字间距及字体大小相近）,书风相似,字迹相同（比较二号皆有的"是""世""诸""脱""菩""若"等字）,可资参证。缀合后所存可辨识的内容起品题"▨▨（妙法）莲

华经观世音菩萨普门品第二十☒(五)"，讫"诸善男子"句首字。相应文字参见《大正藏》T9/56C2—56C25。

Дx.2929存品题"☒(妙)法莲华经观世音菩萨普门品第二十☒(五)"，末字残损，依其笔画走势，当为"五"字，如此可据此品题次第判定该卷为罗什译《妙法莲华经》，二号既属同卷，则S.9770亦可如此判定。

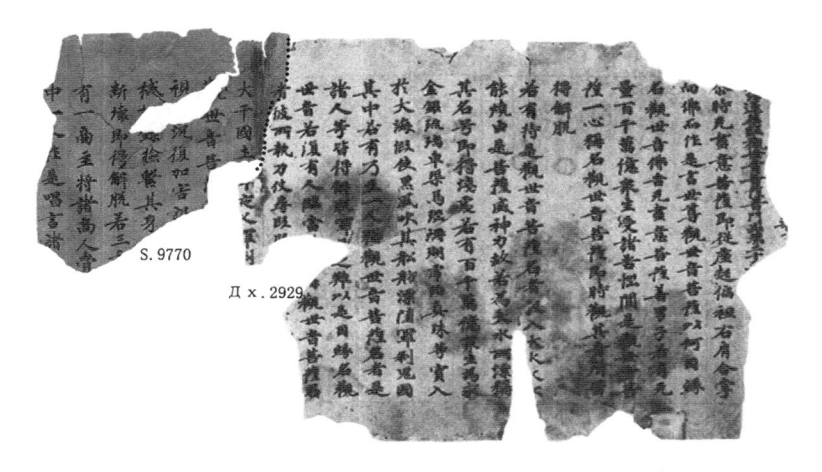

图 24　Дx.2929＋S.9770 缀合图

二十五　S.4392＋S.10088

(一)S.4392，见《宝藏》632A—641B。下图见IDP彩版。首部如图25所示，首残尾全。存408行，行约17字(偈颂20字)。首行存2字残笔，第2—4行下残3—8字不等。楷书。尾题"妙法莲华经卷第八"。

(二)S.10088，见IDP彩版。小残片。如图25右下部所示，通卷上残。存5行下部，行2—4字。楷书。原卷无题。

按：上揭二号内容前后衔接，可以缀合。如图25所示，S.4392与S.10088上下相接，原本分属二号的残画复合为"亿""珠""刹""鬼"四字，皆略有残损。又二号内容上下接续，S.4392第3行底端的"若有百千万亿"与S.10088第3行顶端的"众生"相连成句，文意完整。又二号行款相同(行间距相等，字间距及字体大小相近)，书风相似，字迹似同(比较二号皆有的"为""称""众""国""等""宝"字)，可资参证。缀合后所存内容起"设入大火"句末字，讫尾题。相应文字参见《大正藏》T9/56C9—62B1。

S.4392首残尾全，内有品题"妙法莲华经妙庄严王本事品第二十七""妙法莲华经普贤菩萨劝发品第二十八"及尾题"妙法莲华经卷第八"，《宝藏》题作

"妙法莲华经卷第八",据品题次第及分卷情形,可知该号属罗什译《妙法莲华经》(八卷本)。今既知二号原属同卷,则 S.10088 可定名为"妙法莲华经(八卷本)卷八"。

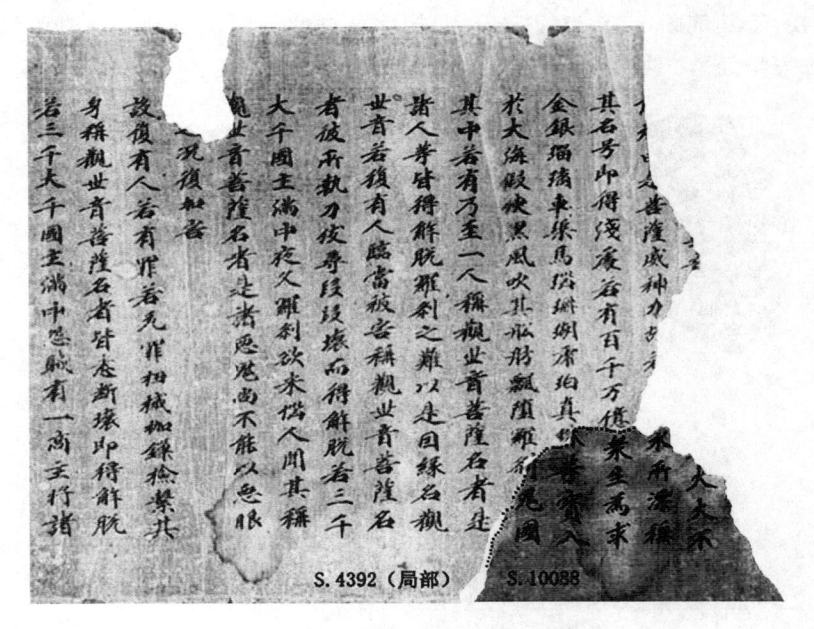

图 25 S.4392(局部)＋S.10088 缀合图

二十六 S.5277＋S.12219

(一)S.5277,见《宝藏》41/349B—351B。下图见 IDP 彩版。首部如图 26 所示,首残尾缺。存 95 行,行约 17 字(偈颂 20 字)。首 9 行下残。楷书。

(二)S.12219,见 IDP 彩版。小残片。如图 26 所示,存 6 行下部,行 2—4 字。尾行存 2 字残笔。楷书。原卷无题。

按:上揭二号内容上下衔接,可以缀合。如图 26 所示,S.5277 第 4—9 行下端与 S.12219 上下相接,衔接处的残字从右而左、自上而下复合为"观""有""女""观"等字,诸字拼合后略有残损。二号内容上下相连,S.5277 第 4 行底端的"观"字与 S.12219 首行"世音菩萨"合成菩萨名"观世音菩萨"。又二号行款相同(行间距及字间距相等,字体大小相近)①,书风相似,字迹相同(比较二号皆有的"是""世""菩""正""等""念"等字,参表 6)。缀合后所存内容起"观世音

---

① S.5277 卷端略有皱褶,S.12219 与之衔接处字略有不接,缀合图中二者行距略有参差。

菩萨摩诃萨"句后6字,讫品题"妙法莲华经☐☐(陀罗)尼品第二十六"。相应文字参见《大正藏》T9/56C29—58B8。

S.5277卷尾存品题"妙法莲华经☐☐(陀罗)尼品第二十六",据品题次第可知该卷属罗什译《妙法莲华经》,今二号缀合为一,则S.12219亦可如此判定。

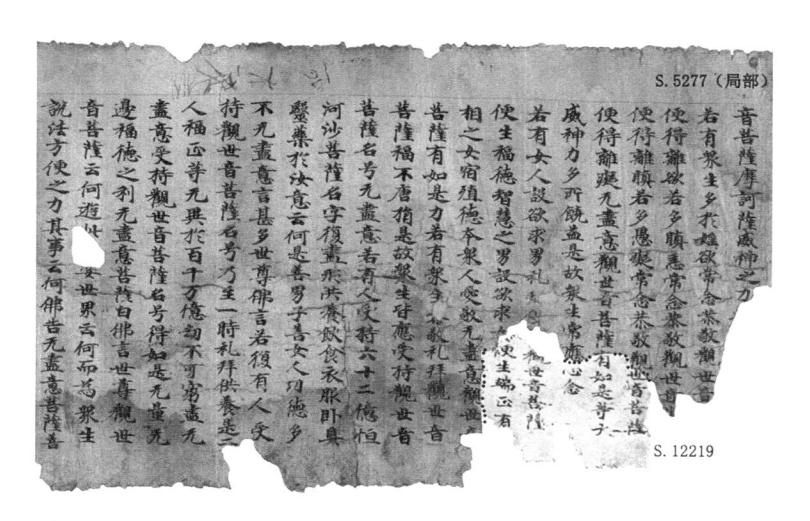

图26 S.5277(局部)+S.12219缀合图

表6 S.5277与S.12219用字比较表

卷号	例字					
	是	世	菩	正	等	念
S.5277						
S.12219						

二十七　BD10753+BD2789+S.10204

(一)BD10753(L882),见《国图》108/129A。1纸。如图27右部所示,存21行上部,行1—10字。首2行上下残缺,尾行存数字残笔。楷书。原卷无题,《国图》题作"妙法莲华经卷七",叙录称该卷为7—8世纪唐写本。

(二)BD2789(吕89,北5945),见《国图》37/399B—407B。15纸。首部如

图27所示，首残尾全。存356行，行约17字（偈颂20字）。首行存2字残笔，第2—13行下端残缺。尾题"妙法莲华经卷第八"。楷书。《国图》叙录称该卷为7—8世纪唐写本。

（三）S.10204，见IDP彩版。残片。如图27所示，存9行下部，行3—8字。尾行存4字右侧残画。楷书。原卷无题。

按：上揭三号内容上下左右连续，可以缀合。如图27所示，BD10753与BD2789衔接处的残字可复合成"生应""现佛""说法应"等字，其中"生"字及第一个"应"字因接缝处残损较多难以拼合完整。BD2789第5—9行与S.10204上下相接，BD2789第11行下端与S.10204左右相接，衔接处的残字从右而左、自上而下复合为"应""说""即"（2次）、"者""现"等字，其中仅"即""说"二字得成完璧，余有残损。三号内容上下相连，比照《大正藏》完整经本，依行17字行款，BD10753倒数第2行下端可补足"度者观世音菩萨即"等字，BD10753与BD2789顶端拼合而成的"现佛"及后者首行所存的"身而为说法"与所补足句后6字合为完整的一句"观世音菩萨即现佛身而为说法"。BD2789第5行"即现梵王身而为说法"与S.10204第3行"☒（应）以帝释身得度者"前后相连，中无缺字，此后各行仿此。又三号行款相同（行间距及字间距相等，字体大小相近），书风相似，字迹相同（比较三号皆有的"而""身""以"等字）。缀合后所存内容起"☒☒（若多）□□（愚痴）"，讫尾题。相应文字参见《大正藏》T9/57A4—62B1。

BD2789首残尾全，内有品题"妙法莲华经陀罗尼品第二十六""妙法莲华经妙庄严王本事品第二十七""妙法莲华经普贤菩萨本事品第二十八"及尾题"妙法莲华经卷第八"，据品题次第及分卷情形可判定该号属罗什译《妙法莲华经》（八卷本），《国图》已据以拟题"妙法莲华经（八卷本）卷八"，当是。今三号缀合为一，则BD10753、S.10204亦可如此定名。

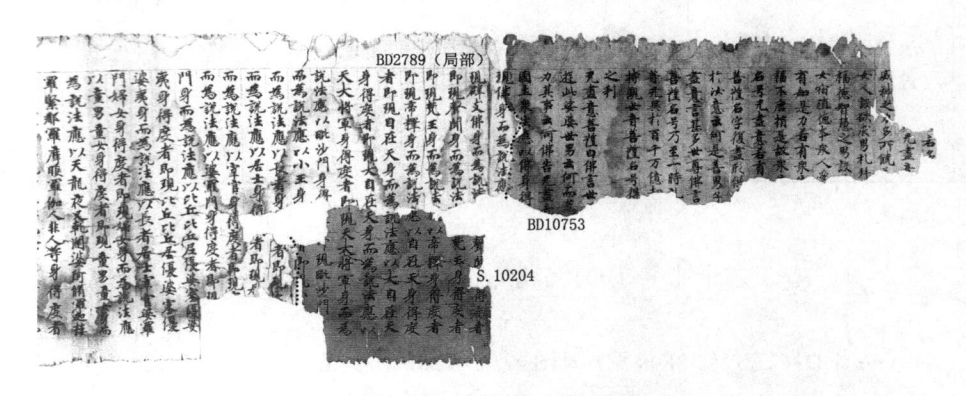

图27　BD2789（局部）＋S.10204缀合图

二十八　S.2577＋S.12472

（一）S.2577，见《英图》45/91B—101。下图见 IDP 彩版。14 纸。首部如图 28 所示，首残尾全。存 373 行，行约 17 字（偈颂 20 字）。首行存 4 字左侧残画。尾题"妙法莲华经卷第八"。楷书。有乌丝栏。《英图》叙录称该卷为 7—8 世纪唐写本，背有古代裱补，通卷有朱笔断句（偈颂部分无），有朱笔行间校加字。

（二）S.12472，见 IDP 彩版。残片。如图 28 下端所示，存 11 行下部，行 4—5 字（倒数第 3—4 行空白）。楷书。有乌丝栏。原卷无题。

按：上揭二号内容上下接续，可以缀接。如图 28 所示，S.2577 第 30—42 行与 S.12472 上下相接，断痕吻合，二号断裂处的残画从右而左复合为"施""璎""菩""罗""即""缘""善"等字，其中"罗"字因 S.2577 第 35—36 行下端残缺断裂，导致拼合处仍有空隙。二号内容上下衔接，S.2577 第 30 行底端的"受此法"与 S.12472 首行的"施珍宝璎珞"相连成句，文意连贯，余行也彼此缀接。又二号行款相同（行间距相等，字间距及字体大小相同，卷面皆有朱笔断句），书风相似，字迹相同（比较二号皆有的"观世音""众""萨""那"等字），可资参证。缀合后所存内容起"现辟支佛身而为说法"句前 4 字，讫尾题。相应文字参见《大正藏》T9/57A25—62B1。

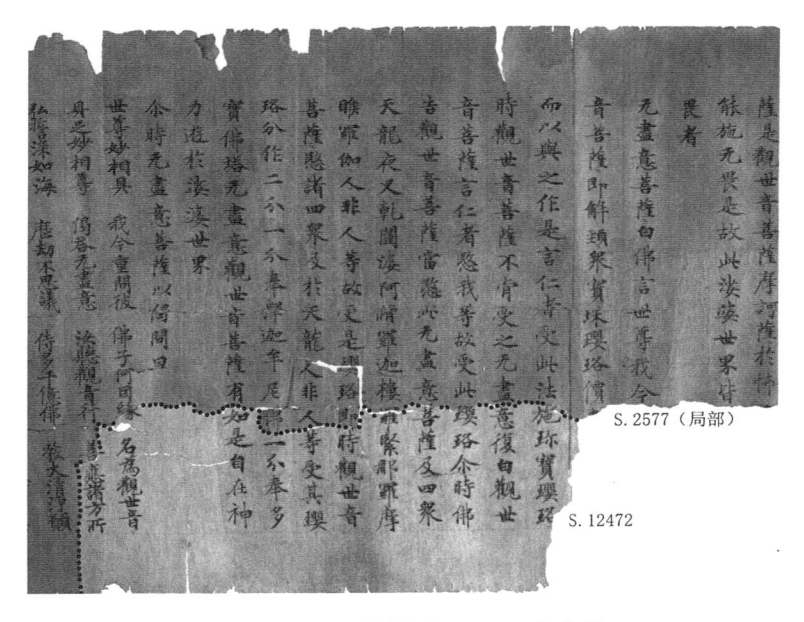

图 28　S.2577（局部）＋S.12472 缀合图

S.12472原卷无题，难以考定其所属译本。S.2577首残尾全，内存品题"妙法莲华经陀罗尼品第廿六""妙法莲华经妙庄严王本事品第廿七""妙法莲华经普贤菩萨劝发品第廿八"及尾题"妙法莲华经卷第八"，据品题次第及分卷情形可知该号为罗什译《妙法莲华经》（八卷本），《英图》已据以拟题为"妙法莲华经（八卷本）卷八"。今既知二号原属同卷，则S.12472亦可如此定名。

二十九　S.9135＋P.4829

（一）S.9135，见IDP彩版。残片。如图29右部所示，存9行下部，行3—13字。首尾行均存3字残画。楷书。原卷无题。

（二）P.4829，见《法藏》33/206B。残片。如图29左部所示，存5行。前3行存上端，行7—13字，后2行为满行。楷书。

按：上揭二号内容左右相接，可以缀合。如图29所示，原本分属二号的残画复合为"前""自在之"4字，其中"之"字仍有残损。二号内容前后相连，比照《大正藏》完整经文，P.4829首行顶端可补足"有众生"三字，S.9135倒数第2行底端的"若"恰与之合成完整的一句"若有众生"，文意贯通。又二号行款相同（行间距及字间距相等，字体大小相近），书风相似，字迹相同（比较二号皆有

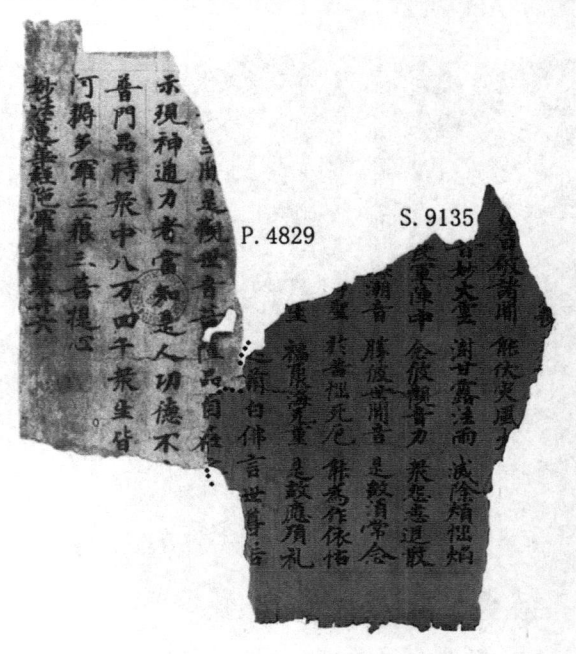

图29　S.9135＋P.4829缀合图

的"力""音""是""众""妙"等字),可资参证。缀合后所存可辨识的内容起"☐(慧)日破诸暗",讫品题"妙法莲华经陀罗尼品第廿六"。相应文字参见《大正藏》T9/58A20—58B8。

P.4829 存有品题"妙法莲华经陀罗尼品第廿六",据此品题次第可判定该号属罗什译《妙法莲华经》。今二号缀合为一,则 S.9135 亦可如此判定。

三十 S.9851＋BD13838

(一)S.9851,见 IDP 彩版。小残片。如图 30 所示,存 3 行,每行约存上部 10 字。尾行存 6 字右侧残画。楷书。有乌丝栏。原卷无题。

(二)BD13838(新 38),见《国图》114/49A—56B。11 纸。首部如图 30 所示,首残尾全。存 279 行,行约 17 字(偈颂 20 字)。首 3 行上残。尾题"妙法莲华经卷第八"。楷书。有乌丝栏。《国图》叙录称该卷为 7—8 世纪唐写本。

按:BD13838 首 3 行上端存一缺口,S.9851 恰可填充。如图 30 所示,二号断裂处的残画从右而左、自上而下拼合为"卢""哆波隶输地""沤"等字。二号内容上下左右相接,BD13838 第 2 行顶端"都饿反"恰好为 S.9851 第 2 行底端的"哆"的注音。又 S.9851 末行下端的"廿"与 BD13838 上端的"五"字拼合而成陀罗尼咒语序号"廿五",与 BD13838 第 2 行下端的咒语序号"廿四"相承,可资比勘。且二号行款相同(皆有乌丝栏,行间距相等,字间距及字体大小相近),书风相似,字迹相同(比较二号皆有的"陀罗尼""祢""刹"等字),可资参证。缀合后所存内容起"☐(赊)履",讫尾题。相应文字参见《大正藏》T9/58B22—62B1。

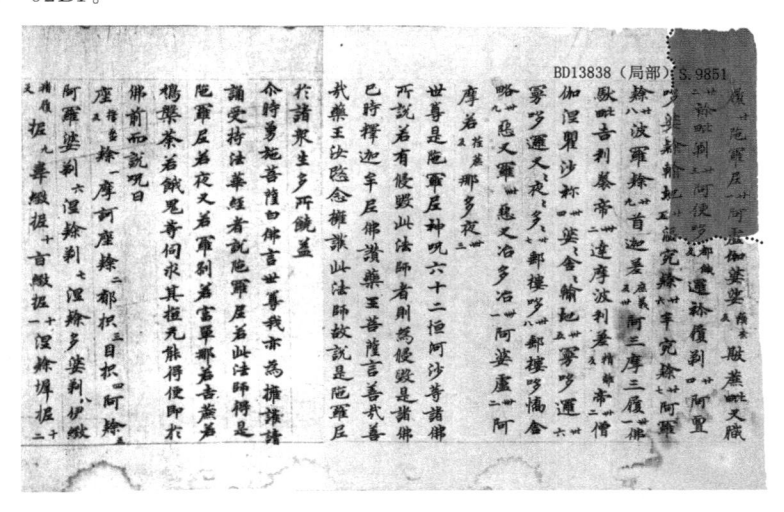

图 30 S.9851＋BD13838(局部)缀合图

BD13838首残尾全，内存品题"妙法莲华经妙庄严王本事品第廿七""妙法莲华经普贤菩萨劝发品第廿八"及尾题"妙法莲华经卷第八"，据品题次第及分卷情形，可知该号属罗什译《妙法莲华经》（八卷本），《国图》题作"妙法莲华经（八卷本）卷八"，可从。S.9851为小残片，难考其所属译本，今既知二号为同一写卷，则亦可如此定名。

三十一　S.10335＋S.1493

（一）S.10335，见IDP彩版。残片。如图31所示，首缺尾残。存5行，行约17字。尾行存少数残笔。楷书。有乌丝栏。原卷无题。

（二）S.1493，见《英图》23/210A—216A。10纸。首部如图31右部所示，首残尾全。存242行，行约17字（偈颂20字）。楷书。有乌丝栏。尾题"妙法莲华经卷第七"。《英图》叙录称该卷为7—8世纪唐写本，所用纸为经黄打纸。

按：上揭二号内容左右衔接，可以缀合。如图31所示，断痕多可吻合，断裂处的残画从右而左、自上而下拼合为"与千万亿那""世尊我亦"等字。二号内容左右接续，S.10335第4行底端的"恭"与S.1493首行顶端的"敬围绕"相连成句，语意完整。又二号行款相同（皆有乌丝栏，行间距相等，字间距及字体大小相近），书风相似，字迹相同（比较二号皆有的"那""衰""尊""经""护"等字），可资参证。缀合后所存内容起"拘那履（六）"，讫尾题。相应文字参见《大正藏》T9/59A11—62B1。

图31　S.10335＋S.1493（局部）缀合图

S.1493首残尾全,存有品题"妙法莲华经妙庄严王本事品第二十七""妙法莲华经普贤菩萨劝发品第二十八"及尾题"妙法莲华经卷第七",据品题次第及其分卷可知该号属罗什译《妙法莲华经》(七卷本),《英图》据以拟题为"妙法莲华经卷七"。今既属同卷,则S.10335亦可如此定名。

三十二　BD14816+S.9778

(一)BD14816(新1016),见《国图》134/85B—88B。6纸。首部如图32所示,首尾均残。存140行,行约17字(偈颂20字)。首行3字残画。楷书。有乌丝栏。《国图》叙录称该卷为7—8世纪唐写本,所用纸为经黄打纸。

(二)S.9778,见IDP彩版。残片。如图32左部所示,存4行中部,行1—5字。楷书。有乌丝栏。原卷无题。

按:上揭二号内容上下左右连续,可以缀合。如图32所示,BD14816第15—18行与S.9778上下左右衔接,原本分属二号的残画复合为"二""菩""蜜""波罗蜜般""波"等字,其中"菩""波"字仍有残损,余可成完璧。二号内容上下相接,S.9778第2行底端的"久修"与BD14816第16行底端的"菩萨所"及第17行上端的"行之道"连言,文义完整。又二号行款相同(皆有乌丝栏,行间距及字间距相等,字体大小相近),书风相似,字迹相同(比较二号皆有的"波罗蜜""德智慧""修"等字),可资参证。缀合后所存可辨识的内容起"▨▨(读诵)",讫"还令通利"。相应文字参见《大正藏》T9/59B18—61B5。

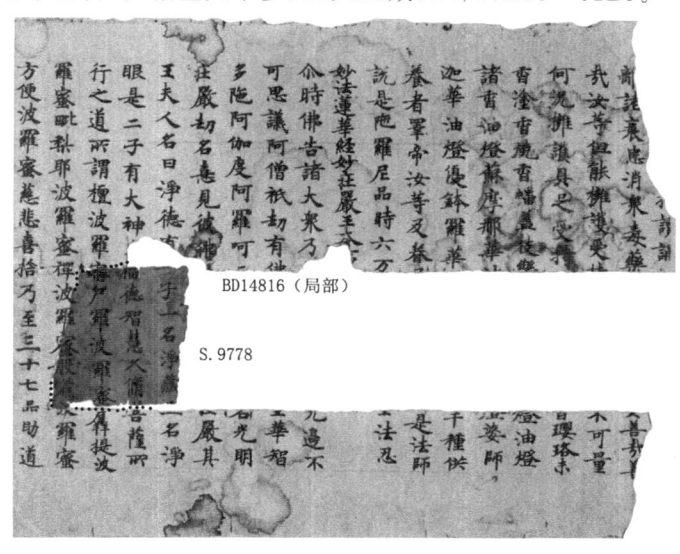

图32　BD14816(局部)+S.9778缀合图

BD14816卷内存有品题"妙法莲华经妙庄严王☒☒(本事)""妙法莲华经普贤菩萨劝发品第廿八",据品题次第可知该号属罗什译《妙法莲华经》,今二号合二为一,则S.9778亦可如此判定。

英藏敦煌文献S.8400后《妙法莲华经》部分多为缺题残片,仅比照《大正藏》经文内容判定其经文归属,原难成定论。上面我们将其中35号未定名缺题残片与能够确实判定属《妙法莲华经》罗什译本的残卷或残片缀接,使得我们能够对相关写本做出相对客观准确的判断,为敦煌本《妙法莲华经》的整理和研究奠定一定的基础。

英藏未定名敦煌汉文写本残片属于《妙法莲华经》部分尚有不少可以缀合,但难以考实其是否属于罗什译本,今比照《大正藏》经文,按照各卷缀合后所存内容顺序,罗列缀合简目86组如下:

(1)S.9654＋S.131;(2)S.4305＋S.9589;(3)S.9853＋S.10165＋S.7181;(4)BD11026＋Дх.1834＋Дх.1829＋S.9754①;(5)S.9610＋S.12808＋S.10153;(6)S.9841＋S.5357;(7)S.9848＋BD11859＋BD10653;(8)S.12384＋S.9614;(9)S.9646＋S.10851;(10)S.10087＋BD10648＋BD8721＋BD8585;(11)BD11698＋S.9753＋S.3509;(12)S.8463＋S.12805;(13)BD11290＋BD12072＋S.9133;(14)S.10669＋BD10503＋BD10155;(15)BD7568＋S.9805;(16)羽114＋S.10515;(17)S.9564＋S.8558;(18)S.6461＋S.9612;(19)S.9613＋S.637;(20)S.12809＋S.12781＋S.12267＋S.12126;(21)S.12970＋S.12457;(22)BD10510＋BD7593＋S.11801;(23)S.9662＋S.10040;(24)S.10094＋S.12433;(25)S.9899＋S.11905＋S.8913＋S.10850;(26)BD12256＋BD10196＋BD10888＋S.10171＋S.10126;(27)S.8838＋BD7115＋S.7389;(28)S.11853＋S.8542＋S.12062(以上属卷一)

(29)S.9811＋BD12013;(30)S.8502＋S.10517;(31)S.12028＋S.13160＋S.13679＋S.9649＋S.606;(32)S.10361＋S.10781＋S.1426;(33)S.9640＋S.9647＋S.8389;(34)S.2573＋S.9566＋Дх.10588;(35)S.13246＋S.9644;(36)S.10158＋BD1853;(37)Дх.4908＋BD10014＋S.10351;(38)S.9802＋S.9130＋S.12482;(39)S.12642＋S.12591＋S.8325＋S.8322;(40)Дх.1790A＋S.9731;(41)S.9655＋S.3006(以上属卷二)

(42)S.8528＋S.10314;(43)S.9865＋S.12115;(44)S.9557＋S.13334;(45)S.7348＋S.9570;(46)S.9560＋S.12674;(47)S.10253＋S.10212＋S.13071;(48)S.12671＋S.1817;(49)S.1265＋S.10322;(50)S.12693＋S.2637(以上属卷三)

---

① "＿＿"表示秦龙泉所缀组目。

英藏未定名《妙法莲华经》汉文写本残片缀补　163

(51)S. 10260+S. 12049;(52)S. 9648+S. 1410;(53)S. 9012+S. 13027+S. 9118+S. 13585+BD9875;(54)BD10233+BD11609+S. 9823(以上属卷四)

(55)P. 5028(5)+S. 12127+BD8268;(56)S. 9984+S. 10140;(57)S. 7121+S. 9138①;(58)Дх. 10556+10578+S. 9131;(59)S. 10297+S. 3734;(60)S. 9864+S. 12961+S. 9977+S. 8255+BD10486+S. 10146+BD11075;(61)S. 10414+BD11327+S. 9798+S. 9136;(62)S. 12014+S. 2896+S. 10419+S. 13610+S. 12524(以上属卷五)

(63)S. 7223+S. 12826;(64)S. 8978+S. 7421;(65)S. 11890+S. 12315;(66)S. 10717+BD15843;(67)S. 7390+S. 11917+S. 11861;(68)S. 12079+Дх. 2073+S. 7367+Дх. 5188+S. 7369;(69)S. 9719+S. 3406(以上属卷六)

(70)S. 9561+S. 11794+S. 4769;(71)S. 12489+S. 12491A;(72)S. 5209+S. 12086;(73)S. 9592+BD15547;(74)S. 9792+S. 12960;(75)S. 13613+S. 11876+S. 9170+S. 9199;(76)S. 8356+S. 9587;(77)S. 10029+S. 8870+S. 10430;(78)S. 9733+S. 11776+S. 11689;(79)P. 5041+S. 12263;(80)BD10031+S. 12216+S. 9116;(81)S. 9581+S. 9609;(82)S. 7282+S. 9556;(83)S. 10666+S. 10422;(84)S. 8321+S. 9608;(85)S. 12141+S. 13470+S. 12101②;(86)S. 9717+S. 12989+S. 13387(以上属卷七)

---

① S. 9138 与 S. 12517 系同一写卷,编号重复。
② S. 12101 与 S. 12111 系同一写卷,编号重复。

洪汝奎刻书及相关文献整理活动考论

仝龙伟[*]

【内容提要】 洪汝奎是晚清颇具理学实践与事功色彩的刻书家,自青年时期便着手广泛搜集整理家族先德、理学先贤的著述,并择其要者付之梨枣。后入曾国藩等人幕府,提调金陵书局等官书局,主持刊刻大量经史著作。刻书事业贯穿洪汝奎的一生,至暮不息,体现出他注重家族文献与理学文献、对预刻文献增补考订与精校细雠并重等特点,反映了其家族意识、理学倾向等学术旨趣,这也与当时内外局势的变化及学术风气的转变相契合。作为颇具干才且声著于时的学者型官员,洪汝奎在公私两方面的刻书及文献整理活动,为江南地区兵燹之后的文献保存、文化复苏乃至文脉赓续都作出了积极贡献。

【关键词】 洪汝奎 私家刻书 公善堂 晦木斋 金陵书局

引 言

洪汝奎(1824—1886),字蓬舫,号琴西[①],别署泾舟老人,安徽泾县人,晚清理学家。因曾祖迁居湖北,寄籍汉阳[②],故《清史稿》谓其"湖北汉阳人"[③]。

道光二十二年(1842),洪汝奎入汉阳县学,二十四年湖北乡试(恩科)中式。此后直至咸丰九年(1859),洪汝奎先后参加五次会试,皆不售。最后一次会试失败后,洪汝奎放弃科举,于当年八月充补正白旗觉罗官学汉教习,到学

---

[*] 本文作者为陕西师范大学历史文化学院博士研究生。
[①] 关于洪汝奎的字号,《泾舟老人洪琴西先生年谱》作"字蓬舫,号琴西";《(同治)续纂江宁府志》卷首"参阅"题名"洪汝奎琴西",揆诸同列诸人题名,"琴西"当是别号。缪荃孙撰《两淮盐运使洪公神道碑》及《清史稿》本传均作"字琴西"而不载号。赵永磊在《洪汝奎公善堂刊本〈大唐开元礼〉编刊考》一文中对此考辨甚详,认为当以《年谱》为是。笔者以为"蓬舫"亦似号而非字,因无明确证据,故仍依《年谱》之旧。
[②] 〔清〕章洪钧、陈作霖等《泾舟老人洪琴西先生年谱》卷一,民国二十八年排印本,第1页b。
[③] 赵尔巽等《清史稿》卷四五二《洪汝奎传》,北京:中华书局,1977年,第12573页。

行走。① 次年教习期满,获评"一等考语","奉旨以知县用"②。随即返回汉阳,经曾国藩推荐入胡林翼英山大营,未几,因不熟悉戎务等原因辞归。咸丰十一年十月,进入曾国藩安庆大营,"参幕事焉"③。其事务涉及经济、军事、文化等多个领域,如经理皖南劝农局、密查东流营勇哗饷事件、筹措战时岁科异地考试、经理敬敷书院等。

同治三年(1864)六月,曾国藩自安庆移节江宁,十月,洪汝奎亦"随节至江宁"。自此至光绪七年(1881)十一月被革去两淮盐运使一职为止,洪汝奎在江宁、扬州从政近二十年,历佐曾国藩、李鸿章、马新贻、刘坤一、沈葆桢等数任两江总督,协助处理军政要务。《清史稿》本传称:"光绪中,沈葆桢为两江总督,尤倚任之。葆桢治尚威猛,因疾在告,辄疏请汝奎代治事,声望益起。"④洪汝奎先后负责办理盐务、粮台、江防、练兵、缉盗、总理军需总局、提调金陵书局等事务,并担任两淮盐运使等职。在此期间,洪汝奎曾多次获得知府、道台等补缺提名,皆辞不就。被革去两淮盐运使一职后,谪遣至张家口,未几赦回。光绪十二年,在两广总督张之洞等人的举荐下被"发往广东差遣委用"⑤,受张之洞委任,督办广东善后局务,莅事仅十余日便卒于任。宣统元年(1909),经两江总督端方奏请,开复处分。

洪汝奎"以学行经济,负海内清望者三十年,文正公尝手书褒答,以为畏友,文肃公更待以师友之间"⑥,其人生经历在晚清幕府文人群体中具有一定代表性,即少年举于乡,中年蹉跎科场,失意之下委身于幕府,凭借出色的才学和政务处理能力于特殊的社会环境中脱颖而出,并借以施展抱负,从而实现从"文士"到"循吏"的身份转换。

但除此之外,洪汝奎还有"刻书家"的别样面目,即所谓:"以乱后书籍散亡,在江南淮南书局,筹刊经史,广为流传,其秘籍精本,往往多经手校,尤搜辑先德著述,寿之梨枣,所以述前烈勖后人者,用意至为深远。"⑦刻书事业贯穿洪汝奎的一生,不仅数量多、质量高,而且其成就与特征还与其时内外局势的变化及学术风气的转变相契合。因此,洪汝奎的刻书事业及围绕刻书所展开的文献整理活动在晚清"学者社会"中便颇具代表性,然而目前学界的相关研究

---

① 〔清〕章洪钧、陈作霖等《泾舟老人洪琴西先生年谱》卷二,第 2 页 b。
② 同上书,第 3 页 b。
③ 同上书,第 5 页 b。
④ 赵尔巽等《清史稿》卷四五二《洪汝奎传》,第 12573 页。
⑤ 〔清〕章洪钧、陈作霖等《泾舟老人洪琴西先生年谱》卷四,第 7 页 b。
⑥ 〔清〕缪荃孙《艺风堂文续集》卷一《两淮盐运使洪公神道碑》,张廷银、朱玉麒主编《缪荃孙全集·诗文》,南京:凤凰出版社,2014 年,第 270 页。
⑦ 张廷银、朱玉麒主编《缪荃孙全集·诗文》,第 270 页。

尚不充分①,故有必要作进一步的探讨。

一 洪汝奎的公、私刻书及其类目

受官方大规模编书刻书之影响,清代家刻盛行,先后涌现出了周亮工、鲍廷博、张海鹏、黄丕烈、伍崇曜、缪荃孙、叶德辉等一批刻书家。洪汝奎自青年时期即留心家族文献、理学文献的整理与刊刻,后在提调金陵书局及担任两淮盐运使时命淮南书局大规模刻书,可谓家刻、官刻兼顾,同时还曾大规模代人刻书。其刻书情况大致如下:

(一) 私家刻书

所谓"私家刻书",是指洪汝奎带有私人性质的刻书。洪汝奎经历丰富,刻书众多,自道光二十九年刊成《盘洲文集》,至光绪十二年去世前刊成《大唐开元礼》,可谓终生刻书不辍。洪汝奎的私家刻书早期多在故乡泾县刊成,如道光二十七年,曾国藩写信指导其刊刻《盘洲文集》时说:"书局在泾,而足下远隔千里,不知彼中董其事者,尚有多闻之士否?"②书局设在故乡泾县,是因为《盘洲文集》乃家族文献,需要族中集资刊刻;后期多在江宁,如同治十三年开刻的《泉志》,目录之末附有题记"光绪元年隶释斋摹刻于金陵,藤溪义学印行"③,这与洪汝奎任职于江宁以及提调金陵书局有密切关系。

洪汝奎的刻书堂号有唐石经馆、隶释斋、公善堂、晦木斋等,所刻诸书多汇为丛书传世,如以理学文献为主的《洪氏唐石经馆丛书》,收书 19 种 550 卷;以经学文献为主的《洪氏公善堂丛书》,收书 9 种 104 卷;以家族文献为主的《洪氏晦木斋丛书》,收书 21 种 371 卷,计 49 种 1025 卷。关于丛书子目的刊刻时间,《泾舟年谱》多有记载,兹列简目如下(表1):

表 1 洪氏刻丛书子目年表

时间	刊刻书目
道光二十九年	《盘洲文集》
同治六年	《周濂溪全集》
同治九年	《鄱阳集》④

---

① 赵永磊《洪汝奎公善堂刊本〈大唐开元礼〉编刊考》,《文史》2017 年第 1 期;王媛《曾国藩、李鸿章、洪汝奎等致张文虎函札》,《文献》2009 年第 2 期。
② 〔清〕曾国藩《曾国藩全集》(修订版)第 22 册《书信之一》,长沙:岳麓书社,2011 年,第 52 页。
③ 〔宋〕洪遵《泉志·目录》,清同治十三年隶释斋校刊本,第 12 页 a。
④ 祝尚书《宋人别集叙录》(增订本),北京:中华书局,2020 年,第 801 页。

续表

时间	刊刻书目
同治十年	《楚辞集注》《隶释》《隶续》《松阳讲义》《拙修集》
同治十一年	《易说醒》《尔雅翼》《平斋文集》《空同词》《楚辞》
同治十二年	《孝经辑编》《松漠纪闻》《朱子文集》《启心金鉴》《为学大指》《倭文端公日记》《四书或问》
同治十三年	《大学衍义》《读史镜古编》《论孟精义》《泉志》
光绪元年	《家范》《洪氏集验方》《泾川文载小传》《青虹阁诗评》《容斋随笔》《韩柳年谱》《仪礼》
光绪二年	《豫章三洪集》《香谱》《钦定数理精蕴》《尚志居读书志》
光绪三年	《张子全书》《福清郑西塘先生集》《庐阳三贤集》
光绪四年	《许鲁斋遗书》
光绪五年	《开元礼》
光绪六年	《续轩渠集》《杏庭摘叶》《书经》《朱子家礼》《胡敬斋居业录》
光绪十年	《盘洲文集》《春秋说》《三礼从今》
光绪十二年	《大唐开元礼》

上表所列以家族文献和理学文献为主。其中,《盘洲文集》是洪汝奎生平刻竣的第一部书,在所刻家族文献中具有一定代表性。《盘洲文集》,宋洪适撰,有宋本八十卷本传世①。该书传本甚少,四库馆臣谓:"其书流传颇鲜,王士禛《居易录》谓朱彝尊所藏《盘洲集》仅有其诗。则藏书家已罕睹全帙。"②《泾舟年谱》记洪汝奎校刊此书经过曰:"(道光二十七年)得宋洪文惠公适《盘洲集》,录而校之。《文集》云:'《盘洲集》,世罕传本,浙西朱竹垞检讨藏书最富,亦仅有《诗钞》。兹集八十卷,盖从紫峰宗老处假得者,竭六十余昼夜之力,钞存其稿,谋以付梓。'"③当时该书由洪氏合族筹资开雕,于道光二十九年正月刊成,历时近三年,"是集先于藤谿祠堂集赀开雕,又得宜黄携归本,偕群从辈取旧钞互校,易二百余字。其两本并讹者,复请朱兰坡宫詹珔是正之。凡三年始竣事焉"④。底本来源者"紫峰宗老"当是洪氏族人。对校本"宜黄携归本"指道光二

---

① 李致忠《昌平集》,上海:上海古籍出版社,2012年,第642页。
② 〔清〕永瑢等《四库全书总目》卷一百六十《集部·别集类一三》,北京:中华书局,1965年,第1378页。
③ 〔清〕章洪钧、陈作霖等《泾舟老人洪琴西先生年谱》卷一,第4页b。
④ 同上书,第7页a。

十八年(1848)洪汝奎途经江西宜黄等地所得者,《泾舟年谱》谓"较前抄本为精"[1],该本当为嘉庆十八年(1813)宜黄进士洪星焕主持排印的洪氏三瑞堂活字印本[2],《书目答问》著录为"宜黄黄氏刻本"[3],疑误。审定者"朱兰坡宫詹琦"即朱琦,字兰坡,泾县人,嘉庆、道光时期学者,《清史稿》有传[4]。由此可见,洪汝奎在校勘上下了很大功夫,因而后出转精,胜出之前各本[5]。但是,该本刊成后仅"印行百余部,旋罹兵烬,片版无存。同治初,以藤谿本重镌,视前版略缩而行款仍之"[6]。在重镌的过程中,洪汝奎又先后借阅六种钞本对旧刊本进行校勘,其中一为彭元瑞旧藏,一为朱彝尊旧藏,洪氏"参互校雠,十易寒暑,择其胜似藤谿原刻者补阙订讹,汇记简末"[7]。这便是后来收入《洪氏晦木斋丛书》的"光绪十年泾县藤谿洪氏第二次镂版"本,今所见《盘洲文集》多为此本。

在洪汝奎所刻理学文献中,《朱子文集》从最初的整理到刊成,前后持续二十余年,具有一定代表性。道光三十年十二月初,因参加会试而留居北京的洪汝奎"访山阳鲍子恭先生廙,获观天顺四年《朱子大全》刻本;越日,冒雪往琉璃厂书肆觅得嘉靖十一年刻本;又于何子永中书处见嘉靖以前刻本。旬日之间,三睹明版,先生以为至幸"[8]。咸丰元年元日,"黎明,检阅《朱子大全》一册"[9]。咸丰四年,"十月,先生率子子樬、恩嘉等同读书天峰庵,日校《朱子文集》。十一月,致龙输臣殿撰启瑞书,访求朱集善本"[10]。此时洪汝奎避兵泾县,乡居读书,可以集中精力校勘《朱子文集》。比如咸丰五年三月,洪汝奎给黄倬写信,请代为访求唐鉴选释、批揭之《朱子大全集》:"忆先生自云:'曩有《朱子学案》之辑,分门别目,取便初学。嗣因门目太繁,且多牵强,故不欲成书。今仅取《大全集》选释一二百篇,为学者少启端绪耳。其知旧门人问答各卷中,有易为异学假借者,一一批揭以杜后来之惑。'此某金陵谒见时所闻也。批揭之本,今在何处?阁下可从先生求之,此不须另钞,止将批揭诸语移录他本,其选择篇目上加墨圈为记足矣。"[11]同时,又给曾国藩写信,请其留意收藏宋元佳椠以备

---

[1] 〔清〕章洪钧、陈作霖等《泾舟老人洪琴西先生年谱》卷一,第6页a。
[2] 祝尚书《宋人别集叙录》(增订本),第941页。
[3] 范希曾编,瞿凤起校点《书目答问补正》,上海:上海古籍出版社,1983年,第277页。
[4] 赵尔巽等《清史稿》卷四八二《朱琦传》,第13264页。
[5] 如祝尚书先生认为该书"上述各本皆欠佳,以道光本略胜"。见《宋人别集叙录》(增订本),第942页。
[6] 〔清〕洪汝奎《盘洲文集校记》,〔宋〕洪适《盘洲文集》,清光绪十年泾县藤谿洪氏第二次镂版本,第1页a。
[7] 〔清〕洪汝奎《盘洲文集校记》,〔宋〕洪适《盘洲文集》,第1页a—b。
[8] 〔清〕章洪钧、陈作霖等《泾舟老人洪琴西先生年谱》卷一,第9页b。
[9] 同上书,第9页b。
[10] 同上书,第13页b。
[11] 同上书,第14页a。

校勘之用:"某近从同里朱氏假得《朱子大全集》,当系闽藩旧刻,视前所见天顺庚(戌)[辰]、嘉靖壬辰二本为尤善,惜原序已佚,无从知其刊刻年月耳。吾师笃嗜朱子之书,遇有宋元佳椠,务祈广为收藏,将谋借校以订今本之讹。"① 经过多年校勘,《朱子文集》最终于同治十二年十一月刊成②。

(二)代人刻书

洪汝奎除自己大量刊刻家族文献与理学文献外,也常为友朋代刻书籍,后来收入《洪氏唐石经馆丛书》而题名非洪氏者,多为此类。《泾舟年谱》对代他人刻书也多有记载,如同治十二年十一月,"为霍山刘氏刊《四书或问》";光绪元年正月,"为夔州李氏校刊司马温公《家范》";光绪三年三月,"为夔州李雨亭尚书校刊《张子全书》,沈文肃公命刻《福清郑西塘先生佚集》,又为张靖达公校刊《庐阳三贤集》";光绪四年八月,"为涂氏求我斋校刊《许鲁斋遗书》";光绪六年三月,"为涂氏求我斋刊《胡敬斋居业录》"等。

其中,为刘启发代刻《四书或问》颇具代表性。刘启发,字佩香,安徽霍山县人,曾署任皖南镇总兵。同治十二年十一月,洪汝奎代刘启发刻《四书或问》,用自己收藏的尊乐堂本进行校勘,刘启发撰写跋语记其缘起曰:"同治癸酉夏,启发偶过坊肆,欲择一裨益初学之书,捐赀授梓以行于世。见有《四书或问》一部,乃石门仿鹿洞本也,亟购以归。因与友人订议,依石门开雕,而假晦木斋所藏尊乐堂本校之。"③ 刘启发在跋中交代了刻书缘由、资金来源、所依底本,后又详细列出参校诸本及协校诸人,完全具有该书"版本"的所有权④。从某种意义上讲,洪汝奎的"晦木斋"称得上专门的代刻机构。又如同治十年所刊吴廷栋《拙修集》,其牌记署曰"同治十年六安求我斋刊","求我斋"即涂宗瀛的斋号,涂氏别号朗轩,安徽六安人,与洪汝奎过从甚密,洪汝奎也多次代其刻书。但是作者吴廷栋的自叙并未言洪汝奎与该书刊刻之关系,杨德亨的校勘题识亦称:"今者,涂朗轩观察力任剞劂,而德亨复襄校雠之役。"⑤ 而《泾舟年谱》将其与《隶释》等书统一归为"别刻者"⑥,后又收入《洪氏唐石经馆丛书》,是为洪氏所刻无疑。由此可见,该书与《许鲁斋遗书》《胡敬斋居业录》一样,皆是洪汝奎为"六安涂氏求我斋"代刻的。虽然《泾舟年谱》未明言其为代刻,且其记载近乎"一笔带过",但仍为考知该书版本信息提供了重要依据。总之,从刊

---

① 〔清〕章洪钧、陈作霖等《泾舟老人洪琴西先生年谱》卷一,第14页b。
② 同上书,卷二,第15页b。
③ 同上书,第16页a。
④ 〔宋〕朱熹撰,黄珅校点《四书或问·校点说明》,上海:上海古籍出版社,2001年,第6页。
⑤ 〔清〕杨德亨《拙修集·识》,〔清〕吴廷栋《拙修集·目录》,清同治十年六安求我斋刊本,第2页a。
⑥ 〔清〕章洪钧、陈作霖等《泾舟老人洪琴西先生年谱》卷二,第14页b。

刻书目多是理学文献来看,这样的"代刻"看重的不仅是洪汝奎的专业水平,恐怕也与其理学倾向有密切关系。

(三)官书局刻书

同治八年六月,在曾国藩的推荐下①,两江总督马新贻任命洪汝奎为金陵书局提调,并调拨公帑充作经费。至此,金陵书局由曾国藩的"私立"书局转变为"官书局"②。关于洪汝奎主持金陵书局的经历,《泾舟年谱》谓:"先生自己巳年(同治八年)接办书局提调以来,将局中分认《史》《汉》等史并随时奉饬刊刻经、子各书次第刊成。其行世较稀之书,另筹捐款刊印,不动书局正款。历经照章办理,凡十有二年。"③光绪六年十月,洪汝奎卸任金陵书局提调。在嗣后担任两淮盐运使期间,洪汝奎也往往命淮南书局刻书。其刊刻书目有(表2):

表2 洪氏官书局刻书年表

时间	刊刻书目	书局
同治九年	《史记》《三国志》	金陵书局
同治十年	《晋书》	金陵书局
同治十一年	《南史》《北史》《宋书》《魏书》《陈书》	金陵书局
同治十三年	《周书》《北齐书》《南齐书》《梁书》	金陵书局
光绪二年	《相台五经》	金陵书局
光绪三年	《曾文正公营规》	金陵书局
光绪七年	《四书》《东都事略》《复古编二集》《古今韵会举要》《说文解字》《说文解字斠诠》《郎注陆宣公奏议》《求雨文》《礼部议定丧礼》	淮南书局

由上表可见洪汝奎经理的官书局刻书基本以史书为主,另"随时奉饬刊刻经、子各书",特征比较明显。其中所刻正史属于"五局合刻本二十四史",当时金陵书局独自承担从《史记》到《南史》《北史》的十四部史书④,其中除《汉书》《后汉书》已于此前刊成外⑤,剩余十二部皆是在洪汝奎的主持下刊刻完成。彼时官书局刻书担负着一定的兵燹之后文化重建的重任,所刻书籍皆为常见而

---

① 〔清〕曾国藩《曾国藩全集》(修订版)第30册《书信之九》,第582页。
② 胡卫平《曾国藩的藏书与刻书》,长沙:岳麓书社,2014年,第194页。
③ 〔清〕章洪钧、陈作霖等《泾舟老人洪琴西先生年谱》卷三,第8页a。
④ 马学良《五局合刻〈二十四史〉考述》,《崇文书局及晚清官书局研究论集》,武汉:崇文书局,2017年,第354页。
⑤ 〔清〕曾国藩《曾国藩全集》(修订版)第31册《书信之十》,第4页。

急需者。担任金陵书局提调的洪汝奎因工作出色而得到曾国藩的称赞:"此局付托得人,亦一快事。"①

与私家刻书相比,官书局刻书乃职责所在,所刻诸书无法反映洪汝奎的个人学术旨趣。所以,提调官书局以及官书局刻书对洪汝奎而言更多的是履行公务,是与其私家刻书事业并辙而进的。虽然二者看似泾渭分明,《泾舟年谱》也特意将二者分别著录,但是从大部分私家刻书皆刊刻于提调金陵书局之后可以看出,提调官书局的经历对洪汝奎的大规模私家刻书有一定的促进作用。

(四)临时刻书

洪汝奎主持的官书局刻书中,有一部分常规计划之外以应时需的"临时刻书",这些书具有部头较小、便于刊刻等特点。如光绪三年十二月,两江总督沈葆桢委任洪汝奎"综理两江营务处,其护军、督捕亲军、督捕水师各营哨均归节制调遣。……十四日,先生接营务处差后即驰赴汉西门外护军营,点阅各营弁勇,周视营墙,查阅操厂。以后常亲往督练,又刊刻《曾文正公营规》,颁发各营,俾日日练习焉"②;又如光绪七年三月,因扬州久旱不雨,担任两淮盐运使的洪汝奎"设坛祈祷,并令淮南书局为刊印江右纪慎斋先生《求雨文》"③;同年四月,"孝贞皇太后升遐,先生率僚属恭迎哀诏,行礼如制,并刊刻《礼部议定丧礼》示谕军民"④。综理两江营务处时,洪汝奎仍身兼金陵书局提调之职,故《曾文正公营规》当是由金陵书局所刻;《求雨文》和《礼部议定丧礼》是洪汝奎在担任两淮盐运使时由淮南书局所刻。就刊刻目的而言,《曾文正公营规》是为军事训练提供"教程";《求雨文》和《礼部议定丧礼》,一为应对灾害,一为遵守礼制。所以,对于金陵书局或淮南书局而言,这些皆属计划之外的"临时刻书"。

此外,光绪四年六月,"河南灾后大疫,先生刷印《温病条辨》多部寄涂朗轩中丞,分发灾区,以资拯救"⑤。《温病条辨》系清代医学家吴瑭所撰医学名著,成书于嘉庆年间,初刊本为嘉庆十八年问心堂本,此后翻刻者众多⑥。其中"同治九年六安求我斋刻本"与"光绪四年河南抚署刻本"或许与此次"刷印"有关。如上文所述,洪汝奎多次代涂宗瀛"求我斋"刻书,而此"同治九年六安求我斋刻本"或亦系洪汝奎代刻,故洪汝奎可以非常方便地就其板而"刷印";至于"光绪四年河南抚署刻本",时涂宗瀛正担任河南巡抚,或许是在接到洪汝奎的赠

---

① 〔清〕曾国藩《曾国藩全集》(修订版)第 31 册《书信之十》,第 138 页。
② 〔清〕章洪钧、陈作霖等《泾舟老人洪琴西先生年谱》卷三,第 3 页 b。
③ 同上书,第 10 页 a。
④ 同上书,第 11 页 a。
⑤ 同上书,第 5 页 a。
⑥ 梁金尧、杨飞《〈温病条辨〉行世版本纵览》,《淮阴中医》,北京:中医古籍出版社,2007 年,第 147 页。

书后以"抚署"名义进行的翻刻。虽然《温病条辨》此次"出版"属于"刷印"而非"新镌",并且其"刷印单位"究竟属于洪汝奎的私人范畴,抑或官书局的"官方行为",尚不明晰,但是《泾舟年谱》特意将其标出,从而使之与《曾文正公营规》《求雨文》《礼部议定丧礼》等书的刊刻同样具有了"临时刻书"的性质。

这些计划之外的临时刻书不仅是洪汝奎个人主观倾向的表现,同时也在一定程度上反映了私家刻书或官书局刻书与现实生活的"互动",这也正是其作为刻书主体关照社会现实的价值与意义之所在。

二 洪汝奎刻书中的增补考订与精校细雠

在刻书过程中,有目的、有计划、成系统地搜集、考补预刻文献,并对预刻文献精校细雠,成为洪汝奎刻书活动的主要特色。

(一)广搜博采与增订补遗

洪汝奎生平做了大量的文献搜集与增补考订工作,为日后刻书做准备。就家族文献而言,除上述所列如《盘洲集》《鄱阳集》等已刊刻成书者外,尚有大量未及刊刻,如《双陆谱》《四洪年谱》以及大量的同宗遗集、诗稿等。

其中,《四洪年谱》可谓洪汝奎不遗余力整理家族文献的典型。道光二十七年,洪汝奎会试报罢后另考取觉罗官学汉教习,因曾国藩为阅卷大臣,洪汝奎以出其门下而师事之。自京返乡后,曾国藩给洪汝奎写信,鼓励其搜集南宋洪适、洪迈二人的年谱,"曾文正公恐先生归而辍学,寓书先生……又以搜南宋二洪公年谱事相勖"[1]。曾国藩原信云:

> 又,前相见时,曾语及钱官詹《潜研堂集》有尊府先德文惠、文敏二公年谱。刘君故有钱集,可从其借观或翻刻二谱,散给族人,称述先烈,以勖后进,亦为人孙子者之职也。努力!努力!及时自任。[2]

曾国藩建议洪汝奎将钱大昕所编洪适、洪迈二人的年谱翻刻后散给族人,以广传播。洪汝奎在看到钱氏二谱后,并未直接翻刻,而是做了大量的增补考订工作,校正了其中一些讹误,同时在此基础上搜集资料编订了洪皓、洪遵二人的年谱,合洪氏父子四人年谱为一编,即《四洪年谱》。洪汝奎之子洪恩广在《四洪年谱跋》中述及该过程云:

> 道光戊申间,先大夫从湘乡曾文正公讲学春明,公尝语先大夫以钱竹

---

[1] 〔清〕章洪钧、陈作霖等《泾舟老人洪琴西先生年谱》卷一,第5页b。
[2] 〔清〕曾国藩《曾国藩全集》(湖湘文库本)第22册,长沙:岳麓书社,2011年,第37页。

汀宫詹所辑文惠、文敏二公年谱，谓宜翻刻传布族人。别后又寓书为言，先大夫乃求得钱公所为谱阅之，知其尚有未尽，爰补拾漏遗，加以增订。又以旧传忠宣公年谱尤多疏略讹舛，益援据史乘，撇拾群书，编辑忠宣公及文安公年谱，广搜博采，曲畅旁通，条列钩稽，类皆手自抄撮缀集而成。与仪征刘伯山先生往复讨论，积日累时，殚精不厌，恩广兄弟儿时侍侧尚及见之。于是，两世四谱，始得大备。①

关于洪皓年谱的编订过程，洪汝奎在《洪忠宣公年谱缘起》中说：

> 彭泽洪庥、浮梁洪声闻旧有《忠宣公年谱》之辑，疏略特甚，讹舛亦多。今取其信而有征者，标云"原编"，俾览者知此谱滥觞之由。原编刊于嘉庆戊辰，江右洪族尚多传本，汝奎于道光戊申过鄱阳时曾及见之，并为手钞一过。讹舛之处，就其可知者逐一辨明，非欲争胜前人，深恐贻误后哲耳。②

《泾舟年谱》的记载与上述说法相吻合。道光二十七年，洪汝奎在接到曾国藩的来信后，于当年访得钱大昕潜研堂本洪适、洪迈年谱；次年途经江西饶州、鄱阳、宜黄等地访洪皓父子遗事，得《忠宣公年谱》；同年秋天，在汉阳"博考洪文安公遵事实，编辑成书。前所得忠宣、文惠、文敏三公年谱汇为《南宋四洪年谱》"③。至此，《四洪年谱》编订成书。咸丰七年，洪汝奎在乡居期间"于《四洪年谱》及族先辈著作皆以细字写成巨帙"④，完成付梓之前的准备工作。然而该书在洪汝奎生前并未刊刻，直到宣统元年方由其子洪恩广等付梓刊行⑤。

除此之外，洪汝奎还大规模搜访同宗先德的各种遗集、诗稿等，如道光二十九年，给族中长辈写信商议"搜葺同宗遗集事"⑥；道光三十年，族兄洪调笙借去宗人诗稿数种，洪汝奎"属其删节，将以付梓"⑦；咸丰元年，致书邑人吴焯，"托觅族先辈书十种"⑧，包括洪守美撰《易经解醒》《易经揆一》《调元要录》、洪载撰《易经世说》、洪方撰《学庸本旨》、洪维翰撰《石间诗文集》《张次公四六绮合笺》、洪愿贤撰《蓝溪诗草》、洪乘轩撰《霞城集》、洪士鹗撰《见山楼集》，同时

---

① 〔清〕洪恩广《四洪年谱跋》，〔清〕洪汝奎编辑《四洪年谱》卷末，清宣统元年晦木斋刻本，第 1 页 a。
② 〔清〕洪汝奎《洪忠宣公年谱缘起》，〔清〕洪汝奎编辑《四洪年谱》卷首，第 1 页 a。
③ 〔清〕章洪钧、陈作霖等《泾舟老人洪琴西先生年谱》卷一，第 6 页 b。
④ 〔清〕章洪钧、陈作霖等《泾舟老人洪琴西先生年谱》卷二，第 1 页 b。
⑤ 〔清〕洪恩广《四洪年谱跋》，〔清〕洪汝奎编辑《四洪年谱》卷末，第 1 页 a。
⑥ 〔清〕章洪钧、陈作霖等《泾舟老人洪琴西先生年谱》卷一，第 7 页 a。
⑦ 同上书，第 9 页 b。
⑧ 同上书，第 11 页 a。

"又遍访族先辈遗书遗文"①;同治四年,致信丁日昌,"请借钞洪氏各集"②;光绪十年五月,致信吴鄂,请其代为访书:"明儒洪觉山先生垣遗集及元洪潜夫焱祖《新安后续志》二书,如有可借之处,乞留意代访见示。"③

光绪十二年三月,洪汝奎对家族文献作了一次汇总,即"编次唐宋以来洪氏所著书目录,积为《长编》"④。该《长编》不仅可以体现洪汝奎对家族文献搜罗之备、用力之勤,亦可为家族文献的系统化整理及规模化刊刻提供一定的目录学支持。

理学文献亦在洪汝奎广泛搜罗之列,如咸丰五年三月,洪汝奎给黄倬写信,请代为访求唐鉴所选释之《朱子大全集》及其未刊之日记:

> 忆先生自云:"曩有《朱子学案》之辑,分门别目,取便初学。嗣因门目太繁,且多牵强,故不欲成书。今仅取《大全集》选释一二百篇,为学者少启端绪耳。其知旧门人问答各卷中,有易为异学假借者,一一批揭以杜后来之惑。"此某金陵谒见时所闻也。批揭之本,今在何处?阁下可从先生求之,此不须另钞,止将批揭诸语移录他本,其选择篇目上加墨圈为记足矣。先生沉潜于朱子之书四十余年,记课亦四十余年,其持择之审,造诣之深,非浅学敢望。然天壤以内,同志寥寥,斯文未丧,来者无穷,不能不作藏之名山、传之其人之想。阁下服膺舅氏之书有年矣,力又足以张之,千万留意其未刊日记,或有与前卷词意重复者,望寄呈先生删定,或就近请竹如、艮峰二先生订定,何如?⑤

又如咸丰十年二月致信友人,俾其"抄来倭文端公日记,获全读之"⑥;至同治十二年,终将倭仁该《日记》并《启心金鉴》《为学大指》二书刊成,亦属此类。

(二)对预刻文献精校细雠

道光二十七年初次刊刻《盘洲集》时,洪汝奎曾致书曾国藩汇报此事,曾国藩答曰:

> 贵族刊刻先德《盘洲文集》,甚善!甚善!然刻书之难,排比伦次、校雠讹舛⑦,大费工夫。足下去年依式缮写,不敢妄易一字,自是古人慎重之

---

① 〔清〕章洪钧、陈作霖等《泾舟老人洪琴西先生年谱》卷一,第11页b。
② 〔清〕章洪钧、陈作霖等《泾舟老人洪琴西先生年谱》卷二,第9页b。
③ 〔清〕章洪钧、陈作霖等《泾舟老人洪琴西先生年谱》卷四,第4页b。
④ 同上书,第7页a。
⑤ 〔清〕章洪钧、陈作霖等《泾舟老人洪琴西先生年谱》卷一,第14页a—b。
⑥ 〔清〕章洪钧、陈作霖等《泾舟老人洪琴西先生年谱》卷二,第3页a。
⑦ 此处标点原为"排比、伦次、校雠、讹舛",今改。

谊，然书局在泾，而足下远隔千里，不知彼中董其事者，尚有多闻之士否？字画之雅俗，乌焉之辗转，不得足下躬亲其役，恐仍非善本也。然一经寿诸梨枣，则传播浸广，胜于墨守钞本，将来付存亡于不可知之数者多矣。梓人毕工，即祈惠赐一部，以扩蒙昧，幸甚！①

曾国藩在此强调了校勘的重要性，建议洪汝奎"躬亲其役"。这样的"教诲"对洪汝奎此后的刻书事业产生了重要影响，如上文所列《朱子文集》等书在付梓前皆经过精心校勘。又如同治十年，洪汝奎购得唐石经的精拓本，经考校后准备翻刻，但久未动工。直到光绪元年，在给好友冯焌光写信时解释道："唐石经业经左右饬刊格式，分友缩临，甚善甚善。此事似未可轻易动工，总以写完细校，点画无讹为贵。"②由此可见洪汝奎对文字校勘之审慎。

广搜异本并以善本为底本是校勘的前提，洪汝奎对此颇为重视，如同治十一年十一月刊刻宋人洪咨夔《平斋文集》之附录及拾遗时，另专门附有《校记》一卷，《泾舟年谱》载其始末云：

> 先生于书无所不窥，而称述先烈之心倍挚，至其往复校雠，尤不惜目力。最后又为《校记》一卷……《校记》识云："《平斋集》刊成逾十稔矣，偶从朱子清观察假彭文勤钞本，又从藤豁家塾假元人钞本，又从周梅舫运副假《平斋四六笺注》钞本，次第校勘，择其可从者彙记简末，以省剜改之劳，疑者仍阙焉。"③

又如光绪元年七月，托蔡汇沧向藏书家陆心源"借明前刻本《开元礼》，并《永乐大典目录》旧本、《隶释》《隶续》、洪忠文《春秋说》、《楚词》王逸注旧本，又《补注》旧本、《荆楚岁时记》旧本、《夷坚志》足本及汪如藻所收《支志》诸书"④。除自己抄借外，洪汝奎也令子侄外出访书。如《泾舟年谱》"光绪元年"条载：

> 三月，委从子子彬赴镇江、苏、杭一带访求经史善本。先生谓兵燹以后，古籍散佚，本局刊刻经史苦无善本可资雠校。现在经史虽已刊竣，而古今秘籍未及刊布者亦复不少。闻湖州陆氏、杭州丁氏、宁波范氏、苏州冯氏、常熟瞿氏、镇江包氏、上海郁氏诸家，藏书极多，应即前往采访。遇有经史善本及海内希有之书，足以辅翼经传、嘉惠后学者，即就近妥觅书手，钞缮副本，悉心校对，携带回局，以便随时酌定，分别刊传。其原书务须护惜，随时送还，不得丝毫污损。⑤

---

① 〔清〕曾国藩《曾国藩全集》（修订版）第22册《书信之一》，第52页。
② 〔清〕章洪钧、陈作霖等《泾舟老人洪琴西先生年谱》卷三，第1页a。
③ 〔清〕章洪钧、陈作霖等《泾舟老人洪琴西先生年谱》卷二，第15页a。
④ 〔清〕章洪钧、陈作霖等《泾舟老人洪琴西先生年谱》卷三，第1页b。
⑤ 同上书，第1页a。

另如光绪四年二月,"遣次子恩嘉赴上海阅宜稼堂郁氏藏书"①,亦是如此。至藏书世家访求善本,虽带有一定的"官方"性质,但同时也使私家刻书的校勘受益良多。

洪汝奎不仅在刻书之前十分注重校勘,即便是书籍刊成之后,仍然尽力搜集善本以为日后再次校勘之资。如同治十年《隶释》《隶续》二书刊成后,洪汝奎题跋曰:

> 《隶释》《隶续》二书,金石家奉为圭臬,惜宋椠不可得,浙西唐君敦甫所藏旧钞本亦非完帙。因取楼松书屋汪氏本摹刻,并将士礼居《隶释刊误》一册附焉。海内博雅好古之士,倘为搜访宋椠,邮寄见示,当复醵金别镌,以广其传。②

又如光绪十年《盘洲文集》第二次刊刻完成后,洪汝奎在《校记》中称:"惜古愚先生所称墨林宋本无从物色,他日续获校订,当附记于后。"③虽然书已经刊成了,但洪汝奎认为还有借助"宋本"以求进一步校勘的空间,故仍有访求善本之必要。由此二例,可见洪汝奎对善本佳椠的重视,这也是其对预刻文献精校细雠、对刻书质量精益求精的重要体现。

洪汝奎作为学者型刻书家,在拟刻文献付梓之前往往亲荷编校之劳,如辨伪、辑佚、编纂、校勘等,其目的在于达到最佳的出版标准。从这个意义上讲,刊刻书籍之前的文献整理活动的重要性要远远大于刻书本身。

三 内外局势、学术风气与洪汝奎的刻书旨趣

洪汝奎刻书的重点在其私家刻书,而私家刻书的主要特色在于大规模系统性地搜集、整理、刊刻家族文献与理学文献,这种刻书旨趣与当时的内外局势及学术风气的转变密切相关。

(一)因"怅怀时局"而"表章先德"

家族文献是指洪氏一族先德的著述,洪汝奎先后所刻家族文献有宋洪皓《鄱阳集》《松漠纪闻》、洪适《盘洲文集》、洪遵《隶释》《隶续》《泉志》《洪氏集验方》、洪迈《容斋随笔》、洪咨夔《平斋文集》《春秋说》、洪璞《空同词》、洪兴祖《楚辞补注》、洪炎等《豫章三洪集》(洪炎《西渡集》、洪明《清非集》、洪刍《老圃

---

① 〔清〕章洪钧、陈作霖等《泾舟老人洪琴西先生年谱》卷三,第4页a。
② 〔清〕洪汝奎《隶释题跋》,〔宋〕洪遵《隶释》,清同治十年皖南洪氏晦木斋摹刻楼松书屋汪氏本,第3页a。
③ 〔清〕洪汝奎《盘洲文集校记》,〔宋〕洪适《盘洲文集》,第1页b。

集》)、洪刍《香谱》、元洪希文《续轩渠集》、洪焱祖《杏庭摘叶》《尔雅翼》、明洪守美《易说醒》等,计18种,皆收入《洪氏晦木斋丛书》。

大规模整理刊刻家族文献是洪汝奎刻书的一大特点,所谓"先生于洪氏著述多所搜访"①,而其出发点与晚清时局有很大关系,陈作霖《四洪年谱序》云:

> 自来外交之世,最重使职,至不得已而用兵,则封疆亦宜慎选大节以立身,高文以华国,经济以匡时,三者固缺一不可也。洪忠宣起家甲科,文章尔雅,拯民饥,谏移跸,请抚李成,其经济固已裕矣。奉使金廷,被留十五年,不为威劫,卒以忠节显名,高宗比之苏武,无愧色也。三子皆以鸿词入选,耀采禁廷。文惠、文敏当绍兴、隆兴之交,寻盟报聘,后先持节,光照皇华。文安出守平江,供军无乏,领建康留钥,经营淮表,边鄙晏然。南宋人才并世而生者如虞允文、陈俊卿诸人已不多见,而洪氏乃以勋绩名烈世其家,何其懿欤! 都转公曩在金陵开致吾知斋以谈艺,作霖得侍游宴,于时海事初萌,朝议交讧,怅怀时局,辄景仰忠宣父子不置。时都转公方辑是谱,草创未定,莫由拜读。今事阅三十余年,幸与校字之役,得仰窥都转公忧时追远之深心,益非偶然已。②

洪汝奎所处的晚清社会与两宋之际颇为类似,内忧外患、时局危蹙。正如洪汝奎之子洪恩广所云:"吾宗先德以南宋时为极盛,忠宣公之后,文惠、文安、文敏弟兄相继以勋绩彪闻于时,史册流光,实为前代所稀有。"③所以,洪皓父子成为同样身处"外交之世"的洪汝奎所效法的"榜样"。

洪汝奎以"僚属"身份佐理数任两江总督,实际参赞两江军政要务数十年,其中多有涉及"外交"危机者,如同治十三年,因日本窥伺台湾而设立筹防局,即由洪汝奎等人会同办理,并由其筹划防务;光绪二年处置"皖南教案";光绪六年,沙俄与清政府因新疆划界争端导致局势紧张,洪汝奎又奉命筹办江海防务,并提出"缓急有备,维系军心"的主张,加紧军事训练以备不虞,如此等等。所谓:"前两淮盐运使洪运司某,学术深粹,才品俱优,前在江南,综核有效。"④直至光绪十二年九月,在两广总督张之洞的一再邀请下,洪汝奎赴广州督办善后局事务,启程前返乡省墓,"辞墓之日,有此出以死报国之誓"⑤,果于当年十二月瘁然卒于任上。临终之际,仍在向同事交代工作,"语及军储支绌,犹惓惓

---

① 〔清〕章洪钧、陈作霖等《泾舟老人洪琴西先生年谱》卷一,第4页b。
② 〔清〕陈作霖《四洪年谱序》,〔清〕洪汝奎编辑《四洪年谱》卷首,第1页。
③ 〔清〕洪恩广《四洪年谱跋》,〔清〕洪汝奎编辑《四洪年谱》卷末,第1页a。
④ 〔清〕章洪钧、陈作霖等《泾舟老人洪琴西先生年谱》卷四,第9页b。
⑤ 同上书,第8页a。

以开源不如节流,再三致意,语不及私"①。

因此,洪汝奎乃因"怅怀时局""忧时追远"而"表章先德",从而编辑《四洪年谱》,并广泛搜集、整理、刊刻家族文献,其目的之一正在于形成"榜样作用"以激励后世。正如缪荃孙所说:"尤搜辑先德著述,寿之梨枣,所以述前烈勖后人者,用意至为深远。"②可谓一语中的。

在刻书的同时,洪汝奎还以其他形式广泛弘扬"家声",而这些形式也往往与"刻书"活动紧密相关。如同治四年,将宋代以来家族世系以四言韵语的形式编成《本宗世系略》,以便后世记诵;同治十年,为洪钧寄家刻《鄱阳集》等书,托其在按试诸生时从中出题,以广流传,同时注意访求同姓高才生,挑送书院重点培养;同治十一年,将洪亮吉《谒忠宣公祠》一诗勒石,并请曾纪泽以篆书书之;光绪元年,为洪守美等人撰写传记,送安徽志局,补入《续纂通志》中;光绪十一年,托出使朝鲜的侄子洪子彬访问朝鲜洪氏族人,又与洪钧写信讨论先世族姓。除此之外,洪汝奎又于咸丰三年作《北亭刘村伪洪辩》《新丰洪氏旧谱志疑》;同治八年撰《洪氏先贤传》;光绪十二年编撰《洪氏著书目录长编》《旧德闻知记》《洪氏异德同姓记》等。甚至友朋知其搜集家族文献之热情,也会为其留意,如光绪四年,"涂朗轩中丞拓大坯山碑寄赠,以碑文为唐谏议大夫洪公经纶所题也。先生因函属其捶印百幅以饷同好"③。

由此可见洪汝奎在表彰洪氏先贤、"弘扬家声"方面的不遗余力,这也反映了其浓厚的家族意识。或许在他看来,家族的稳定及其所具备的向心力与上至国家、下至地方的社会治理及其盛衰有密切关系。所以,大量刊刻家族文献便成为其基于内外局势而追崇先德的重要方式。

(二)从"躬行实践"到"经世致用"

洪汝奎所刻图书中有大量理学文献,如宋周敦颐《周濂溪全集》、张载《张子全书》、朱熹《楚辞集注》《朱子文集》《四书或问》《论孟精义》、元许衡《许鲁斋遗书》、明胡居仁《胡敬斋居业录》、清陆陇其《松阳讲义》、吴廷栋《拙修集》、倭仁《启心金鉴》《为学大指》《倭文端公日记》等,计13种,皆收入《洪氏唐石经馆丛书》④。

---

① 〔清〕章洪钧、陈作霖等《泾舟老人洪琴西先生年谱》卷四,第9页b。
② 〔清〕缪荃孙《艺风堂文续集》卷一《两淮盐运使洪公神道碑》,张廷银、朱玉麒主编《缪荃孙全集·诗文》,第270页。
③ 〔清〕章洪钧、陈作霖等《泾舟老人洪琴西先生年谱》卷三,第5页a。
④ 《洪氏唐石经馆丛书》另收有宋程颢、程颐《河南程氏全书》、明胡居仁《文敬胡先生集》、清刘廷诏《理学宗传辨正》等3种理学著作,然皆题"六安涂氏求我斋刊",且不见于《泾舟年谱》记载。据上文可知,此亦洪汝奎为涂宗瀛代刻之书。

洪汝奎很早便接触理学思想并深受影响,道光十九年,十六岁的洪汝奎从易长馨受业,"始潜心圣贤之学"①。此后又结识唐鉴、倭仁、曾国藩、吴廷栋等理学名臣,时从请益论学。缪荃孙所撰《神道碑》谓:

> 公秉姿颖异,自幼劬学,凝重若成人。年十九,补弟子员。甲辰,恩科举人,丁未,考取教习,受知于太傅曾文正公,蕲以远大,使事同邑刘先生传莹,益勉为经世有用之学,至是与长白倭文端公,旌德吕文节公,师宗何文贞公,余姚朱侍郎兰,霍山吴侍郎廷栋,讲学春明。尤邃于宋五子书,以躬行实践为主。②

洪汝奎大量整理、刊刻理学文献与乾嘉以降学术风气的转变即"宋学复兴"不无关系。其时朝野士人以"程朱之学"相互砥砺者渐成风气,这也引起了最高统治者的注意。如咸丰二年三月十五日,时任刑部郎中吴廷栋因办案有功受到咸丰帝召见③,咸丰帝问吴廷栋常读何书,吴答曰:"程朱之书。"④于是咸丰帝接连问道:"何以学程朱者多迂拘?""明之杨大洪,此等人岂可谓非程朱之学?""汝识曾国藩否?""汝识倭仁乎?""其(倭仁)记载所著是何书?"⑤吴廷栋一一答述,并在申明程朱理学要义的同时,向咸丰帝进说修身、施政、用人等主张。此次召见后数日,吴廷栋拜访时任刑部右侍郎彭蕴章,彭向吴廷栋透漏了咸丰帝的另一次召见情形:"上尝垂询军机大臣今之留心理学者,祁春圃相国以倭仁及君名对,予亦以曾国藩对。君昨召对后,上告我等曰:'吴某学问结实。'"⑥亲自与大臣交流理学问题,并能提出自己的看法,说明咸丰帝对理学有一定的认识,这也反映了其时理学风气之盛及其所形成的广泛影响力。

曾国藩、倭仁、吴廷栋皆为晚清理学代表人物,洪汝奎与此三人关系密切,如与曾国藩、倭仁有师生之谊;与吴廷栋亦常往复论学⑦,且吴廷栋晚年居金陵,从其居所构造直至身后诸事皆由洪汝奎一手经纪,即如后辈学者造访,亦多由洪汝奎引荐。⑧ 所以,受时代学术风气影响,又与理学名臣过从甚密,洪汝奎对理学也有自己的深刻体会。于是,通过大规模整理刊刻理学文献的形式宣扬理学,以期达到"经世致用"的政治目的,这与大量刊刻家族文献的目的殊

---

① 〔清〕章洪钧、陈作霖等《泾舟老人洪琴西先生年谱》卷一,第3页a。
② 〔清〕缪荃孙《艺风堂文续集》卷一《两淮盐运使洪公神道碑》,张廷银、朱玉麒主编《缪荃孙全集·诗文》,第269页。
③ 吴廷栋于咸丰九年将此次召见过程追记为《召见恭纪》一文,并收入《拙修集》中。
④ 〔清〕吴廷栋《拙修集》卷一,第3页b。
⑤ 同上书,第4页a—b。
⑥ 同上书,第6页a。
⑦ 〔清〕章洪钧、陈作霖等《泾舟老人洪琴西先生年谱》卷二,第5页b。
⑧ 〔清〕吴大廷《拙修集跋》,〔清〕吴廷栋《拙修集》卷末,第1页a。

途同归。

所以，不管是因"怅怀时局"而"表章先德"，整理刊刻洪氏先贤著述，还是从"躬行实践"到"经世致用"，整理刊刻理学文献，都有非常明确的指向性，即刻书作为一种"文化活动"所具备的"砥砺气节""鼓舞人心"的现实功用。这也是洪汝奎作为"学者"兼"干吏"，在内外局势及学术风气的双重影响下，能够形成上述刻书旨趣的重要原因。

四 结语

洪汝奎终生刻书不辍及主持金陵书局的经历，使其成为晚清颇具代表性的刻书家。其私家刻书与主持官书局刻书各具鲜明特征，前者以大量刊刻宋代以来洪氏一族的"家族文献"及理学家著述的"理学文献"为主，表现出广事搜罗、注重校勘等特点；后者则以刊刻经史著作为主，也偶因公务或应时之需而临时刻书，这也是官书局作为官方刻书机构服务社会的特征之一。与官书局刻书有既定计划相比，私家刻书更能反映洪汝奎的个人意志。洪汝奎具有浓厚的家族意识和理学倾向，前者是在内外局势下为"表章先德"以激励后世而形成的；后者则是晚清学术风气发生转变的侧面反映。同时，围绕刻书所展开的文献整理及其他一系列文化活动，如为同宗先德整理遗集、为故友编纂遗稿、为地方书院或祠堂捐赠书籍等，不仅为家族文献的保存和地方文化的复苏发挥了一定作用，同时也从一个侧面反映了晚清数量众多的私家刻书已然成为辅翼官书局刻书、大力参与兵燹之后文化重建的重要力量，为皖南乃至江南地区的文脉赓续作出了积极贡献。

关于版刻仿宋体与宋体字几个问题的讨论

韦胤宗[*]

【内容提要】 明嘉靖仿宋本所仿者为南宋书棚本欧体字。书棚本字体较欧楷更为方正、板直,已开版刻字体程式化之先河。嘉靖仿宋体继承书棚本欧体字,而风格更趋方斩、规整,继承多于变革,字体本身未有较大变化。清代版刻中,又有大量仿宋覆宋欧体字刻本,足与软字本、宋字本形成三分之势,晚清时期又产生了据宋刻欧体与嘉靖仿宋体而创制之"仿宋字",行用至今。嘉靖本字体、清代仿宋欧体字皆为南宋书棚本欧体字之发展,皆可称为仿宋字。宋体字形成于嘉靖晚期至万历时期,其风格主要有两个来源,其一为嘉靖仿宋体,其二为由宋至明不断流传演变之闽本字体。晚明以后一般刻本之字体以及今日书刊最常用之字体多为宋体,从这个意义上讲,可称嘉靖晚期至万历时期"宋体字"之诞生为中国版刻史上之一大变局。

【关键词】 版刻字体 嘉靖本 仿宋体 宋体

现在版本学界一般认为,两宋时期之雕版印刷形成了浙本、闽本、蜀本三大系统,各有风格,奠定了宋元时期中国版刻之基本风貌;其他地域之刻本或模仿此三者,或在其基础之上略有变化。宋末元初,蜀地因遭受战乱而刻书事业被毁;元代中期浙本系统中出现了新的赵体字刻本,因使上述格局稍有松动。但此一格局之完全改变,始于明代中期。

大致来讲,明代版刻史之前期为太祖洪武至孝宗弘治时期,中期为武宗正德与世宗嘉靖时期,晚期为穆宗隆庆至于明亡。明代前期之雕版印刷有消歇之势,刻书之事并不发达,其版刻风格一仍前代之旧:宋元时之浙本风格在明代前期依然流行于两浙、江西,并扩展至北京、南京等地,各地藩府刻本亦多向京本靠拢,且由于藩王颇有藏书,因此新刻之本亦会仿照宋元旧样,不过质量参差不齐而已;蜀本宋末已渐绝迹,但其颜体风格则渐渐融入两浙、两京等地刻本之中;闽本继承元时闽本风貌,与元本极难区分,如黄永年所云,明前期建

---

[*] 本文作者为武汉大学文学院古籍整理研究所特聘副研究员。

本"仍旧沿袭元建本,作较瘦较圆劲的颜体,在开始时和元建本简直很难区分"①。其实不仅闽本,明初其他版本亦皆继承元本,屈万里、昌彼得云:"弘治以前所刻书,酷类元椠。字体固无大殊,板式亦复相似,且皆不避讳,故每艰于鉴别。"②明前期刊本之状况大致如此,学界已有共识,此处无需再论。

正德之后,中国版刻之整体面貌开始发生巨大的变化:正德、嘉靖间,一种脱胎于南宋浙刻欧体字之风格由苏州风行全国,后世称此时期使用此种字体之版本为"嘉靖本"③;隆庆、万历时期,此种欧体字刻本又结合闽本风格,逐步演变为"宋体字"刻本,并随后生出各种子类,成为晚明、清代版刻风格之主流。可以说,明代中晚期,大约在正、嘉、隆、万四朝,中国版刻之字体风格经历了一个较大的变局,对后世版刻以及近代以来之印刷字体影响甚大④。但关于嘉靖本字体之渊源与称谓、嘉靖仿宋字至万历以后宋体字之演变过程、宋体字风格之来源等问题,学界或少有研究,或多有歧误。本文尝试讨论以上问题,从而为进一步理清明清版刻字体之演变以及清代版刻字体格局之形成抛砖引玉。

一　学界对嘉靖本字体与万历以后宋体字之描述

目前学界对于嘉靖本字体之风格特征、渊源、称谓及其与万历以后所流行的宋体字之关系等,有多种说法,总结而言大致可分为四类。现将学界代表性观点分类列表如下,再做分析(表1):

表1　学者对嘉靖本字体与万历以后宋体字之描述

类别	学者	嘉靖本字体 名称	嘉靖本字体 特征	万历以后之宋体字 名称	万历以后之宋体字 特征
(1)	毛春翔	匠体,方体	僵硬呆滞	匠体、方体	横轻直重,颇类颜字
	曹之		向匠体的过渡阶段,字形趋向长方,笔画向横平竖直发展	匠体	

---

① 黄永年《古籍版本学》,南京:江苏教育出版社,2009年,第117页。
② 屈万里、昌彼得著,潘美月增订《图书板本学要略》,台北:中国文化大学出版部,1986年,第78页。
③ 李开升称其为"苏式嘉靖本",以将其与嘉靖时期风格不同之建本、京式本等相区别,见李开升《明嘉靖刻本研究》,上海:中西书局,2019年。按,李开升所称的确更为准确,但一般版本学界所称之"嘉靖本",特指与前代风格相比变化较大之苏式嘉靖本,因此本文仍用"嘉靖本"之名,以免繁复之累。
④ 本文所称之字体,指的是版刻文字之视觉形态,有学者称为"字样""字型"等,或更为准确;但版本学家长期以来使用"字体"一词称之,学者知其所指,因此本文沿用之。

续表

类别	学者	嘉靖本字体 名称	嘉靖本字体 特征	万历以后之宋体字 名称	万历以后之宋体字 特征
	严佐之		横平竖直,横细竖粗,撇捺直挺,整齐严谨的长方形字体		更为规范,千本一面,个性殆于消失
	魏隐儒、王金雨	仿宋体,印刷体	仿宋而横平竖直,起落顿笔有棱角,字形方整,笔画挺硬	仿宋体,印刷体	字形由方而长,字画横轻竖重
	李致忠	仿宋	横轻竖重,方方正正	仿宋	字形变长
	李清志	硬体宋字	横轻竖重,横平竖直,撇捺直挺,字形方整,棱角峻厉,板滞不灵	硬体宋字	出自嘉靖版,但横细直粗之差距更为明显,更为硬直、斩方、呆板,已成机械图案
(2)	黄永年	欧体	方板整齐,趋向规范化	方体,宋体	方板整齐,横平竖直,而且横细竖粗
	杜泽逊	欧体	仿宋浙本作欧体,更板滞,笔画硬	宋体	长方形,横细竖粗
(3)	李开升	方体,匠体,硬体	字形方正板直,横画较平而略微向左倾,笔画平直,棱角分明,横画收笔处有点	宋体,万历方体	
(4)	屈万里、昌彼得;程千帆、徐有富	书棚本欧体		匠体,宋体	横轻竖重,板滞不灵

(1)很多学者将嘉靖本与万历后刻本之字体统称为"方体""硬体""匠体"等,而事实上嘉靖本字体与万历以后刻本之字体毕竟有异,因此部分学者多称嘉靖本字体为万历以后字体之过渡。比如,曹之称万历以后之字体为匠体,而称嘉靖本字体为"赵体转向匠体的过渡阶段",描述其字体特征为"字形趋向长

方,笔画向横平竖直发展"①;严佐之并未称嘉靖本与万历以后刻本之字体为何体,唯总结嘉靖本字体为"横平竖直,横细竖粗,撇捺直挺,整齐严谨的长方形字体",而万历本字体仅对此有所发展,"这种特征愈发突出而规范,千本一面,个性消失"②。魏隐儒、李致忠等学者略承传统观点,认为嘉靖本与万历以后之字体远绍宋本而更为方整、标准,因此称其为仿宋体或印刷体。魏隐儒、王金雨称:"从正德年间开始,字体仿宋而横平竖直,起落顿笔有棱角,字形方正,笔画挺硬。至万历以后,字形由方而长,字画横轻竖重。这种字体,后来叫做'仿宋体',于此,'印刷体'形成了。"③李致忠称明代正德以后之刻本"在版式风格、款式字体上亦全面仿宋",其字体为"横轻竖重、方方正正的仿宋字",万历后期至于明末,此种仿宋字形体变长④。魏隐儒、李致忠称万历以后之字体与正嘉本字体皆为仿宋体,与传统称万历以后之字体为"宋体"者不类。李清志强调嘉靖本与万历以后刻本字体方硬之特征,称二者为"硬体宋字",他总结嘉靖本字体之特征为"横轻竖重,横平竖直,撇捺直挺,字形方整,棱角峻厉,板滞不灵",称万历以后刻本之字体出自嘉靖版,但横细直粗之差距更为明显,更为硬直、斩方、呆板,已成机械图案⑤。毛春翔称正嘉以后之刻本:"字体亦一变而为方体字,僵硬呆滞,劣者如枯柴,很不美观;万历以后,字体又一变而为横轻直重,颇类颜体字,其气派与嘉靖本有全不相似。"⑥实则认识到万历以后字体具有颜体特征,与嘉靖本不同,但其《古书版本常谈》一书仍然将二者统称为方体,归为一类。

以上学者之观点有两方面问题:其一,对于嘉靖本字体特征之描述不甚准确,比如多称嘉靖本字体具横平竖直、横细竖粗之特征,这其实并非嘉靖本字体之特征,详见下文所辨;其二,版本学界一般将明代中叶以后较为流行的程式化、方整规范之字体泛称为"匠体""方体""硬体"等,而将更具书写意味之字体称为"软体""写体"等,从这个角度讲,混称嘉靖本与万历以后刻本之字体为"匠体"等本来并无问题,但或许由于称名之不清,致使学者对二者关系之认识不甚明了,则颇不利于对于版刻字体之研究。

(2)黄永年等学者明确称嘉靖本与万历以后刻本之字体不同,嘉靖本字体乃仿南宋浙本字体而来,有浙本之余韵,只是更为规范化,更显呆板而已;而万历以后刻本之字体才是前人称为宋体、方体者。黄永年称嘉靖本"仿南宋浙本

---

① 曹之《中国古籍版本学(第三版)》,武汉:武汉大学出版社,2015年,第514页。
② 严佐之《古籍版本学概论》,上海:华东师范大学出版社,2008年,第134页。
③ 魏隐儒、王金雨《古籍版本鉴定丛谈》,北京:印刷工业出版社,1984年,第40页。
④ 李致忠《古书版本学概论》,北京:书目文献出版社,1990年,第115—116页。
⑤ 李清志《古书版本鉴定研究》,台北:文史哲出版社,2006年,第73—75页。
⑥ 毛春翔《古书版本常谈》,上海:上海人民出版社,1977年,第48页。

用欧体字","南宋浙本的欧体完全是书写体,这时(指嘉靖本)的欧体却比较方板整齐,趋向规范化",而万历以后之宋体字,"方板整齐,横平竖直,而且横细竖粗"[1]。杜泽逊继承黄永年之说法,称嘉靖本字体仿宋浙本作欧体,只是较宋刻欧体字更板滞,笔画更硬,而万历以后之宋体字体则明显横细竖粗,与欧体相去甚远[2]。二者皆指出横细竖粗为宋体字之显著特征,较以上诸家描述更为准确。

(3)李开升大致同意黄永年等人认为嘉靖本字体源于南宋浙本之说法,亦同意万历以后刻本之宋体字与嘉靖本有所不同之观点。与黄永年不同之处在于,李开升认为嘉靖本字体已经与宋本有了较大变化,嘉靖刻本字体"已经很明显地匠体化,离自然书写体较远,与欧体、颜体差距较大"[3],因此,似乎并不同意黄永年等人称嘉靖本字体称为"欧体"或"仿宋欧体"之类,而是同意毛春翔、李清志等人的看法,认为应该称嘉靖本字体为万历宋体之源头,其书中即沿袭毛春翔等人的说法称嘉靖本字体为方体或者匠体。基于此,李开升强调:"苏式本在明代版刻史上前无所承,它的出现是一个全新的现象。"[4]之所以有这样的看法,恐怕是因为部分学者对于南宋浙刻本欧体字之认识不够全面。两宋浙本之字体虽然宗欧,但为欧体字刻本化之结果,已与欧体原本面貌不同,且两宋浙本欧体字亦有前后之变化,嘉靖本所仿者为何?黄永年、李开升等多数学者皆未明言,而对此看法不一则会影响对于嘉靖本字体渊源之判断。

(4)目前关于嘉靖本字体之特征,以屈万里、昌彼得等人的描述最为准确,程千帆、徐有富等学者皆用其说[5]。屈万里、昌彼得《图书板本学要略》云:"正德中叶以后,覆刻宋本之风渐盛。而尔时习尚,最重诗文。唐人诗集,宋时以临安陈氏书籍铺所刻最多,故正嘉间覆刻唐人诗集,率祖书棚本。书棚本字为率更体,翻刻时亦效其体,于是风气一变。"[6]据其文义,嘉靖本似多为覆刻或翻刻宋本,而实则嘉靖本中翻刻、覆刻宋本仅占一部分,新刻亦复不少,甚至还有很多嘉靖时期翻刻嘉靖新刻本者[7]。新刻之风格乃仿照南宋书棚本之字体行款,因此,严格来讲,应该是仿宋刻本。日人长泽规矩也称,明代嘉靖体系模仿自南宋末期"临安书棚本"的字样而来[8],此亦是有得之论。以现存南宋书棚本

---

[1] 黄永年《古籍版本学》,第124页。
[2] 杜泽逊《文献学概要》,北京:中华书局,2008年,第127页。
[3] 李开升《明嘉靖刻本研究》,第37页。
[4] 同上书,第38页。
[5] 程千帆、徐有富《校雠广义·版本编》,北京:中华书局,2020年,第272页。
[6] 屈万里、昌彼得著,潘美月增订《图书板本学要略》,第78页。
[7] 参见李开升《明嘉靖刻本研究》,第139—147页。
[8] [日]长泽规矩也《刊本汉籍的字样について》,《长泽规矩也著作集》第一卷,东京:汲古书院,昭和五十七年(1982),第426页。

实物而论,书棚本之欧体字已经与南北宋监本之朴素样貌有所不同,字体较为斩方,字形稍长,笔画更细、更直,且微有左轻右重之感,应是坊刻标准化生产之结果,可视其为后世方体字之远祖。嘉靖本字体相对于书棚本更趋标准化,更显呆板,却不如万历宋体字方正、机械。下文将结合书影对此略作讨论。

二 "嘉靖本"与"仿宋体"

一般统称两宋浙本系统使用欧体字,实则其字体并非一成不变。北宋监本今日流传较少,难知其全貌,然以日本宫内厅书陵部藏北宋本《御注孝经》、日本天理图书馆所藏北宋本《通典》(图1)、日本振兴财团杏雨书屋所藏北宋本《史记》、中国国家图书馆所藏北宋本《汉书》等而论,北宋浙本之欧体字字形方正[①],虽有小字大字之分,然皆疏朗齐整,颇存唐碑风韵。据《旧五代史·后唐明宗纪》、王溥《五代会要》所载,《九经》最初之刻板,乃是"依《石经》文字刻《九经》印版"[②],北宋监本《九经》多为翻刻或覆刻五代监本而成,南宋监本又依北宋监本翻刻、覆刻。两宋浙本之字体风格以欧体为主,或因其最早刊刻之儒家经典继承自唐代石经,遂亦同时继承了唐石经欧虞体之风格而因木刻之特性而稍有变化。这种传承有序的字体风格,构成两宋浙本之基本面貌。整体而言,北宋与南宋前期之浙本字体较为古朴,手写意味浓重。

自南宋中期始,临安等地书坊所流行之欧体刻本,其字体已经与北宋至南宋前期之欧体有所区别。以上海图书馆所藏临安府陈宅书籍铺刻本《才调集》、国图所藏临安府睦亲坊陈宅经籍铺刊本《朱庆余诗集》、临安府棚北睦亲坊南陈宅书籍铺刊行《唐女郎鱼玄机诗》、临安府陈道人书籍铺刻本《画继》、临安府太庙前尹家书籍铺刊行《续幽怪录》等来看,书棚本之字体以欧体为基础,但将笔画稍微拉长,起笔稍轻,落笔稍重,横笔右端形成上凸之三角形状,同时捺笔短促而亦呈三角形状,整体看来字形更加挺拔秀丽。因其挺拔,故有学者称其"实应归入柳法之中,而间带欧体笔意","极逼近柳体"[③],而实则其字体与柳体相隔甚远。南宋书棚本刻书不少,而以所刻唐人集较成系统,目前国图藏有临安府陈宅经籍铺刻本《朱庆余诗集》《周贺诗集》《唐女郎鱼玄机诗》《李丞相诗集》《甲乙集》,上图藏有《才调集》,南京图书馆有《王荆公唐百家诗选》,北京大学图书馆有《唐僧弘秀集》等,版式行款一致,皆为十行行十八字,左右双

[①] 北宋首都汴京亦为刻书之重镇,监本影响巨大,但汴京刻书多交付杭州代刻,亦可算作浙本系统之内。

[②] 〔宋〕薛居正等撰《旧五代史》卷四十三《后唐明宗纪》,北京:中华书局,1976年,第588页;〔宋〕王溥《五代会要》,上海:上海古籍出版社,2012年,第128页。

[③] 李清志《古书版本鉴定研究》,第48页。

边且外边较粗,字体亦皆为此种书棚本欧体字。南宋中后期书棚本风格亦影响到了浙刻之官刻、私刻系统,比如国图所藏嘉泰四年(1204)新安郡斋刻本《皇朝文鉴》、咸淳间廖氏世彩堂刻本韩柳集(图2)等,字体亦为书棚本欧体字。

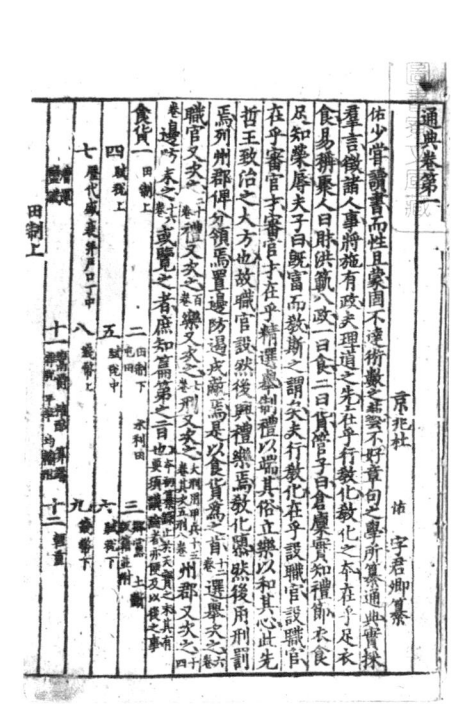

图 1　北宋本《通典》,原藏日本宫内厅书陵部,现藏日本天理图书馆。

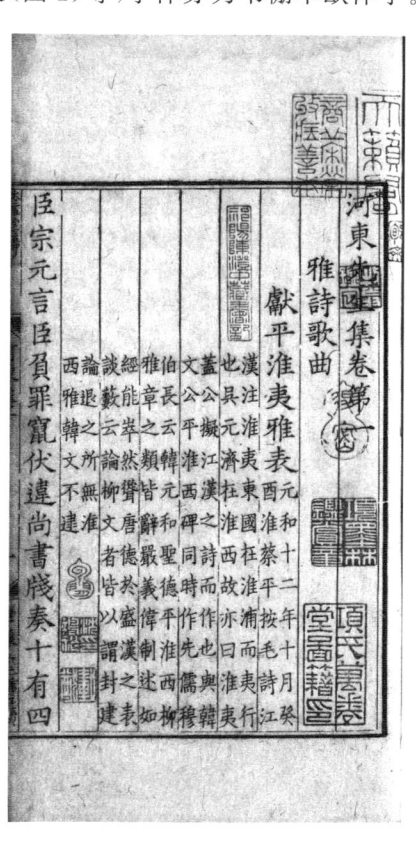

图 2　宋咸淳间廖氏世彩堂刻本《河东先生集》,中国国家图书馆藏。

嘉靖本之字体所仿者即为此种南宋书棚本的欧体字。李开升称目前可见最早的"嘉靖本"为国图藏明弘治十五年(1502)吴江刘泽刻本《松陵集》[①],其字体风格实即类似于上述南宋陈宅经籍铺所刻之《朱庆余诗集》。国图所藏明正德十四年(1519)苏州黄氏文始堂刻本《申鉴注》(图3)之字体显系脱胎于南宋世彩堂刻本韩柳集或与其类似的其他南宋书棚本之字体。目前可知存嘉靖本有三千余种[②],各本之字体风格容有小异,但整体而言其字体确由南宋书棚

---

① 李开升《明嘉靖刻本研究》,第44页。
② 同上书,第140页。

本演变而来，只不过较书棚本稍显呆板，不复其挺拔峭厉。书棚本本就是欧体之更便于刊刻之变体，嘉靖本仿宋字只不过较之更便刊刻，因此也更为方硬呆直。

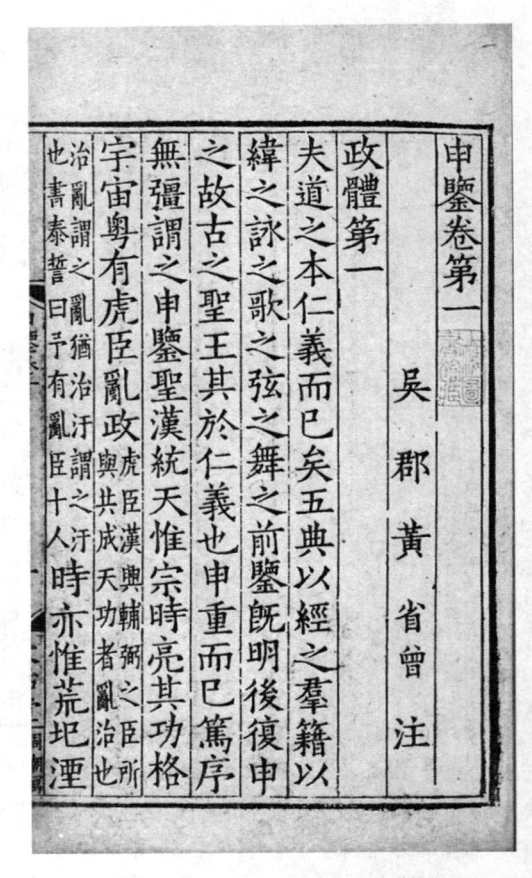

图3 明正德十四年（1519）苏州黄氏文始堂刻本《申鉴注》，中国国家图书馆藏。

前述屈万里、黄永年、长泽规矩也等人之说法是比较正确的。曹之称嘉靖本"专从形式上模仿宋本字体。结果是邯郸学步，适得其反，与真正的宋本字体相去日远"①，此类叙述与事实不符，且对明本一味贬低，恐非学者应有之态度。李开升称此类字体仿宋欧体字之嘉靖本为"苏式本"，以与嘉靖时尚存之"京式本""建式本"相区分，并称"苏式本在明代版刻史上前无所承，它的出现是一个全新的现象"，"如果从版刻风格尤其是字体风格着眼的话，可以将版本史划分为楷体字时期和宋体字时期，这两个时期的分界点，就在嘉靖时期。这

---

① 曹之《中国古籍版本学》，第514页。

不仅仅是因为嘉靖苏式本的方体字为后世宋体字的源头,更重要的是,正是在嘉靖年间,苏式本由一种地方性版本发展成全国性的版本,成为宋体字时代之先声"①。此说有其合理之处,但仍有问题:首先嘉靖仿宋本所仿者为南宋书棚本之欧体,南宋之欧体实已开后世仿宋字与宋体字之先河,很难将其与版刻之赵体、颜体等同称为"楷体";其次,明清时期,各类赵体字刻本、仿两宋欧颜体刻本等仍然大量存在,径称其时为"宋体字时期"恐会滋生误解。总之,将版刻字体截然二分为楷体和宋体,并根据字体将版刻史划分为两个时期,恐难反映版刻风格之继承性与版本发展之复杂性。

将明清版刻字体二分为宋体(硬体、方体、匠体等)与写体(软体、楷体等),为目前学界通行之观念,此一观念最大的问题也在于对嘉靖仿宋书棚本欧体字以及清代覆宋本欧体字之认识有所不足。举例而论,如前文所言,毛春翔、李清志等学者将嘉靖本之字体与万历以后之宋体字归为一类,则在其观念之中,嘉靖本字体自然是方体或匠体字;而一般学者多称清代覆宋本之字体为写体,清人覆宋本中多有覆宋欧体者,与嘉靖本字体极为类似,如黄永年所称清代写刻字体之第一类,"字的点划方劲,稍有点近乎南宋浙本和明嘉靖本"云云②,此种类似于嘉靖本字体的仿宋欧体字却又被称为写体甚至软体,与前一说法相抵牾。事实上,清代版刻中有大量仿宋书棚本欧体字,足与宋体字、软体字(以赵体、馆阁体等为代表)三足鼎立,因此有学者称应打破明清版刻字体二分之观念,建立宋字、欧字、软字三分之法,其说大致可从③,唯明清时期程式化之欧字该如何定名,本文有不同看法。

嘉靖本(即李开升所称之苏式嘉靖本)虽翻刻宋本或仿宋欧体字本,然明代罕有称其为"仿宋"者,明人翻刻宋本时多称"照宋本梓刻""精类宋籍"等,如美国国会图书馆藏明孔天胤刻《集录真西山文章正宗》书前江晓序称:"以书镂则鸠诸吴,俾精类宋籍。"④丁丙《善本书室藏书志》(简称"丁《志》")卷二十八录明本《济北晁先生鸡肋集》刊刻识语曰:"明吴郡顾氏于崇祯乙亥春照宋刻寿梓至中秋工始竣。"⑤卷三十八录明吴郡袁氏仿宋刊本《六家文选》刊刻识语曰:"余家藏书百年,见购鬻宋刻本《昭明文选》有五臣、六臣、李善本,巾箱本,白文、小字、大字,殆数十种,家有此本,甚称精善,而注释本以六家为优,因命工

---

① 李开升《明嘉靖刻本研究》,第38、152页。
② 黄永年《古籍版本学》,第144页。
③ 郑幸《从两分到三分:清代版刻字体的程式与分化》,《中国出版史研究》2022年第1期,第60—75页。
④ 转引自李开升《明嘉靖刻本研究》,第73页。
⑤ 〔清〕丁丙《善本书室藏书志》卷二十八,《续修四库全书》据清光绪二十七年钱塘丁氏刻本影印本,第927册第487页。

翻雕，匡郭字体未少改易。刻始于嘉靖甲午岁，成于己酉，计十六载而完，用费浩繁，梓人艰集，今模拓传播，海内览兹册者毋曰开卷快然也。皇明嘉靖己酉春正月十六日吴郡汝南袁生褧题于嘉趣堂。"①

"仿宋"一词多见于清人著作之中，如前述《鸡肋集》，丁《志》称为"明仿宋刊本"，前述《六家文选》，丁《志》称为"明吴郡袁氏仿宋刊本"等。丁《志》又称明弘治仿宋刊本《孟东野诗集》云："此本亦前有目录，后有宋敏求题，每叶二十行，行十八字，惟无'临安府棚前'一行耳，其为翻雕棚本无疑，重刊序已缺一叶"云云；称明仿宋刊本《唐求诗集》："黄荛圃《士礼居藏书记》有云：延令季氏宋版目中载之，书仅八叶，计诗三十五首，与《韦苏州集》同一行式，皆临安府棚北大街睦亲坊南陈宅书籍铺刊行者，此本无不吻合，殆仿书棚本覆刊也。"②则明确指出嘉靖本翻刻宋书棚本之事实。盖丁《志》中称明翻宋本皆为"仿宋"，其中以正德、嘉靖所刻之仿宋欧体本为多。瞿镛《铁琴铜剑楼藏书目录》卷五载明本《礼记》"金坛段氏谓嘉靖间仿宋刻本"，卷十九载明刊《樊川文集》"嘉靖刻本，全仿宋本，楮印亦精好"云云③，皆称嘉靖翻宋本为"仿宋"本。

然清人所谓之"仿宋本"，并不局限于嘉靖之仿南宋书棚本欧体字本。清代盛行照宋本原式翻刻之本（或称覆宋本、影宋本），清人一般所谓之仿宋本实则指翻刻（或覆刻、影刻）各类宋本。有如嘉靖本一般仿宋欧体字者，比如清乾隆四十八年（1783）武英殿刻本《御定仿宋相台岳氏本五经》即尽量模仿原本风貌，只不过其字体如嘉靖本一般更为呆滞。有仿宋蜀刻颜体字本者，如清康熙间吴郡张士俊泽存堂仿宋刻本《泽存堂五种》（包括《宋本广韵》《宋本玉篇》《群经音辨》《字鉴》《佩觿》等），其字体点画方劲，充格较满，撇捺较长，中正舒展，仿宋蜀本风貌，但颜体风格已经淡化，整体有向欧体过渡之趋势。又如南宋绍熙间四川眉山程舍人宅刊本《东都事略》本为颜体字刻本，清代多有覆刻，叶德辉《书林清话》卷二称"吾藏五松阁仿宋程舍人宅刻本王称《东都事略》"，④是有五松阁仿宋刊本，现存又有国图藏清振鹭堂覆宋本、台北故宫博物院藏清宝华堂覆宋本，将覆刻本与台北"国家"图书馆所藏宋刻元修本相较即可发现，清代之覆本字体皆有向欧体字过渡之趋势，此或为受嘉靖本与宋体字本影响之结果⑤。《书林清话》卷九"乾嘉人刻书之优劣"条云："近年贵池刘世珩聚学轩刻丛书及仿宋本书，南陵徐乃昌刻《积学斋丛书》及《随庵丛编》仿宋元本书，南浔

---

① 〔清〕丁丙《善本书室藏书志》卷三十八，《续修四库全书》第927册，第632页。
② 同上书，卷二十五，《续修四库全书》第927册，第451、454页。
③ 〔清〕瞿镛《铁琴铜剑楼藏书目录》，上海：上海古籍出版社，2000年，第88、517页。
④ 〔清〕叶德辉著，漆永祥点校《书林清话》卷二，北京：北京联合出版公司，2018年，第50页。
⑤ 清代中期之覆宋本除覆宋浙本外多不类原本，说亦见黄永年《古籍版本学》，第152—155页。

刘氏嘉业堂、张氏适园刻丛书,均缪氏主持,胜于杨氏(杨守敬)所刊远矣。"①此处所提到的清代仿宋刊本,包含各种风格,不限于欧体字本。

清人亦称元、明时期之翻刻宋本与新刻仿宋体式之本为仿宋本,如《天禄琳琅书目》卷五称元刻本元人胡一桂所撰之《周易本义启蒙翼传》"是书字体版式规仿宋椠,亦元刻之佳者"②,称元刻《大学衍义》"此本规仿宋椠,摹印俱工,实元版之最佳者"③,卷六称元刻《东坡集》"系仿宋巾箱本式,欲以之乱真者。当属元初人所为,始克有此形似"④,等等,不一而足。总之,"仿宋"在清代已成为一种较为通行的版刻概念,一般指仿照宋本字体、版式以刊刻之版本,因宋本字体有多种,所以清人所谓仿宋本之字体亦不拘于一格。

以"仿宋体"为南宋书棚本与明嘉靖本欧体字之专名者,殆始于晚清民国时期。徐珂《清稗类钞·鉴赏类》"丁善之论仿宋板"载丁辅之、丁善之兄弟据宋刻欧体以创制今日通行仿宋体之事甚详,现录之如下:

> 丁善之二尹三在家富收藏,其祖竹舟主政、叔祖松生大令刻书甚多,濡染既久,故于刻书之仿宋法,日夕研究,深有所得。尝曰:"中古书契之作,手续繁而功用简,刻竹以为记载,汗简以蕲保存,至不便也。自隋开皇时,雕撰遗经,镂版以始。唐、五代因之,至北宋而其道大备。其时刊本,率由善书之士,眷写上版,故字体各异。元以降,赵松雪之书盛行,刻书者多仿其体。明隆、万间,乃有专作方体之书工以备锓版者,即今日盛行之宋体字也。

> "北宋刊本之以大小欧体字刻版者,为最适观,以其间架波磔,秾纤得中,而又充满,无跛踦肥矬之病。乃阅时既久,欧体寖失,遂成今日肤廓之字样,好古者遂有欧宋体字之倡导,非矫同,实反古也。

> "高宗稽古右文,尝从侍郎金简之请,令于武英殿校刊古今书籍,曰聚珍板,乃枣木所制也。旋又有泥字、瓦字、锡字、铜字各种之制作。及海禁既开,西洋输入铅制活字及机器印书之法。始由香港教会制我国字,专为排印教会书籍之用,时称香港字,其分寸若今之四号字。未几,而日本推广大小铅字七种,以供我国印书之用,谓之明朝字,人咸便之,活字印书之业乃大盛。

> "今之号称能自制活字以应印书之求者,特由日本所输之字转制以成,非能写刻字样以为之也,故字体所限,仅为肤廓之宋体字一种而已。

---

① 〔清〕叶德辉著,漆永祥点校《书林清话》卷九,第307页。
② 〔清〕于敏中等撰,徐德明标点《天禄琳琅书目》卷五,上海:上海古籍出版社,2007年,第120页。
③ 同上书,第128页。
④ 同上书,卷六,第190—191页。

"板本之所以贵乎北宋者,非徒以其古也。其字体之端严,刊刻之精良,实为各种刊本之冠。今人有鉴于此,因制为欧宋体活字焉。其法,刻木模蜡范铜浇铅,经种种手续,而成方体字七种,长体字三种,扁体字三种焉。"①

丁氏明言其所创制之仿宋字体乃"欧宋体",并称有感于肤廓宋体之流行,因此"好古者遂有欧宋体字之倡导,非矫同,实反古也"。丁氏兄弟所造之欧宋体活字又称为"聚珍仿宋体",其字铸成之后,丁善之在上海创设聚珍仿宋印书局,排印《大观录》《习苦斋诗集》《居易堂集》等书,因与明清流行之宋体字不同,因此当时有"古雅可与宋刊相埒"之赞誉②。后丁氏之仿宋铅字归于中华书局,中华书局以之排印《四部备要》等书③,其字体渐渐大行天下,今日中国内地所使用之"仿宋体"即源于此。丁氏之仿宋体虽称仿于欧体,但其实字形更近于南宋书棚本与明嘉靖本之字体,整体而言较欧体棱角、转折之痕迹较少,亦不如欧楷之险峻,却较欧楷更为紧凑、方正、程式化,是一种规整的印刷字体。非将其置于刻本欧体之发展脉络中,难以见其渊源。若称"现代人所谓的仿宋体,实际并非仿宋,而是仿明代的翻宋"云云④,实则并不准确。

今日,"仿宋体"之名已极为常用,仿宋体与宋体、楷体、黑体等并称,为中国内地最常用的基本字体之一,而且此一字体本就是从南宋书棚本、明嘉靖本字体演化而来,因此称明代嘉靖本字体以及清代的仿宋欧体字为仿宋体,应该是较为合适的选择。

三 "宋体字"的形成

关于"宋体字"产生之大致时间、形成原因以及字体特征等问题,现今版本学界已有较为统一的认识,此处无须再论。但是此种字体之渊源、命名等问题,似仍有可议之处,现稍作说明。

现一般认为大致从万历时期始,由嘉靖本逐渐衍生出一种新的版刻风格,其字体之演化至为突出,即产生了所谓"宋体字"刻本,李开升甚至称自此中国版刻史进入了"宋体字时期"⑤;宋体字虽在明清时期形成了各式各样的不同类

---

① 徐珂《清稗类钞》,北京:中华书局,1984年,第4296页。
② 贺圣鼐《三十五年来中国之印刷术》,张静庐《中国近代出版史料初编》,北京:中华书局,1957年,第263页。
③ 关于丁氏兄弟与其聚珍仿宋体,参看王火青《杭州丁氏聚珍仿宋体的创制与贡献》,《文献》2012年第2期,第176—181页。
④ 昌彼得《我国历代刻版的演变》,见乔衍琯、张锦郎编《图书印刷发展史论文集》,台北:文史哲出版社,1982年,第263页。
⑤ 李开升《明嘉靖刻本研究》,第152页。

别,但其基本样貌比较一致,即较之前所有字体皆更为方正整齐,有比较严格的横平竖直,横细竖粗,且横、竖笔皆较直而无变化,横笔末端一律有小三角形修饰性顿笔,撇捺弯度不大,粗细均匀,字形整体看来极为规整,可称为一种标准化的字体;因字形方整标准,因此便于施刀,且可密植而不显拥挤,字号亦可较宋元本小一些,从而节省纸张,降低成本。学者多引用康熙时期所编《明文在》之凡例以及题为蒲松龄所著之《聊斋笔记》等材料,以说明晚明清初之人多称此种字体为"宋体字",并斥之为"肤廓字样",即由专职写样工人所描画的呆板字样;因其平直硬挺,刻工可以"左手按尺,右手持刀",直切而入,先直再横,后刻撇捺①;无论写样还是刻字,皆易刻速成。

宋体字粗看起来,的确与以前之字体,特别是宋元本字体,有较大差别,因此有命名之问题,很多学者称其为"方体字"或"匠体字",张秀民说:"这类肤廓方笔字,当时称宋体,或者宋板字,或称宋字样,又称匠体字。其实它与真正的宋板字毫无相同之处。笔者曾翻阅了现存宋板书近四百种,从未发现此类呆板不灵的方块字。"②黄永年称:"其实它和宋刻本的字体——无论浙本、建本、蜀本都不像,并无关系,不知道当时为什么这样叫了起来,严格点还是应该称它方体字合适。"③还有一些学者将其与嘉靖仿宋体一并称为"方体字""匠体字"或"硬体宋字"等④。实则"方体""匠体""硬体"等术语所可涵盖之范围过于广泛,似不适于以之为一种字体类型之专名。张秀民还提到,此类字体因不类宋板字体且产生于明朝,"所以改称明体字或者明朝字,比较名副其实"⑤。而自晚清时期宋体字传入日本始,日本即称之为"明朝体",今日港台等地区亦或称之为"明体",此一称呼的确更显合理。但称之为宋体,是明代以来之旧习,明清以来之人皆知其所指,沿其旧名即可。

需要说明的是,宋体字并非与宋刻本字体毫无关系。宋体字应有两个来源,且皆与宋刻本字体有关联。首先,宋体字当为嘉靖仿宋欧体演化之结果,嘉靖本字体仿自宋本欧体,则宋体字远承宋刻字样。关于晚明宋体字刻本之产生及其所从来,一般版本学家之解释稍显含混,比如,黄永年称:"从万历开始,明刻本又出现不同于标准嘉靖本的新风格。其主要特征仍在字体和版式,尤以字体的转变更为显著,即由原先虽见方板整齐但仍出于南宋浙本欧体的标准嘉靖本字体,转变成为更加方板整齐、横平竖直,而且横细竖粗、完全脱离

---

① 卢前《书林别话》,《中国现代出版史料·丁编》,北京:中华书局,1959年,第630—631页。
② 张秀民《中国印刷史》,上海:上海人民出版社,1989年,第509页。
③ 黄永年《古籍版本学》,第128页。
④ 比如毛春翔《古书版本常谈》,第48页;李清志《古书版本鉴定研究》,第74—75页。
⑤ 张秀民《中国印刷史》,第509页。

欧字的新字体。"①并未言明此种新字体之来历。屈万里、昌彼得在其《图书板本学要略》中先行介绍嘉靖本,而后云:"梓人为便于施刀,渐变而成横轻竖重,版滞不灵之匠体字,即今人所谓宋体字者。"②观其文义,则宋体字产生于刻工对于嘉靖本字体之改造。后李清志、李开升等学者将此意表达得更为明确。李清志称:"万历版硬宋字出自嘉靖版,比较之下,其横细直粗之差距较嘉靖版明显;字画之硬直,字形之斩方,以及横画右端之三角形,皆比嘉靖版更呆板,已成机械图案。"③李开升称:"从嘉靖四十四年至万历二年,大约八九年,这段时期,应该是苏式本的方体字向万历字体过渡演变的时期。……万历以后的宋体字直接来源于苏式嘉靖本方体字。"④李开升不仅说明嘉靖仿宋体为宋体字之源头,还称嘉靖本之通行天下为其后宋体字本之通行天下打下了基础,此对宋体字之产生与迅速流行皆进行了一定程度的解释。

据目前易见之书影来观察,晚明之宋体字刻本的确应该是在嘉靖仿宋本的基础之上演化出来的,其演变经过了一个较长的过程,且大致开始于嘉靖晚期,或许比李开升所云之"嘉靖四十四年"要稍早一些。比如,明嘉靖三十五年(1556)无锡顾氏奇字斋刻本《类笺唐王右丞诗集》(国图、美国哈佛大学哈佛燕京图书馆等地皆有藏本,图4),其字体较之于一般嘉靖本横更平,竖更直,横画大部分已经变得比较纤细而皆在右端有向上之三角形凸起,捺笔虽仍呈三角形,但整体弯度变大,捺笔起首的顿笔开始变为极细的短横,不复嘉靖仿宋体之凌厉有力,此皆为宋体字之新特征;但其字体之整体风貌仍不如万历宋体字之方整,捺笔起首仍有一些较短的顿点,竖弯钩之弯钩仍呈外方内圆之状貌,多数点、折方峭而不够圆润等,此皆仿宋字之基本特征。此为目前所见最早的具有明确宋体字意味之刻本,其文字介于仿宋与宋体之间之面貌正说明梓人为便施刀,在嘉靖仿宋体之基础上渐渐演化出新的更为方正板直之宋体字。武汉大学图书馆藏嘉靖四十五年(1566)项笃寿刻本《今言》、国图藏隆庆元年(1567)巡按福建监察御史胡维新刻本《文苑英华》、隆庆五年(1571)苏州地区豫章夫容馆刻本《楚辞章句》等,其仿宋字向宋体字过渡之意味更为明显。此一隆庆本《文苑英华》,黄永年以之为嘉靖本向万历本过渡之例证⑤。此一过渡之趋势在闽刻本中或许更为突出,此则涉及宋体字的另一来源。

万历宋体字的第二个来源为宋闽本之字体,前人或因其字体略有颜体特征而称其为颜体,实则其字体来自中古写手惯用之写经体,此须另文详述,此

---

① 黄永年《古籍版本学》,第128页。
② 屈万里、昌彼得著,潘美月增订《图书板本学要略》,第78页。
③ 李清志《古书版本鉴定研究》,第74—75页。
④ 李开升《明嘉靖刻本研究》,第153页。
⑤ 黄永年《古籍版本学》,第124页。

处不再辨析,但为免除称谓之混乱,下文径称其为宋闽本字体。毛春翔称:"万历以后,字体又一变而为横轻直重,颇类颜体字。"①文字学家唐兰称:"明以后又专有一种由颜字变来的印刷体,横画瘦而右侧尽笔时微顿,直笔多肥,撇上肥下瘦,捺上瘦下肥,千篇一律。"②皆认识到宋体字有颜体之特征,之所以有这样的认识,与闽本字体之固有特征有关。闽本字体皆横轻竖重,横平竖直,横笔末端有突出的顿点,点、折、向右之弯钩、向左之竖钩皆较为圆润饱满,此类特征皆万历宋体字所有,则很有可能隆庆、万历之书工、刻工在创制宋体字时,不仅受到嘉靖仿宋本之影响,亦受到由宋至明盛行不歇的闽刻本之影响。

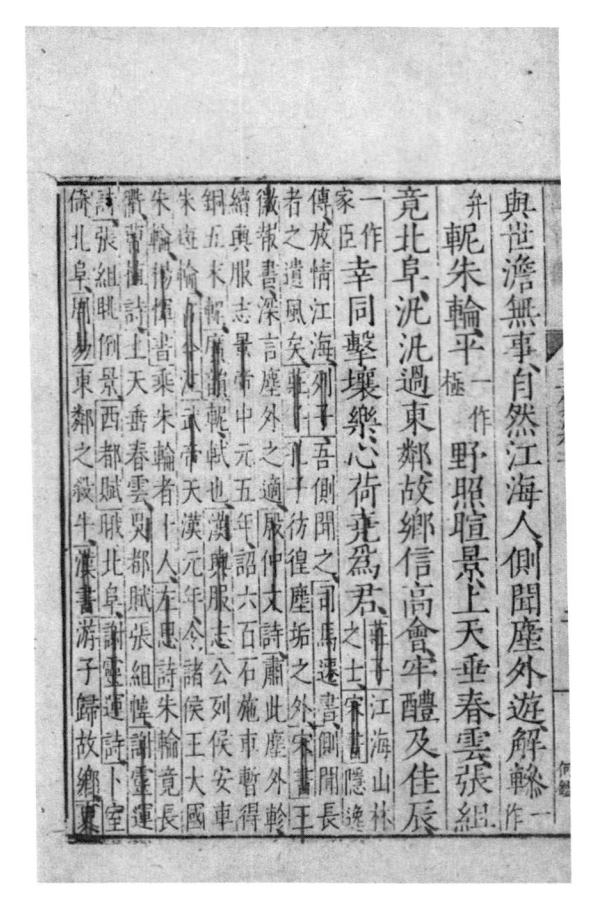

图4 明嘉靖三十五年(1556)奇字斋刻本《类笺唐王右丞诗》
美国哈佛大学哈佛燕京图书馆藏。

---

① 毛春翔《古书版本常谈》,第48页。
② 唐兰《中国文字学》,上海:上海古籍出版社,2005年,第109页。

闽刻本自宋以来即自成系统，其字体版式直到嘉靖前期仍为与其他各地不同的独特风貌，嘉靖中期始受到仿宋本之影响而发生变化①。此一变化以三种方式进行：部分嘉靖闽刻本（以官刻居多）完全仿照苏式嘉靖本，与一般所谓之嘉靖仿宋本并无二致，比如李元阳所刻诸本；一部分嘉靖闽刻本则一仍其旧，为元明以来闽本之固有面貌，比如天一阁所藏嘉靖十二年(1533)余氏自新斋刻本《新刊标题明解圣贤语论》（图5）；一部分嘉靖闽刻本则开始向仿宋本过渡，旧闽本文字之锋芒与牵丝渐消，笔画渐趋平直、单调、方板，比如苏州图书馆藏嘉靖三十一年(1552)余氏自新斋刻本《新刊宪台厘正性理大全》（图6），其文字显系旧闽本圆活重浊之字体变为方体字之形貌，与苏州等地由南宋书棚本欧体字演变而来的仿宋字有一定的区别。同时，由于旧闽本字体本来就有横轻直重、横平竖直且横笔末端有装饰性顿点等特征，因此演变为方体字之后，自然极易变为万历宋体字，即如上述之《新刊宪台厘正性理大全》，已略有向万历宋体字本过渡之趋势。又如中山大学图书馆藏嘉靖三十九年(1560)刘氏安正堂刻本《礼记集说大全》，亦呈旧闽本变为方体字之面貌，文字更近万历宋体字。

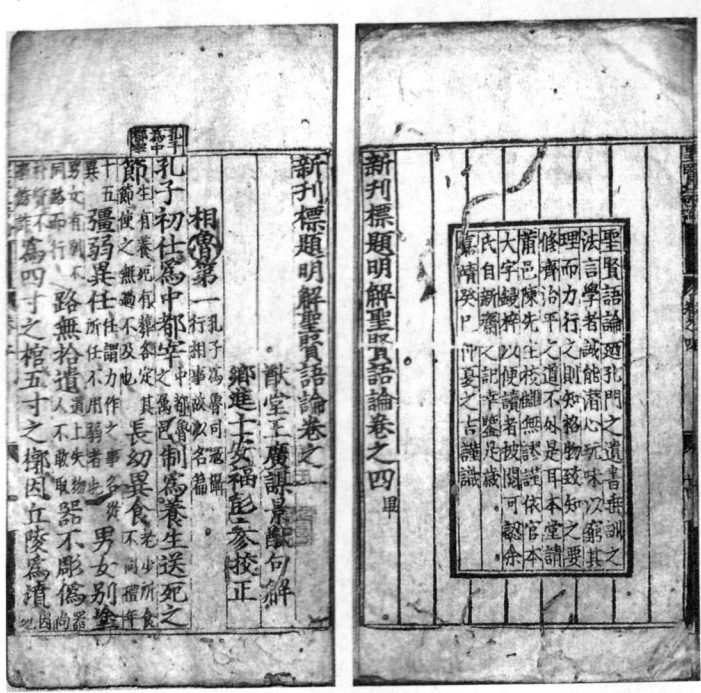

图5　明嘉靖十二年(1533)余氏自新斋刻本《新刊标题明解圣贤语论》，天一阁藏。图见李开升《明嘉靖刻本研究》，第319页。

---

① 建本之演变，参见李开升《明嘉靖刻本研究》，第120—138页。

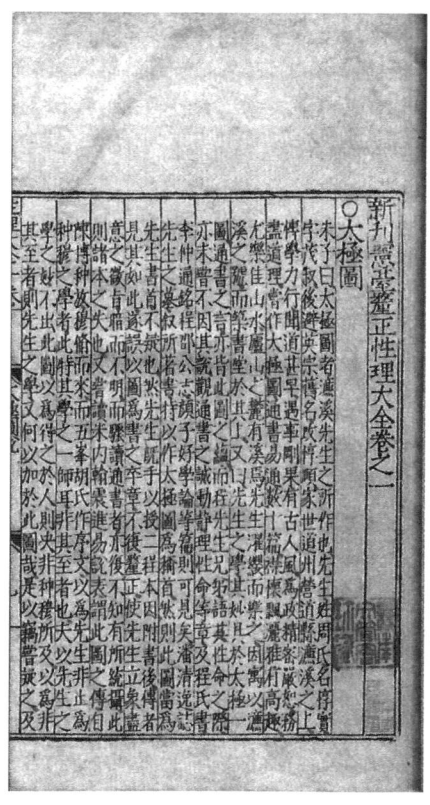

图6 嘉靖三十一年(1552)余氏自新斋刻本《新刊宪台厘正性理大全》，苏州图书馆藏。图见李开升《明嘉靖刻本研究》，第134页。

万历后之宋体字对旧闽本字体之继承，还体现在对于闽本大字与小字之轻重悬殊之上。闽本自南宋中期开始，即多见一种风格，其大字极大、极饱满，视觉效果也极为庄重肃穆，而其小字却很小、笔画极细，视觉效果相对微细，代表性版本如国图所藏南宋绍熙二年(1191)建阳余仁仲万卷堂刻本《春秋公羊经传解诂》（此或为《九经三传沿革例》所著录之"建余氏本"）、日本历史民俗博物馆所藏南宋绍熙中建安黄善夫刻本《史记》(图7)、日本松元文库所藏明洪武元年(元至正二十八年，1368)东山秀岩书堂刊本《韵府群玉》(图8)以及上述《新刊标题明解圣贤语论》等。万历早期之宋体字刻本之中即可见此一风格之延续，其较著者如台北"国家"图书馆藏万历十一年(1583)吴兴凌氏刊本《汉书评林》(图9)，在小字的衬托之下，大字显得庄重肃穆。清康熙年间内府刊本《康熙字典》亦为此一风格之宋体字刻本，其大字方整典丽、端庄磅礴，为宋体字刻本之佳者。晚明至清末三百余年间，刻本中之宋体字又发展出长、方、扁等各式风格,且各地域之宋体字亦不尽相同,形成了极为复杂多样的版刻系统,足见宋体字本身亦有广阔的开拓空间,值得学者做更为细致而深入的研究。

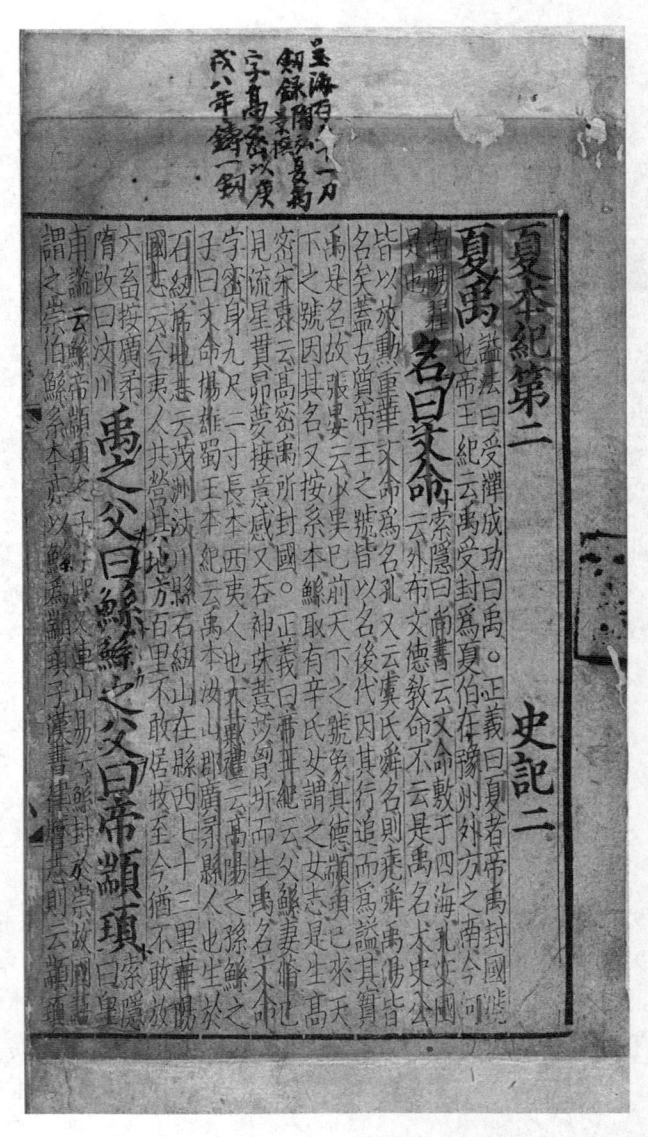

图7 南宋绍熙中建安黄善夫刻本《史记》,日本历史民俗博物馆藏。

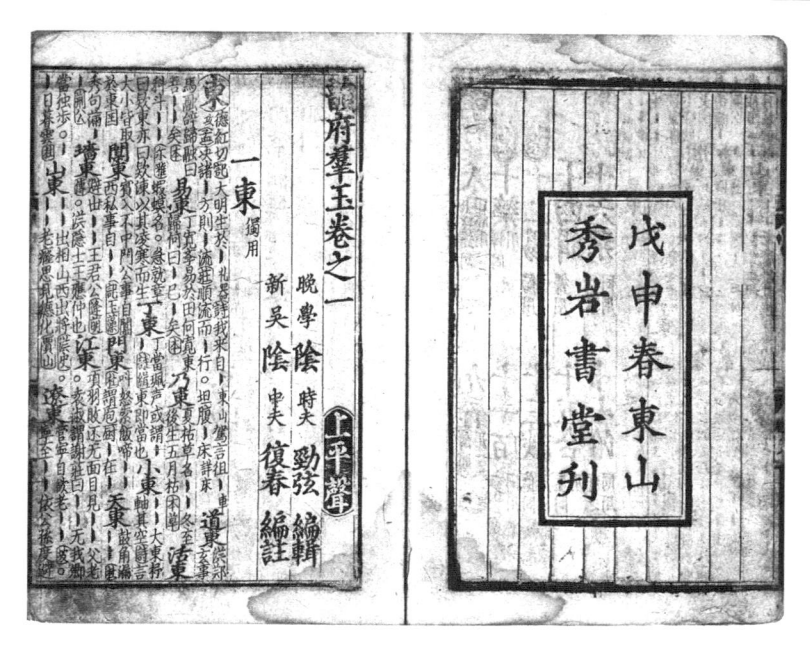

图 8　明洪武元年（元至正二十八年，1368）
东山秀岩书堂刊本《韵府群玉》，日本松元文库藏。

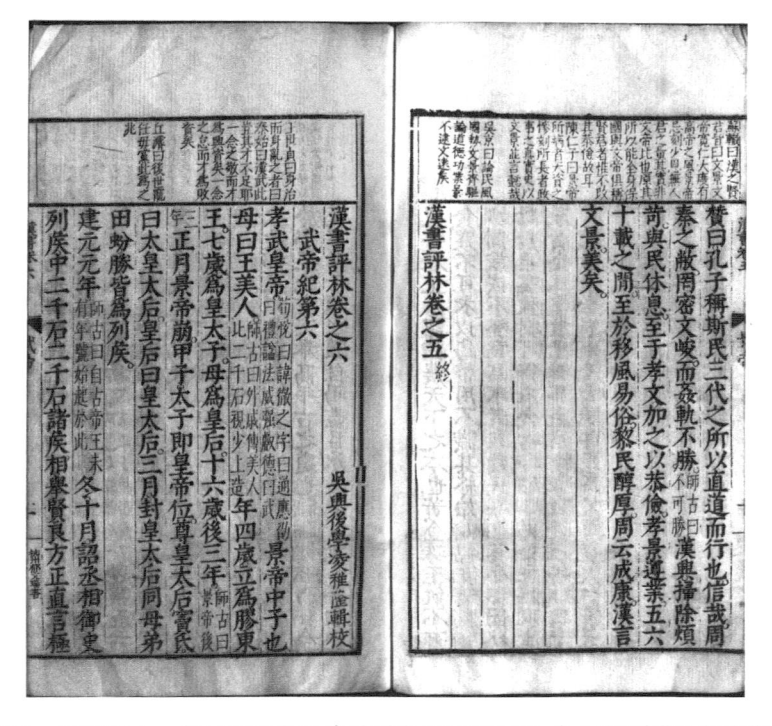

图 9　明万历十一年（1583）吴兴凌氏刊本《汉书评林》，台北"国家"图书馆藏。

四　结语

　　明代正德、嘉靖时期，脱胎于南宋浙刻欧体字之仿宋体刻本由苏州风行全国；嘉靖晚期至万历，此种仿宋字刻本又演变为宋体字刻本，并迅速生出各种子类，成为晚明、清代版刻风格之主流。基于此，学者们认为嘉靖至万历时期"方体字"之产生拉开了中国版刻字体程式化之序幕，是为中国版刻字体之一大变局。此说对于中国版刻史之描述基本合理，但其间涉及几个问题，学界对其认识还有所未周，因此本文对此进行了讨论。

　　本文认为，嘉靖仿宋本所仿者为南宋书棚本欧体字。书棚本字体整体而言不如欧楷之险峻，却较欧楷更为方正、板直，是一种标准而规整的印刷字体，可以说，南宋书棚本字体其实已开版刻字体程式化之先河。嘉靖仿宋体继承书棚本欧体字，仅在细微之处有所调整，风格更趋方斩、规整，并未有根本性变化，因此称之为"仿宋体"较为合适。清代版刻中，除宋体字刻本之外，软体写刻本、覆宋仿宋本亦较为兴盛，后两种刻本中，仿宋欧体字刻本数量较多，影响较大，晚清时期又产生了据宋刻欧体而创制之仿宋字，足与其时流行之软体字、宋体字鼎足而立。此为版刻欧体字之发展历程，亦是仿宋字产生之大致过程。明乎此，可知明代中晚期之版刻大变局，实则是在继承前代风格基础之上所开之局面，而且此一变局之形成，应以万历宋体字之形成与发展为主。

　　宋体字形成于嘉靖晚期至万历时期，其风格主要有两个来源，其一为嘉靖仿宋体，其二为闽刻本字体。宋体字大致取前者之规整板直、笔画匀称，取后者之横平竖直、横轻竖重以及横笔末端之装饰性顿点、点画之饱满圆润、大字之方整肃穆等特征。晚明清代一般刻本之字体大多为宋体，今日出版书籍报刊最常用之字体亦为宋体，从这个意义上讲，可称嘉靖晚期至万历时期"宋体字"之诞生为中国版刻史上之一大变局。但须知，宋体字亦为宋浙本、闽本字体演变之结果，并非与宋刻本之字体断然无关。

《元丰类稿》清刻本经眼录

王　岚[*]

【内容提要】　曾巩《元丰类稿》传本甚众，前已撰文对经眼的元明刻本进行考述，今则对目验的各种清代刻本，梳理考辨其版本源流，将它们归纳为两类。一种是五十卷皆据明刻本重刻，如康熙五十六年（1717）长洲顾崧龄刻本。另一种是主要依据明刻本，但将前八卷诗歌分体改编重刻，如康熙四十九年（1710）长岭西爽堂刻本，以及续出的乾隆二十八年（1763）查溪刻本、光绪十六年（1890）渔浦书院刻本。

【关键词】　曾巩　《元丰类稿》　清刻本　版本源流

2019年9月在江西南丰县举办的"纪念曾巩诞辰1000周年学术研讨会"[①]，笔者撰写了《〈元丰类稿〉元明刻本经眼录》（以下简称《元明刻本经眼录》）一文参与研讨[②]。经过调查《元丰类稿》较为主要的明刻本，包括正统十二年（1447）邹旦刻本，成化八年（1472）杨参刻本；嘉靖十二年（1533）莫骏等重修本，二十三年王忬、陈克昌重修本；四十一年黄希宪刻本；隆庆五年（1571）邵廉刻本；万历二十五年（1597）曾敏才等重刻本〔顺治十七年（1660）曾先等及康熙二十七年（1688）卫钶两度重修）〕；天启年间谭锴、谭渭父子重刻本；崇祯三年（1630）曾懋爵、曾以居父子重刻本，等等，梳理其版本特征与源流。得出的结论是：这些递相重刻、重修的明本，除了所收序跋多寡、序次有异，行款格式不完全一致，基本内容都是《元丰类稿》五十卷、附一卷，错漏情况亦相同。

进入清代，《元丰类稿》屡有重刊。关于清代的刻本，除在《〈元丰类稿〉元明刻本经眼录》中提到的骆啸声《曾巩及其〈元丰类稿〉考释》[③]、陈杏珍《谈曾巩

---

[*] 本文作者为北京大学中国古文献研究中心、北京大学中文系教授。
[①] 2019年9月27日—9月30日，由抚州市人民政府、北京大学中文系、中华文学史料学学会联合主办，南丰县人民政府承办"纪念曾巩诞辰1000周年学术研讨会"，在江西省南丰县举行。
[②] 《〈元丰类稿〉元明刻本经眼录》，见曾水旺主编，江西省历史学会曾巩文化研究专业委员会编《曾巩诞辰1000周年学术研讨会论文集》，南昌：江西人民出版社，2021年，第412—439页。
[③] 骆啸声《曾巩及其〈元丰类稿〉考释》，中州书画社编《宋史论集》，中州书画社，1983年，第494—539页。

集的流传和版刻》①、贺莉《曾巩及其〈元丰类稿〉》②、祝尚书《宋人别集叙录》卷六《元丰类稿》③、吴芹芳《〈元丰类稿〉版本考略》④诸文,有详略不一的相关的考证外,新有王永波《〈元丰类稿〉的成书与版本》⑤也用一定的篇幅加以讨论。

本文延续《〈元丰类稿〉元明刻本经眼录》,对经眼的《元丰类稿》清代刻本加以梳理考证。前人已论及的略述,未及的详加补充,提出一些不同看法,对《元丰类稿》在清代的刊印情况和流传渊源进行概括。总起来看,清刻本《元丰类稿》分为两类,正文五十卷,有的仍元明诸刻之旧,也有的在编次上进行了部分更改。

一　A类——据明刻本重刊

1. 康熙五十六年(1717)长洲顾崧龄刻本

北京大学图书馆藏《南丰先生元丰类稿》五十三卷(集外文两卷、续附一卷),清康熙五十六年长洲顾崧龄据宋本校刊本,一函八册,善本书号:SB810.518/8017.11C2。

有书名页,分三行"长洲顾东岩重刊/曾南丰全集/遵宋本校定、增附集外文二卷"。

卷首所收宋元明人序跋是所见诸本中最为全备的,计有:宋王震序、元丁思敬后序、明姜洪序、赵琬跋、乡生大年诗(聂大年诗)、邹旦跋、王一夔序、谢士元跋、陈克昌后序、邵廉序、宁瑞鲤序、王玺序、赵师圣序等13篇⑥。

次《宋史本传》,然后是新增的"康熙五十六年丁酉夏长洲后学顾崧龄谨跋",详述其重刻缘起。跋文较长,大意是顾崧龄将明代一些递刻本"参相校雠",还参校《宋文鉴》《南丰文粹》诸书。后从蒋杲手里得到了何焯借"昆山传是楼大小字的宋本相参手定"校本的过录之本,"复参相校雠",遇异文则以己意折中,并举例"第七卷脱《水西亭书事》诗一首,第四十七卷《太子宾客陈公神道碑铭》脱四百六十八字,诸本皆然,则据宋本补入"。曾巩《续稿》及《外集》,

---

① 陈杏珍《谈曾巩集的流传和版刻》,《文献》1984年第3期,第110—114页;其内容亦见陈杏珍、晁继周点校《曾巩集》前言,北京:中华书局,1984年。
② 贺莉《曾巩及其〈元丰类稿〉》,《图书馆建设》1993年第6期,第63—64、转62页。
③ 祝尚书《宋人别集叙录》卷六《元丰类稿》,中华书局,1999年,上册第279—295页;2020年增订本,上册第266—281页。
④ 吴芹芳《〈元丰类稿〉版本考略》,《江西图书馆学刊》第33卷,2003年第4期,第79—81页。
⑤ 王永波《〈元丰类稿〉的成书与版本》,见《曾巩诞辰1000周年学术研讨会论文集》,第396—411页。
⑥ 参见《〈元丰类稿〉元明刻本经眼录》附《明刻本所收序跋等一览表》,《曾巩诞辰1000周年学术研讨会论文集》,第437—439页。

已散佚，顾崧龄从吴曾《能改斋漫录》、庄绰《鸡肋编》以及《宋文鉴》《南丰文粹》中得十三首，又从《圣宋文选》中得七首，共二十首，分为上下卷，题为《南丰先生集外文》①。最后曰"因次王震以下序十二首，总冠简端"。"十二首"当是不计聂大年诗而言。

次《南丰先生元丰类稿总目》，为五十三卷细目，如"卷第一/古诗三十六首/冬望"，完全遵照元明诸刻旧次。在每卷文体类别下注明收录诗文数量，为他本所无。

个别篇名下有小字校注，如"卷第七/律诗六十七首、补遗一首"，在末首《水西亭书事》题下注：

> 此首诸本皆缺，宋本在《戏书》后，今补于此。

卷四十七《太子宾客致仕陈公神道碑铭》题下注：

> 诸本皆脱四百六十八字，今据宋本补入。

卷五十一，为《南丰先生集外文》卷上，收录《国体辨》等十一篇，俱注明出处，为《圣宋文选》《南丰文粹》《宋文鉴》三书。

卷五十二，为《南丰先生集外文》卷下，收录《上田正言书》等九篇，所注出处为《圣宋文选》《南丰文粹》《鸡肋编》《能改斋漫录》四书。

以上两卷内容，皆能与前顾崧龄跋文对应。

第五十三卷为《续附南丰先生行状碑志哀挽》，收录行状、墓志、神道碑、哀词、挽词二首，尾题"南丰先生元丰类稿总目录终"，末行"长洲顾崧龄东岩校蒐"。

正文题"南丰先生元丰类稿卷第一/古诗三十八首、长洲顾崧龄东岩校/冬望"。半页十行行二十一字，四周双边，白口，黑色顺鱼尾，书口中间题字，第一页空白，第二页起题"南丰文集卷一"，末页又空白，每卷皆如此。大概是便于翻检。

卷七律诗第十三页正面《水西亭书事》末句后，小字注几同《南丰先生元丰类稿总目》：

> 此诗诸本皆缺，宋本在《戏书》后，今补于此。

卷四十七《太子宾客致仕陈公神道碑铭》，第四页正面"洒谢而去"与"洒长书省"之间有小字注，较《南丰先生元丰类稿总目》更详：

> "日使家人"，日字下旧本有"有晚"二字，晚或作脕，疑皆脱之讹耳，其下遂接"洒长书省"，使字至此，凡四百六十八字，据宋本补入。

---

① 顾崧龄跋文，王永波《〈元丰类稿〉的成书与版本》有较多引录，见《曾巩诞辰1000周年学术研讨会论文集》第410页，注出祝尚书《宋人序跋汇编》卷九，北京：中华书局，2010年，第427页。

卷五十之后为《南丰先生集外文》卷上，署"长洲顾崧龄东岩蒐辑"，书口题"南丰文集卷五十一"。收录《国体辨》等文，不再注《南丰先生元丰类稿总目》所标出处。

《南丰先生集外文》卷下，书口题"南丰文集卷五十二"。末篇《怀友一首寄介卿》后小字注：

> 临川吴曾虎臣《能改斋漫录》云……然《怀友》一首，《南丰集》竟逸去，岂少作删之耶？其曰介卿者，荆公小字介卿，后易介甫。予偶得其文，今载此云。

详述辑佚过程，为《南丰先生元丰类稿总目》所无。

最后是"续附南丰先生行状碑志哀挽卷第五十三"。

此顾崧龄刻本搜罗了几乎所有明刻本的旧序跋，当是以数种明刻本互校，并不专以某一种明刊为底本。还参校了《宋文鉴》《南丰文粹》等书，特别是吸收采纳了何焯据徐乾学传是楼藏大小字宋本进行校勘的成果，最后以己意定夺。这样在校勘质量上就超过了诸多明刻本。

吴芹芳《〈元丰类稿〉版本考略》认为"顾崧龄以宋本为底本""顾崧龄跋可证其校补《元丰类稿》，以何焯校定过的传是楼大小字本为底本"[①]，不确。顾崧龄是以何焯校宋本的过录本为重要的参校本，而非径以为底本。

顾崧龄在旧本五十卷之外，还进行了曾巩诗文的辑佚工作，据宋本补《水西亭书事》诗一首（见卷七末）；从《圣宋文选》《南丰文粹》《宋文鉴》《鸡肋编》《能改斋漫录》五书当中蒐辑了20篇文章，汇编为《南丰先生集外文》上下两卷。这是较以前众多明刻本新增的内容，所以顾崧龄刻本成为明以来收录曾巩诗文最为全备之本。

北京大学图书馆藏本，每册钤有"海陵镏氏家藏"等印记，书品宽大，刻印俱佳。

清乾隆《四库全书》所收江西巡抚采进本即为顾崧龄刊本，但仅五十卷、附录一卷，保留了陈克昌、丁思敬两篇《后序》，删去了卷五十一《南丰先生集外文》上、卷五十二《南丰先生集外文》下。《四库全书总目提要》肯定了顾崧龄刊本"以宋本参校，补入第七卷中《水西亭书事》诗一首，第四十七卷中《太子宾客陈公神道碑铭》中阙文四百六十八字，颇为清整"，但又批评说"然何焯《义门读书记》中有校正《元丰类稿》五卷，其中有如《杂诗》五首之颠倒次序者，有如《会稽绝句》之妄增题目者，有如《寄郓州邵资政》诗诸篇之脱落原注者。其他字句异同，不可殚举，顾本尚未一一改正"。于是馆臣"今以顾本著录，而以何本所

---

① 吴芹芳《〈元丰类稿〉版本考略》，《江西图书馆学刊》第33卷，2003年第4期，第80页。

点勘者补正其讹脱,较诸明刻,差为完善焉"①。王永波《〈元丰类稿〉的成书与版本》指出何焯《义门读书记》首次刊刻在乾隆十六年(1751),顾崧龄编刻《元丰类稿》五十卷是在康熙五十六年(1717),顾氏是看不到何氏之书的②。不过顾崧龄从蒋杲手里得到了何焯校宋本的过录之本,作为校刻《元丰类稿》的重要参校,却存在四库馆臣所指出的诸多未改正之处,一有可能是《义门读书记》有多于顾崧龄所见何焯校本过录本的内容,也有可能确实是顾崧龄刻本存在失校的情况。

二 B类——主要依据明刻本,但将前八卷诗歌分体改编重刻

2. 康熙四十九年(1710)长岭西爽堂刻本

《南丰先生元丰类稿》五十卷、首一卷,康熙四十九年长岭西爽堂刻本,所见三本,分别藏于浙江图书馆、清华大学图书馆、北京大学图书馆。

a. 浙江图书馆藏本十二册,为普通线装书,索书号:814.4/8017/6。

该本有书名页,分三行"南丰曾文定公著/元丰汇稿/长岭西爽堂藏板",上端横行刻"康熙庚寅年新镌"字样。

首一卷内容甚夥,有《重修南丰先生文集序》(康熙庚寅岁陶成)、《重修南丰先生文集序》(康熙己丑岁梁瑶海)、序(康熙庚寅从裔孙镔)、序(壬辰魏权)等,以上为新序。又有旧序跋 7 篇:《序》(王震)、《年谱序》(朱熹)、《又年谱后序》(朱熹)、《序》(王一夔)、《粹言序》(曾佩)、《序》(邵廉)、《跋》(李良翰)③。次为《序说》《宋史本传》。在陶成序、梁瑶海序后分别有"解元翰林""梁瑶海印"等墨刻印。

次为《元丰类稿目录》,为五十卷细目。

前八卷诗歌分体编次:卷之一五言古诗(第一首为《李氏素风堂》),卷之二七言古诗(《喜晴》),卷之三五言律(《和郑徽之》),卷之四七言律(《正月十一日迎驾呈诸同舍》),卷之五七言律(《送韩廷评》),卷之六排律(《郊祀庆成并进状》),卷之七五言绝句(《与舍弟别舟岸间相望感叹成咏》)、七言绝句,卷之八歌行(《南源庄》)。

而现存时代最早的《元丰类稿》全本——元大德丁思敬刻本,其卷第一至五为古诗,卷第六至八为律诗。如卷第一古诗(《冬望》)、卷第二古诗(《寄子进

---

① 〔清〕永瑢等《四库全书总目》卷一五三,中华书局,1983 年,下册第 1319 页。
② 王永波《〈元丰类稿〉的成书与版本》,《曾巩诞辰 1000 周年学术研讨会论文集》,第 411 页。
③ 参见《〈元丰类稿〉元明刻本经眼录》附《明刻本所收序跋等一览表》,《曾巩诞辰 1000 周年学术研讨会论文集》,第 437—439 页。

弟》)、卷第三古诗(《游麻姑山》)、卷第四古诗(《降龙》)、卷第五古诗(《送程公辟使江西》)、卷第六律诗(《郊祀庆成诗并进状》)、卷第七律诗(《冬夜即事》)、卷第八律诗(《高邮逢人约襄阳之游》)。为数众多的明代正统至崇祯年间的重刻重修本,莫不如此①。

不过,卷之九论、议至卷五十金石录跋②,则西爽堂刻本与诸旧本俱相同。

正文题"元丰类稿卷之一",有题署"长岭绾裔国光同男廷栋、极/柱、枢重修"③。半页十行行二十字,左右双边,白口,单黑鱼尾。书口鱼尾上端题书名"元丰类稿",鱼尾下方题卷次、页码"卷一　一"。卷一末行题"卷终"。

各卷卷首题署又有"长岭绾裔国光重修"(如卷二等多数卷)、"长岭裔孙国光重修"(卷四十六)等不同写法。

康熙己丑(四十八年,1709)"文林郎知南丰县事大梁后学梁瑶海"《重修南丰先生文集序》曰:"予甫莅丰邑,即询及先生文集,不期《元丰类稿》偶尔残缺。旋有后裔国光惧失其真,欲更新镌,属序于予,可谓孝矣。"

康熙庚寅(四十九年)曾镆序,"集凡数刻,藏南丰,屡遭毁失,长岭裔孙国光复授梓公世"。

康熙壬辰(五十一年)"广昌后学魏权"序,"其于先生裔孙宸佐竭赀重锓,务求精良……宸佐讳国光……是役也,核对详明,篇刻有汇,一以年谱为先后"。

据以上可知,长岭(今地未详,疑在今江西星子县东)裔孙曾国光于康熙四十八年欲重新校刻《元丰类稿》,四十九年刻成(书名页"康熙庚寅年新镌"),最晚一篇魏权序则刻于五十一年。

曾国光当以南丰旧刻本为底本,从所收 7 篇序跋及正文、附录内容来推测,符合条件的旧本是清康熙二十七年(1688)卫钬重修本④。卫钬本亦是白口,单黑鱼尾,半页十行行二十字,只是四周单边与曾国光本的左右双边有异。但是曾国光与旧本明显不同的是,将前八卷诗歌按照不同的体裁重新分卷编次,改变了旧式。

b.清华大学图书馆藏康熙四十九年长岭西爽堂刻本,一函十册,索书号:庚 235.2/4183.04。

书名页略有不同,分四行"曾文昭公汇编/曾南丰先生/文集/长岭西爽堂藏板",上端横行刻"康熙庚寅岁重镌"字样。

---

① 参见《〈元丰类稿〉元明刻本经眼录》,《曾巩诞辰 1000 周年学术研讨会论文集》,第 412—439 页。
② 元刻本后有"尾"字。
③ "栋、极/柱、枢"分两行。
④ 指明万历二十五年(1597)曾敏才等刻、清顺治十七年(1660)曾先补修、康熙二十七年(1688)卫钬再修本(简称卫钬本)。参见《〈元丰类稿〉元明刻本经眼录》,《曾巩诞辰 1000 周年学术研讨会论文集》,第 432—433 页。

卷首较 a 本多一篇康熙庚寅"梁南后学王行恭"《重修曾南丰先生文集序》，后有"王行恭印"墨刻印。其余诸序跋次序亦与 a 本不同，分别为：

梁瑶海序、陶成序、魏权序、曾镤序、序说、宋史本传、又年谱后序、王一夔序、曾佩序、邵廉序、李良翰跋。

《元丰类稿目录》及正文内容、行款、书口题字等均同 a 本，仅卷一题署作"长岭绾裔国光同男栋、极重修"，"廷""柱""枢"三字缺坏。

此本与 a 为同版，较 a 本增多的王行恭《重修曾南丰先生文集序》，称"今其嗣孙国光欲为重梓，悉从古本还其太素"，作于康熙庚寅（四十九年，1710），有"王行恭印"墨刻印，却无"解元翰林"（康熙庚寅）"梁瑶海印"（康熙己丑，四十八年）等墨刻印。卷一题署作"长岭绾裔国光同男栋、极重修"，当系剜改"长岭绾裔国光同男廷栋、极/柱、枢重修"所致。综上判断刷印时间当在 a 本之后。

c. 北京大学图书馆藏本一函八册，善本书号：SB810.51/8017.2。无书名页，故仅著录为"康熙四十九年（1710）刻本"。

卷首一卷，收旧序跋 7 篇，序次同 a 本：王震序、《年谱序》《又年谱后序》、王一夔序、曾佩序、邵廉序、李良翰跋。次为新序两篇：曾镤序、陶成序。又次《宋史本传》《序说》。

《元丰类稿目录》与正文内容、行款、书口题字等同 a 本、b 本。

卷一题署"长岭绾裔国光同男廷栋、极/柱、枢重修"、卷二题署"长岭绾裔国光重修"，同 a 本。卷二十七、二十八编在卷三十五、三十六之间，乃装订错误。

该本通篇有朱笔圈点及据"传是楼宋本"所作校记，如：

卷首王震序，天头批注：

传是楼宋本序文阙。

《元丰类稿目录》，朱笔校：

"南丰先生文集目录/元丰类稿卷第一/古诗三十六首"，此云古诗几首，悉依宋刊校定，故与此本不同。

正文卷一，"五言古诗"，有朱笔校：

宋本十行行二十字，古诗低一字，冬望低三字。

卷四十八止于页三，末有朱笔校：

此卷止传二篇，疑其不完。宋本同。

卷五十末，有朱笔题：

义门何焯阅。

国图所藏元大德八年(1304)丁思敬刻本,上钤"徐健庵""乾学"印,过去被朱锡庚、杨绍和等清代藏家误认为是南宋椠本①。此书所校"传是楼宋本"当即徐乾学所藏元丁思敬刻本。全书批注的"何焯"校记,似为过录。

此本卷首无书名页,无梁瑶海序、魏权序、王行恭序,旧序在新序之前,与 a 本、b 本皆不同,刷印时间当在 a 本、b 之后。

概言之,康熙四十九年(1710)长岭西爽堂刻本,为曾国光带领其子廷栋、廷极、廷柱、廷枢重修,底本最有可能是康熙二十七年(1688)卫钛重修本,但是卷一至卷八所收诗歌已按照不同的体裁重编,与卫钛本等旧本皆不同。所见三本是同版不同印次,刷印时间当是 a 本早于 b 本,c 本最晚。

3. 清乾隆二十八年(1763)查溪刻本

a. 中国科学院文献情报中心藏清乾隆二十八年查溪刻本《元丰类稿》五十卷,一函十册,善本号:集 230/8017－1。②

卷首一卷为《宋史本传》、《序》(包括王震序、年谱序、又年谱后序、王一夔序、曾佩序、邵廉序、李良翰跋、宁瑞鲤序)、邵睿明序、《序说》、徐子南序③。

还有一篇《序》,乃"宝祐四年正月望日参知政事陈宗礼撰"。此宋人序不见于他本《元丰类稿》④,细读文字内容,当是理宗宝祐二年(1254)"杨瑱来守盱",在邑之西隅,建祠置像祭祀曾巩;四年,陈宗礼为记此事本末而作。

按之方志记载,明《(正德)建昌府志》卷十:"先贤祠,宋郡守杨瑱建,参政陈宗礼记。"清《(康熙)江西通志》卷二十四:"先贤祠,在南丰,宋郡守杨瑱建,祀曾巩,参政陈宗礼记。"此祠堂旧名先贤祠,知建昌军杨瑱建于南丰县西。陈宗礼记,当是查溪刻本据方志新增,并非文集之序。

次为《元丰类稿目录》,为五十卷细目,其编次同清康熙长岭西爽堂刻本,而不同于元明旧刻以及康熙顾崧龄刻本。

正文题"元丰类稿卷之一/梅峰公重梓",半页十行行二十字,左右双边,单黑鱼尾,书口上方题书名"元丰类稿",下为卷数、页次"卷一　一"。但从卷之二起(除卷十五之外),每卷第一页书口下方,除卷次、页码外,都刻有"查溪藏板"四字。

且每卷的刊刻题名基本都有变化:

卷二"伯彰公重刊",卷九作"乾隆癸未伯彰公续梓",卷十一、卷十四、卷十

---

① 参见《〈元丰类稿〉元明刻本经眼录》,《曾巩诞辰 1000 周年学术研讨会论文集》,P416－417。
② 以下简称"科图本"。
③ 此本徐子南《南丰先生文集序》下缺,其文字已见于国图藏明万历曾敏才等刻、清顺治曾先等补修本,据以知为徐子南撰。
④ 明《(正德)建昌府志》卷十、清《(光绪)江西通志》卷七十六等引陈宗礼《记》全文,有异文。

六、卷二十、卷二十一、卷二十四、卷二十六、卷二十八、卷二十九、卷三十一、卷三十四至卷三十七同,卷三十二、卷四十三作"伯彰公重修",卷三十八作"癸未伯彰公重梓",卷三十九作"乾隆癸未伯彰公续梓/裔孙庆云/蜚声续修"。

卷三"乾隆癸未梅峰公重刊",卷六、卷八同,卷十二"重刊"作"重梓"。

卷四"迪保公重梓",卷四十一"重梓"作"重修",卷四十二作"乾隆癸未迪保公续梓"。

卷五"乾隆癸未宗致公重梓"。

卷七"乾隆癸未弥勤公重刊"。

卷十"公祠重修",卷十七同。

卷十三"永泰公重修"。

卷十五"裔孙龙章校修"。

卷十八"英万淑珍公重修"。

卷十九"荣/珦公重修"。

卷二十二"裔孙云重修"。

卷二十三"紫荣以信公重刊"。

卷二十五"裔孙永坚永良重刊"。

卷二十七"裔孙凤章重修"。

卷三十"乾隆癸未伯和公重刊",卷四十五作"伯和公重修"。

卷三十三"裔孙选重修"。

卷四十"□□□重修"。

卷四十四"裔孙□□重修"。

卷四十六"裔孙云章/文连/文蔚/文著/文通/匦重修"。

卷四十七"裔孙馗/元/敏重修"。

卷四十八"裔孙通选重修"。

卷四十九"裔孙胜仲　献重修"。

卷五十"裔孙师圣重修"。

"查溪",即在南丰县西,前面提到当地在南宋宝祐间建有曾巩祠。

可以看出,此本为曾巩后人根据"查溪"所藏旧版重修,按卷分工,集体合作,时间在乾隆癸未(二十八年,1763)。其中长辈被称为"公",有梅峰公、伯彰公、宗致公、弥勤公、永泰公、英万淑珍公、荣公、珦公、紫荣以信公、迪保公诸人。出力较多的是梅峰公(5卷)、伯彰公(20卷)、迪保公(3卷)、伯和公(2卷);还有两卷(卷十、卷十七)是"公祠重修",没写主事者姓名;其余则均为晚辈"裔孙",一般一人或数人只负责一卷的重修工作。

这个"查溪藏板"究竟是哪个旧本?此本卷首的曾佩序、宁瑞鲤序、邵睿明序、徐子南序,此前仅见于曾先本以及卫钬本;曾先本、卫钬本亦是半页十行行二十字,单黑鱼尾。主要区别在于曾先本、卫钺本是四周单边,此本为左右双边;书口题字,曾先本、卫钺本题"南丰集",此本题"元丰类稿";各卷校刊人员不同,曾先本为"彦、仪、华、祚"等,卫钺本为"才、道、行、思、仪、彦、华、祚、通"等,此本则涉及"梅峰公"等33人(详前)①。但是此本前八卷的编次与康熙长岭西爽堂刻本相同,定有渊源关系,不过长岭与查溪不是一地。

据以上各项推断,此"查溪藏板"当是清康熙二十七年(1688)卫钺再修本。浙图藏卫钺本版面字迹已多模糊,到了75年之后的乾隆二十八年(1763),旧版不堪印行,故查溪的曾氏后裔合力补版重修。

梅峰公等曾氏后裔当是得到了康熙长岭西爽堂刻本,觉得诗歌分体编次更为整饬,故将前八卷重刊(卷一至卷八题名作"重梓""重刊"),卷九以后则大多在旧版上修补刷印(卷九至卷五十题名作"续梓""重修""校修""重刊""重梓",以"重修"居多)。

还发现卷二页30b面末7行空白无字,前为《兵间》,后为《杂诗》。核卷前目录,却并未缺少诗句,当是重刻之所遗。

《现存宋人别集版本目录》第59页著录"明万历梅峰公刻本"《南丰先生元丰类稿》五十卷、首一卷,藏安徽师大。显然有误,梅峰公是清乾隆二十八年查溪刻本的众多补刊者之一②。

b. 清华大学图书馆所藏《元丰类稿》五十卷,二函十二册,索书号:庚235.2/4183,即清乾隆二十八年(1763)查溪刻本。《现存宋人别集版本目录》第59页著录此本为"曾氏祠堂刊本"。

该本卷首亦以《宋史本传》为始,其后所收诸序跋顺序与科图本则不尽相同:序说、陈宗礼序、熊士伯序、邵睿明序,然后是王震序、年谱序、又年谱后序、王一夔序、曾佩序、邵廉序、李良翰跋、宁瑞鲤序。

其中题"南丰县儒学教谕熊士伯顿首撰"之《南丰先生文集序》"道之在天者日也",科图本下缺,而此本不缺。但前面已提到此序文字已见于国图藏明万历曾敏才等刻、清顺治曾先等补修本,署作"顺治戊戌岁孟冬朔,南州高士裔、丙戌亚魁、署儒学事徐子南题于登龙署中"。实际是顺治十五年(1658)裔孙查溪曾先率族人补版重修,请徐子南题序。故知此本所谓"南丰县儒学教谕熊士伯顿首撰"当是补版时改窜了作者。

次为《元丰类稿目录》,"卷之一 五言古诗 李氏素风堂",编次同科图本。

正文行款、书口题字同科图本。但每卷第二行,或者空白,或者有挖版迹

---

① 曾先本、卫钺本,参见《〈元丰类稿〉元明刻本经眼录》,《曾巩诞辰1000周年学术研讨会论文集》,第428—433页。

② 《〈元丰类稿〉元明刻本经眼录》已经指出此误。《曾巩诞辰1000周年学术研讨会论文集》,第435页。

象，往往还挖改未净。如：

卷三作"乾隆癸未□□□□□"，卷五、卷六、卷八、卷九、卷十一、卷十二、卷十四、卷二十、卷三十、卷三十四、卷三十七同。

卷七作"乾隆癸未□□□重刊"。

卷十六作"乾隆癸未伯彰公续梓"，卷二十六、卷二十九、卷三十五、卷三十六同。

卷二十二作"裔孙云重修"。

卷二十三作"紫荣以信公重刊"。

卷二十四作"乾隆癸未□□□续梓"，卷二十八、卷三十一、卷三十九同。

卷三十二作"□□□重修"，卷四十同。

卷三十八作"癸未□□□□□"。

这些残留的痕迹都能在科图本的题署中找到相对应的文字。

所以清华大学所藏此本，除卷首序跋次序有异，其余内容同科图本，当是清乾隆二十八年（1763）查溪刻本挖版再印者。

4. 清光绪十六年渔浦书院刻本

中国国家图书馆藏清光绪十六年（1890）渔浦书院刻本《元丰类稿》五十卷，有傅增湘校并跋，十册，善本胶卷：336/1603—1604。

该本书名页题"曾南丰先生全集"，有牌记"光绪庚寅慈利/渔浦书院重刊"。

卷首《重刻元丰类稿序》，为"湖西阎镇珩"撰，谓"南丰曾氏之集世罕传本，予求之二十余年，始得之钱唐书肆。慈利田君春庵见而慕之，告于里人，为出赀锓诸板，而以其序属予"。则底本为湖西阎镇珩所藏，慈利田春庵会同里人出资，由渔浦书院重刊①。

次为《旧序》，第一篇为王震序。然胶卷下缺，接续内容为《序说》《宋史本传》《元丰类稿目录》（五十卷细目）。

正文"元丰类稿卷之一　五言古诗　李氏素风堂"，四周单边，半页十行行二十字，白口，单黑鱼尾上端题"元丰类稿"，下端题"卷之一　一"。

五十卷末有跋文：

> 右《元丰类稿》都五十卷，刊始于光绪庚寅十月，越辛卯十月讫工，襄是役者于敦琢润堂、胡术元贞……及从弟金树初青也。兹集旧为先生裔孙国光重修，刻本谬讹殊多，今校其显误者正之，疑者仍旧，以俟后之多识君子。慈利后学田金楠谨跋。

田金楠即前面阎镇珩序中提到的"田君春庵"，慈利（今属湖南张家界）人，

---

① 渔浦书院，位于湖南省张家界市慈利县阳和乡渔浦村，清光绪十二年（1886）年建成。

以曾国光刻本为底本，召集于敦啄、胡术、从弟田金树等人，校勘重刻《元丰类稿》。从光绪十六年（1890）十月到十七年十月，花了整整一年时间。

曾国光刻本就是前面介绍的"清康熙四十九年（1710）长岭西爽堂刻本"，行款格式基本相同，不过它是左右双边。据浙江图书馆藏长岭西爽堂刻本所收卷首序跋推测，国图藏渔浦书院刻本胶卷在《旧序》王震序以下缺如的部分当为：年谱序、又年谱后序、王一夔序、曾佩序、邵廉序、李良翰跋。

三　结论与源流图

从上面的考察分析来看，清代刊刻的《南丰类稿》有两类，一种是五十卷皆据明刻本重刻，如康熙五十六年（1717）长洲顾崧龄刻本，但它不是专主一本，而是依据数种明刻本互校，还吸收了何焯的校勘成果，辑编了《南丰先生集外文》两卷、续附一卷。

另一种是主要依据明刻本〔很可能是康熙二十七年（1688）卫钺再修本〕，但将前八卷诗歌分体改编重刻，如康熙四十九年长岭西爽堂刻本《南丰先生元丰类稿》五十卷、首一卷，所见有浙图、清华、北大藏三本，同版但不同印次。

乾隆二十八年（1763）查溪刻本《元丰类稿》五十卷，当是据康熙二十七年卫钺再修本补版重修，但是前八卷却依康熙四十九年长岭西爽堂刻本重新刊刻。

光绪十六年（1890）渔浦书院刻本《元丰类稿》五十卷，则明确是以康熙长岭西爽堂本为底本重刊。

如此，上述诸本的刊刻源流可图示为：

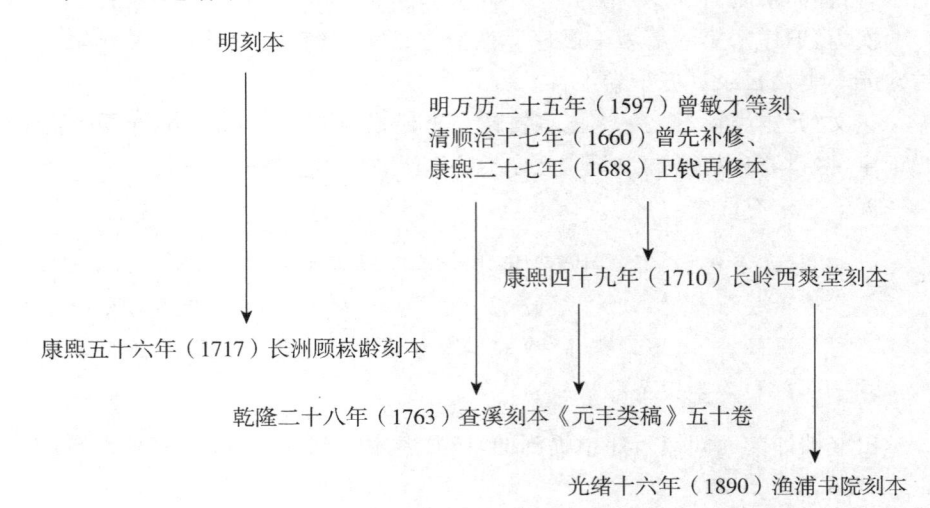

明刻本

明万历二十五年（1597）曾敏才等刻、
清顺治十七年（1660）曾先补修、
康熙二十七年（1688）卫钺再修本

康熙四十九年（1710）长岭西爽堂刻本

康熙五十六年（1717）长洲顾崧龄刻本

乾隆二十八年（1763）查溪刻本《元丰类稿》五十卷

光绪十六年（1890）渔浦书院刻本

前面提到的清刻本俱是《元丰类稿》五十卷,流传脉络清晰。但在康熙三十二年(1693),彭期七业堂将《元丰类稿》重新改编成《曾文定公全集》二十卷,刊刻于南丰,别成一系统矣。

宋代江西诗派诗集合刻考

吴 娟[**]

【内容提要】 江西诗派是南宋影响力最大的诗派之一，围绕江西诗派先后产生了两部诗集合刻，而学界对此缺乏足够系统的认识。经考证可知，南宋淳熙十一年(1184)前后，知隆兴府的程叔达以《江西宗派图》所列黄庭坚、陈师道、吕本中等二十六位江西诗派诗人为据，于隆兴府学编刻了《江西宗派诗》。南宋庆元五年(1199)，隆兴府学教授黄汝嘉以程叔达《江西宗派诗》为底本，于隆兴府学重刻了一套江西诗派诗别集——《江西诗派》。其内容与程叔达《江西宗派诗》本总体一致，但亦有增补。与原本一致的内容多以"重刊"标示，新增补的内容则以"增刊"标示。黄汝嘉《江西诗派》诸集格式统一，均在各卷卷题下刻"江西诗派"四字。迄今尚可考知的黄汝嘉《江西诗派》别集有吕本中《东莱先生诗集》、饶节《倚松老人文集》、韩驹《陵阳先生诗集》、晁冲之《具茨晁先生诗集》、谢薖《竹友集》、黄庭坚《山谷集》，其中吕本中、饶节别集存有宋刊残本，韩驹、晁冲之别集有明清传抄传刻本，谢薖集、黄庭坚集见于《直斋书录解题》等书目著录。黄汝嘉《江西诗派》合刻集刊刻精善，是后世诸多江西诗派别集传抄传刻本之祖本，产生了深远影响。而程、黄二人合刻江西诗派别集之举，亦是陈起编刻江湖诗集合刻集的重要启发。

【关键词】 江西诗派 程叔达 黄汝嘉 吕本中 江西宗派诗

江西诗派是南宋影响最大的诗歌流派之一，是文学研究的热点。而江西诗派的产生、发展，离不开江西诗派诗集的编刻。宋代江西诗派诗集编刻的主要形式是别集合刻。所谓别集合刻，指两个或两个以上作家别集的汇刻。别集合刻的本质是一套丛书，只不过收入其中的必须是别集。别集合刻是介于总集、别集之间的编刻形式。与总集相比，别集合刻中各别集的独立性、完整性基本不受破坏，更能体现单个作家的创作风格；与别集相比，别集合刻中各别集往往以某种特定文学因素为纽带，在同一时间、同一地点以相同版式编

---

[*] 本文为北京外国语大学 2022 年科研成果培育项目"两宋别集合刻与文学史研究"阶段性成果。

[**] 本文作者为北京外国语大学中国语言文学学院讲师。

刻,更有规模优势。对宋代江西诗派别集合刻进行系统研究,有助于我们更好地认识江西诗派诗集编刻流传过程。

现今可以确知的宋代江西诗派别集合刻有南宋淳熙程叔达《江西宗派诗》、庆元黄汝嘉《江西诗派》两种。前人对这两部合刻集已有不少讨论,但未能从别集合刻的角度认识其特性,在程、黄二本编纂来源及相互关系的讨论上亦多有未尽之处。本文在前人研究的基础上,对这两部合刻集进行重新梳理。

一 程叔达《江西宗派诗》及其产生背景

"江西诗派"这一名称始见于宋吕本中《江西诗社宗派图》,《宗派图》早佚,现存最早的记载见于胡仔《苕溪渔隐丛话》,其前集卷四八称"吕居仁近时以诗得名,自言传衣江西,尝作《宗派图》,自豫章以降,列陈师道、潘大临、谢逸、洪刍、饶节、僧祖可、徐俯、洪朋、林敏修、洪炎、汪革、李錞、韩驹、李彭、晁冲之、江端本、杨符、谢薖、夏倪(一作"夏倪")、林敏功、潘大观、何顗、王直方、僧善权、高荷合二十五人,以为法嗣,谓其源流皆出豫章也"①。关于《江西诗社宗派图》,莫砺锋《江西诗派研究》已有详细考证,莫氏认为"《江西诗社宗派图》作于崇宁元年(1102)至崇宁二年(1103)初"②,且《宗派图》只是叙述诗派传承脉络,其中不含江西派诗集,吕本中本人亦未编过江西诗派诗集。以上论断考证信实,足资参考。但莫砺锋认为《苕溪渔隐丛话》所记录江西诗社名单"更接近于吕氏原文"③,尚可商榷,详见下文。

真正的江西诗派诗集最早见于杨万里《江西宗派诗序》:

> 秘阁修撰给事程公(程叔达),以一世儒先,厌直而帅江西。以政新民,以学赋政,如春而肃,如秋而燠,盖二年如一日也。……因喟曰:"《江西宗派图》,吕居仁所谱,而豫章自出也。而是派之鼻祖云仍,其诗往往放逸,非阙与?"于是以谢幼槃之孙源所刻石本,自山谷而外,凡二十有五家,汇而刻之于学官。……淳熙甲辰十月三日庐陵杨万里序。④

由杨万里序可知程叔达曾在"帅江西"之时据"谢幼槃之孙源所刻石本"于学官汇刻《江西宗派诗》。莫砺锋认为杨万里序中所说谢源所刻石本可能就是吕本中的《江西诗社宗派图》,而绝不会是江西派的总集,因为"古人把单篇或十数篇的诗歌刻石的事是有的,但把一部总集全部刻成石本,是从未有过的事

---

① 〔宋〕胡仔《苕溪渔隐丛话》,香港:中华书局香港分局,1976年,第327页。
② 莫砺锋《江西诗派研究》,济南:齐鲁书社,1986年,第309页。
③ 同上书,第311页。
④ 〔宋〕杨万里《诚斋集》卷七九,《四部丛刊初编》影印江阴缪氏艺风堂藏影宋写本,第12页b。

情。而且在宋人著作中也找不到关于谢氏刻成石本的江西诗派诗集的记载"①,"杨万里序中明言其时江西派诗已'往往放逸',陆九渊还称道程叔达刻江西派诗是'网罗搜访,出隋珠和璧于草莽泥滓之中',如果江西派诗集仍见存于石本,则杨、陆二人不应有此等语"②。据此,莫氏推测"程叔达根据谢氏所刻石本之江西诗派名单,按图索骥,搜罗其诗,从而汇刻成一部江西诗派总集",堪称确论。

据杨万里《宋故华文阁直学士赠特进程公墓志铭》,程叔达"(淳熙九年)八月除秘阁修撰、知隆兴府(今江西南昌)……帅洪五年"③。知淳熙九年(1182)八月至淳熙十四年为程叔达帅江西之任期。杨万里《江西宗派诗序》作于淳熙十一年,则程叔达所编《江西宗派诗》当刊于隆兴府学(今江西南昌),刊刻时间在杨万里作序前后不久。这是目前已知最早的江西诗派别集合刻,惜已亡佚。

二　黄汝嘉《江西诗派》编刻述略

程叔达刊《江西宗派诗》后十五年,即南宋宁宗庆元五年(1199),隆兴府府学教授黄汝嘉合刻了另一部江西诗派诗集——《江西诗派》。

黄汝嘉,莆田(今属福建)人,孝宗淳熙五年(1178)进士。摄吏南安(今属福建)。宁宗庆元中为从政郎、充隆兴府府学教授。嘉定元年(1208)知江山县(今属浙江)。终广州通判,转朝请郎、主管台州崇道观。事见《(道光)福建通志》卷一四九、《宋诗纪事补遗》卷六三。

《江西诗派》作为宋代大型诗集合刻,在文学史上具有重要地位。沈曾植云:"北宋诗家之有《江西诗派》,犹南宋诗家之有《江湖诗集》。"④陈振孙《直斋书录解题》卷一五"总集类"著录有"《江西诗派》一百三十七卷、《续派》十三卷。自黄山谷而下三十五家"⑤,尤袤《遂初堂书目》"总集类"亦著录有"《江西诗派》"⑥。今《江西诗派》宋刻本仅存宋黄汝嘉刻吕本中《东莱先生诗集》三卷《外集》三卷残帙、饶节《倚松老人文集》二卷残帙,据宋本重抄重刻者则有韩驹《陵阳先生诗集》四卷、晁冲之《具茨晁先生诗集》一卷,今已不存但据史料尚可考知者有谢薖《竹友集》七卷、黄庭坚《山谷集》三十卷《外集》十一卷《别集》二卷,

---

① 莫砺锋《江西诗派研究》,第 315 页。
② 同上书,第 316 页。
③ 〔宋〕杨万里《诚斋集》卷一二五,第 8 页 a。
④ 〔宋〕韩驹《陵阳先生诗》,国家图书馆藏清宣统二年沈曾植刊本卷前。
⑤ 〔宋〕陈振孙《直斋书录解题》,下册,上海:上海古籍出版社,2015 年,第 449 页。郑振铎称:"陈氏所谓'三十五家'乃是'二十五家'的错误。"郑振铎《中国文学史》,南昌:江西教育出版社,2018 年,第 375 页。
⑥ 〔宋〕尤袤《遂初堂书目》,北京:中华书局,第 33 页。

现分述之：

（一）吕本中《东莱先生诗集》二十卷《外集》三卷（存卷十八至卷二十，《外集》三卷）。

吕本中（1084—1145），字居仁，学者称"东莱先生"，寿州（今安徽寿县）人。吕好问长子。高宗绍兴六年（1136）赐进士出身，官至中书舍人、权直学士院。《宋史》卷三七六有传。

宋刊《东莱先生诗集》残本今藏中国国家图书馆，共二册，第一册为《东莱先生诗集》三卷，第二册为《东莱先生外集》三卷，《中华再造善本》据以影印。半叶十行，行二十字。白口，左右双边。版心上记字数，下记刊工姓名，有"黄鼎、吴仲、余章、弓定、曾茂、高仲诸人名，及杰、遂、兴、汝、昇、明、延、寿、昌、升、郁、孜、赞、敬、京、卞、霞诸名各一字"①。卷首有曾几乾道二年（1166）《东莱诗集序》，序字后有"增刊"二字。次"东莱先生诗集卷第十八"，下方空四格题"江西诗派"。第二册《东莱先生外集》卷首为"东莱先生外集目录"，"目录"二字后亦空四格题"江西诗派"。"目录"末题"庆元己未校官黄汝嘉增刊"一行。次"东莱先生外集卷第一""江西诗派"。是书每卷卷首皆题"江西诗派"，"知即江西诗派之丛刻也"②。

《江西诗派》本《东莱先生诗集》乃傅增湘旧藏，其《藏园群书题记》卷一四《宋江西诗派本〈东莱先生诗集〉三卷〈外集〉三卷书后》云：

……其《诗集》虽已畸残，而《外集》三卷，自直斋著录以后，数百年来，已亡佚不可复观。《东莱先生诗集》，宋庆元刊本……刻工精整，字仿颜平原体，结构方严，而气息浑厚，似是江西所刻。……考陈氏《直斋书录解题》载《东莱诗集》二十卷，《外集》二卷，今目录宛然具存，知"二"字实为"三"字之讹。然自陈氏误录于先，马氏《经籍考》遂承讹于后，世人竟莫知其非者。至《宋史·艺文志》，则只存《诗集》二十卷，而不著外集，盖其时已久湮逸矣。夫以五六百年不传之书，一旦复出于世，已足谥为旷代之珍，况既可以纠正旧目一字之差讹，复可以证明传本全卷之臆造，其宝贵之值，又不徒以版刻之古、传世之稀矣。③

可见宋《江西诗派》本《东莱先生诗集》是一部雕刻精工、可补旧目之失的孤本，洵为无价之宝。

（二）饶节《倚松老人文集》二卷残本，一册，藏上海图书馆，《中华再造善本》据以影印。

---

① 傅增湘《藏园群书题记》，上海：上海古籍出版社，1989年，第723页。
② 同上书，第724页。
③ 同上书，第722—724页。

饶节（1065—1129），字德操，临川（今江西抚州）人。尝为曾布客，后落发为僧，法名如璧，又自号"倚松道人"。事见宋释正受《嘉泰普灯录》卷一二、清《（光绪）抚州府志》卷八三。

饶节在宋代有诗名，陆游称其诗"为近时僧中之冠"[1]。《直斋书录解题》卷二〇"诗集类"著录："《倚松集》二卷，临川饶节德操撰。后为僧，号如璧。"[2]《郡斋读书志》卷一九"别集类"亦著录："《饶德操集》一卷。"[3]《宋史》卷二〇八《艺文七》则云："饶节《倚松集》十四卷。"[4]十四卷本早佚，黄汝嘉刊《江西诗派》本《倚松老人文集》二卷亦仅存卷二第一叶后半叶及第十一叶至第四十八叶，凡三十八叶半，诗一百六十九首。

宋刊《倚松老人文集》版式同《东莱先生诗集》，亦为半叶十行，行二十字，白口，左右双边。版心上记字数，下记刊工姓名。卷二末有"庆元己未校官黄汝嘉重刊"一行。沈津《书城挹翠录》称："《倚松老人文集》二卷，宋饶节撰。宋庆元五年（1199）黄汝嘉刻宋补版印本。一册。……刻工有余二、高□、黄鼎、吴元、吴震、余千、刘元、高才、余茂、江、廷、达、宗、升。其中吴元又刻有《本草衍义》《宛陵先生文集》；刘元又刻有《新刊校定集注杜诗》《春秋经传集解》。是书黄汝嘉原刻仅存八叶，后人补刻较原版略低，字体方正，刻印精明，也是宋刻之佳者。帝讳'慎'、'构'、'惇'字，皆缺末笔。"[5]

卷前有李盛铎、袁克文跋，卷末有傅增湘题识。据袁克文跋，"饶集从无刊本见于著录，《四库》所收亦影钞也。藏家所记钞本，每卷尾皆有'庆元黄汝嘉重刊'一行，当即出于此本。此本传为西陂旧物，久非完帙。满洲景氏见自正文谭估，后归吴印臣。印臣知余有佞宋癖，举以见贻"[6]。知饶集残本原为吴昌绶购得，后赠与袁克文。

李盛铎跋云：

饶德操为江西诗派廿五人之一。《宋志》：《倚松集》十四卷。今行世钞本止存二卷，末题黄汝嘉重刊者，皆从此本钞出也。《四库提要》谓与谢薖、韩驹二集传本行款相同，卷首标目俱题"江西诗派"四字。余藏景宋本《竹友集》，板式与此本相似，行款则为十行十八字，而所见钞本《陵阳集》标题诗派者，行款确与此同。又明刻《具茨集》标目下亦题"江西诗派"目，

---

[1] 〔宋〕陆游《老学庵笔记》卷二，西安：三秦出版社，2003年，第59页。
[2] 〔宋〕陈振孙《直斋书录解题》，下册，第598页。
[3] 〔宋〕晁公武撰，孙猛校证《郡斋读书志校正》，上海：上海古籍出版社，2011年，第1034页。
[4] 〔元〕脱脱等《宋史》，北京：中华书局，1985年，第5373页。
[5] 沈津《书城挹翠录》，上海：上海社会科学出版社，1996年，第195页。
[6] 〔宋〕饶节《倚松老人文集》，上海图书馆藏宋庆元五年黄汝嘉重刻本卷尾，上海图书馆网站书影，2023年8月17日。

卷末亦有"庆元己未校官黄汝嘉重刊"一行,是皆《江西诗派》一百三十七卷之存于今者。而《诗派》宋本,则仅此书与潘文勤师藏《竹友集》同为海内孤本也,抱存其宝之。盛铎。①

李盛铎称《诗派》宋本仅存《倚松集》和《竹友集》两部,有待商榷。首先潘文勤藏《竹友集》实为谢薖的诗文合集,题"谢幼槃文集"。此本乃绍兴二十二年(1152)赵士鹏所刊,清末杨守敬从日本购得,后归吴县潘氏滂喜斋,《续古逸丛书》据以影印。宋刊《谢幼槃文集》今藏上海博物馆,四册,半叶十行,行十八字。从刊刻时间上看,此本早于黄汝嘉本四十七年;从版式上看,此本半叶十行,行十八字,与黄汝嘉刊《诗派》本《东莱先生诗集》《倚松老人文集》半叶十行行二十字行款不同;从内容上看,潘氏藏本为谢薖诗文合集,非纯诗集。因此,潘文勤藏《谢幼槃文集》绝非"《诗派》宋本"。李盛铎所藏行款"十行十八字"的影宋本《竹友集》,亦当源自赵士鹏刊本,而非自《江西诗派》本影钞。其次,《诗派》宋本除《倚松老人文集》外,还存吕本中《东莱先生诗集》三卷(卷十八至卷二十)《外集》三卷。李氏此跋,漏略不少。

又傅增湘跋云:

  《倚松老人集》,宋庆元刊本,今存者三十八叶半,每叶二十行,每行二十字。原板只存八叶,高六寸六分,阔四寸八分,补板亦宋刊,第板匡略低四分耳。刊印皆精雅,古香郁然。忆壬子夏初,意园书方散出,余得见此,诧为奇秘,留斋中数日,为沈乙庵、张菊生及椒微师谐价赀未成,旋为吴印臣以重值得之,乙庵刻饶集时曾假校焉。②

据傅增湘跋,黄汝嘉刊《倚松老人文集》残本由清宗室盛昱(号意园)家散出,后被吴昌绶(字印臣)重金购得,沈曾植(号"乙庵")刻饶集时曾借此本校勘。

傅增湘跋云"原板只存八叶""补板亦宋刊",则其所见本为宋刻宋修本。今检上海图书馆藏《倚松老人文集》第四十八叶(卷二末叶),此叶已有漫漶,且"倚松老人文集第二卷终"次行刻"庆元己未校官黄汝嘉重刊"一行与此叶正文漫漶程度相似,有共同断版,可知此叶皆是黄汝嘉所刻(可参图1)。《倚松老人文集》中漫漶程度与第四十八叶相同的有第十五叶、第十六叶、第十七叶、第十八叶、第二十三叶、第二十八叶、第三十一叶,共八叶(可参图2,以第十五叶为例)。其余叶漫漶极少(可参图3,以第十四叶为例),版面整饬,明显优于上述

---

① 〔宋〕《倚松老人文集》卷端"李盛铎跋",上海图书馆藏宋庆元五年黄汝嘉重刻本,上海图书馆网站书影,2023年8月17日。
② 同上书,卷尾。

八叶。则较为漫漶的八叶为黄汝嘉所刊,漫漶较少的版叶为黄汝嘉之后的宋人补刊。傅增湘跋及前揭沈津云"是书黄汝嘉原刻仅存八叶,后人补刻较原版略低,字体方正,刻印精明,也是宋刻之佳者"皆是。又检《江西诗派》本吕本中《东莱先生诗集》,发现此本亦是漫漶版叶与漫漶较少版叶夹杂,而这两种版叶的字体风格、漫漶程度与《江西诗派》本《倚松老人文集》完全一致,可知《东莱先生诗集》与《倚松老人文集》均是宋刻宋修本,并非原刻。

　　黄汝嘉刊《倚松老人文集》影响深远,除残宋本外,今国内外图书馆藏清抄本多部,皆由黄本递相传录。《四库全书》据两淮马裕家藏本收录《倚松诗集》二卷。《四库全书总目》卷一五四称:"《倚松老人集》二卷,两淮马裕家藏本,宋饶节撰。……《宋史·艺文志》载《倚松集》十四卷,今止存抄本二卷,末有'庆元己未校官黄汝嘉重刊'一行,盖犹沿宋刻之旧。又今所传本与谢薖、韩驹二集行款相同,卷首标目下俱别题'江西诗派'四字,与他诗集不同,或即宋人所编《江西诗派集》一百三十七卷内之三种。旧本残缺,后人析出单行欤?"①则两淮马裕家藏本亦源自黄汝嘉刊本。宣统二年(1910),沈曾植刊《江西诗派饶韩二集》,其中《倚松老人诗集》二卷用影宋本为底本,吴昌绶以黄汝嘉刊残宋本代校后,谓"行款字数均同"②。知沈曾植所据影宋本亦源自黄刊本。

　　(三)韩驹《陵阳先生诗集》四卷,宋刊本已佚,今存明清抄本多部。

　　韩驹(1080—1135),字子苍,号牟阳,学者称"陵阳先生",仙井监(今四川仁寿)人。官至中书舍人,权直学士院。南宋绍兴年间,历知江州、抚州。《宋史》卷四四五有传。

　　韩驹自幼能诗,"黄太史(黄庭坚)称其超轶绝尘,苏文定(苏辙)以比储光羲"③。周紫芝谓:"大抵子苍之诗极似张文潜(张耒),淡薄而有思致,奇丽而不雕刻。"④

　　韩驹诗文集屡见著录。晁公武《郡斋读书志》卷一九:"《韩子苍集》三卷。右皇朝韩驹字子苍,仙井人。政和初,诣阙上书,特命以官,累擢中书舍人,权直学士院。王甫尝命子苍咏其家藏《太乙真人图》,诗盛传一世。宣和间,独以能诗称云。"⑤陈振孙《直斋书录解题》卷一八别集类云:"《陵阳集》五十卷。"⑥

---

① 〔清〕永瑢等《四库全书总目》,北京:中华书局,1965年,第1333页。
② 钱伯城、郭群一整理《艺风堂友朋书札》吴昌绶第七十六信,上海:上海人民出版社,2018年,第1104页。
③ 〔宋〕陈振孙《直斋书录解题》卷一八,下册,第528页。
④ 〔宋〕周紫芝《太仓稊米集》卷六七,《景印文渊阁四库全书》,台北:台湾商务印书馆,1986年,第1141册,第481页。
⑤ 〔宋〕晁公武撰,孙猛校证《郡斋读书志校证》,第1044页。
⑥ 〔宋〕陈振孙《直斋书录解题》,下册,第527页。

又卷二〇诗集类谓："《陵阳集》四卷《别集》二卷,韩驹子苍撰。"①《宋史》卷二〇八《艺文七》著录："韩驹《陵阳集》十五卷,又《别集》三卷。"②

今《江西诗派》本《陵阳先生诗集》四卷存抄本五部,刻本一部,以日本大仓文化财团所藏明庵罗庵抄、清徐时栋手识本为古。"此系红格写本,有丙子秋录、甲辰重钞庵罗庵识语。卷头题'江西诗派'。有朱笔点及墨笔校语,并有徐时栋收书识语,署'同治八年'(1869)。卷中有'庵罗庵'、'何元锡'、'髯'……'城西草堂'等印记。"③国家图书馆藏劳权手校本《陵阳先生诗集》四卷(善本书号:11179),亦源自黄汝嘉刊《江西诗派》本。此本半叶九行,行十八字,无格。卷首为"陵阳先生诗目录",次"陵阳先生诗卷第一",隔行下题"江西诗派"。内钤"丹签精舍""青子""曾在赵元方家""劳格""季言"等印。乃劳权(巽卿)手校,卷末有其跋云:"道光甲辰三月十八日立夏,以樊榭山人旧藏钞本校。巽卿。"傅增湘称"此本字迹殊工雅,疑即巽卿手写者"④。

《四库全书》据浙江鲍士恭家藏本收录《陵阳集》四卷。《四库》底本后为缪荃孙藏,其《艺风堂藏书记》卷六著录:"《陵阳先生诗》四卷,归安鲍氏藏本。《四库》所收即鲍氏所进,此盖底本也。……荃孙先得天盖楼藏本,纸墨较旧。戊子冬细校一过,佳处甚多。第《冷语》二首,止存其一。《十绝为亚卿作》止存其九,转藉此本补足。今天盖楼本,已归他氏矣。收藏有'歙鲍氏知不足斋藏书''知不足斋鲍以文藏书'两朱文方印。天盖楼本,半页九行,行二十字。此本五言绝句往往讹作五律,是从二十字本钞出者。"⑤

戊子年(光绪十四年,1888)缪荃孙曾用天盖楼抄本校鲍士恭家藏本,并以鲍本补天盖楼本之缺。天盖楼本后归徐坊(号梧生),鲍氏藏本后归邓邦述。邓氏《寒瘦山房鬻存善本书目》卷六著录:"《陵阳先生诗》四卷,二册,宋韩驹撰。抄本,题'江西诗派''中书舍人韩驹子苍'。缪艺风手校。有'知不足斋鲍以文藏书''歙鲍氏知不足斋藏书'印。"⑥"此钞本为鲍氏知不足斋所藏,后归艺风堂,凡蓝笔点勘者,皆艺风之笔。艺风在光、宣间,东南人士以名硕相推许。没未逾年,遗书尽出,余自北归,得数种,皆非其至者,盖已为大力者负之以去矣。"⑦

---

① 〔宋〕陈振孙《直斋书录解题》,下册,第597页。
② 〔元〕脱脱等《宋史》,第5373页。
③ 严绍璗《日藏汉籍善本书录》,下册,北京:中华书局,2007年,第1553页。
④ 傅增湘《藏园群书经眼录》,北京:中华书局,2009年,第1015页。
⑤ 缪荃孙《艺风堂藏书记》卷六,《中国历代书目题跋丛书》第二辑,上海:上海古籍出版社,2006年,第151页。
⑥ 邓邦述撰,金晓东整理,吴格审定《寒瘦山房鬻存善本书目》,上海:上海古籍出版社,2014年,第496页。
⑦ 同上书,第497页。

《寒瘦山房鬻存善本书目》详录缪荃孙跋：

> 陵阳诗未见宋刻，收藏家所储皆抄本。荃孙初得天盖楼本，钞极旧，破碎可厌，让与旧友梧生监丞。因将两本互校，各标佳处。后又得曹倦圃本，半页八行，行二十字，首二卷相联属，空格抬写，亦极谨严，知原出于宋，此本不如也。讹字谨改正。艺风。
>
> 辛亥午月，沈乙庵方伯属刊《陵阳》《倚松》两集，爰为校正付梓。距戊子二十三年矣，荃孙年亦六十八矣。老眼昏花，所订未知是否。荃孙再识。

清宣统二年(1910)沈曾植将饶节、韩驹诗集合刊，是为《江西诗派韩饶二集》。其中《陵阳先生诗》四卷，今藏国家图书馆。一册，半叶十二行，行二十五字，内封面题"南宋江西诗派本""陵阳先生诗四卷""孝胥署检"。反面有"宣统庚戌姚埭沈氏仿宋重刻"牌记，据牌记，《陵阳先生诗》刊于宣统二年(1910)，然前揭《寒瘦山房鬻存善本书目》所录鲍本缪荃孙跋，沈曾植辛亥年(宣统三年，1911)请缪荃孙"校正付梓"，则辛亥年似书尚未刊成。二者不免抵牾。缪荃孙跋云"距戊子二十三年"，而辛亥(1911)距戊子(1888)恰好二十三年，可知此跋确为缪荃孙辛亥年手书。牌记后有沈曾植《重刊西江(江西)诗派韩饶二集叙》：

> 余少喜读陵阳诗，尝得倦圃所藏旧本；读《紫薇诗话》《童蒙训》，慕倚松之为人，而诗集恨未得见。宣统己酉，艺风先生访余皖署，谈次谓有景宋本甚精，相与谋并《陵阳集》刻之，属陶子琳开板武昌，工未竣而兵起工停。越岁壬子，乃得见样本于沪上。适会盛伯希祭酒家书散出，中有残宋本《倚松老人集》，为吴君昌绶所得。艺风通信津门，属章式之就样本校一过，行款字画，纤不遗。①

据沈曾植叙，沈、缪二人于宣统己酉(元年，1909)议定刊印《陵阳先生诗》，但"工未竣而兵起工停"，直到壬子(1912)年，才于上海见到刊印的样书。可知牌记所谓"宣统庚戌(1910)"，当是开雕的时间，而刊成时间当在1912年。沈曾植所刊《陵阳先生诗》底本为曹溶(号"倦圃")所藏旧本。《艺风堂藏书记》卷六著录曹本云："《陵阳集》四卷，旧钞本。收藏有'檇李曹氏'朱文长方印、'曹溶'朱文、'钼莱翁'朱文两方印、'安乐堂藏书记''明善堂珍藏书画印记'两朱文长方印、'宣城李氏瞿硎石室图书印记'朱文长印。"②则曹溶藏本亦为抄帙。

沈曾植叙后有"陵阳先生诗目录"，目录后为"陵阳先生诗卷第一"，第二行

---

① 〔宋〕韩驹《陵阳先生诗》，国家图书馆藏清宣统二年沈曾植刊本，第2页a。
② 缪荃孙《艺风堂藏书记》卷六，第151页。

题"江西诗派"。经笔者比勘,文渊阁《四库全书》本《陵阳集》与沈曾植刊《陵阳先生诗》收诗数量、诗作排列次序、诗题及题下小注皆同,二本当同源,皆源自南宋庆元五年黄汝嘉刊《江西诗派》本。则存世韩驹别集抄本五部(大仓财团藏明庵罗庵抄本、国图藏道光抄本、天盖楼本、鲍廷博旧藏四库底本、曹溶本)、刊本一部(沈曾植本)皆为四卷,源自黄汝嘉本。

(四)晁冲之《具茨晁先生诗集》一卷,宋刊本已佚,今存明清抄本、刻本多部。

晁冲之,字叔用,一字用道,济州钜野(今山东巨野)人。晁说之、晁补之从弟,晁公武之父。一生未得科名,哲宗绍圣初,隐居于具茨山下,人称"具茨先生"。事见宋俞汝砺《具茨晁先生诗集序》、清厉鹗《宋诗纪事》卷三三。

晁冲之有诗名,刘克庄称其诗"意度沉阔,气力宽余,一洗诗人穷饿酸辛之态"[1],"南渡后放翁可以继之"[2]。其子晁公武所编《郡斋读书志》卷一九载:"《晁氏具茨集》三卷。右先君子诗集也。吕本中以为江西宗派,曾慥亦称公早受知于陈无己。从兄以道尝谓公宗族中最才华。"[3]然陈振孙《直斋书录解题》卷二〇诗集类却云:"《具茨集》十卷。"[4]据俞汝砺《具茨晁先生诗序》:"(晁公武)一日来谒,曰:'先公平生多所论著,自丙午之乱,埃灭散亡。今所存者特歌诗二百许篇,涪陵太守孙仁宅既为镵诸忠州鄨都观,窅然林水之间矣,敢丐先生一言以发之。'"[5]据序知晁冲之"歌诗二百许篇",由涪陵太守孙仁宅刊于忠州(今重庆忠县)。祝尚书认为"陈氏《解题》卷二〇'诗集类'著录'《具茨集》十卷',据所述,乃《江西诗派》本。然晁公武称其父所存诗仅二百许篇,何能编成十卷?疑'十'乃'一'之误"[6]。宋元明清历代书目,均无十卷本的记载,且明嘉靖三十三年(1554)晁氏裔孙晁瑮重刻《江西诗派》本《具茨晁先生集》亦仅为一卷,益知祝尚书所言不虚,《直斋书录解题》"十卷"当是"一卷"之误。

今晁冲之诗集存一卷本和十五卷笺注本两种。

一卷本以明嘉靖三十三年晁氏宝文堂重刊宋庆元五年黄汝嘉刊《江西诗派》本为古。《中国古籍善本书目·集部》[7]著录山东大学藏有明永乐二年(1404)范凉靡抄本《具茨晁先生诗集》一卷,比嘉靖刊本更早。然此本经山东

---

[1] [宋]刘克庄《后村先生大全集》卷九五,《四部丛刊初编》影印赐砚堂抄本,第12页b。
[2] 同上书,第13页a。
[3] [宋]晁公武撰,孙猛校证《郡斋读书志校证》,第1046页。
[4] [宋]陈振孙《直斋书录解题》,下册,第598页。
[5] [宋]俞汝砺《具茨晁先生诗序》,国家图书馆藏明嘉靖三十三年晁氏宝文堂刊《具茨晁先生诗集》卷前。
[6] 祝尚书《宋人别集叙录》(增订本)卷一三,中册,北京:中华书局,2020年,第627页。
[7] 中国古籍善本书目编委会《中国古籍善本书目·集部》,上册,上海:上海古籍出版社,1998年,第278页。

大学杜泽逊教授鉴定实为"清末民初抄本"①。《山东大学图书馆古籍善本书目》载:"《具茨晁先生诗集》不分卷,宋晁冲之撰。旧抄嘉靖三十三年晁氏宝文堂刻《晁氏三先生集》本……一册一函。十行二十字,小字双行同,无格。书口题'晁氏宝文堂'五字;卷末有范凉靡墨笔题记曰'延祐元年秋日莫白②光影宋本抄。永乐二年孟夏望后二日范凉靡重书一过'。钤'凉靡'朱文长方印,显系书贾作伪欺人。收藏有'项墨林父秘籍之印'朱文长方印、'子京父印'朱文方印、'项元汴印'朱文方印……'丁福保印'白文方印。多伪印。"③杜泽逊云:"卷内钤'弇州山人珍藏''天籁阁''项墨林父秘笈之印''钱曾''述古堂图书记''张蓉镜印'等印记。以上题记印鉴皆书贾伪作。又钤'丁福保四十后读书记''丁福保印'。盖清末民初钞本。原定永乐二年钞本,《中国古籍善本书目》著录,误。"④笔者目验此本,并向杜泽逊教授请教,进一步确认丁福保印为真,而丁福保之前各名家印,印色相同,确系伪印,该本实乃清末民初据明嘉靖宝文堂刻本抄写的本子。祝尚书由于未见原书,称"一卷本,今以山东大学藏明永乐二年(一四〇四)范凉靡钞本为古"⑤,误。

十五卷笺注本晚出,阮元《晁具茨集十五卷提要》称:"其注不知何人所作?引书内有《一统志》及《韵会》《韵府》等书,当为明时人。"⑥祝尚书称"冲之诗集,明、清所传,无论是一卷本、笺注本,皆沿于诗派本。诗派本类有去取,故收诗量与孙氏初刻本不同"⑦。

张金吾曾藏明晁瑮重刊黄汝嘉本《具茨晁先生诗集》,其《爱日精庐藏书志》卷三〇集部载:"《具茨晁先生诗集》一卷,明晁瑮重刊宋本。宋澶渊晁冲之叔用撰,卷末有'庆元己未校官黄汝嘉刊'一条。"⑧傅增湘亦曾见晁瑮宝文堂重刊《江西诗派》本,其《藏园群书经眼录》卷一三云:

> 《具茨晁先生诗集》不分卷,宋晁冲之撰。明翻宋刊本,十行二十字,版心鱼尾上方有"晁氏宝文堂"五字。前有绍兴十一年九月五日陵阳俞汝砺序。卷首标题下有"江西诗派"四字,卷末有"庆元己未校官黄汝嘉刊行"一行。前后有章绶衔跋语三则,又粘有马衍斋手札一张,云赠州长道长者,不知为何人也。钤印列后:"马氏家藏""寒中私记""马思赞""衍斋""思赞"

---

① 杜泽逊《四库存目标注》,上海:上海古籍出版社,2007年,第2513页。
② 按:"白"当作"曰"。
③ 山东大学图书馆《山东大学图书馆古籍善本书目》,济南:齐鲁书社,2007年,第339页。
④ 杜泽逊《四库存目标注》,第2513页。
⑤ 祝尚书《宋人别集叙录》,中册,第627页。
⑥ 〔清〕阮元《揅经室集》外集卷一,北京:中华书局,1993年,第1198页。
⑦ 祝尚书《宋人别集叙录》,中册,第629页。
⑧ 〔清〕张金吾《爱日精庐藏书志》,北京:中华书局,2014年,第519页。

"仲安""山邨居士""华山主人""衎斋之印"。又有章紫伯藏印数方。①

其《藏园订补郘亭知见传本书目》卷一三亦载：

《具茨晁先生诗集》不分卷，宋晁冲之撰。明嘉靖三十三年晁瑮宝文堂重刊宋庆元五年黄汝嘉刊《江西诗派》本，十行二十字，白口，四周单栏，版心上方有"晁氏宝文堂"五字。前绍兴十九年俞汝砺序。卷首标题下有"江西诗派"四字。卷末有"庆元己未教官黄汝嘉刊行，嘉靖甲寅裔孙瑮东吴重刊"三行。有马思赞、章绶衔印记，附马氏手札及章氏二跋。厂肆见，为周叔弢收去。②

傅增湘所云"章绶衔跋"本为周叔弢旧藏，今藏国家图书馆。

明嘉靖年间晁氏裔孙晁瑮并非仅刻晁冲之《具茨晁先生诗集》，而是将晁氏三位先祖晁迥、晁说之、晁冲之别集合刻，成《晁氏三先生集》。《晁氏三先生集》原为南宋黄汝嘉辑，明嘉靖年间晁瑮重刊。除晁冲之《具茨晁先生诗集》外，晁迥、晁说之集均非诗集，亦非《江西诗派》本。

《四库全书》未收晁冲之集，仅在《北山律式》二卷后附王炎诗一卷、晁冲之诗一卷。《四库全书总目》称："附录王炎《双溪类稿》十数首，晁冲之《具茨集》数首，尤不解其何意？大抵杂凑之本，姑充插架之数者也。"③殆四库馆臣以为《具茨集》为"杂凑之本"，故不收录。

（五）谢薖《竹友集》七卷

从书目著录看，黄汝嘉《江西诗派》当有谢薖《竹友集》七卷。《直斋书录解题》卷二〇"诗集类"著录谢薖"《竹友集》七卷"④，《四库全书总目》则称饶节、谢薖、韩驹集行款相同，卷首标目下均题"江西诗派"四字。沈曾植《重刊江西诗派韩饶二集叙》亦云："其（《江西诗派》）零本单行者，如此之饶韩二集、晁叔用集、谢幼槃集、吕东莱诗集，皆有'庆元己未校官黄汝嘉校刊'题记一行，得籍（藉）知为《诗派》刻本。"⑤说明宣统二年（1910）沈曾植刊《江西诗派韩饶二集》时，《江西诗派》本谢薖《竹友集》尚存，陈振孙及四库馆臣所见者当亦是此本，惜此本今已亡佚。

（六）黄庭坚《山谷集》三十卷《外集》十一卷《别集》二卷

黄汝嘉庆元间还曾刊刻过黄庭坚集。《直斋书录解题》卷二〇"诗集类"云："《山谷集》三十卷《外集》十一卷《别集》二卷，黄庭坚鲁直撰。江西所刻《诗

---

① 傅增湘《藏园群书经眼录》，第998页。
② 〔清〕莫友芝撰，傅增湘订补《藏园订补郘亭知见传本书目》，北京：中华书局，2009年，第1155页。
③ 〔清〕永瑢等《四库全书总目》，第1540页。
④ 〔宋〕陈振孙《直斋书录解题》，下册，第596页。
⑤ 〔宋〕韩驹《陵阳先生诗》，国家图书馆藏清宣统二年沈曾植刊本，第1页b—第2页a。

派》,即豫章前、后集中诗也。《别集》者,庆元中莆田黄汝嘉增刻。"[1]知黄汝嘉庆元中刊刻过《山谷集》《外集》《别集》,当入《江西诗派》。惜今黄汝嘉刊黄庭坚诸集已佚,亦未见其传抄本或重刊本。

为方便总览,兹将现今可考之《江西诗派》合刻集子集信息汇列如下(表1):

表1 现今可考《江西诗派》合刻集子集信息一览

序号	作者	集名、卷数	版本情况	合刻集版刻标志
1	吕本中	《东莱先生诗集》三卷《外集》三卷	国图藏宋刻宋修本残帙	各卷首题"江西诗派",《外集》"目录"末题"庆元己未校官黄汝嘉增刊"一行
2	饶节	《倚松老人文集》二卷	上图藏宋刻宋修本残帙	卷二末有"庆元己未校官黄汝嘉重刊"一行
3	韩驹	《陵阳先生诗集》四卷	有明清传抄本五本,传刻本一部	各卷首题"江西诗派"
4	晁冲之	《具茨晁先生诗集》一卷	有明嘉靖三十三年重刻本	卷一末有"庆元己未教官黄汝嘉刊行,嘉靖甲寅裔孙瑮东吴重刊"三行
5	谢薖	《竹友集》七卷	仅见《直斋书录解题》等著录	各卷首题"江西诗派"
6	黄庭坚	《山谷集》三十卷《外集》十一卷《别集》二卷	仅见《直斋书录解题》著录,《别集》系黄汝嘉增刻	未知

黄汝嘉刻《江西诗派》合刻集原本已佚,但从至今尚存宋刻残帙或明清传抄传刻本的吕本中、饶节、韩驹、晁冲之别集看,《江西诗派》是一部编刻质量上乘的别集合刻,其子集多为后世江西诗派诗人别集的祖本,产生了巨大影响。

三 程叔达《江西宗派诗》与黄汝嘉《江西诗派》的关系

傅增湘在讨论黄汝嘉本《东莱先生诗集》时,认为黄汝嘉本《东莱先生诗集》是据程叔达本之前的一部今藏日本内阁文库的刊本重刻的,傅氏《藏园群书题记》卷一四《宋江西诗派本〈东莱先生诗集〉三卷〈外集〉三卷书后》云:"日

---

[1] 〔宋〕陈振孙《直斋书录解题》,下册,第592页。

本内阁文库藏有乾道刊本二十卷,余庚午岁东游,曾获拜观。"①内阁文库本刊刻于乾道二年(1166),比程叔达本还早十八年。傅氏曾将内阁文库本《东莱先生诗集》与黄汝嘉刊本对校,云:"内阁文库藏本据曾几题跋,知为乾道二年沈公雅刻于吴门郡斋者,故于'慎'字下注'御名'。余本为庆元己未黄汝嘉刻,后于沈本三十四年,避讳已至'敦'字,而'慎'字亦仅缺末笔矣。举残存三卷与沈本对勘,诗题次第相同,篇中小注亦合,文字绝少差异,知黄氏即依沈本重梓,未尝以意变更也。"②依傅增湘之意,黄汝嘉刊《东莱先生诗集》二十卷所据底本是乾道二年沈公雅刊于吴门(今江苏苏州)郡斋之本。

今检日本国立公文书馆内阁文库本书影,可知内阁文库藏沈公雅本《东莱先生诗集》二十卷,六册。半叶十一行,行十九字至二十一字不等。白口,左右双边。版心上记"吕集几",中记叶码,下记刊工姓名。卷首有乾道二年曾几序,次"东莱先生诗集目录"。检国图藏黄汝嘉本,卷首即为乾道二年曾几序,黄汝嘉本所附曾几序正文与沈公雅本卷首所附一致,不同者,沈公雅本曾几序首行即正文,无题目,而黄汝嘉本首行题"东莱诗集序","序"字后有"增刊"二字。由此可知黄汝嘉本所据底本并无曾几序,曾几序系黄汝嘉所增。而沈公雅本有曾几序,可知黄汝嘉本的底本不是沈公雅本。那么沈公雅本、程叔达本、黄汝嘉本之间到底是什么关系呢?

细读沈公雅本所附曾几序,可知沈公雅本编纂的背景是"东莱吕公居仁以诗名一世……而编次者竟无人焉",而沈公雅在"方党禁未解时,不顾流俗,专与元祐故家厚,居仁尤知之,往来酬唱最多"。沈公雅于乾道元年在吴郡编成吕东莱诗集,编纂得非常全,"略无遗者",并嘱曾几作序。曾几认为沈公雅之所以裒辑全面,得益于沈家与吕东莱的密切关系,"盖居仁之知沈氏父子也深,故公雅编次之也备"。通观全序,并未提及沈公雅在编刻吕东莱诗集之外编刻过其他江西诗派诗人诗集。且从序中可知沈公雅编刻吕东莱诗集的动因是沈氏与吕东莱的密切关系,而非基于江西诗派。据曾序,我们可以肯定沈公雅只编刻了《东莱先生诗集》,编刻的原因是吕东莱诗无人编刻,而沈氏又与吕东莱交好。

既然黄汝嘉本的底本不是沈公雅本,那么其底本只能是沈本之后、黄本之前的程叔达本。沈公雅只刻了东莱诗集,而程叔达、黄汝嘉编刻了一批江西诗派诗人集,因此黄汝嘉本整体以程叔达本为底本的可能性较大。傅增湘说沈公雅本与黄汝嘉本"诗题次第相同,篇中小注亦合,文字绝少差异",当然是真的,但认为"黄氏即依沈本重梓"则是错误的,沈公雅本、黄汝嘉本之间还有一个程叔达本,沈本、程本、黄本是递相翻刻的关系,因此三本之间高度相似。

---

① 傅增湘《藏园群书题记》,第722页。
② 同上书,第723页。

程叔达本以沈公雅本为底本翻刻,是完全合乎情理的。程叔达编刻《江西宗派诗》,内含江西诗派诗人别集多家,而吕东莱是极重要的一家。沈公雅本早于程叔达本十八年,且裒辑全、文字精,是个非常精善的本子,程氏编刻《江西宗派诗》合刻集时,直接将沈公雅本《东莱先生诗集》纳入,无疑最为方便。上文提到黄汝嘉本曾几《东莱诗集序》下有"增刊"二字,可知黄汝嘉本的底本——程叔达本并无曾几序。程叔达本删除曾序的原因,大概是沈公雅本序是针对单集而作,在合刻集中继续保留并无太大意义。而黄汝嘉本以程叔达本为底本刊刻时,可能认为曾几序有较高价值,因此又从沈公雅本中将曾序补入,还特别注明"增刊",以显示其改进之意。

黄汝嘉本《东莱先生诗集》是据程叔达本重刻,那么其余江西诗派诗人别集是否也是据程叔达本重刻?黄汝嘉刻《江西诗派》、程叔达刻《江西宗派诗》又到底包括哪些诗人的别集呢?

程叔达《江西宗派诗》编刊于孝宗淳熙十一年(1184)前后,黄汝嘉《江西诗派》刊于宁宗庆元五年(1199),时间相距不过十五年,刊刻地均在隆兴府学。在不长时间内于同一地点相继刊刻同一套江西诗派合刻集,似乎从情理上难以说通。但江西诗派在南宋是影响力最大的诗派,而程叔达本是可知最早的江西诗派诗人别集汇刻本,加之程叔达本刊刻颇精、搜罗又全,程叔达本的需求量应当十分巨大,其刷印频次亦当很高,因此十五年间其板片完全有可能漫漶至难以再印。而黄汝嘉的身份是隆兴府学教授,对府学旧本进行修补乃至重刻在其职责范围之内,其刊本题"重刊""增刊",显然有极强的针对性。在没有其他证据的情况下,我们只能认为黄汝嘉《江西诗派》诸集与《东莱先生诗集》一样,是据程叔达《江西宗派诗》本重刻、增补而来。

至于程叔达、黄汝嘉江西诗派合刻所含子集,傅增湘认为:

> 考居仁曾作《江西诗派图》,列后山以次二十五人,而己居其末,意黄氏于诸家皆有刻本。[①]

傅增湘推测黄汝嘉对于《江西宗派图》所列江西诗派二十五人诗集皆有刊本,然傅氏称"居仁曾作《江西诗派图》,列后山以次二十五人,而己居其末",这显然与《苕溪渔隐丛话》所引江西诗派名单不同。吕本中入江西诗派的记载最早见于南宋赵彦卫《云麓漫钞》,其卷一四谓:"宗派之祖曰山谷,其次陈师道无己……王直方立之、善权巽中、高荷子勉,凡二十五人,居仁其一也。"[②]对比《苕溪渔隐丛话》与《云麓漫钞》所记江西诗派二十五人名单,《丛话》有何颙而无吕本中,

---

① 傅增湘《藏园群书题记》,第724页。
② 〔宋〕赵彦卫《云麓漫钞》,北京:中华书局,1996年,第244页。

《漫钞》则反之。也就是说，吕本中《江西宗派图》所列江西诗派诗人名单出现了两个版本，一个有吕本中而无何颙，一个有何颙而无吕本中。

上文所引杨万里《江西宗派诗序》已经明确说程叔达刻《江西宗派诗》是按照吕本中《江西宗派图》所列诗人名单刊刻的，"自山谷而外，凡二十有五家，汇而刻之于学官"，而黄汝嘉《江西诗派》是据程叔达《江西宗派诗》重刻，虽然小有增补，但黄汝嘉之时江西诗派名单已经固定，黄汝嘉对于程叔达本别集家数不会作大的改动。而上文已考黄汝嘉本可以确知的子集有吕本中、饶节、韩驹、晁冲之、谢薖、黄庭坚诗集，有吕本中而无何颙，可知程叔达《江西宗派诗》、黄汝嘉《江西诗派》所刻收江西诗派诗人是按《云麓漫钞》所记名单收入，包括黄庭坚、吕本中在内，共计二十六家。这或许能够反过来证明吕本中《江西宗派图》所记江西诗派诗人包括他本人，而不是像《苕溪渔隐丛话》所记无吕本中而有何颙。莫砺锋认为《丛话》所记名单更可信，原因是"《苕溪渔隐丛话》成书年代较早"[①]，"(《云麓漫钞》)语气不像是吕氏原文，而是赵彦卫的说明。所以，吕本中的名字可能是由别人添进去的"[②]。莫氏所论缺乏实证，吕本中所列江西诗派名单当即《云麓漫钞》所载。

四　结语

综合以上讨论，我们可以对南宋江西诗派产生后江西诗派别集合刻情况得出更为系统的认识。

最早的江西诗派诗人名单见于吕本中《江西宗派图》，包括黄庭坚、陈师道、吕本中等二十六人，即《云麓漫钞》中所记名单。南宋淳熙十一年(1184)前后，知隆兴府的程叔达以《江西宗派图》所列二十六位江西诗派诗人为据，于隆兴府学编刻了《江西宗派诗》。其所收别集有一部分来自业已刊行的善本诗集，如吕本中《东莱先生诗集》即据乾道二年沈公雅本重刻。程叔达本编刻质量较高，搜集较为完备，颇受时人重视。

南宋庆元五年(1199)，经过十五年的刷印，程叔达本板片可能已经漫漶不可用，隆兴府学教授黄汝嘉即以程叔达《江西宗派诗》为底本，于隆兴府学重刻了一套江西诗派诗别集——《江西诗派》。黄汝嘉《江西诗派》本内容与程叔达《江西宗派诗》本总体一致，但亦有增补。与原本一致的内容有时以"重刊"标示，如饶节《倚松老人文集》卷二末刻"庆元己未校官黄汝嘉重刊"一行；新增补的内容则以"增刊"标示，如吕本中《东莱先生诗集》卷首曾几《东莱诗集序》下

---

① 莫砺锋《江西诗派研究》，第311页。
② 同上。

有"增刊"二字,《外集》"目录"末题"庆元己未校官黄汝嘉增刊"一行。黄汝嘉《江西诗派》诸集格式统一,均在各卷卷题下刻"江西诗派"四字。迄今尚可考知的黄汝嘉《江西诗派》别集有吕本中《东莱先生诗集》、饶节《倚松老人文集》、韩驹《陵阳先生诗集》、晁冲之《具茨晁先生诗集》、谢薖《竹友集》、黄庭坚《山谷集》,其中吕本中、饶节别集存有宋刊残本,韩驹、晁冲之别集有明清传抄传刻本,谢薖、黄庭坚见于《直斋书录解题》等书目著录。黄汝嘉《江西诗派》合刻集刊刻亦佳,是后世诸多江西诗派别集传抄传刻本之祖本,产生了深远影响。

  程、黄江西诗派合刻集的编刻,也影响了同为南宋大型诗集合刻的陈起江湖诗集。江西诗派、江湖诗派合刻集均是某一诗派发展壮大的产物,其中的子集体量普遍不大,带有较强的编选性,均有小而精的风格。不同的是,江西诗派合刻集是地方官刻,并不以盈利为第一目的,编刻质量绝佳。而江湖诗集虽是坊刻精品,但带有坊本风格。由于陈起采取随刻随售的编刻方式,江湖诗派合刻集的规模比江西诗派合刻集大很多,刷印数量及其影响也比江西诗派合刻集更大。江西诗派、江湖诗派是宋代最大的诗派,它们都产生了合刻集,且在合刻集的助推下进一步扩大了影响力,由此可见别集合刻与宋代诗派的崛起是相辅相成、密不可分的。对于诗人别集的合刻,仍有进一步研究的空间。

  附记:本文在撰写时有幸得到业师王岚教授指导,特此致谢。

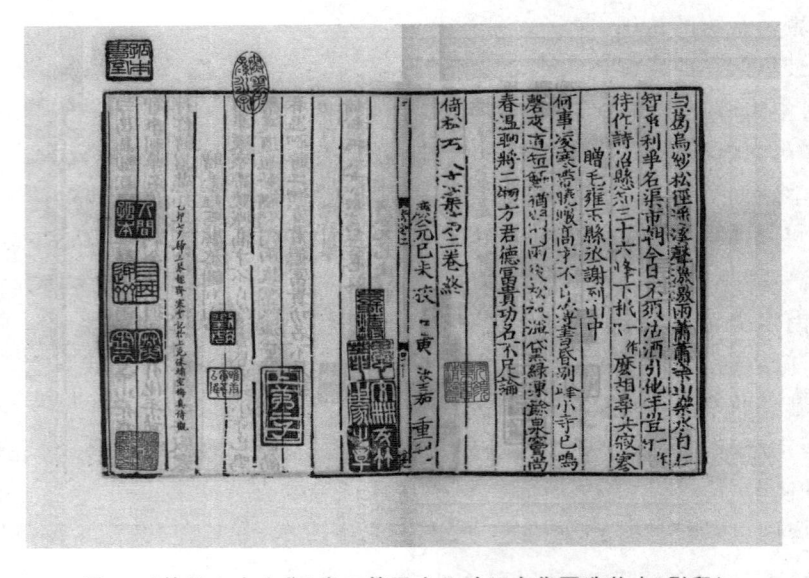

图1 《倚松老人文集》卷二第四十八叶(《中华再造善本》影印)

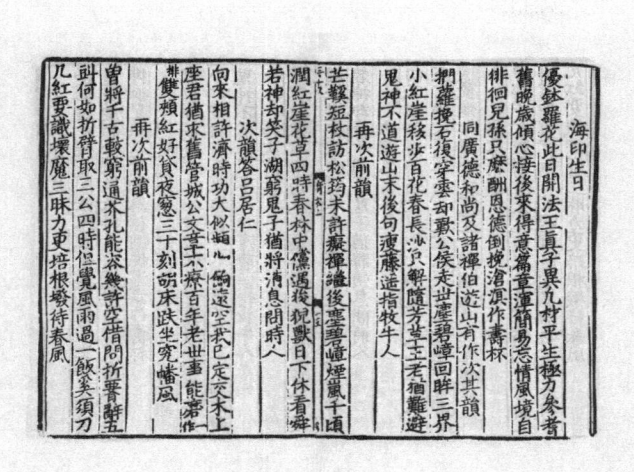

图 2 《倚松老人文集》卷二第十五叶（《中华再造善本》影印）

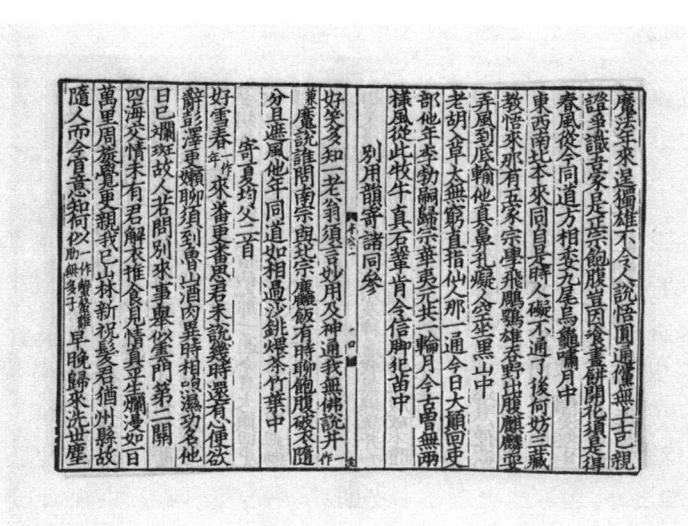

图 3 《倚松老人文集》卷二第十四叶（《中华再造善本》影印）

明集刻本卷端署名例说*

颜庆余**

【内容提要】 卷端题署既可用于古书著录和版本鉴定,又因其记录丰富的编刊信息而具有更大的研究价值。诗文集卷端署名习惯在明代出现了比较显著的变化,晚明刻本的卷端署名由简净走向繁复,因此能够记录更多的编刊过程的分工情况和人员信息。这些编刊分工一般是实际发生的删选、校阅和编次等行为,对文本产生实质的影响。这些编刊人员通常是作者的门人、亲人、友人和邑人,是作者最重要的社会关系,其编刊行为包含情感和伦理的因素。晚明诗文集刻本繁复的卷端署名,表明诗文集的编刊是一项基于作者社会关系的集体协作的工程。

【关键词】 明人诗文集　刻本　卷端署名

一　引言

古书的正文首叶,一般的格式是首行题写书名,其后几行则署著者的姓氏和相关编刊者的姓氏。这个题书名和署姓氏的位置,称之为卷端。卷端因其内在于正文各卷的位置,在书籍刊印和流传中,与卷首的书名页、书序、题词、目录等要素相比,更具难以脱离的稳定性。卷端题署由此在古书编目和版本鉴定中具有特别的意义。

在古书编目中,卷端所题书名和所署姓氏,是著录的主要依据。[1] 古书的书名,在卷端之外,还可能出现在书皮题签、书名页、版心、书根、目录和序跋等处,同一种书的不同位置,书名可能并不一致。古书著录的习惯,通常是以卷端题名为准。

在版本鉴定中,卷端题署同样是重要的依据。曹之从内容和形式两方面

---

* 本文为国家社会科学基金重大项目"历代别集编纂及其文学观念研究"(项目号:21&ZD254)阶段性成果。

** 本文作者为江南大学人文学院副教授。

[1] 张煜明《古书的卷端》,《图书情报知识》1983年4期,第59—61页。

讲版本鉴定,根据形式鉴定版本的第三点就是卷端,又细分为卷端书名冠词和编纂校刊姓氏①。曹之又特意指出:"明代卷端题名最滥,每编一书,常常拉大旗作虎皮,将名流姓氏作为校刊题名冠于简端,连篇累牍,自欺欺人。"②明代刻本卷端题署的泛滥和名实不符,确实是值得关注的现象,然而,只把这样的现象当成陋习,无助于发掘卷端题署可能具有的史料价值。

李致忠归纳一般刻本书的诸多鉴定依据,其中第十一条是"依据卷端上下题名鉴定版本"③。与卷端上题的书名相比,卷端下题包含的要素经常更加复杂,既可以涉及著、编、校、选、阅、刊等不同分工形式,也可能包含籍贯、官衔、辈分等不同身份信息。这些都可以作为版本鉴定的线索④。

卷端题署,在古书编目和版本鉴定中,都已得到一定的关注。卷端所题书名相对简单,可不必再论,而卷端所署编纂校刊姓氏,即李致忠所说的卷端下题,因其经常体现复杂的情况,仍然需要更多的研究。卷端署名,既可用于古书编目和版本鉴定,更有助于描述书籍的编刊过程,确认相关参与者的分工情况。明代刻本书卷端署名的泛滥和名实不符,既可作消极的评价,批判其累赘和欺罔,也可作积极的审视,发掘其史料价值和文化史的内涵。

本文主要关注的是明代诗文集刻本的卷端署名现象。明代刻书业发达,诗文集刊刻尤其繁多,并且这些刻本存世数量极为可观。存世的明代诗文集刻本,在卷端署名的问题上,最能体现其复杂的情况,也最能提供丰富的文献材料,因此最适合作为这一问题的考察对象。本文考察明人诗文集编刊过程的分工情况和参与人员构成,讨论这些分工和参与人员如何影响最终刊印问世的文本。这些考察和讨论将涉及文本生产的社会协作性质,文本生产中作者与他人的关系等议题。

二 晚明刻本的风气变化

明人张泰《沧洲诗集》十卷,由同僚李东阳、吴宽、谢铎共同编选,由文林交付成桂,弘治三年(1490)在淮安刊行。此集卷首有李东阳弘治三年九月所撰序言,略述诗集编刊经过,而在诗集正式付梓之前,李东阳在寄给文林的信函中,明示卷端题署应遵循的原则:

> 承手书,知《沧洲集》已录出,将就梓。……但所示样本,每卷前一叶

---

① 曹之《中国古籍版本学》(第二版),武汉:武汉大学出版社,2007年,第422—429页。
② 曹之《中国古籍编撰史》,武汉:武汉大学出版社,2006年,第503页。
③ 李致忠《古书版本鉴定》下《鉴定编》,北京:文物出版社,1998年,第156页。
④ 同上书,第158页。

有撰述、删定、校正、刊行等名号，似为不典。此集为沧洲作，何必言撰。旧稿去取，乃诸同年更议互订，何以独归一人。校正之职，乃后生晚进施于前辈者，尤为非当。而刊行名氏则宜职事著一跋语殿诸卷后，亦未有标于卷首之例。四者之中，无一可者。且今韩、柳、李、杜诸大家集本具在，其有无事例，不辨可知。……向所奉记，止云录稿重订乃可入梓，正恐有失，而不意其失之至于此也。今望亟以录稿见寄。如已入梓，亦须除此四行，各以卷后五言律一首移补其阙，庶免贻笑好事，为盛德美事之累。①

《沧洲集》样本的卷端包含撰述、删定、校正、刊行四类工序及其参与者姓氏。四者都受到李东阳的否定。其一撰述，沧洲是作者张泰的号，卷首"沧洲诗集"的题名已经足以体现作者姓氏，不必另行标识；其二删定，诗集由李东阳、吴宽、谢铎三人同选，不应归功于一人（应指李东阳）；其三校正，文字校订正误的事务例由后辈担任，不当于卷端标识；其四刊行，刊行之人可在卷后附一跋语交待，不应在卷端标识。李东阳强调样本的做法完全不符合自古以来的"典"和"例"，希望删除卷端这四行署名，并提出移补的改作方法。

文林将李东阳的意见反馈给成桂，成桂依从改作的建议，铲去卷端署名，再将样本寄呈李东阳。在寄给文林的第二封信中，李东阳又对卷端剜改问题提出新的建议：

今所铲去者，欲移卷后诗补刻，则改作太多，次第亦紊，略照《文鉴》等例，以各卷目录补之，各以小票粘其上，烦一二检勘，不使有所遗误。②

李东阳认识到，先前提出的移补办法改动过多，可能造成次第紊乱，因此建议仿照吕祖谦《宋文鉴》之例，剜改卷端题署数行，补以本卷目录。明天顺八年（1464）严州刊行的《宋文鉴》，早于《沧州诗集》刊刻的弘治三年不过二十多年。李东阳见到的《宋文鉴》很可能就是天顺刻本。此本卷端在吕祖谦的署名之后，是各卷的篇名目录。稍晚的正德间慎独斋刻本和嘉靖间晋藩刻本，卷端都维持这样的特征。李东阳提出的仿照《宋文鉴》之例，具体做法就是在剜空的卷端四行补入各卷的篇名目录。

存世的《沧洲诗集》弘治刻本，大体上遵循李东阳的改作意见，卷端在首行集名之外，只保留次行的作者姓氏："太仓张泰亨父撰。"原先的删定、校正、刊行三行，以卷一为例，剜空后分别补入"四言一首、琴操二首""拟古二首、古律绝句共七十三首""赋一首、词一首"三行篇名目录。

---

① 〔明〕李东阳撰，周寅宾、钱振民校点《李东阳集》文稿卷十四《与文宗儒书》，长沙：岳麓书社2008年，第559—560页。

② 〔明〕李东阳撰，周寅宾、钱振民校点《李东阳集》文稿卷十四《再与文宗儒书》，第560页。

李东阳坚持的卷端标识古法,不仅仅施诸张泰诗集,同时师友的诗文集,凡是卷首有李东阳序的,大多依从其倡导的古法。

谢铎《桃溪净稿》八十四卷,正德刻本,李东阳弘治二年序。

叶盛《泾东小稿》九卷,弘治刻本,李东阳弘治二年序。

孙瑀《岁寒集》二卷,嘉靖刻本,李东阳正德三年序。

黎淳《黎文僖公集》十七卷,嘉靖刻本,李东阳正德六年序。

刘定之《呆斋前稿》十六卷,明刻本,李东阳正德八年序。

张弼《张东海先生集》九卷,正德刻本,李东阳正德十年序。

刘珝《古直先生文集》十六卷,嘉靖刻本,李东阳正德十年序。

以上是目前翻检所得的数种李东阳序刻本,卷端都只有上题的集名,没有下题。少见的例外是徐源《瓜泾集》二卷,正德刻本,卷首李东阳正德九年(1514)序,卷端有"弟澄汇集/门人吴一鹏校正/男棨编次"的署名。李东阳对卷端标识古法的坚持,及其操持文柄的影响力,由此可见一斑。年辈较晚的张邦奇向友人转述李东阳当日的言论:

> 少陵、昌黎集每卷之前不著作者姓名。盖通部出一手,既显标其号,而复著姓名卷首,其为赘无疑。此论面闻西涯文正公,今其集中所答友人一书亦详言之。[①]

此则记述提及李东阳在社交场合的议论与前引致文林信函,可见李东阳言论在当时的影响,又可见彼时古法渐失的风气变化。

李东阳倡导的卷端标识古法,揆之存世的宋元刻本诗文集,大体上合乎实际。先唐别集的宋刻本,如陶潜集的曾集刻本,卷端只题集名。唐人集的宋刻本,无论是南宋蜀刻本,还是南宋临安府书棚本,卷端大多只题集名,一些兼署作者姓氏。宋人集的宋刻本也大抵如此,如唐庚《唐先生文集》、陆游《新刊剑南诗稿》等。元人集的元刻本,如虞集《伯生诗后》、马祖棠《石田先生文集》,卷端也只有集名。这当然不能认定为一种绝对的规则,比较准确的描述应该是,宋元刻本的诗文集,卷端题署大多比较简略,经常只有卷端上题,如果有下题的署名,也以作者姓氏为主,少见后世署名冗赘的现象。

明初刻本仍然保持卷端题署简略的习惯。洪武刻本如宋濂《宋学士文粹》,天顺刻本如柯暹《东冈集》,景泰刻本如陆颙《新编颐光先生诗集》,成化刻本如刘溥《草窗集》,都只有卷端上题。而永乐刻本如金守正《雪崖先生诗集》,正统刻本如韩经《恒轩遗稿》,成化刻本如高棅《高漫士啸台集》,卷端在集名之

---

① 〔明〕张邦奇《张文定公环碧堂集》卷三《复李仁仲大参》,《续修四库全书》1337册影印明刻本,上海:上海古籍出版社,2002年,第149页。

外,也只是多出一行编者姓氏。在李东阳生活的弘治、正德年间,仍然大体上沿续着卷端简净的风气。李东阳师友的诗文集,如前举诸例,都是如此。又如明初诗人袁凯《海叟集》,李梦阳正德元年(1506)序刻本,卷端只有集名和作者姓氏。李梦阳正德间自刊《崆峒集》二十一卷,卷端也只有集名。

嘉靖年间似乎是卷端题署风气开始出现明显变化的时期。储罐《柴墟文集》和王九思《渼陂集》,卷端都只题集名,这两种文集都刻于嘉靖初。而嘉靖三十九年(1560)刊行的骆文盛《两溪先生遗集》,卷端下题,在著者姓氏外,还有评者、校者和辑者姓氏三行。嘉靖四十五年刊行的王从善《凤林先生文集》,卷端下题包含著者、辑者、校者和刊者姓氏四行。嘉靖是明代刻本书显著增加的时期,诗文集的大量刊刻成为时人关注的现象。唐顺之(1507—1560)指出:"其达官贵人与中科第人稍有名目在世间者,其死后必有一部诗文刻集。"①又指出:"今世所谓文集者,遍满世间,不为少矣,其实一字无用。"②嘉靖以降卷端题署风气的变化,正以彼时诗文集刊刻数量增长为背景。

明代中期,李东阳在诗文集编刊上,坚持卷端题署的古法,可以说是一个意味深长的事件。宋元至明代前期的刻本书,卷端题署大多简净,符合所谓的古法。李东阳从《沧洲诗集》的编刊上,看到卷端标识不合自古以来的"典""例",由此极力倡导古法。明代中期,李东阳的师友门生,包括李梦阳、储罐等,大抵遵循所谓古法。然而,自嘉靖、万历以降,明人诗文集刻本的卷端下题署名逐渐走向繁复。晚明刻本书的卷端,遵循古法的例子仍然不少,更值得注意的却是曹之批判的"连篇累牍"的现象。

万历刻本黄滔《唐黄先生文集》,卷首目录后有"校梓姓氏"二叶,叶向高、谢肇淛等名士三十四人列名其中。傅增湘《藏园群书题记》著录此本,由此指出明末清初的刻书风气:

> 明末士大夫通声气,广交游,凡刻一书,必罗列胜流,以震耀当世,甚者多至百余人。沿及清初,此风不革。洎于庄氏史案,缘是株连,惨兴大狱。其实署名参阅,而其人初不与闻,徒骛虚声,贻兹祸害,斯亦可为鉴诫者矣。③

这种驰骛虚声的风气,既体现在卷首附载的校阅、助梓等姓氏名单,也体现于名目繁多的卷端下题署名。嘉靖以降的刻本书,卷端经常承载丰富的信息,主要是编刊过程的分工及其参与者。这些信息,如果结合首末序跋等资

---

① 〔明〕唐顺之《荆川先生文集》卷六《答王遵岩》,《四部丛刊初编》影印明万历刊本。
② 〔明〕唐顺之《荆川先生文集》卷七《与卜益泉知县》。
③ 傅增湘《藏园群书题记》卷十二《明万历刊本唐黄先生文集跋》,上海:上海古籍出版社,1989年,第644页。

料,往往有助于描述编刊过程的详情和相关参与人员各自的分工,还可进而讨论作者意图如何实现与文本生产的社会协作等问题。概言之,卷端署名尽管存在名实不符的问题,因其可能记录丰富的编刊信息,仍然是值得关注的版本要素。

三 卷端署名所见分工和人员

晚明刻印的明人诗文集,卷端下题署名风气的变化最直接地体现于版面空间的分配。分工种类和参与人员的增加,相应地需要占据更多的行格。嘉靖以前的刻本,常见的是卷端简净、题署仅占一二行的版面;而嘉靖以后,卷端题署占用多行、半叶乃至一叶的刻本,更为多见。这是翻阅明集刻本时触目可得的直观印象。

严果《天隐子遗稿》十七卷,明末悟澹斋刻本,卷端集名和著者姓氏二行外,阅者、参者和订者各占一行,凡五行。

徐渭《徐文长三集》二十九卷,万历二十八年商濬刻本,卷端集名和著者姓氏二行外,又有校者四人姓氏四行,凡六行。

严集、徐集二例的卷端,是晚明刻本中比较常见的情形,还不算很繁复。所谓"连篇累牍"的例子也能不时见到。

严怡《严石溪诗稿》六卷,万历五年刘效祖刻本,卷端除集名和著者外,署名一共包括选一人、同选九人、校一人和同校七人,占据二十行,正好是两个半叶,一整个版面。

傅夏器《锦泉先生文集》五卷,万历年间由其后人刊行,集名冠以"重刻叔祖"四字,卷端占据三个半叶,详列参与校刊事宜的侄孙二十四人的名、字和科第。

卷端题署占用的版面,通常不会超过半叶,如果人数众多,半叶不能容纳,通常会单独开列姓氏名单,置于卷首。前举傅增湘著录的万历刻本《唐黄先生文集》,是明人刊刻前代文集的一例。明人诗文集的晚明刻本,这种例子更为常见。

林景旸《玉恩堂集》九卷,万历三十五年林有麟刻本,卷首有《名公校阅姓氏》。

王家屏《复宿山房集》四十卷,万历魏养蒙刻本,卷首有《刻文集名氏》。

凌儒《旧业堂集》十卷,天启四年刻本,卷首有《旧业堂文集姓氏》。

顾天埈《顾太史文集》八卷,崇祯刻本,卷首有《较阅姓氏》。

汪道昆《太函副墨》二十二卷,崇祯六年刻本,卷首有《太函副墨较阅姓氏》。

卷首单列的校阅姓氏,同样有助于考察编刊过程的分工情况,又与卷端下题署名密切相关,二者兼具时,还可以相互参证,因此也是值得关注的编刊现象。这里仅举出数例,深入的研究当另作专文。

晚明刻印的明人诗文集,卷端下题署名占据更大的版面空间,因此可记录更丰富的编刊信息。以下从编刊的分工和人员两方面,各举若干例子说明,藉此体现晚明刻本书卷端署名的总体情况。

1. 卷端记录编刊分工情况。

晚明诗文集刻本的卷端下题署名,经常能够反映比较完整的编刊工序。

王宗沐《敬所王先生文集》三十卷,万历元年刘良弼刻本,卷端下题三行署名,涉及的工序是:选集—编次—校刊。

舒芬《梓溪文钞》十八卷,万历四十八年舒氏刻本,卷端下题六行署名,涉及的工序是:辑—录—次—阅—较。

郭应聘《郭襄靖公遗集》二十六卷,万历郭良翰刻本,卷端下题五行署名,涉及的工序是:著—编—订—校—梓。

朱敬鑢《梅雪轩诗稿》四卷,明金陵兰亭书坊刻本,卷端署名四行,涉及的工序是:著稿—蒐辑—订正—铨次—编阅—对讹—刊行。

每一种具体的版本,卷端反映的工序有详有略,详细则分工具体而明确,如以上数例;简略则分工笼统而宽泛,这样的例子也很多。

朱察卿《朱邦宪集》十五卷,万历六年朱家法刻本,卷端署:"四明沈明臣嘉则校。"据卷首王世贞序和卷末朱家法跋,沈明臣的"校"是"校雠"。

吴国伦《甔甀洞稿》五十四卷,万历刻本,卷端署:"始安张鸣凤、新安方尚赟校。"据卷首张鸣凤序自述,其"校"是"校读"。

陈文烛《二酉园尺牍》二十卷,万历刻本,卷端署:"鄞郡门人吴勉学校。"据卷末吴勉学跋自述,其"校"是"校梓"。

以上数例中,卷端下题署名,在"著"之外,仅有"校",据首末序跋的记载,可以是"校雠""校读""校梓"等事务,都是比较综合而最受重视的文献编校行为。一般说来,单独出现在卷端的"校",通常不是指"校字"。"校字"一词,指的是写样和试印阶段的文字校对,多出现在各卷末叶或目录末叶。卷端的"校",又经常衍为"校刻""校梓""校刊"等词。

徐中行《青萝馆诗》六卷,隆庆五年汪时元刻本,卷端署:"门人新都汪时元校刻。"据卷首俞允文序,汪时元的"校刻"工作包括"缮缉""删取""勒为六卷"。

这些术语中的"刻""梓""刊",通常是指主持刊刻事务,而不是指工匠的木版雕刻。汪时元刻本《青萝馆诗》卷首俞序末尾有一行"歙邑黄炉刻"。明确记录了刻字工匠的姓氏,与卷端"刻"字的含义不同。

卷端的"校"及其衍生的"校刻"等术语,最为常见,含义比较宽泛,有时可以借助序跋,了解其具体内容。一般说来,卷端下题署名"校"或"校刻"的姓氏，就是刊刻事务的实际主持者，在古书著录中，一般视为刊刻者。

在一些例子中，卷端下题署名，除著者之外，仅有"选"。

陈鎏《已宽堂集》二卷，万历刻本，卷端署："琅琊王世贞选。"

戴鳌《戴中丞遗集》八卷，嘉靖三十九年刻本，卷端署："同邑东沙张时彻惟静选。"

这里的"选"，是诗文集编刊中必要的删选，不是选本意义上的选择。卷端只署"选"的姓氏，是对选者的重视，一般说来，这样的选者通常是能为文集提高声价的社会名流。

与"校"同样含义宽泛的是"阅"的署名。

袁宏道《潇碧堂集》二十卷，万历三十六年书种堂刻本，卷端署："麻城李长庚酉卿阅。"

袁宏道的几种诗文集，《潇碧堂集》《瓶花斋集》《锦帆集》《解脱集》，都在万历年间由袁无涯书种堂刊行，卷端下题署名除著者一行外，都只有一行阅者姓氏，而参订、校梓等姓氏则出现在每卷末叶。这里的"阅"很难确定其具体的含义。"阅"的字面意思是阅读，只说明此集某某读过，含义宽泛。阅者可能只是过目，所谓"参阅"；可能施以删选，所谓"选阅"；可能加以校订，所谓"校阅"；可能编辑文稿，所谓"编阅"。

概言之，卷端记录的编刊分工，包括辑、选、编、订、校、阅等，都是编刊过程的主要工序，对一种诗文集的最终成书，都能起到不同程度的作用。

2. 卷端记录编刊人员信息

卷端下题的署名，包含这些编刊分工参与者的个人信息，姓名是必不可少的要素，一般还会有字里，有时还会有官衔。

骆文盛《两溪先生遗集》八卷，嘉靖三十九年刻本，卷端署："德清蔡汝楠子木评/闽漳王健于行校。"

艾穆《艾熙亭先生文集》十卷，万历刻本，卷端署："沔阳陈文烛玉叔、新淦朱孟震秉器、高邑赵南星梦白、临海王士性恒叔校。"

邓元锡《潜学编》十二卷，万历三十五年刻本，卷端署："明征士翰林院待诏黎川潜谷邓元锡著/巡按浙江监察御史门人盱江心源左宗郢编/绍兴府推官后学云间何三畏校/余姚县儒学教谕后学檇李项元濂阅。"

这些个人信息中，最值得关注的是编刊分工参与者与作者之间的关系。卷端署名经常会把这些关系体现出来，如门人、弟侄子孙、友人、同邑等。

殷士儋《金舆山房稿》十四卷，万历十七年邵陛刻本，卷端署名"编辑""校正""同订"的是于慎行、邵陛、孙鑨、刘应麒四位门人。

王宗沐《敬所王先生文集》三十卷，万历元年刻本，卷端署名"选集""编次""校刊"的是张位、习孔教、刘良弼三位门人。

许国《许文穆公集》六卷,万历三十九年刻本,卷端署名"校阅"的是焦竑、邵庶、王尧封、刘曰宁等四位门人。

以上数例,都是由作者的几位门人共同完成一种诗文集的编刊。

袁宗道《白苏斋类集》二十二卷,明刻本,卷端署:"弟宏道、中道参校。"

耿汝愚《江汝社稿》九卷,万历四十六年刻本,卷端的"辑"者是其弟耿汝忞,"校"者是其二子。

凌儒《旧业堂集》十卷,天启四年刻本,卷端署名"订"的是孙、侄孙、曾孙和外曾孙凡七人。

以上数例,都有作者的弟侄子孙等亲人参与诗文集的编刊工作。

万虞恺《枫潭集钞》二卷,嘉靖刻本,卷端署:"临川徐良傅评编/孝丰吴维岳评校/无锡顾起纶评选。"由卷首徐、吴、顾所撰三序看,三人都是作者的友人。

李言恭《青莲阁集》十卷,万历十八年刻本,卷端署名都是两位友人的"校",每卷由不同友人承担。

沈德符《清权堂集》二十二卷,明刻本,卷端署名是友人的"阅",如卷一"新野马之骏仲良父阅",每卷由不同友人承担。

谢肇淛《小草斋集》三十卷,万历刻本,卷端署名是友人的"校",如卷一"友人陈鸣鹤校",共有十位友人参与。

以上数例,都有作者的若干友人参与诗文集的编刊工作。

前举徐渭《徐文长三集》,卷端署:"明会稽徐渭文长著/陶望龄周望校/谢伯美开美、商濬景哲、陈汝元起侯同校。"这四位"校"者,与作者同是会稽人。

徐渭《徐文长逸稿》二十四卷,天启三年刻本,卷端署:"山阴张汝霖肃之父、王思任季重父评选/张维城宗子父较辑。""评选""较辑"的三人,与作者同是山阴(会稽)人。

以上二例,都是由作者的同邑后学完成诗文集的编刊工作。徐渭诗文的流传,在很大程度上应归功于同里后学陶望龄等人的努力。在诗文集编刊中,地缘经常是很重要的因素。参与编刊的友人,很多与作者有同邑同郡同里的关系。前举《小草斋集》的"校"者十友,与作者谢肇淛都是福州人,此集的卷端署名姓氏可以说是晚明福州文人群体的一份名单。

作者与编刊参与者之间的关系,当然还可以有其他类型,不过,门人、亲人、友人和邑人四者大概是其中最重要的四类人员。很多诗文集的编刊都是由这些人员共同完成。

穆文熙《穆考功逍遥园集选》二十卷,万历二十九年刻本,卷端署名"选"的是其关中友人,"校"的是两位门人和一位濠梁友人,"梓"的是其仲子。

王栋《重镌一庵王先生遗集》二卷,天启刻本,卷端署名"校正"的是其友人,"仝校"的是其同里门人,"存遗"的是其孙,"重梓""补辑"的是两位四代侄孙,"参阅"的是三位五代侄孙。

宋存标《秋士偶编》一卷,明末刻本,卷端署名"选"的六人,包括其师方禹翁、其友陈继儒、同社徐孚远和陈子龙、其弟宋徵璧和宋徵舆。

陶望龄《歇庵集》二十卷,万历刻本,卷端署名"校"的是门人乔时敏,"订"的是友人谢伯美和弟陶奭龄,"阅"的是友人商濬和弟陶祖龄。

概言之,卷端记录的编刊人员,主要包括作者的门人、亲人、友人和邑人等,都是作者重要的社会关系。这表明,一种诗文集的编刊,在很大程度上,依赖于作者在职业、家族、交游、地方等方面的社会关系。

此外,地方官员也经常动用官帑,刊行当地士绅诗文集。这类举动既有推阐教化、表彰乡贤的宗旨,也可能包含政治功利的考量。

魏校《庄渠先生遗书》十六卷,明刻本,卷端署:"苏州府知府太原王道行校刻/昆山县知县清河张焊同梓/门人归有光编次。"

聂豹《双江聂先生文集》十四卷,明嘉靖刻本,卷端署:"礼部仪制司郎中从子静编辑/永丰令后学蕲春吴凤瑞校刻。"

昆山人魏校的遗集,是由其同里门人归有光编次,并由苏州知府和昆山知县校刻;永丰人聂豹的遗集,是由其从子和门人编辑,并由永丰县令校刻。地方官员刊刻书籍,有时并不限于当地士绅,可能出于某些特定的关系,刊刻外地士人的诗文集。前文引述的武康人骆文盛《两溪先生遗集》,卷端署名的王健,先为武康令,结识骆氏,后为饶州守,得到宦游江西的骆氏友人蔡汝楠携带的骆氏遗集,并校刻行世。前文引述的江西南城人邓元锡的《潜学编》,卷端署名表明参与者都是浙江官员,主事者左宗郢时任巡按浙江监察御史,是邓元锡门人。

以上四例,地方官员都在编刊过程中担任校刻等事务。不过,这四例又表明,地方官员对编刊事务的介入,通常不能脱离作者的门人、亲人、友人等社会关系。他们也许各有所图,但仍然是合作关系,地方官员提供刊刻经费,有时也参与具体的编校事务,而作者的门人、亲人、友人等则提供文稿,承担实际的编校工作。

四 卷端署名与文本生产

以上举出明人诗文集刻本若干例,大体可反映晚明刻本书卷端下题署名的总体情况,即编刊过程的分工比较具体,参与者多并且与作者之间存在密切关系。这些繁复的卷端署名,在用于古书编目和版本鉴定之外,显然还有更多的研究价值。学者从不同的角度入手,应该会有各自的不同层面的发现。然而，晚明刻本书繁复的卷端署名，本身就是一种值得深思的编刊现象。本文试图从文本生产的角度，对这一现象稍作探讨。

晚明诗文集刻本卷端下题的署名，确实存在傅增湘所说的"徒骛虚声""罗列胜流"和曹之说的"连篇累牍，自欺欺人"的现象，不过，从整体上说，卷端反映的编刊分工与诗文集的成书之间，通常存在实际的联系，这是不能否认的事实。卷端记录的编选、校刊、订正等分工，既是编刊过程不可缺少的工序，也在实质上影响文本的形成。

白悦《白洛原遗稿》八卷，隆庆元年刻本，卷端署名："广陵宗臣选/吴郡皇甫汸校/子启常启京启吴等录。"

据卷首宗臣嘉靖三十六年（1557）序和皇甫汸隆庆元年（1567）序，白悦三子的"录"，具体工作是"广茸遗编"；宗臣的"选"，具体是"芟其繁颣，汇其菁英"；皇甫汸的"校"，具体是"复加增损"。经过这样的删选过程，白悦集最终确定了收录的篇目和编定的卷数①。

前举《朱邦宪集》，卷端的沈明臣"校"，据卷末朱家法跋，具体是将作者遗稿删存十之三。《徐文长三集》，卷端的陶望龄"校"，据其卷首序言，具体是将已刊行的《文长集》十六卷和《阙篇》十卷和未刊行的《樱桃馆集》若干卷三者合一，加以诠次，编为二十九卷。《青萝馆诗》，卷端的汪时元"校"，据卷首俞允文序，具体是诗篇的抄录、删选和编次。

以上四例，卷端署名中的编刊分工，据首末序跋的记述，都能知悉其具体内容。在文献不足征的情况下，编刊分工或许难究其详，然而，这些分工对于文本形成的作用，应该是实际存在的。

卷端署名姓氏众多，不免有名不符实的嫌疑。不过，若干姓氏分署于一集各卷，与卷首集中列出的姓氏名单，这两种做法可能不太一样。前举李言恭《青莲阁集》十卷、沈德符《清权堂集》二十二卷、谢肇淛《小草斋集》三十卷三例，各卷卷端分署不同友人的姓氏，这些友人分任各卷的校阅工作。这样具体的分配，应该是实际发生的校阅工作的记录。在这一问题上，袁中道《珂雪斋集》是一个有意思的例证。

《珂雪斋集》分前集二十四卷、外集十五卷、近集十一卷。前集卷端下题有二行，一行署"公安凫隐袁中道著"，另一行署友人某氏或门人某氏"校"。前集卷一至卷七、卷九至卷十五，都是这样的署名，参与"校"的友人凡九人、门人凡五人。然而，前集卷八的卷端校者署名只有"友人"二字，卷十六至卷二十四的卷端校者署名一行都填以墨钉。外集十五卷的校者一行也都填以墨钉，而近集十一卷除卷一署"书林振吾唐国达刊"外，其余各卷都取消此行。前集、外集

---

① 〔明〕白悦《白洛原遗稿》卷首，《明别集丛刊》2辑61册影印，合肥：黄山书社，2015年，第4—5页。

与近集卷端署名的异常现象,大概是因为编刊时没能找到足够的门人、友人承担"校"的工作,最终只能暂付阙如,乃至索性取消。这反过来证明各卷署名之人应该都承担了实际的"校"的工作。

晚明诗文集刻本卷端署名之人,如前所述,经常是作者身边的门人、亲人、友人和邑人等。这些都是作者一生中最为重要的社会关系,包含明显的情感和伦理因素,一些基于师生之间的情谊,一些基于天然的血缘和亲情,一些基于交游中建立的友情,还有一些则是基于乡梓之情。

吕柟《泾野先生文集》三十六卷,嘉靖三十四年刻本,卷端署:"门人建德徐绅、海宁吴遵、彭泽陶钦皋编刻。"据卷首李舜臣嘉靖三十四年序:"三君子者刻是编者,所以存先生也,存先生者,以存道也。"①

前举殷士儋《金舆山房稿》,卷端署名的四位门人,分任"编辑""校正""同订"的工作。卷首门人邵陛万历十七年后叙,记述自己在殷先生门下受学之事,又记述其门人遍天下的盛况。

以上二例,门人校刻老师文集,一则有意于传承师道,一则有感于师门情谊。黄道周门人洪思(号石秋)为老师收拾遗文,编成《黄石斋先生文集》十三卷,清人郑玫在卷首凡例中特意指出:"古人著书,皆门人编集。韩昌黎文,李汉辑。程子易传,杨龟山辑。张子集,苏季明辑。朱子全书,黄勉斋辑。今石秋子苦心表章师书,与古人无异。"②可知门人编辑师书,是由来已久的传统,包含着师生情谊值得珍重的观念。

孙楼《孙百川先生集》十二卷,万历四十八年刻本,卷端署:"梁溪子婿华滋蕃伯昌父校阅。"卷首邹迪光序:"先生有婿华伯昌为吾梁溪快士,惧其集之散佚,而汲汲然任剞劂之役。"③

项元淇《少岳诗集》四卷,万历三年项氏墨林山堂刻本,卷端署:"项元汴子京校。"卷首作者仲弟项笃寿《伯兄少岳先生诗集叙》:"季弟(子京)时既免丧,惧遗文之坠于地也,爰与基、恒、梧、徵四子,汇次成编,付之梓人。"④

以上二例,亲人的编刊都是出于担忧("惧")遗文散佚坠失的心态,而以传世为目标。前举白悦《白洛原遗稿》,卷端署有作者三子的"录",卷首皇甫汸序称白氏三子"能修父业""克承先志"⑤。子孙负有传存先人遗集的责任,这正是一般的伦理观念在书籍编刊中的表现。

---

① 〔明〕吕柟《泾野先生文集》卷首,《明别集丛刊》2辑9册影印,第12页。
② 〔明〕黄道周《黄石斋先生文集》卷首,《续修四库全书》1384册影印清康熙五十三年郑玫刻本,第7页。
③ 〔明〕孙楼《孙百川先生集》卷首,《明别集丛刊》3辑4册影印,第5页。
④ 〔明〕项元淇《少岳诗集》卷首,《明别集丛刊》2辑56册影印,第5页。
⑤ 〔明〕白悦《白洛原遗稿》卷首,第4页。

何东序《九愚山房诗集》十三卷,万历二十八年刻本,卷端署:"稷山梁纲校。"卷首梁纲序自述自己与作者"同而不能尽同,与不同而同者"①。

梁纲作为作者的同年友,受作者的嘱托,校订诗集,并撰写集序,以知己的身份评述作者的行事。这是朋友情谊在书籍编刊中的表现。前举《朱邦宪集》,作者朱察卿临终前将校雠一事托付给好友沈明臣。《两溪先生遗集》由王健校刊,卷首蔡汝楠序称,王健"最为知公,得集刻而传之如不及"②。万虞恺《枫潭集钞》,卷端署徐良傅"评编"、吴维岳"评校",而卷首吴维岳嘉靖三十九年(1560)序着意记述自己与徐、万三人之间的"契谊,与其暌离眷恋之怀,相见绸缪之喜"③。此三例与何东序集相类,友人参与编刊工作,都体现出朋友之间交善知深的情感。

郭正域《合并黄离草》三十卷,万历四十年刻本,卷端署:"渭南史记事义眉父校正。"卷首史记事万历四十年序:"余不佞忝公维桑之役,请得并刻,因谬为之序。"④

周思兼《周叔夜先生集》十一卷,万历十年刻本,卷端署:"后学徐益孙孟孺、冯大受咸甫校。"徐、冯二人都是华亭人,与作者同邑。卷末冯大受万历十年后叙:"遂手是稿,告之郡中诸士大夫,诸士大夫故多先生,群然赴义,不越月而梓告成。"⑤

以上二例,所谓"维桑""赴义",都是乡里之情在书籍编刊中的表现。前举《徐文长三集》《徐文长逸稿》二集,编刊参与者七人都与作者同邑,卷端下题署名将作者与编刊参与者都置于同一里籍之下,则是显著地突出同邑的特征。

以上诸例,可见作者的社会关系与其诗文集编刊之间的联系。作者身边的门人、亲人、友人和邑人,出于情感和伦理的动机,而不是牟利的目标或职业的要求,参与诗文集的编刊工作,承担辑录、删选、编次、校阅等事务。这一点可以说是诗文集编刊的一个显著特征,而繁复的卷端署名正是这一特征在刻本书版面上的体现。

五　结语

综上,晚明诗文集刻本繁复的卷端署名,记录编刊过程的分工情况和人员

---

① 〔明〕何东序《九愚山房诗集》卷首,《明别集丛刊》3辑55册影印,第323页。
② 〔明〕骆文盛《两溪先生遗集》卷首,《明别集丛刊》2辑47册影印,第4页。
③ 〔明〕万虞恺《枫潭集钞》卷首,《四库未收书辑刊》伍辑19册影印,北京:北京出版社2000年,第543页。
④ 〔明〕郭正域《合并黄离草》卷首,《四库禁毁书丛刊》集部13册影印,北京:北京出版社1997年,第332页。
⑤ 〔明〕周思兼《周叔夜先生集》卷首,《明别集丛刊》3辑9册影印,第456页。

信息，这有助于我们理解文本生产的实质：一种诗文集的问世，始于作者的原稿，成于印出的刻本，是一项基于作者社会关系的集体协作的工程。在这一过程中，作者原稿的文本发生变化，经过删选而保存一些作品，经过编次而形成一定的体例，经过校订而改动一些文字，最后通过刻板和刷印，固定下来，成为公开问世的文本。在这一过程中，原稿脱离作者的案头笔下，经过作者的门人、亲人、友人和邑人之手，在他们辑录、删选、编次、校阅之后，交付书工、刻工和装潢匠，最终成为一种具备各种书籍要素的刻本书。由此，卷端署名成为一项集体协作工程的记录。这一记录因其特定的难以脱离的位置，成为诗文集刻本的印记，明白显示着文本生产的实质。

  诗文集作为一种文献类型，与经书史籍等相比，在编刊上有自己的一些特点。一种诗文集是由若干零散的单篇诗文作品构成，因此在编刊过程中，需要经过辑录、删选、编次等工序，才能形成书籍的样态。在此编刊过程中，诗文集的文本通常会出现比较明显的变化，这是其他文献类型不太有的特点。诗文集在编刊过程中，还会通过订正、评阅、校字等分工，追求更完善的文本面貌，在字句措辞上更经常受到编刊参与者的改动。这也是其他文献类型较少出现的特点。总体而言，诗文作品在从作者手稿到编辑刊印成集的过程中，可能出现的文本变化，是各种文献类型中最为明显的。

  明人诗文集的编刊，无论是在作者生前还是身后，通常要依赖其各种社会关系，如子孙和门人收藏和提供作者手稿，友人删定并评阅作品，门人承担编次和校订工作，辈分较低的子孙负责写样刷印阶段的校字工作，地方官员应作者亲友门人的要求，提供刊刻经费，主持校刻工作。与刊刻前代诗文集相比，明人诗文集刊刻更多地体现出父祖与子孙之间、师生之间、朋友之间、邑人之间等各种社会关系所包含的伦理道德特征。

  明代诗文集刻本的卷端署名，是一种值得关注的编刊现象，包含可供研讨的丰富的文献资料。本文初步描述这一现象，并尝试从文本生产的角度，讨论编刊过程牵涉的社会关系及其内蕴的伦理道德特征。与此现象相关的另一编刊资料，是刻本书卷首所附的校阅姓氏。卷首校阅姓氏与卷端署名相比，通常有三点差异，一是卷首和卷端的版刻位置不同，二是卷首比卷端能够记录更多信息，三是记录编刊信息的方式不同，卷首更多的是笼统的人员名单，而卷端更经常细分各类工序和各卷不同参与者。不过，二者仍然具有相似的文献价值，在编刊过程等问题的研究中，二者都是应该充分利用的版刻史料。

翁方纲诗集的版本源流与成书过程举隅*

赵宝靖**

【内容提要】 翁方纲著述堪称宏富,但其手稿在其身故以后四散而出,至于海外。目前所见翁方纲的诗集版本类型多样,主要有手稿本、手抄本、清稿本、刻本等四种,其中有些版本较为常见,有些则需要挖掘、甄辨。翁方纲诗集的这四种版本类型也恰好构成了其诗集从最初手稿本到最终刻本的成书过程。文中对四种诗集版本类型中的各版本分别加以述说,同时选取其中的诗作为例考察其诗集的成书过程。

【关键词】 翁方纲诗集 版本源流 成书过程

翁方纲是乾嘉年间著名的学者和诗人,但是身后萧条,家道衰落,子孙无继,孙辈至有甚不肖者,坐吃山空,荡尽家产,翁方纲留下的大量未经整理的手稿自然也不能妥善保存。叶昌炽在光绪己丑(十五年,1889)五月初七的日记里记载了翁方纲的门人蒋攸铦写给翁方纲的女婿王宗诚的一封信,里面谈到如何妥善处置翁方纲的大量手稿,"再吾师一生心血,全在书籍金石,所藏卷轴碑板不少,而生平著作已刻及未刊皆有,闻此时琉璃厂店户业经勾串零售,殊可浩叹!望为分别检点妥贮,造册二本,一存尊处,一交四世嫂收存[①],每年晾晒一次,以免损失"[②],但是此计划未能施行。

又翁方纲门人李彦章之子李以烜在《复初斋文集跋》中称"往岁晤仁和魏稼孙醼尹锡曾,知先生诗文手稿三十六巨册,旧藏其乡孙氏,由孙入范,今为丁竹舟广文申、松生明府丙所得"[③],又刘承幹《复初斋集外文跋》称"门人杭州孙侍御烺赗以千金,完厥葬事,所藏精拓及手稿均归之。手稿四十钜册,按年编次,内缺十馀年,诗文、联语、笔记全载。后归绩语堂魏稼孙咸尹,再归之艺风

---

* 本文系山东省社科规划重点项目"翁方纲诗集辑校"(项目号:19BWTJ41)阶段性成果。
** 本文作者为丽水学院副教授。
① "存",原作"年",显误,据文义改。
② 〔清〕叶昌炽《缘督庐日记》第3册,南京:江苏古籍出版社,2002年,第1664页。
③ 〔清〕翁方纲《复初斋文集》卷末,沈云龙编《近代中国史料丛刊》第43辑第421号第3册,台北:文海出版社,1974—1982年,第1394页。

堂缪小册参议"①,可知翁方纲手稿后来递为孙㱩、魏锡曾、缪荃孙、丁申、丁丙以及一范姓人士所有。民国后翁方纲手稿又四散而出,其大宗者有四:一是翁方纲的经学手稿五种,现藏美国柏克莱加州大学东亚图书馆。二是翁方纲的四库提要手稿,现藏澳门何东图书馆。三是翁方纲手批杜诗手稿,现藏台湾师范大学图书馆。四是翁方纲的诗、文、笔记手稿一百零二卷,现藏台北"中央图书馆"(即今台北"国家图书馆"),题曰《复初斋文集》。其余零散手稿之藏存及分布,则又不能尽数。

文中重点考察翁方纲诗集的版本源流及其诗集的成书过程。现存翁方纲的诗集版本主要有四种类型,即手稿本、手抄本、清稿本、刻本。而其诗集的成书过程,也恰恰是这四种版本类型所代表的四个阶段:手稿本阶段、手抄本阶段、清稿本阶段、刻本阶段。以下先考察其诗集的版本源流,再以其中的诗作为例说明其诗集的成书过程。

一 翁方纲诗集的版本源流

(一)手稿本

翁方纲的著作手稿藏存分布相当广泛,诗歌手稿亦是如此。

第一种是翁方纲早年的未刊诗稿。中国国家图书馆(以下简称"国图")藏有一部《翁覃溪诗》,馆藏书号09440,此书在国图网站上已经公布,分为29册,但是其中第15册是翁方纲手抄白居易、黄庭坚、虞集之诗作,第16册又是翁方纲手抄厉鹗之诗作,皆非翁方纲自作之诗,此处暂时不论。第1、2、4—14册乃是翁方纲请人手抄自己的诗作呈送钱载,请钱载进行批点,可以称为抄评本。第17—29册则是钱载请人将翁方纲的诗作以及自己的批语、点画原样过录一遍,可以称为抄评过录本。唯独第3册,其中并无钱载之批语,又以该册笔迹与台湾所藏翁方纲诗歌手稿相比较,同时根据该册首尾之识语,可以断定该册乃是翁方纲癸未年(乾隆二十八年,1763)所作诗歌之手稿,而此时翁方纲才三十一岁,故而这部分诗稿属于其早年之作。这些早年之作既未收入刻本《复初斋诗集》,也未收入刻本《复初斋集外诗》,但其中诗作对于了解翁方纲早年的诗歌旨趣、交游、行事等都具有极高的价值,笔者另有专文辑录(《新见国图藏翁方纲早年诗稿辑录》,《中国诗学》第三十二辑)。

第二种是现藏台湾的翁方纲大宗诗稿。该手稿现藏台北"中央图书馆"

---

① 〔清〕翁方纲《复初斋集外文》卷末,《清代诗文集汇编》第382册,上海:上海古籍出版社,2010年,第674页。

（即今台北"国家图书馆"），题曰"复初斋文集"，实际上乃是文、诗、笔记的手稿合集，凡102卷。《清代稿本百种汇刊》影印收录这部分手稿，分28册，编有连续的页码，计9229页，其中4499页至8248页为翁方纲诗歌手稿，凡3750页。诗歌手稿中，自7311页至8248页乃是翁方纲的早期之作，《清代稿本百种汇刊》影印收录编排页码时却将其置于后，导致整体性的倒乱。除了整体性的倒乱，如果将这部分诗歌手稿与翁方纲的诗集刻本相比较，又可知这部分诗歌手稿还有不少佚失，如刻本《复初斋诗集》中的卷十、卷十一、卷六十三至卷七十，这整整十卷的诗作在诗歌手稿中找不到对应。另外《复初斋诗集》中的卷一至卷五、卷八、卷九、卷十二、卷十六至卷十九、卷二十四、卷三十三、卷三十七、卷四十一、卷四十五、卷四十六、卷五十、卷五十二、卷五十四、卷五十七、卷五十八、卷六十一、卷六十二，以及刻本《复初斋集外诗》中的卷七、卷八、卷二十四，也都有多少不等的诗作在诗歌手稿中找不到对应。所以现存的这3750页诗歌手稿虽是翁方纲存世的大宗诗稿，但也并非完璧。

第三种是《翁苏斋手删诗稿》不分卷。该本现藏国图，馆藏书号09298，封面题"翁苏斋手删诗稿"，是翁方纲乾隆三十三年戊子岁（1768）所作之诗，乃翁方纲督学广东所作诗稿的一部分。该诗稿中的部分诗作已经刻入《复初斋诗集》卷四、卷五，诗稿中翁氏意欲圈删不存的诗作却并未刻入《复初斋集外诗》，笔者另有专文辑录（《新见国图藏翁方纲诗歌手稿未刻诗辑录》，《明清文学与文献》第十辑）。

第四种是现藏上海图书馆的《复初斋诗集》卷六十三，据上海图书馆古籍目录网站的信息，该本索书号为799158。又据段惠子的考察，该诗稿中除了翁方纲拟删除的几首诗作，其余与刊行的《复初斋诗集》卷六十三内容一致①。

第五种是《复初斋诗集》一卷。该本现藏国图，馆藏书号14938，卷首题曰"复初斋诗集卷第六十四"。该诗稿中的部分诗作已经刻入《复初斋诗集》卷六十四，诗稿中翁氏意欲圈删不存的诗作却并未刻入《复初斋集外诗》，笔者另有专文辑录（《新见国图藏翁方纲诗歌手稿未刻诗辑录》）。与刻本《复初斋诗集》卷六十四对比可知，这部分诗稿仅是卷六十四的上半部分，其下半部分现藏上海图书馆。

第六种是现藏上海图书馆的《苏斋存稿》，据上海图书馆古籍目录网站的信息，该本索书号为线善821732-39，内容包括《复初斋诗集》诗稿二卷（卷六十六、卷六十七）、《苏斋笔记》手稿三卷（卷十七至卷十九）、《石洲诗话》手稿一卷（卷十）。段惠子在其博士论文中迻录此本中诗稿卷六十六的目录，并称与刻本《复初斋诗集》卷六十六内容差别较大②。但实际上，此本中所谓的诗稿卷

---

① 段惠子《翁方纲著作研究——以经学、金石学、书学为中心》，复旦大学博士学位论文，2011年，第194页。

② 同上书，第195页。

六十六包含了卷六十四的下半部分以及卷六十六的上半部分,而卷六十六的下半部分则藏于国图,下文将会论及。又据段惠子的考察,此本中的诗稿卷六十七,除了翁方纲拟删除的几首诗作,其余与刊行的《复初斋诗集》卷六十七内容基本相同。

第七种是《复初斋诗稿》不分卷。该本现藏国图,馆藏书号17992,封面题签"复初斋诗稿",首页标注"甲戌"二字,该诗稿中的部分诗作已经刻入《复初斋诗集》卷六十六,手稿中翁氏意欲圈删不存的诗作却并未刻入《复初斋集外诗》,笔者另有专文辑录(《新见国图藏翁方纲诗歌手稿未刻诗辑录》)。与刻本《复初斋诗集》卷六十六对比可知,这部分诗稿仅是卷六十六的下半部分,而其上半部分现藏上海图书馆。

第八种是《苏斋遗稿十一种》中的《复初斋诗集》三卷。该本现藏国图,馆藏书号06343。《苏斋遗稿十一种》收录翁方纲著作手稿共十五卷,其中《复初斋诗集》三卷,卷首分别题曰"复初斋诗集卷第六十八""复初斋诗集卷第六十九""复初斋诗集卷第七十"。此三卷诗稿中的部分诗作已经刻入《复初斋诗集》相应卷次,其中翁氏意欲圈删不存的诗作却并未刻入《复初斋集外诗》,笔者另有专文辑录(《新见国图藏翁方纲诗歌手稿未刻诗辑录》)。

第九种是韦力先生收藏本,但笔者尚缘悭一见。据杜泽逊先生讲,"韦力先生收藏的翁方纲诗集稿本,开头部分即与刻本多有差别,全稿情况尚待研究"[①]。在2019年海上博雅讲坛的一次访谈中,韦力先生也曾谈及他收藏的这部翁方纲诗稿。想来这部翁方纲诗稿也当是翁方纲诗歌手稿的一部分。

另外,根据"学苑汲古——高校古文献资源库"检索到的信息,北京大学图书馆现藏《翁覃溪诗草手札》一部,乃是翁方纲手稿墨迹,线装一册,共24篇35纸,前有江宁管鹤题语,典藏号SB/739.157/8002。笔者尚未经眼这部分诗稿,不知其详也。

(二)手抄本

上文提及的《翁覃溪诗》,在国图网站上分为29册,除了第3册、15册、16册,其馀诸册,第1和18册、2和19册、4和28册、5和29册、6和27册、7和17册、8和26册、9和25册、10和24册、11和23册、12和22册、13和21册、14和20册内容分别相同。根据笔迹可以判断,第1、2、4—14册乃是翁方纲请人手抄自己的诗作呈送钱载,请钱载进行批点,翁方纲在封面上多有题识,行文语气极为谦逊,而钱载亦出于朋友情谊以及学术公心,对翁方纲的诗作进行了批点,故其中多有眉批、夹批、旁批,以及圈点勾画,写有大量批语,这些批语

---

① 杜泽逊《"写本与印本"专栏导言》,《文献》2019年第6期,第37页。

不仅涉及语言修辞，还涉及风格审美，既有具体的修改意见，又有方向性的总体指导①。此即抄评本，《清代诗文集珍本丛刊》第 300、301 册影印收入。对于钱载的批评意见，翁方纲大部分加以采纳，但也有个别之处未予接受。翁方纲所采纳钱载的那部分意见，都又回过头去在自己的手稿上进行了修改。第 17—29 册则是抄评过录本，《清代诗文集珍本丛刊》第 302、303 册影印收入。因是抄胥过录之本，所以多有极其低级的文字错误，如讹字、衍字等②。

这部分诗作是翁方纲提督广东学政时所作，其内容对应的是刻本《复初斋诗集》卷二至卷九，以及刻本《复初斋集外诗》卷一至卷八。《清代诗文集珍本丛刊》影印收录此《翁覃溪诗》29 册，除第 3 册、15 册、16 册此处不论外，其馀 26 册在影印收录时颇显混乱而未加甄辨。下表即按照这些诗作在刻本《复初斋诗集》《复初斋集外诗》中的次序，对抄评本以及抄评过录本稍加整比。

表 1

每册在刻本中的应当次序	每册封面题识	抄评本每册在《清代诗文集珍本丛刊》中的册序及起始页码	在国图网站的册序
一	荦批一	第 300 册 145—202 页	2
二	荦批八	第 301 册 121—136 页；第 300 册之 269—272 页、277—282 页、405 页补入第 301 册 136 页之后，且排列顺序为 269—272、277、278、281、282、279、280、405	9
三	荦批五	第 301 册 57—92 页	7
四	荦批七	第 301 册 93—120 页	8
五	荦批九	第 301 册 167—180 页	11
六	荦批十二	第 301 册 247—332 页	14
七	荦批又二	第 300 册 355—360、363—402 页；361、362 页补入第 300 册 292 与 293 页之间	4

---

① 详见潘中华、杨年丰《〈钱载批点翁方纲诗〉整理》，《古代文学理论研究》第三十六辑，上海：华东师范大学出版社，2013 年。

② 《清代诗文集珍本丛刊》第 302 册中，第 98 页，"远公结构"讹为"远公结楄"；第 360 页，《马和之君臣朝会图》一诗，衍"立""竟"二字；第 369 页，"仇十洲"讹为"依十洲"；第 438 页，有两"画"字皆为"昼"；第 441 页，亦有两"画"字讹为"昼"。第 303 册中，第 21 页，"二首"讹为"千首"。这都是极其低级的文字错误，不可能是钱载所为，因此是抄胥过录之本无疑。

翁方纲诗集的版本源流与成书过程举隅 251

续表

抄评本			
每册在刻本中的应当次序	每册封面题识	每册在《清代诗文集珍本丛刊》中的册序及起始页码	在国图网站的册序
八	莼批又三	第 300 册 403、404、406—470 页；405 页补入第 301 册 136 页之后	5
九	莼批又四	第 301 册 1—56 页	6
十	莼批又八	第 301 册 137—166 页	10
十一	莼批又九	第 301 册 181—222 页	12
十二	莼批又十	第 301 册 223—246 页	13
十三	莫春之尾……	第 300 册 203—252 页	1

表 2

抄评过录本			
每册在刻本中的应当次序	每册封面题识	每册在《清代诗文集珍本丛刊》中的册序及起始页码	在国图网站的册序
一	莼批一	第 302 册 89—146 页	19
二	莼批八	第 302 册 343—364 页	25
三	莼批五	第 302 册 1—38 页	17
四	莼批七	第 302 册 315—342 页	26
五	莼批九	第 302 册 393—406 页	23
六	莼批十二	第 303 册 1—84 页	20
七	莼批又二	第 302 册 147—192 页	28
八	莼批又三	第 302 册 193—260 页	29
九	莼批又四	第 302 册 261—314 页	27
十	莼批又八	第 302 册 365—392 页	24
十一	莼批又九	第 302 册 407—446 页	22
十二	莼批又十	第 302 册 447—470 页	21
十三	莫春之尾……	第 302 册 39—88 页；63、64 页补入 302 册 56、57 页之间	18

(三)清稿本

从程序上来讲,清稿本即誊写清楚之文本,誊写清楚之文本,作者往往还会亲自或延请关系密切之人再行校核,并进行修改,定稿然后发写,即交由写手进行写样。翁方纲诗集的清稿本目前所见有两种。

第一种现藏湖南图书馆,存十二卷,诗作始于乾隆壬申(乾隆十七年,1752),讫于壬辰(乾隆三十七年,1772)。乾隆壬申,翁方纲以弱冠之年考中恩科进士,乾隆壬辰春,翁方纲督学粤东任满还京,此时翁方纲正当不惑之年,上距其考中进士已有二十年之久,况且其在粤东督学期间所作诗歌已呈交钱载批点,这些批点对翁方纲裨益良多,于是还京以后,翁方纲考虑将此前二十年的诗作请人誊写清楚,交付写样,雕版刊印,于是就有了这一清稿本①。

这一清稿本誊写完成以后,翁方纲又对其进行了多方面的校改,再加上抄手书体稚拙,不够美观雅致,翁方纲最终决定不以璞玉示人,放弃刊印计划,因此这一清稿本并未进入下一道程序(即写样)便被废弃。这一被废弃的清稿本后来入藏晚清著名书家何绍基家中,又从何氏流入著名藏书家叶启勋、叶启发兄弟手中。

第二种翁方纲诗集的清稿本现藏国图,却被人为分成了两部分。

第一部分是《复初斋诗集》卷一至卷二十,馆藏书号09441。卷一的首页版边题曰"己酉仲秋受业吴嵩梁校于南昌使院之蓬鹤轩",己酉为乾隆五十四年(1789),此时翁方纲正在江西学政任上,可知翁方纲曾命其得意门生吴嵩梁代为校核此本。第二部分也是《复初斋诗集》,存十四卷,馆藏书号06321,十四卷即卷二十一、卷二十二、卷二十四至卷二十六、卷二十八至卷三十六。所缺卷二十三、卷二十七理论上讲当时也必然是存在的,只不过在流传过程中失散而已。

第一部分的卷二十与第二部分的卷二十一笔迹相同,乃出于同一抄手所写,且卷次正相衔接,因此断定这两部分同属翁方纲诗集的清稿本,理论上有三十六卷,而实际共存三十四卷。

此清稿本的卷一,其卷首标注本卷诗作的时间跨度为"壬申至癸未",而卷三十六的卷首标注本卷诗作的时间跨度为"戊申正月至十月",也就是说此清稿本理论上的三十六卷整体时间跨度为壬申(乾隆十七年,1752)至戊申(乾隆五十三年,1788),收录的是翁方纲二十岁至五十六岁之间的诗作,比第一种清

---

① 此处所论清稿本,所据图片六十余张,乃是友生茅迪榜不辞辛苦、不避繁难,亲到湖南图书馆拍摄的缩微胶卷。由于时间匆忙,且限于馆内规定,这些图片不是此清稿本的全貌,但已经能够说明很多问题,对此处的论述和研究大有助益。特此说明,谨致谢忱!

稿本多出十六年的诗作。因此可以知道翁方纲在五十六岁的时候,再次考虑将此前的诗作誊录清楚,交付写样,刊印流传,并命其门生吴嵩梁校核。

此清稿本现存的这三十四卷诗作,许多卷次的卷首都有翁方纲所书"发写"二大字,所谓"发写"就是将清稿本修改定稿以后交付写手,写手以印刷字体按照一定的规范和格式,在特制的纸张上进行写样。而在发写以前,翁方纲对于此本又进行了多种方式的校改,如删除诗作、增加诗作、调整诗作次序、调整文字格式、修改文字内容等。

(四)刻本

翁方纲诗集的刻本就比较常见易得了。

第一种是清代叶志诜道光乙巳(1845)重刊本,题曰《复初斋诗集》七十卷,翁方纲同里陆廷枢为之序,目录后有叶志诜题记。卷一至卷三十五影印收入《续修四库全书》第1454册,卷三十六至卷七十影印收入《续修四库全书》第一四五五册,《清代诗文集汇编》第381册亦影印收录该本。第二种是民国六年(1917)吴兴刘承幹嘉业堂刻本,题曰《复初斋集外诗》二十四卷,《清代诗文集汇编》第382册影印收录。

另外,值得一提的是,上海图书馆藏有石印本《复初斋诗集》七十卷,其卷前有陆廷枢序,又有缪荃孙、刘承幹序,目录后亦有与刻本相同的叶志诜题记:"是集原刻至六十六卷,后四卷侯官李观察曾经补刻,携板南归,今不知所在,道光乙巳秋,汉阳叶志诜重刊并记。"通过陆廷枢序以及叶志诜题记,可知此石印本所据底本就是刻本《复初斋诗集》七十卷。

二 翁方纲诗集成书过程举隅

如上所述,目前所见翁方纲的诗集主要有手稿本、手抄本、清稿本、刻本四种版本类型,因此理想状态中的翁方纲诗集的成书过程也必然经历这四种版本类型所代表的四个阶段:手稿本阶段、手抄本阶段、清稿本阶段、刻本阶段。但是最终成书的刻本《复初斋诗集》有七十卷,而手抄本阶段的手抄本乃是选本,仅对应其中的卷二至卷九,则其余卷一以及卷十至卷七十之成书过程则又同归而殊途。另外,刻本《复初斋集外诗》所收又是刻本《复初斋诗集》未收之作,其成书过程则又不同。以下试举例述之。

第一种成书过程,包含手稿本阶段、手抄本阶段、清稿本阶段、刻本阶段等全部阶段,针对的是刻本《复初斋诗集》中的卷二至卷九。这部分诗作是翁方纲督学粤东时所作,在手稿本中翁方纲自己已先有改动,然后又请人将这部分诗作手抄一过,寄给他的同年好朋友钱载,请钱载进行批点,钱载直接在翁方纲的抄本上圈删批点。翁方纲接受了钱载的大部分修改意见,又回过头去在其手稿本上进行了修改。再后来诗作誊清发写,这部分诗作自然也在清稿本中,在交付写手写样之前,翁方纲又将此清稿本交给其得意门生吴嵩梁进行校核,吴嵩梁校核之后,翁方纲对此清稿本又进行了修改,包括删除部分诗作,增删部分字句,至此才将修改后的清稿本交付写手进行写样,然后再刻板、印刷,即是最终面世之刻本。这一成书过程,我们以刻本《复初斋诗集》卷四中的《海角亭》一诗为例进行说明。该诗在手稿本中面貌如下:

海角亭

孤亭崒兀廉城西,我行忽已至海角。却来城中望亭上,水气云光纷解驳。亭傍伐竹补清旷,遂集生徒为社学。创修年月赖口传,无复残碑薛堪剥。生徒指点为余言,最惜苏公迹已邈。曾经四字挂檐户,腕力千钧摇海岳。不知神物几时失,但剩空垣与斜桷。我来按图考坡迹,大半流传多未确。青乐轩基既榛莽,兴廉村路空墔塏。禅宫碧井名不闻①,陋巷寒泉人竞濯。(城内有井,土人名曰东坡井。)当时由此之梧藤,信宿淹留只旬朔。后人辗转况傅会,纵有遗踪孰扬搉。我将访古渡海南,桄榔庵边剔瓦墣。海色苍茫四照中,倘有片词光驳荦。回看此地但平壤,未抵孤云天一握。②

翁方纲请人将此诗作手抄寄给钱载,钱载对于此诗有两条批语:"此皆古人真妙境。古人之所以为古人者也,原非稀罕事,但现在则不得不以为稀罕,人皆相忘耳。""不紧要之句,衍长亦无谓。略节之,稍有断续。"③除了批语,钱载直接在抄本上对此诗进行了删改:

1. 改"赖口传"为"凭口传",改"薛堪剥"为"薛苔剥",又将"创修年月凭口传,无复残碑薛苔剥"十四字悉数删去;
2. 改"为余言"为"向我言",又删"向我言,最惜"五字,加一"说"字;
3. 删"公""已邈。曾经""挂檐户,腕力"十字;
4. 删"我来按图考坡迹,大半流传多未确"十四字;
5. 改"后人辗转况傅会"为"后来好事多傅会";
6. 改"我将访古渡海南"为"我将涉险游海南";
7. 删"海色苍茫四照中,倘有片词光驳荦"十四字。

因此钱载删改之后,该诗面貌变为:

---

① "不闻",手稿本最初作"罕说",翁方纲改为"不闻",翁方纲寄给钱载的抄本中亦作"不闻"。由此也可证明,翁方纲在请人抄录自己的诗作寄给钱载之前就已经对自己的手稿有所改动。
② 〔清〕翁方纲《复初斋文集》之诗稿,《清代稿本百种汇刊》第67号,第7627—7629页。
③ 参见潘中华、杨年丰《〈钱载批点翁方纲诗〉整理》,《古代文学理论研究》第三十六辑,第278页。

海角亭

孤亭崒兀廉城西，我行忽已至海角。却来城中望亭上，水气云光纷解驳。亭傍伐竹补清旷，遂集生徒为社学。生徒指点说苏迹，四字千钧摇海岳。不知神物几时失，但剩空垣与斜桷。青乐轩基既榛莽，兴廉村路空境埆。禅宫碧井名不闻，隘巷寒泉人竞濯。（城内有井，土人名曰东坡井。）当时由此之梧藤，信宿淹留只旬朔。后来好事多傅会，纵有遗踪孰扬榷。我将涉险游海南，桄榔庵边剔瓦墣。回看此地但平壤，未抵孤云天一握。①

翁方纲在收到钱载所反馈的修改意见之后，便回头直接在自己的手稿本上进行了圈删修改。但是翁方纲对于钱载的修改意见并非完全接受，个别地方仍然按照自己的想法进行了修改，比如钱载改"我将访古渡海南"为"我将涉险游海南"一条，翁方纲便没有接受其意见，而是在其手稿本上改"我将访古渡海南"为"我将渡海问琼儋"。于是到了清稿本那里，这首诗就变成了以下面貌：

海角亭

孤亭崒兀廉城西，我行忽已至海角。却来城中望亭上，水气云光纷解驳。亭傍伐竹补清旷，遂集生徒为社学。生徒指点说苏迹，四字千钧摇海岳。不知神物几时失，但剩空垣与斜桷。青乐轩基既榛莽，兴廉村路空境埆。禅宫碧井名不闻，隘巷寒泉人竞濯。（城内有井，土人名曰东坡井。）当时由此之梧藤，信宿淹留只旬朔。后来好事多傅会，纵有遗踪孰扬榷。我将渡海问琼儋，桄榔庵边剔瓦墣。回看此地但平壤，未抵孤云天一握。②

前文提到，翁方纲的诗作誊清稿本以后，不仅请他的得意门生吴嵩梁进行校核，而且在吴嵩梁校核之后，翁方纲对此清稿本又进行了修改。在此诗中，便有一处可以说明此事，即翁方纲将清稿本中的"纵有遗踪孰扬榷"改为"政有遗踪孰扬榷"。如此几经往复和修改，这首诗才最终得以定型成为刻本中的面貌：

海角亭

孤亭崒兀廉城西，我行忽已至海角。却来城中望亭上，水气云光纷解驳。亭傍伐竹补清旷，遂集生徒为社学。生徒指点说苏迹，四字千钧摇海岳。不知神物几时失，但剩空垣与斜桷。青乐轩基既榛莽，兴廉村路空境埆。禅宫碧井名不闻，隘巷寒泉人竞濯。（城内有井，土人名曰东坡井。）

---

① 陈红彦、谢冬荣、萨仁高娃主编《清代诗文集珍本丛刊》第301册，北京：国家图书馆出版社，第97—98页。

② 〔清〕翁方纲《复初斋诗集》卷四，国家图书馆藏清稿本，馆藏书号09441。

当时由此之梧藤，信宿淹留只旬朔。后来好事多傅会，政有遗踪孰扬搉。我将渡海问琼儋，桄榔庵边剔瓦壤。回看此地但平壤，未抵孤云天一握。①

第二种成书过程，包含手稿本阶段、清稿本阶段、刻本阶段等三个阶段，针对的是刻本《复初斋诗集》中的卷一以及卷十至卷七十。这部分诗作卷帙浩繁，先写成手稿，后来誊清稿本，为写样做准备，在交付写手写样之前，翁方纲又将此清稿本交给其得意门生吴嵩梁进行校核，吴嵩梁校核之后，翁方纲对此清稿本又进行了修改，包括删除部分诗作，增删部分字句，至此才将修改后的清稿本交付写手进行写样，然后再刻板、印刷，即是最终面世之刻本。这一成书过程，我们以刻本《复初斋诗集》卷二十中的《两峰过小斋观苏诗施顾注宋椠本为仿苏画悬崖竹于卷用东坡种竹韵》一诗为例进行说明。该诗在手稿本中面貌如下：

两峰过小斋观苏诗施顾注宋椠本为
仿苏画悬崖竹于卷用东坡种竹韵赋谢

湖州一派今谁在，七载回思把袂初。西掖旧闻名迹合，南斋补种晚凉余。惊雷迸石穿云出，峭壁孤根淡墨疏。叶叶枝枝非偃笔，夜来忽梦拓苏书。（壬辰秋，两峰为购得明长沙李文正《种竹诗卷》，时予于屋旁种竹，辄援东坡《西省种竹》诗、李文正故事，请两峰作《南斋补竹图》。今两峰复来京师，以其友人李君所画《竹趣图》，与予旧札合装成卷，乞诸君题以赠予，故有"西掖"、"南斋"之句。）②

该诗在后来清稿本中，基本保持原貌，只是删除了注文中的"辄援"之"辄"。而后翁方纲对清稿本中的该诗又有修改，一是删除了题目中的"赋谢"二字，二是将诗句和诗注中的"南斋"二字皆改为"南窗"，因此该诗在修改后的清稿本中就变成以下面貌：

两峰过小斋观苏诗施顾注宋椠本为
仿苏画悬崖竹于卷用东坡种竹韵

湖州一派今谁在，七载回思把袂初。西掖旧闻名迹合，南窗补种晚凉余。惊雷迸石穿云出，峭壁孤根淡墨疏。叶叶枝枝非偃笔，夜来忽梦拓苏书。（壬辰秋，两峰为购得明长沙李文正《种竹诗卷》，时予于屋旁种竹，援东坡《西省种竹》诗、李文正故事，请两峰作《南窗补竹图》。今两峰复来京师，以其友人李君所画《竹趣图》，与予旧札合装成卷，乞诸君题以赠予，故

---

① 〔清〕翁方纲《复初斋诗集》卷四，《续修四库全书》第1454册，第391页。
② 〔清〕翁方纲《复初斋文集》之诗稿，《清代稿本百种汇刊》第67号，第5058—5059页。

有"西披""南窗"之句。)①

　　翁方纲在清稿本中对该诗的修改，有些又回头在手稿本上进行了同样的修改，有些则不然。这首诗中改"南斋"为"南窗"共三处，翁方纲又回头在其手稿本上进行了修改，而删除题目中的"赋谢"二字则未在手稿本中进行改动。刻本《复初斋诗集》卷二十中的该诗正是按照修改后的清稿本进行写样、刻板、印刷的②，此处不再罗列。

　　第三种成书过程，主要针对刻本《复初斋集外诗》二十四卷。顾名思义，刻本《复初斋集外诗》也就是刻本《复初斋诗集》不曾收录的诗作，编辑汇总而成书。这里面又可以分为几种情况：一是翁方纲手稿本中的诗作，出现在了翁方纲寄给钱载的手抄本中，也出现在了清稿本中，但是被翁方纲修改清稿本时给删除了，这部分诗作未刻入《复初斋诗集》而刻入《复初斋集外诗》；二是翁方纲手稿本中的诗作，出现在了翁方纲寄给钱载的手抄本中，但是却未能出现在清稿本中，这部分诗作未刻入《复初斋诗集》而刻入《复初斋集外诗》；三是翁方纲手稿本中的诗作，并未出现在翁方纲寄给钱载的手抄本中，而是出现在了清稿本中，但是被翁方纲修改清稿本时给删除了，这部分诗作未刻入《复初斋诗集》而刻入《复初斋集外诗》；四是翁方纲手稿本中的诗作，既未出现在翁方纲寄给钱载的手抄本中，也未出现在清稿本中，而是在手稿本中就被圈删，这部分诗作未刻入《复初斋诗集》而刻入《复初斋集外诗》。以下举例并列表3进行说明。

表3

	手稿本	手抄本	清稿本	刻本《复初斋集外诗》
第一种情况	有《连上杂诗八首》③。	有《连上杂诗八首》④。	有《连上杂诗八首》之一、三、四、五、六、八，题曰《连上杂诗六首》⑤，翁方纲修改清稿本时六首全部删除。	有《连上杂事诗八首》⑥，即原《连上杂诗八首》。
第二种情况	有《连上杂诗八首》。	有《连上杂诗八首》。	不见《连上杂诗八首》之二、七。	

---

① 〔清〕翁方纲《复初斋诗集》卷二十，国家图书馆藏清稿本，馆藏书号09441。
② 〔清〕翁方纲《复初斋诗集》卷二十，《续修四库全书》第1454册，第533页。
③ 〔清〕翁方纲《复初斋文集》之诗稿，《清代稿本百种汇刊》第67号，第7829—7832页。
④ 陈红彦、谢冬荣、萨仁高娃主编《清代诗文集珍本丛刊》第300册，北京：国家图书出版社，第429—432页。
⑤ 〔清〕翁方纲《复初斋诗集》卷六，国家图书馆藏清稿本，馆藏书号09441。
⑥ 〔清〕翁方纲《复初斋集外诗》卷六，《清代诗文集汇编》第382册，第412—413页。

续表

	手稿本	手抄本	清稿本	刻本《复初斋集外诗》
第三种情况	有《三公山碑歌》①。	不见《三公山碑歌》。	有《三公山碑歌》②，翁方纲修改清稿本时删除。	有《三公山碑歌》③。
第四种情况	有《载轩招集清远斋以刻诗锡酒壶饮诸公再用前韵》④。	不见《载轩招集清远斋以刻诗锡酒壶饮诸公再用前韵》。	不见《载轩招集清远斋以刻诗锡酒壶饮诸公再用前韵》。	有《载轩招集清远斋以刻诗锡酒壶饮诸公再用前韵》⑤。

以上，我们对翁方纲诗集的四种主要版本类型及其源流进行了论述，并举例考察了其诗集刻本的成书过程，其中刻本《复初斋诗集》的成书过程有两种路径，刻本《复初斋集外诗》的成书过程虽然总体上仅有一种路径，但具体又有四种情况。其中涉及的翁方纲诗集的抄评本，里面不仅保留了钱载的诗学材料和观点，更验证了翁方纲诗学的一个当世渊源，就是来自钱载。更加可贵的是，翁方纲诗集的手抄本、清稿本留存多达数十卷之多，这为我们考察翁方纲诗集的成书提供了具体而直观的过程性文本。

---

① 〔清〕翁方纲《复初斋文集》之诗稿，《清代稿本百种汇刊》第67号，第4637页。
② 〔清〕翁方纲《复初斋诗集》卷十四，国家图书馆藏清稿本，馆藏书号09441。
③ 〔清〕翁方纲《复初斋集外诗》卷十，《清代诗文集汇编》第382册，第458页。
④ 〔清〕翁方纲《复初斋文集》之诗稿，《清代稿本百种汇刊》第67号，第5120页。
⑤ 〔清〕翁方纲《复初斋集外诗》卷十四，《清代诗文集汇编》第382册，第502页。

云南省图书馆藏《寒夜怀知》作者考

杨胜祥[*]

【内容提要】 云南省图书馆藏《寒夜怀知》一册,曾被《中南、西南地区省、市图书馆馆藏古籍稿本提要》《清人别集总目》著录,皆不详作者。本文依据《寒夜怀知》内容,辅以相关史料,考证出此书作者是清代江阴人沈莲。沈莲曾参加《四库全书》助校工作,后在山东招远和广东香山担任典史。这本《寒夜怀知》即是沈莲对各时期认识朋友的追忆,各为小传,并系以诗。《寒夜怀知》有助于研究清代乾嘉时期的中下层文人,可为四库学研究提供新材料,值得予以关注。

【关键词】 《寒夜怀知》 四库 沈莲 稿本

云南省图书馆藏《寒夜怀知》一册(索书号:滇乙 437/2527),经折装(系重装),钞本,共 20 折 40 面。《中南、西南地区省、市图书馆馆藏古籍稿本提要》[①]《清人别集总目》[②]著录是书,皆不详作者。实际上,依据《寒夜怀知》内容,辅以相关史料,不仅可以考证此书作者,还可以发现此书的独特价值。《寒夜怀知》有助于研究清代乾嘉时期的中下层文人,可为四库学研究提供新材料。

一 《寒夜怀知》的作者

《寒夜怀知》封面、卷端、自序皆无作者题名。据自序,《寒夜怀知》为作者 65 岁左右时创作的怀友诗卷。此书仿祝京兆(祝允明)《怀知小草》"缅怀平生知爱"之意,选择"生死不渝,久而弥笃"的知交,"除招邑旧交外,凡得先露者十三人,岁寒者十人。爰各为小传,并系以诗"(叶一 a)。今卷末佚去 3 人,存小传 20 篇,系诗 30 首。

为便叙述,现开列今存 20 篇小传篇名,并括注传主姓名:《查练江孝廉》

---

[*] 本文作者为山东大学儒学高等研究院中国古典文献学专业 2020 级博士研究生。

[①] 阳海清主编《中南、西南地区省、市图书馆馆藏古籍稿本提要(附钞本联合目录)》,武汉:华中理工大学出版社,1998 年,第 362 页。

[②] 李灵年、杨忠主编《清人别集总目》,合肥:安徽教育出版社,2000 年,第 2496 页。

(查澄)、《李卉圃广文》(李晋埩)、《吴月湄秀才》(吴山)、《朱镜三明府》(朱杰)、《高寓庵主簿》(高渭)、《李瑶峰州牧》(李如珩)、《蓝凡石太守》(蓝嘉瓒)、《姚石甫明府》(姚莹)、《王春台明府》(王昌)、《陆味荼秀才》(陆元坤)、《吴渭村少府》(吴淇)、《宋青城赞府》(宋永岳)、《王少山主簿》(王峤)、《王仁甫赞府》(王庆嵩)、《张天石明府》(张镇)、《施西溪上舍》(施诏)、《王小山明府》(王所擢)、《邵星城秀才》(邵辰焕)、《王约斋进士》(王史)、《周黻堂贡士》(周冕)。

《王春台明府》记黄县知县王昌"邀余为画寿障,而又恐典史之未可离职也……临行时控一骑,纡道过招为别"(叶九a)。黄县、招远相邻,知作者曾任招远典史。《李瑶峰州牧》记作者与招远知县李如珩之交往,谓"忆余相见岁在辛",后注乾隆五十六年(1791)辛亥事(叶七a)。《(道光)招远县续志》载李如珩乾隆五十六年始任知县①,则作者任招远典史亦在此年左右。据《(道光)招远县续志》,乾隆五十二年至五十七年任招远典史者是沈莲,并记其小传曰:

  (沈莲)字骞芙,号退翁。江苏江阴人。庠生。由四库馆誊录议叙任招远典史。诛锄强暴,不遗余力。丁艰,服阕改补广东香山。年六十告归于招。凤工书翰,尤善诗歌古文辞。归招后益肆力于学问,问字请业者日接踵于门。年八十卒。著有文集诗稿若干卷,《诗说》一卷。②

验之《寒夜怀知》所记,皆能相互对应。《周黻堂贡士》:"黻堂名冕,苏州元和人……余固同乡人。"(叶二〇b)证明作者是江苏人。作者担任"四库馆誊录"的经历未在书中找到,但《李卉圃广文》等篇提及作者乾隆四十七年至五十一年参加过《四库全书》的助校工作(详下文)。《查练江孝廉》:"乾隆丙午(五十一年),京闱下第南归。明年九月,余将赴官山左。"(叶一b)《吴渭村少府》:"(乾隆)五十二年,余赴官登州。"(叶一一b)皆称作者乾隆五十二年赴官山东。《王小山明府》:"嘉庆七年(1802)冬,大府以堪膺民社保荐,余适丁外艰……阅三年,余起复入京……是年八月,君掣得直隶满城,余亦得广东香山。"(叶一七b)作者丁艰起复,掣签得广东香山职务。此外,《张天石明府》记张镇"长余五岁","嘉庆二十一年……天石年已六十八"(叶一五)。据之推出作者生于乾隆十四年,与《招远历史人物选录》所载沈莲生年相合③。因此,可以确定《寒夜怀知》作者是沈莲。

沈莲著作今存《沈退翁诗稿》稿本一册,字迹俊秀,出自沈莲手笔④。《寒夜

---

① 〔清〕许锽修,〔清〕李荫纂《(道光)招远县续志》卷二,清道光二十六年刻本,第13a页。
② 同上书,第20a页。
③ 邱家书主编《招远历史人物选录》,烟台:黄海数字出版社,2010年,第184页。
④ 《沈退翁诗稿》,含《海外闲吟》一卷《青山归隐草》一卷,原件现存招远于氏文茂书社,2011年杨金山等人曾将原件复印传布。

怀知》字迹与《沈退翁诗稿》相同,可定为作者手稿本。

二　沈莲有五年参加《四库全书》助校的经历

据《寒夜怀知》可知,沈莲有五年参加《四库全书》助校的经历,分别参加了两个总校书局,所谓"余两总校理事"(《李卉圃广文》,叶二 a)。

第一次是乾隆四十七年冬,经四库馆誊录朱杰推荐参加章伴鹤所开总校书局。《朱镜三明府》:"就章伴鹤书局聘,君(朱杰)所荐也。"(叶三 b)《王约斋进士》:"乾隆四十七年冬,章伴鹤开总校书局,约斋(王史)以董蔗林相国荐,与余同日进局。后又同就定兴张公聘,共事凡五年。"(叶一九 b)第二次是乾隆五十年,参加王际华的孙婿定兴张君所开总校书局。《吴渭村少府》:"乾隆五十年,白斋孙婿定兴张君勘校《四库》书……余适就张君聘……查练江、陆味荼皆在局……明年书成,诸友散去。"(叶一一 a)局员陆味荼(元坤)又见于《陆味荼秀才》篇:"独与余同总校局三年……乾隆丙午秋,就陕甘学政温公聘。"(叶一〇a)结合上文所引"余两总校理事",知《寒夜怀知》亦以定兴张君所开书局为总校书局。

乾隆五十年正在办理的是南三阁《四库》。南三阁《四库》规划馆职时在校对方面去除"总校"一职,只设"分校"。乾隆四十九年,因从翰林院等处遴选的分校官 57 人难以完成任务,拟从生监中招募,设"校对生监"21 人。但校对生监是在 57 名分校官基础上增加,抑或校对生监直接代替分校官,具体工作程序有何变化,黄爱平《四库全书纂修研究》等著作在涉及该问题时并未深入探究①。今据《质郡王永瑢等奏办理江浙三分全书亟需校对请于生监中召募分校折》(乾隆四十九年二月初一日),南三阁"书手一千名,现在分头缮写,计每人每日写字二千,每月可得书四千本",则每本书约 1.5 万字。南三阁分校官"五十七员,照例每人每日校字二万,计每月仅校得书一千一百余本……须八年之久方能完竣",则每月字数应为 3420 万,合 2280 本,与所谓"每月仅校书一千一百余本"不合,知设校对生监前工作程序是分校官既需一校,又需复校,每书校 2 遍②。又据《江南道监察御史莫瞻菉奏请于武英殿重校三分书

---

①　黄爱平《四库全书纂修研究》,北京:中国人民大学出版社,1989 年,第 157 页。
②　参见中国第一历史档案馆编《纂修四库全书档案》,上海:上海古籍出版社,1997 年,第 1766—1767 页。由此可知,设校对生监前,分校官每月处理书总量是实际工作量的折半为 1140 本。由此知南三阁总本数为每月 1140 本乘以 12 个月,再乘以 8 年,得 106440 本。添设校对生监,"每人派以三年内校书五千余本,得二十一人足敷办理"。则校对生监工作总量约为 105000 本,正好约等于南三阁的总本数。而校对生监的人均工作量明显大于分校官,校对生监每人每月工作量约 139 本,分校官每人每月工作量约 40 本。

籍折》(乾隆五十二年七月初六日)称:"因伏思续办江浙三分书,嘉惠士林,为千古未有之盛,而校对仅生监二十余人,又止校过一次,尤易草率从事。"①知设校对生监后,57名分校官不再参与南三阁校勘,改由校对生监校1遍来完成任务。

南三阁《四库》不设总校,只有校对生监,沈莲称定兴张君所开书局为总校书局,盖以校对生监校书工作量大而有此俗称。据《质郡王永瑢等奏请钦赐三分书校对贡生陈煦等举人并准予会试折》(乾隆五十二年二月二十五日),南三阁校对生监实际有24人,只有张谦泰为张姓②。检《(光绪)定兴县志》,张谦泰为定兴人③,当即《寒夜怀知》所谓之"定兴张君"。南三阁校对生监中无章姓人员,北四阁总校14名中有"章维桓"④。据《多罗质郡王永瑢等奏遵旨议叙四库馆各项人员折》(乾隆五十年正月二十三日),章维桓只"校过第四分书八千余册"⑤。则参与四库校对不会太早。章攀桂《次男维桓圹铭》记维桓"奏充总校"在乾隆四十五年后⑥。《王约斋进士》篇所记"乾隆四十七年冬,章伴鹤开总校书局"与章维桓事迹符合,章伴鹤应即北四阁总校官章维桓。

至此可知,沈莲先后参加过北四阁总校官章维桓和南三阁校对生监张谦泰开设的总校书局。

三 《寒夜怀知》有助于研究清代乾嘉时期的中下层文人

《寒夜怀知》对所怀朋友各设小传,既有作者在京师参加《四库》助校工作时认识的落第士子、低级官吏,也有在山东招远和广东香山担任典史⑦时认识的知府、知县及同僚,还有四处漂泊不如意的老乡旧交。包括作者在内的清代中下层文人,史书中留下的记载往往不多,通过《寒夜怀知》可以进一步加深对他们的了解。

《寒夜怀知》可以补充所涉人物的生平行实。首先,《寒夜怀知》是研究沈莲的第一手资料,有助于勾勒沈莲的生平。再如,周广业曾在续办三份南三阁《四库全书》期间担任助校:"馆阁亟需校勘,争相延致,君肆应精详,各厌所请

---

① 中国第一历史档案馆编《纂修四库全书档案》,第2038页。
② 同上书,第1987页。
③ 〔清〕严祖望修,〔清〕杨晨纂《(光绪)定兴县志》卷八,清光绪十六年刻本,第16b页。
④ 张升《四库全书馆研究》,北京:北京师范大学出版社,2012年,第369页。
⑤ 中国第一历史档案馆编《纂修四库全书档案》,第1852页。
⑥ 〔清〕章攀桂《清王文治楷书次男维桓圹铭》,上海:上海书画出版社,2005年,第5页。
⑦ 《(光绪)香山县志》载沈莲"嘉庆十三年以议叙任典史"。见〔清〕田明曜修,〔清〕陈澧纂《(光绪)香山县志》卷一二,清光绪刻本,第28b页。

以去。"①周氏曾提及王际华之孙"庆嵩尝从余游"②,但具体经过未知。今据《王仁甫赞府》载,王庆嵩"年十七,借张氏书局受业于海宁周广业孝廉。周固老儒,不谐际人事,师生辄相抵牾……（庆嵩）性不喜时文,在局二年,学卒未成"(叶一四 b)。一方面可据以知晓周广业参加过王际华孙婿张谦泰所开总校书局,另一方面也可知王庆嵩参加书局的主要目的是为师从周广业,但学习期间师生关系并不和睦。

《寒夜怀知》在研究相关人物时,可以帮助纠正此前之误解。比如,《招远历史人物选录》载沈莲"嘉庆十年以丁艰去职"③。盖缘《（光绪）香山县志》载沈莲"嘉庆十三年以议叙任典史"④,以三年守制结束反推沈莲丁艰去职在嘉庆十年,其实未确。清代官员掣签后需候缺委用。据前引《寒夜怀知》之文,知沈莲嘉庆七年丁艰去职,十年起复,入京掣签(叶一七 b)。《朱镜三明府》亦载,嘉庆十年"余时丁外艰起服,正拟北上"(叶三 b)。因掣签后需候缺委用,故至嘉庆十三年方正式任香山典史。

四 《寒夜怀知》可为四库学研究提供新材料

由于作者亲历《四库》助校工作,所相识的多位传主曾参加《四库》相关工作,甚至有"凡六部衙门,暨内廷各馆,俱曾效力"者(《王少山主簿》,叶一三 b)。因此《寒夜怀知》对研究《四库》誊录、代抄、助校等现象都有特殊的意义。

《寒夜怀知》记载,四库馆誊录议叙时可申请更换所得官职。按照清代惯例,四库馆誊录论功分等议叙。《李卉圃广文》记李晋垿"始在武英殿黄签处行走,旧例应议叙知县,是年独以七品（《（咸丰）重修兴化县志》作"八品"⑤）京官用。先生以家贫子幼,愿就教职。阅三月授安徽亳州学正"(叶二 a)。"武英殿黄签处行走"即在武英殿四库馆抄写黄签,故《（咸丰）重修兴化县志》作"充《四库全书》馆缮签"⑥。据之知议叙时可申请更换所得官职,为了解誊录议叙的实施提供新案例。

《寒夜怀知》记载代抄《四库》书的价格。编修《四库》时,北四阁《四库》誊录自备资斧抄书,最终目的是完成抄书任务议叙得官。南三阁《四库》书手则

---

① 〔清〕周春《蓬庐文钞序》,〔清〕周广业《蓬庐文钞》卷首,《续修四库全书》第 1449 册,上海：上海古籍出版社,2002 年,第 327 页。
② 〔清〕周广业《蓬庐文钞》卷四,《续修四库全书》第 1449 册,第 469 页。
③ 邱家书《招远历史人物选录》,第 184 页。
④ 〔清〕田明曜修,〔清〕陈澧纂《（光绪）香山县志》卷一二,第 28b 页。
⑤ 〔清〕梁园棣修,〔清〕郑之侨纂《（咸丰）重修兴化县志》卷八,清咸丰二年刻本,第 17b 页。
⑥ 同上书,第 17b 页。

不复议叙,改由清廷出资招募抄书,可获得"每千字给银二钱五分"的报酬①。为了高质量完成工作,一些誊录或书手自费请人代抄,而京师落第士子、部院小吏等正好借代抄来糊口或补贴收入。因此,围绕《四库》编修形成巨大的佣书供需市场。《高寓庵主簿》载:"时《四库》书未竣,每千字可得银一钱。"(叶四b)明确记载代抄的价格是千字银一钱,既揭示了代抄的普遍,也保留了代抄价格这样宝贵的史料。

　　《寒夜怀知》记载"总校书局"。编修《四库》时存在着普遍的助校行为:因四库馆官员办书任务繁重,常常延请学者士子代其校勘,付以酬劳。张升《四库全书馆研究》曾设专章讨论助校问题,提及总校往往请多人为其校书②。通过《寒夜怀知》所载,我们可以知道,北四阁总校官和南三阁校对生监专门开设"总校书局"来延请学者士子助校,而且规模不小。《吴渭村少府》载南三阁校对生监张谦泰的总校书局:"时局中友有二十余人,如查练江、陆味茶皆在局。"(叶一一a)同篇载吴淇"总理收发事"(叶一一a),亦可推知书局中有相对固定的职务和管理制度。这是此前未被学者注意到的现象。

---

① 《户部为再行酌定续办四库全书事致稽查房移会》(乾隆四十七年十二月二十九日)所附黏单《永瑢奏为续办四库全书三分事宜请旨折》。中国第一历史档案馆编《纂修四库全书档案》,第1705页。

② 张升《四库全书馆研究》,第258—279页。

民国以来《梨园集成》相关剧目整理与出版情况平议

——兼谈戏曲剧本整理的两种路向

林 嵩[*]

【内容提要】 本文以《戏考》所收之《大香山》、《修竹庐剧话》所收之《麟骨床》、《京剧汇编》所收之《摘星楼》、《传统剧目汇编·京剧》所收之《双义节》与《三国戏曲集成·晚清昆曲京剧卷》所收之《反西凉》等五出剧目为例，评述民国以来《梨园集成》相关剧目的整理与出版情况，重点就其疏误与不足进行分析。这些排印本的弊端之一在于有时混淆了服务于舞台演出的"剧本整理"和以保存文献遗产为目的的"古籍整理"之间的界限。

【关键词】 梨园集成 俗文学 剧本整理 古籍整理

《梨园集成》是清末李世忠主持编刻的戏曲剧本丛刊，光绪六年（1880）由安徽安庆竹友斋刊行。全书收戏 48 种，除两种为"曲牌体"之外，其余均为上下句之"板腔体"戏文。《续修四库全书》（第 1782 号）据中国艺术研究院的藏本对全书做了影印。日本东京大学东洋文化研究所亦藏有全套《梨园集成》（原系"双红堂文库"所藏），目前通过互联网可看到全文图像。

《梨园集成》作为一个整体，目前还只有影印本，而没有整理本。不过《梨园集成》中的部分剧目后来被收录于其他戏曲剧本丛书时，曾经过不同程度的校改与编辑加工。下面以《戏考》所收之《大香山》、《修竹庐剧话》所收之《麟骨床》、《京剧汇编》所收之《摘星楼》、《传统剧目汇编·京剧》所收之《双义节》与《三国戏曲集成·晚清昆曲京剧卷》所收之《反西凉》等五出剧目为例，对民国以来《梨园集成》相关剧目的整理与出版情况做一管窥，以为今后整理工作之铺垫。

---

[*] 本文作者为北京大学中国古文献研究中心研究员、北京大学中国语言文学系长聘副教授。

一 《戏考》之《大香山》

民国期间出版的戏曲曲本很多,其中最具规模、影响最大的,当属民国四年至十四年间(1915—1925),由钝根编辑、王大错述考,上海中华图书馆出版的《戏考》,全40册,另附目录1册,共收戏五百多出,既有传统剧目,也有少量新编剧目。《戏考》所收剧本的来源相当复杂,其中《闹天宫》《大香山》《烧绵山》《湘江会》《南阳关》《摩天岭》《沙陀国》《郑恩做亲》(即《风云会》)《闹江州》《泥马渡康王》(即《五国城》)等可确信出自《梨园集成》。由此也可见《梨园集成》影响之巨。下面仅以《大香山》一剧为例分析说明。

《戏考》所收各剧,卷前均附一则提要性文字,或进行本事索隐,或作史实考证,或分析艺术特色,或提供剧坛之掌故,书名称"考"者即为此。自兹以还,撰写提要,几成为整理、出版戏曲曲本之通例,这是其功绩。不过,《戏考》出问题最多的地方可能也在提要。这里先截取一段《大香山》的提要:

> 《大香山》一戏,从前扮演颇盛。前清光绪间,慈禧后在宫中听戏,常喜观此剧。故往时供奉太监及北京诸老伶工多擅长此剧。盖因慈禧性喜观神怪彩景之戏故也。迄今江浙徽汉诸班中,犹时有演之者。考此剧,相传为观音得道之故事,即《火烧白雀寺》是也。此剧脚本,颇不易得,今得之退隐之徽班老艺员手。按原脚本之前有:"楚妙姬洪福得圣女,妙善女学道修仙。庄王无道,逼女配姻缘。西天佛祖命达摩搭救妙善,庄王火焚白雀寺。妙善女舍手医父病。香山寺得道合家成果,观世音奉佛旨查地府,功德圆满五圣上西天"等一段。盖即此《大香山》之大概节目也。……①

这段话讲了三层意思:一是这出戏是当年慈禧爱听的,二是剧本来之不易,三是原剧本之前还有一段剧情梗概。但细究起来,这三方面全都有些问题。

首先是关于此剧的演出情况。道光二十五年(1845)梓行的杨静亭所著《都门纪略》里提到了当时北京剧坛常演的69出剧目,但没有提到《大香山》;朱家溍编纂的《清升平署档案新辑》中,列出了咸丰、同治年间宫中演过的87个剧目,其中也没有《大香山》②。光绪年间,李虹若又对《都门纪略》重加厘定删补,撰成《朝市丛载》一书,书中详细列出当时北京名伶擅演的昆曲与京剧剧

---

① 《戏考大全》,上海:上海书店,1990年,第五册,第469页。
② 具体戏目详见北京市艺术研究所、上海艺术研究所编著之《中国京剧史》,北京:中国戏剧出版社,1990年,上册,第88—89页。

目,多达172出(折)①,其中既有常见的,也有不太常见的,仍没有《大香山》。现在能查到的此剧在北京演出的情况只有:"京剧演员林颦卿曾演出于前门外西柳树井第一舞台。河北梆子也有此剧目,梆子演员田际云(响九霄)以擅演妙善而著称。城南游艺园的坤班亦曾上演此剧。"②可见,自道光至慈禧生活之光绪年间,不论在宫内或宫外,《大香山》都不能算是常演剧目,擅演此戏的演员也不算多。"从前扮演颇盛"一语,不知从何谈起。

其次是关于剧本的来历。《戏考》神秘其语,称"得之退隐之徽班老艺员手"——此话也许不假,《梨园集成》系在安徽刊刻,徽班艺人得地利之便,自是不难买到。既然市面上能买到,也就谈不上"颇不易得"。其实如果此剧果系"从前扮演颇盛",其脚本自当不难寻觅,这前后言语本就自相矛盾了。受《戏考》提要的误导,研究观音故事的学者周秋良也认为:"这三个本子(指《梨园集成》本、《戏考》本与台湾《国剧大成》本《大香山》,引者注)是来自同一源头,可能都是从以前'徽班老艺人手中得来的'。"③其实"老子一气化三清",《戏考·大香山》就是从《梨园集成·大香山》来的,连错字都错得一样,源头都在《梨园集成》这儿。

标榜"慈禧喜看"的心态,大抵和时下之药方、食谱言必称源自"宫廷"之用意相仿;所谓"得之退隐徽班老艺人",也无非是想制造"孤本秘籍"之感:这都是旧时代书商之广告语,只需廓清即可。《戏考》本最大的问题还在于其引用的"《大香山》之大概节目"一段,引文既不准确,更变乱了原剧本的体式。《梨园集成·大香山》起首的一段文字是:

> 楚妙姬,洪福善女,学道修仙。庄王无道,善(擅)逼约女配姻缘。西天佛达魔(摩)大(搭)救,火焚白雀寺,各交受颠蹇,奉佛旨,亲查他功课满,五圣归天。来者拥襄王。④

这一段实为"副末开场",又称"引戏",即以末句之"来者拥襄王",引出楚王登场。"副末开场"本是南戏或传奇之固有格式⑤,《大香山》的这段"开场"可

---

① 李虹若《朝市丛载》卷七,清光绪京都荣录堂刊本。按:此数字依原书之例,以"出"或"折"来计算。如《游园惊梦》只算一出,同样出自《牡丹亭》的《寻梦》则另算一出,因为有些演员只会《游园惊梦》而不会《寻梦》。
② 《中国戏曲志·北京卷》,《中国戏曲志》编纂委员会,1999年,上册,第180页。
③ 周秋良《观音故事与观音信仰研究——以俗文学为中心》,广州:广东高等教育出版社,2011年,第150—151页。
④ 《梨园集成》,《续修四库全书》,第1782册,第192页。
⑤ 徐渭《南词叙录》载:"开场:宋人凡句栏未出,一老者先出,夸说大意,以求赏,谓之开呵。今戏文首一出,谓之开场,亦遗意也。"(〔明〕徐渭原著,李复波、熊澄宇注释《南词叙录注释》,北京:中国戏剧出版社,1989年,第91页。)可知"副末开场"的来源很早。

以证明在传奇或南戏剧本改编为板腔体戏文之初,也还保留了这一古老的体式。大约同时期刊行的楚曲《英雄志》《祭风台》之前,也可以看到类似之"报场"①。惜乎这样珍贵的文字,《戏考》本却将其视为一般性的剧情梗概而删改了。

下面再举几例《戏考》本在具体文字的整理与排印方面的错误。这几处错误同时也可说明《戏考·大香山》的底本就是《梨园集成》本。

(1)林表与王正上场的对子:"玉兔堪堪坠,金乌渐渐归。"这是旧戏中常见的词句,上下句皆入"灰堆辙"。《戏考》本中下句却作"金乌渐渐忙",写成"忙"的直接原因是《梨园集成》本此字作"忙"②。因"歸"字俗体可写作"归"或"𠬛",又由俗体而形讹作"忙";《戏考》本没有认真辨别字形,直接排成了"忙"。

(2)庄王求子时唱的"与素焚香祝圣严"③,"与素"不通,实为"茹素"之音假(旧戏中"茹"读若"与"),也就是食素的意思,《戏考》本继承了原本的错误。

(3)妙金、妙银劝妙善开斋时唱的"何苦吃此黄斋饭"④,"黄斋饭"似是而非。明代《香山记》有"吃的是黄虀淡饭,穿的是粗布麻衣"之语⑤,"黄斋"即"黄虀"之误。"黄虀"是一种腌酸菜,"黄虀饭"就是咸菜配饭。这个错误,《戏考》本也原样继承了。

(4)庄王的念白:"谁知生下三女妙善,每日宫中敲钟擂鼓,念佛看经,几番要将他国法拘执。"按《康熙字典》"拘,音蒸"⑥,"拘执"即"整治"之音假;《戏考》本误作"据执",⑦令人难解。

(5)庄王劝说妙善的四句诗:"有道'高山种稻田,和尚会炼丹。阴阳识地里(理),能几代官'。"原本最后一句脱落一字。这几句诗是旧戏常用的套路,如秦腔《合凤裙》:"高山种稻田,能有多少收成。和尚去炼丹,朝也修行,暮也修行,能成几洞神仙。阴阳会风鉴,积的后辈儿孙,能坐几节任官。"⑧这几句念白与《大香山》的四句诗意思完全相同,且文字更为详明,可知最后一句当作"能做几代官";《戏考》本臆改作"父母望后代"⑨。

(6)达摩的唱词"妙药能医免业病","免业病"不通,"免"为"冤"之误。佛教谓宿世仇恨为"怨业",旧时遇有不治之症,多归为"怨业病",佛教认为须靠

---

① 《续修四库全书》,第1782册,第640、671页。
② 《续修四库全书》,第1782册,第192页;《戏考大全》,第五册,第471页。
③ 《续修四库全书》,第1782册,第193页;《戏考大全》,第五册,第472—473页。
④ 《续修四库全书》,第1782册,第194页;《戏考大全》,第五册,第474页。
⑤ 《新刻出像音注观世音修行香山记》卷上,第七出,明富春堂刊本。
⑥ 《康熙字典·卯集备考》,北京:中华书局,1958年,第1599页。
⑦ 《续修四库全书》,第1782册,第194页;《戏考大全》,第五册,第475页。
⑧ 《陕西传统剧目汇编·秦腔·第一辑(5)》,西安:陕西人民出版社,2017年,第179页。
⑨ 《续修四库全书》,第1782册,第195页;《戏考大全》,第五册,第476页。

吃斋念佛才可医治。"怨"也写作"冤",《梨园集成》本由"冤"误成"免",《戏考》本也囫囵承袭了下来①。

二 《修竹庐剧话》之《麟骨床》

1949年10月江南印刷所出版的《修竹庐剧话》是上海的报人、剧评家朱瘦竹撰写的戏曲类文章的结集,全书的最后一部分是《全本麟骨床总讲》②。尽管朱瘦竹没有说明,但是从特殊的误字及其分布情况看,《修竹庐剧话》中的这个本子(以下简称"修竹庐本")也是照《梨园集成》本整理排印的。

朱瘦竹(1897—1972),名勋臣,字楚生,自幼酷爱戏曲,特别钟爱武生艺术。不过,据其子朱维德回忆,虽然朱瘦竹也做过票友,但由于五音不全,"天生成不了一名京剧演员"。于是他调整方向,专攻剧评,先是向报社投稿,后又自创《罗宾汉报》,专登剧界掌故与菊坛轶事。1949年新中国成立之后,不再允许私人开办报纸、电台,《罗宾汉报》停刊,此后朱瘦竹的兴趣转入评弹,未再撰写过剧评文章③。1949年10月出版的《修竹庐剧话》中的文章都是早先发表过的。这部《麟骨床》的总讲,至迟在1935年时,朱瘦竹就已经整理完。在1935年9月,朱瘦竹专有一篇文章,交代这部总讲的来历与整理情况,兹将其要点复述如下。

其一,此总讲系承范叔年、周俊民二位伶工无条件赠予,将其刊出的动机,"不敢矜诩保存老戏,公开艺术,反正贡诸伶票两界,尽请照本排演,以免古董失传"。其二,《麟骨床》的情节机杼独出,不落窠臼,剧本虽带有封建色彩,"在阅者,知所戒勉,还不失其为好的反文章"。其三,近几十年没有人排过全本,只看过《采花戏主》一折,是梆子的,但原剧本没有标明唱的是什么板式,不知是皮黄,还是梆子或徽调。其四,原本的回目,写"回"而不写"场",近于小说,自有其道理,因为每一回并非只一场戏,有些回包含了几场戏。其五,原本中的角色只写生、旦、净、丑、末、外、贴、小等行当简称,刊出时为便阅读,悉改为剧中人姓名。其六,向剧作家致敬意,"他的国学与词章都值得伶界票界钦佩欣赏",但朱瘦竹建议再排演时,唱句宜长短参差,"照原文差不多完全十字句,是要不得的。也许是当时戏的唱词是规定十言韵的,改而良之,总不伤大雅罢"。有意思的是,朱瘦竹还在文章中煞有介事地派出一张理想化的戏单,演员阵容极其强大,几乎将当时剧坛上的一流演员全拴在了这部戏里(如建议牛

---

① 《续修四库全书》,第1782册,第197页;《戏考大全》,第五册,第482页。
② 朱瘦竹《修竹庐剧话》,江南印刷所,1949年,第87—123页。
③ 朱维德《我的父亲朱瘦竹》,朱瘦竹著、李世强编订《修竹庐剧话》,北京:中国戏剧出版社,2015年,第1页。

文嫣一角可由小翠花或荀慧生扮演,张雪娟可由梅兰芳扮演)[1]。

关于《麟骨床》的剧种归属,从现有的文本看,该剧早先或为陕西汉调二黄或山陕梆子剧目。首先,原本非如朱瘦竹所说,完全没有标明板式,而是留有少量痕迹。第七回《收留》徐司礼上场时,《梨园集成》本作:"(卒引净上,唱)摆开琉璃表,三星洛(落)月沉西深更时候。"[2]("卒引净上,唱"原为双行小字,"摆开"之后为大字。)其实"琉璃表"便是曲牌名,又作"琉璃标",源自陕南的宗教音乐,后演变为陕西汉剧等二黄戏种之声腔[3];后面的"三星落月沉西深更时候",是十字句的唱词。按照《梨园集成》的体例,曲牌名皆用双行小字编排,但或因"琉璃表"之名不常见,或因手民之误,而混为大字,遂造成文意难解。由于没有看出曲牌名,修竹庐本此处臆改作"(四卒徐司礼上,引)摆开琉璃三星落,月沉西深更时候"[4]——不但把唱句改成了引子,更将"表"字直接刊落了。

其次,原本中还遗留了一些山陕地区方言的印记。第六回《逐奴》中的"常言道""方显的",《梨园集成》本误作"常夜道""方系得"[5]。言、夜相误,显、系相误,都是前鼻音韵尾脱落,这是西北口音造成的音讹。当然,这两处修竹庐本改得是对的,不过下面几处改动就值得商榷了。同一回中"(老旦白,呀呸,)你也好莫来由!不是我莫正经,这是老爷太得颠懂了。(生白)怎么是我颠懂了!"这两处"颠懂",修竹庐本皆改为"颠狂"[6]。"颠懂"实为陕南方言,意为糊涂[7]。又如,第十七回《猎逢》中,祁乐天传令"兵扯荒郊",修竹庐本改作"兵进荒郊"[8]。兵扯荒郊,是把队伍扯出去、把人马带出去的意思,秦腔剧本常见这样的说法[9]。

与《梨园集成》本相比,修竹庐本《麟骨床》的最大不同处在于,它删去了原作第九回《梦游》中晋帝君妃睡卧麟骨床而梦游仙境的一段戏,并将回目改为《入宫》;同时又将原作第十八回《鬼辩》改为《梦魇》,并删去原作中鬼卒、判官领马氏冤魂向牛文嫣索命的一段戏,改为因麟骨床火起,牛文嫣惊倒而在梦呓中自陈罪状。这样改动的目的,如朱瘦竹在其文章中所说,主要是为了消除原

---

[1] 朱瘦竹著,李世强编订《修竹庐剧话》,第48—49页。
[2] 《续修四库全书》,1782册,第361页。
[3] 关于"琉璃表"曲牌,详参黄笙闻《二黄源流初识》,陕西艺术研究所编《艺术研究荟录》1982年第1集,第227—228页。
[4] 《修竹庐剧话》,江南印刷所,1949年,第98页。
[5] 《续修四库全书》,1782册,第360页。
[6] 《续修四库全书》,1782册,第359页;《修竹庐剧话》,江南印刷所,1949年,第96页。
[7] 《陕西省志》第七十七卷《民俗志》,西安:三秦出版社,2000年,第336页。
[8] 《续修四库全书》,1782册,第381页;《修竹庐剧话》,江南印刷所,1949年,第117页。
[9] 如《绝缨会》第七场《救驾》,陕西省艺术研究所编《陕西传统剧目汇编·秦腔·第1辑(2)》,第414页。

作中的"封建色彩"。这类改动反映了旧时代的剧评家与出版家一方面苦心孤诣地"保存旧戏",另一方面他们又自发、自觉地对旧剧进行革新。

"不登大雅"的俗文学作品在整理、出版过程中,总是不可避免地带上流动、变异的特点。作为舞台艺术的戏曲作品,剧作家、剧评家、书商、艺人,任何粗通文墨的人,都有权对其进行修改。因此,就算没有20世纪50年代的"戏曲改革"运动,传统戏曲也不太可能照老样子原封不动地传承下来——只不过不同形式的改革,其步幅与烈度有所不同。

三 《京剧汇编》之《摘星楼》

1950年,文化部在北京召开"全国戏曲工作会议",总结此前局部地区戏曲改革运动的经验教训,拟将这项运动推向全国。1951年5月5日政务院发出了《关于戏曲改革工作的指示》。《指示》以"改戏、改人、改制"为核心内容,其中"改戏"则是重中之重:"目前戏曲改革工作应以主要力量审定流行最广的旧有剧目,对其中的不良内容和不良表演方法进行必要的和适当的修改。必须革除有重要毒害的思想内容,并应在表演方法上,删除各种野蛮的、恐怖的、猥亵的、侮辱自己民族的、反爱国主义的成份。"《指示》还特别提出"应当依靠广大艺人的通力合作,依靠他们共同审定、修改与编写剧本"。

根据这一指示的要求,20世纪五六十年代,各省市的戏曲研究机构相继编辑出版了一批戏曲剧本丛刊,出版社也纷纷推出一些戏曲剧目的单行本。京剧方面,以北京市戏曲编导委员会编辑的《京剧汇编》体量最为庞大,1957—1964年间共编成106集(第96集后改由北京市戏曲研究所编辑),收戏479出。(1983年后,又增出三集19出,通前后共合498出。)全书的《前言》指出:"《京剧汇编》所收的剧目,曾搜集同一剧自几种不同的底本,加以校勘;或请在京的老艺人帮助订正;年久失传,暂时无法考证的孤本,仍照原本刊出。校勘的工作,以尽可能保存原来面貌为原则,仅对原本中错别字和不够通顺的句子,加以改正;间有过分冗杂,而无保留必要的字句,在不损害原意的条件下,略作删动。"

以《京剧汇编》中所收的《摘星楼》一剧为例,标题下注为"北京图书馆藏本",虽无底本情况之说明,但检今中国国家图书馆(前身为北京图书馆)目录,并结合文本内容,不难判断此藏本即《梨园集成》本。但将《京剧汇编》本(以下称"《汇编》本")与原本进行比较,我们发现《汇编》本并非"仅对原本中错别字和不够通顺的句子,加以改正",而是对原本进行了较大幅度的修改。分项说明如下。

其一,出场角色不同。姜尚首次登场的时候,先上四将,《梨园集成》本中的四将为三位年轻的侯爷与散宜生,《京剧汇编》本则将散宜生改为南宫适。散宜生在全剧中只出场这一次,改为南宫适,便可节省一人。类似的情况又如整理本的第七场,姜子牙命鄂顺将招降书用箭射入城内,原本中负责执行这一任务的也是南宫适①,这也是为了把戏份更多地集中到主要角色的身上。

其二,场次不同。原本中有女娲出场,第一次是女娲带两个女童过场,第二次是女娲收伏三妖,《京剧汇编》本删去了女娲的两场戏。又,原作中纣王被鞭伤落马之后,两下收兵,这时静场,只留下姜尚。这时姜尚排八卦进行占卜,并有大段的唱念。《京剧汇编》本删掉了这一场,可能是顾虑用算卦的形式来对战争的进程与结果进行预测,带有"天命论"的迷信色彩;同时原本中这一段文字的错讹恰好又比较多,有好几行文字不好理解,干脆删去比较省事。

其三,对原本中不合史实与不合事理的文字进行删改。例如:

(1)头场纣王自报家门:"自得先帝基业以来,上托龙天默佑。""龙天"即佛教的守护神天龙八部。由于佛教是东汉以后才传入中土的,《汇编》本改"龙天"为"皇天"②。

(2)类似的还有同一场鲁仁杰的唱词:"老将忠心实不错,也到周营去说和。若得退兵事定妥,君臣洗手念弥陀。""念弥陀"也是佛教语汇,《汇编》本此句改作"八百诸侯拜朝歌"③。

(3)第二场姜尚的定场诗:"从今一战雌雄定,灵(凌)烟表提忠义全。"贞观年间,诏阎立本图功臣二十四人于凌烟阁,这是唐代的典故,不当出于商周人之口;《汇编》本重写了这两句:"扶周灭纣此一战,吊民伐罪四海安。"④

(4)同一场殷破败的唱句"世间那有子杀父,文王是纣判(叛)逆臣",武王伐纣的时候,文王已经去世,文王生前并未反商,故《汇编》本将下句改作"姬发实是叛逆臣"⑤。

(5)同一场姜尚的唱句"本待不斩殷老将,封神榜上有他名"⑥,在《汇编》本中被删去。殷破败是姜桓楚一怒之下杀的,而非姜尚传令斩的。殷破败是来求和的使节,又是忠臣,尽管他是封神榜上有名之人,不应该在这时候斩他。这句唱词既不符合原著,也不合逻辑。

(6)《汇编》本第七场姜尚的唱句"命人书帛铺桌案,手提竹笔告民间",原

---

① 《续修四库全书》,第 1782 册,第 158 页;《京剧汇编》第 102 集,第 61 页。
② 《续修四库全书》,第 1782 册,第 155 页;《京剧汇编》第 102 集,第 48 页。
③ 《续修四库全书》,第 1782 册,第 155 页;《京剧汇编》第 102 集,第 48 页。
④ 《续修四库全书》,第 1782 册,第 155 页;《京剧汇编》第 102 集,第 51 页。
⑤ 《续修四库全书》,第 1782 册,第 156 页;《京剧汇编》第 102 集,第 53 页。
⑥ 《续修四库全书》,第 1782 册,第 156 页;《京剧汇编》第 102 集,第 54 页。

本的词句是"桌案铺上纸花笺,手提羊毫晓民间"①。纸张是汉代以后才有的,依史实而论,姜尚不可能在"纸花笺"上书写,"书帛"则有可能。

(7)《汇编》本第十一场的姜尚的唱词"你比那夏桀王更恨十分",原本"桀王"作"幽王"②,以夏代无幽王,故改为"桀王"。

(8)同一场"纣王杀鄂顺"一句,原本"鄂顺"误作"鄂从(崇)禹"③。南伯侯鄂崇禹早已被纣王斩首,而由其子鄂顺袭爵。

以上这些改动都能在史实或原著中找到依据,其中有些改动是必要的(如已死的角色不应再出现),但也有些改动并无十分的必要。戏曲作为民间艺术,本无需处处衡以史实。旧戏的习惯,从穿戴、道具到文词,向来是不计朝代的。"凌烟题名"就是开国功勋的代称,哪个朝代的戏里也用④;剧中人如看书,一定是看线装书,不会拿出简牍来,直到今天仍是如此。况且《封神演义》原著整体皆出自幻想,故对其细节做历史方面的考究,更是意义不大。

其四,对原本存在错讹或有疑问的词句进行订正或修饰。这方面的改动最多,情况也最复杂。《汇编》本对于原本中大量存在的错别字、异体字、俗体字加以修改或规范,这方面的成绩是无需赘言的,需要特别讨论的主要是以下几种情况。

一是原本并没有错,或只是有一点小错儿,而被整理者误改的。

(1)第三场殷秀成所唱的"整被(备)人马报父冤"。原本只是将"备"字写成了"被",但"整备"一词用得并不错,《现代汉语词典》对"整备"的解释是:"整顿配备(武装力量)。"⑤《汇编》本改"整备"为"准备"⑥,实际上还不如原本准确。

(2)殷秀成讨战之后,姜尚吩咐"打下回报",此为旧戏习用语,大意为"继续打听消息,再来秉报"。(如秦腔《绝龙岭》张奎谓探子:"赏尔银牌一面,打下回报。"⑦《汇编》本改为"再探"⑧,也属于臆改。

(3)姜尚修书之前吩咐"挨墨伺候",《汇编》本改作"溶墨伺候"⑨。"挨墨"就是研墨,在旧小说、戏曲中和"溶墨"一样常用,如明《西洋记》:"一个番官挨

---

① 《续修四库全书》,第1782册,第158页;《京剧汇编》第102集,第61页。
② 《续修四库全书》,第1782册,第161页;《京剧汇编》第102集,第71页。
③ 《续修四库全书》,第1782册,第162页;《京剧汇编》第102集,第72页。
④ 如楚曲《鱼藏剑》之《浣纱女投河》(演春秋伍子胥逃国故事),亦有"将军名标凌烟阁,诗书礼义必饱学"之句,《俗文学丛刊》第109册,第91页。
⑤ 《现代汉语词典》,北京:商务印书馆,1983年,第1473页。
⑥ 《续修四库全书》第1782册,第157页;《京剧汇编》第102集,第55页。
⑦ 《陕西传统剧目汇编·秦腔》第37集,陕西省艺术研究所,1983年,第485页。
⑧ 《续修四库全书》,第1782册,第158页;《京剧汇编》第102集,第58页。
⑨ 《续修四库全书》,第1782册,第158页;《京剧汇编》第102集,第61页。

墨,一个番官拂纸。"①《六十种曲·金雀记》:"小人拂纸挨墨之功,当选我管草纸的都督。"②

二是原本有疑或难读解的文字,《汇编》本或直接删除或另起炉灶重写。

(1)第四场姜文焕上场念的对子:"白银盔盘龙交结,战吞头锁子连还(环)。"这两句实际上是移用《封神演义》第九十五回形容纣王的诗赞:"冲天盔盘龙交结,兽吞头锁子连环。"③因"战"与"兽"的繁体写法起笔部分相同,字形相近,故手民误"兽"为"战",造成了文意的难解。本来只要改一个字的,《汇编》本却直接重写了下句,改作"鱼鳞甲锁子连环"④。

(2)《汇编》本第十一场姜尚的定场诗的头两句,原本作"杀气速定锁地烟,八百诸侯摆两边",上句不太好理解。不过查检《封神演义》原著,不难找到答案,原来这两句诗改自原作第九十六回的诗赞:"杀气迷空锁地,烟尘障岭漫山。摆列八百诸侯,一时覆地天翻。"⑤原作是六字一句,不幸编戏本子的人读破了句子,把应属于下句的"烟"字连到上句,"迷空"二字又形讹作"速定",遂造成了句意的难解。《汇编》本对这两句的处理方法,也是直接重写,改为"杀气冲霄动地天,朝歌城破万民欢"⑥。

(3)同一场姜尚的"吩咐了红旗官更鼓齐鸣"(《汇编》本改作"擂鼓齐鸣")与"偃鼓息更"(《汇编》本改作"偃旗息鼓")⑦,原本中这两个"更"字,其实皆"金"字之音假,"鸣金"即"鸣锣"。因旧戏班有"前台不言更,后台不言梦"之禁忌⑧,凡遇"更"字,皆改读"金",故二字相混。

三是原本没有错,但属于写得不太好的,《汇编》本不但加以润色,有时甚至径直重写了。如第二场殷破败的唱句:"金殿领兵到周营,实想顺说他退兵。骂贼身亡来破命,落个忠烈永传名。"《汇编》本在头两句之后又加了两句"不料叛贼巧言论,倒叫老夫无话应"⑨,无非是因为原唱句意思上不太衔接。像这样的改动,已大大超出了古籍整理的边界。

又比如姜尚数出的纣王第五宗罪:"崇侯虎为奸恶放他生命,姜桓楚鄂崇

---

① 《三宝太监西洋记》第五十四回,明万历二十五年刊本。
② 《六十种曲》,北京:中华书局,2007年,第八册,第62页。
③ 《封神演义》第九十五回,北京:人民文学出版社,1973年,下册,第922页。
④ 《续修四库全书》,第1782册,第157页;《京剧汇编》第102集,第58页。
⑤ 《封神演义》第九十六回,下册,第927页。
⑥ 《续修四库全书》,第1782册,第159页;《京剧汇编》第102集,第64页。
⑦ 《续修四库全书》,第1782册,第159、160页;《京剧汇编》第102集,第65、67页。
⑧ 《梅兰芳舞台生活四十年》:"明楚藩王华奎喜欢戏曲,他在宫里养了一班青年歌唱家,派定中官郎更梦充任班主(有人说后来戏班的习惯,供老'郎'神,不说'更',讳言'梦'就是推尊此人)。"北京:中国戏剧出版社,1987年,第429页。
⑨ 《续修四库全书》,第1782册,第156页;《京剧汇编》第102集,第53页。

禹万剐迟凌。西伯侯在朝中七载囚困,最可叹吃子肉才放回呈(程)。"原本为了叶韵,将"凌迟"颠倒为"迟凌"。这种为"赶辙儿"而临时生造字眼的情况,在旧戏中是常有的,只要听众能够理解大体意思即可,无烦赘改。《汇编》本既将"迟凌"乙正为"凌迟",从而导致整段唱的"辙口"(韵脚)发生变化,只好又将最后一句改成"吃子肉才将他放回西岐"①,这样的修改也可谓劳而无功。

经过整理之后,《京剧汇编》本《摘星楼》尽管文字整洁,通顺可读,但是《前言》中所号称的"校勘的工作,以尽可能保存原来面貌为原则"实际上成了一句空话。

四 《传统剧目汇编·京剧》之《双义节》

与北京遥相呼应,上海文艺出版社于1959、1961年分两次出版了《传统剧目汇编·京剧》,共计26集,收戏124种。这套书收戏的数量虽然不及《京剧汇编》,但也有其自身特色:一是上海京剧界的老艺人产保福、伍月华、张少甫、范叔年、刘少春等,积极响应文化部号召,捐献出不少私人收藏的剧本,成为此《汇编》底本的一大来源;二是所收剧目皆相对罕见。考虑到这些剧本"精华与糟粕并存",这套书出版时采取了内部发行的形式。

第十六集中收录的《双义节》就属于比较稀见的剧目。《双义节》是演苏秦、张仪故事的,以往之同题材剧作,如《元曲选》中之《冻苏秦》杂剧、明代苏复之《金印记》传奇,皆以苏秦为主角,《双义节》却是以张仪为主角的。秦腔《和氏璧》源自《梨园集成·双义节》,但京剧中其实并无此剧。

《传统剧目汇编·京剧》的编辑方针与《京剧汇编》近似,"除对个别严重猥亵的词句略加删除外,其他保持原貌"(《编辑说明》);但在实际操作层面,也和《京剧汇编》一样,存在"扩大化"的问题。如第十四回《入赵》中,张仪所乘船舟突遇风浪,船家欲烧化纸马许愿祈祷,偏偏又不曾备得纸马。这时张仪站立船头,朗声云:"龙神,龙神! 我张仪受冤于楚,逃过汉江。本船人该死,望你覆船深处。若张仪有兴兵讲(构)怨之日,早助一帆顺风。兹愿酒肉纸马来索,可为(谓)图谋哺啜小人,吾窃为龙神含羞,望你即赐感应。"②这一番祝告之后,水怪果然下场了。这段戏不仅有"预叙"的功能,张仪正气凛然的表白,更充满了不怕鬼、不信邪的战斗精神。"闹水怪"至多是有点迷信色彩,但无论如何不属于"严重猥亵的词句",《传统剧目汇编》却把这段很见人物个性的文字删去了。

《传统剧目汇编·京剧·双义节》在具体文本整理方面,另有以下几方面

---

① 《续修四库全书》,第1782册,第160页;《京剧汇编》第102集,第69页。
② 《续修四库全书》,第1782册,第237页。

问题：

一是不明对语而致标点错误。第六回《谒相》："老夫，楚国大丞相，名讳昭阳，钦承王命，爵位高崇，威名远振。朝堂清肃，惟闻圣主之纶音；幕府春融，细阅古人荐稿。闲清官路，如临深渊，如履薄冰。"《传统剧目汇编》本点作："老夫，楚国大丞相，名讳昭阳，钦承王命，爵位高崇，威名远振，朝堂清肃。惟闻圣主之纶音，幕府春融，细阅古人荐稿，闲清官路，如临深渊，如履薄冰。"①"朝堂"对"幕府"，加着重号的两句，原是工整的对句，整理者没有看出来，把"朝堂清肃"连上句而读了。

二是不娴曲文体例而致误读原文。第二回《弃官》："（生）是日双鹊离玉树，（丑）专候飞熊起郢原。"这两句原是翟贤下场时念的对子——"上场有诗，下场有对"，这是旧戏的体制，《传统剧目汇编》本把这两句误改为唱句②。

又如第二十一回《团圆》，楚昭阳送还张仪家眷，"（丑）张夫人到了。（丑）传于夫人，不可下车，众军一拥下关"。这两个小字"丑"，其中有一个是错的。按前一回《秦楚交兵》："（生）先锋听计。（小生）小将愿闻。（生）若战胜之时，使人索讨家眷；家眷若出，乘隙入关，必建功。"可见趁送还家眷之际，一拥而上，抢入关内，这是张仪下达给先锋官的指令，故原文中的第二个"丑"字，当为"小生"之误。原本中各角色只标行当，《传统剧目汇编》本则改为相应的人名，此处之角色应为小生冯杰，《传统剧目汇编》本却误作"昭阳"③。

三是不明俗语词而误改原文。

（1）第三回《分金》苏秦的唱词"这恩德在生时终身感感"，"感感"是感动、感激的意思，如苏轼《与林天和长官》："小儿往循已数日矣，贱累闰月初可到此，新居旦夕毕工，承问及，感感不已。"④又如《荆钗记》第四十八出："外者多蒙赐柴炭，感感在心，正要到府拜谢。"⑤《传统剧目汇编》本将"感感"臆改作"铭感"。

（2）第十回《盗玉》"不晓得嫡实名怎敢应答"，"嫡实"乃"的实"之音假，意为确切、真实，《传统剧目汇编》径改作"真实"⑥。与此类似的，第十三回《复生》中的"如此说的信了"，这个"的"也是"的确"之意，"的信"意为准确、可靠之信息，《传统剧目汇编》本改作"可信"⑦。

---

① 《续修四库全书》，第 1782 册，第 224 页；《传统剧目汇编·京剧》，第十六集，第 13 页。
② 《续修四库全书》，第 1782 册，第 219 页；《传统剧目汇编·京剧》，第十六集，第 5 页。
③ 《续修四库全书》，第 1782 册，第 247 页；《传统剧目汇编·京剧》，第十六集，第 52 页。
④ 《苏东坡全集》之《东坡续集》卷四"书简"，北京：中国书店，1986 年，下册，第 124 页。
⑤ 《六十种曲》，第一册，第 186 页。
⑥ 《续修四库全书》，第 1782 册，第 230 页；《传统剧目汇编·京剧》，第十六集，第 25 页。
⑦ 《续修四库全书》，第 1782 册，第 235 页；《传统剧目汇编·京剧》，第十六集，第 33 页。

(3)第十六回《面季》,苏秦为激张仪入秦,故意冷淡待之,下人唐二竟也怠慢张仪,苏秦斥责唐二:"我激余子,要他早成功名;你是甚么人,亦来撒臭他!""撒臭"二字难解,《传统剧目汇编》本改作"讥笑"①。此"撒臭",连同下文的"原因我撒轻"的"撒轻",皆当为"撒唚"之讹,意为撒泼、奚落、胡扯,元曲中习用。唚,或写作"吢""唅""沁",如王实甫《西厢记》第三本《张君瑞害相思杂剧》第四折:"忌的是知母未寝,怕的是红娘撒沁。"②因"唚"字罕见,故手民误植为"臭"③。

四是不明典故而误改原文。

(1)第一回《求官》,张仪自报家门云:"受业王禅,数年灯窗,追随函丈,六韬三略,习得已久。"函丈是对老师的敬称,典出《礼记·曲礼》:"若非饮食之客,则布席,席间函丈。"④"函"有容纳之意,谓主客(或师生)对坐,需相隔一丈之地。因不明"函丈"之意,《传统剧目汇编》本删去了"函丈"二字,改作"受业王禅,数年灯窗追随,六韬三略,习得已久。"⑤

(2)同一回苏秦不得志,受到仆人唐二的奚落:"(占生白)呀,这狗才也了不得了!(小丑白)有口才你倒中了!(占生白)我心中有事,你站开!(小丑白)再卖钗也不得中!"《传统剧目汇编》本将"卖钗"改为"卖力"⑥。"卖钗"指的是苏秦为求取功名,逼妻卖钗以充盘费之事,是《金印记》中的重要关目;且"狗才"与"口才"、"站开"与"卖钗",皆叶韵,改成"卖力"就不顺口了。

(3)第三回《分金》苏秦的唱词"又与我赠盘费十义周全","十义"出自《礼记·礼运》:"何谓人义?父慈,子孝,兄良,弟弟,夫义,妇听,长惠,幼顺,君仁,臣忠:十者谓之人义。"⑦也就是《三字经》里说的:"父子恩,夫妇从,兄则友,弟则恭,长幼序,友与朋,君则敬,臣则忠。此十义,人所同。"⑧《传统剧目汇编》本误改"十义"作"仁义"⑨。

(4)第四回《柳荫相会》翟贤的唱词:"羡秦邦金城固山川锦绣,土地阔人殷富八水长流。""八水长流"形容的是汉代长安(今陕西西安)地区河流密集,司

---

① 《续修四库全书》,第1782册,第241页;《传统剧目汇编·京剧》,第十六集,第42页。
② 〔元〕王实甫《西厢记》,上海:上海古籍出版社,1978,第128页。按《六十种曲》本"沁"作"心",第四册,第64—65页。
③ 参关云翔《〈梨园集成〉疑难字词考七则》,《安庆师范大学学报(社会科学版)》2019年第2期第62页。
④ 《礼记正义》卷二,《十三经注疏》,北京:中华书局,1980,上册,第1239页。
⑤ 《续修四库全书》,第1782册,第217页;《传统剧目汇编·京剧》,第十六集,第1页。
⑥ 《续修四库全书》,第1782册,第218页;《传统剧目汇编·京剧》,第十六集,第3页。
⑦ 《礼记正义》卷二十二,《十三经注疏》,下册,第1422页。
⑧ 《三字经·百家姓·千字文》,上海:上海古籍出版社,1991,第36页。
⑨ 《续修四库全书》,第1782册,第220页;《传统剧目汇编·京剧》,第十六集,第6页。

马相如《子虚赋》有言"荡荡乎八川分流"①,"八川"指的泾、渭、沪、灞、泽、涝、澧、潏等八条河流。民谚亦有"八水抱长安"之说。《传统剧目汇编》本把"八水"改为"万水"②。

(5) 第十六回《面季》的诗句:"(末上)白云催年暮,青阳逼岁余。(生上)永悲愁不寐,松川夜窗虚。"这四句诗乃化用孟浩然之《岁暮归南山》之最后二联:"白发催年老,青阳逼岁除。永怀愁不寐,松月夜窗虚。"③青阳,意为春天,句谓春季来临,扫除残岁;其中"除"字原本形讹作"余";最后一句的"月",原本形讹作"川"。由于不明出典,《传统剧目汇编》本把"岁除"改为"岁月"④。

(6) 同一回苏秦的自白"乃至燕乌集阙说赵王"云云,这一整段话,都是根据《战国策·秦策》而改写的⑤,"乌集阙"是燕国的宫殿名,《传统剧目汇编》本臆改作"燕阙"⑥。

总之,如以古籍整理的规范衡量,以往对《梨园集成》相关剧目的整理与出版存在一些共同的弊端。

第一,不重视对底本情况的交代,往往只简单说明得自某处。底本如果是来自公藏的,今天或许尚有线索可寻;私藏的书籍,随时代变迁,绝大多数均已易主或散佚,后人无从查证。旧时代抄、刻的曲本,多喜在封面标榜"名伶秘本",这原是书商的套路。其实真正出自名演员自创的作品终究是少数,名演员收藏的曲本只不过是数量较多且较完备而已。同样是在书铺里发卖的曲本,被"名伶"买去的和被普通观众买去的,还不是一样。曲本本身并不会因被名伶收藏而身价倍增。故从古籍整理的角度看,"某名伶藏本"之类的说明,意义不大。由于没有更多的底本方面的信息,现在我们只能判定这些丛刊中的某些剧目是采用了《梨园集成》本或是以《梨园集成》为源头的;至于当时用的是刻本,还是手抄过录的本子,这些都无从而知了。

第二,有删改底本的现象,且出版时未予说明,亦未附校勘记。当时的整理者根据了何种材料或何种理由,作了哪些比较重要的改动,改动得是否合理,后人难以知晓。

第三,对原本中的疑误字、俗体字以及方言、俗语词汇,常失于考校,往往当成错别字径改了。

第四,有时对剧种的判定有误,对不知道剧种归属的本子,大概都默认为

---

① 《汉书》卷五十七上《司马相如传》,北京:中华书局,1962,第8册,第2548页。
② 《续修四库全书》,第1782册,第221页;《传统剧目汇编·京剧》,第十六集,第9页。
③ 《全唐诗》,上海:上海古籍出版社,1986年,上册,第376页。
④ 《续修四库全书》,第1782册,第239页;《传统剧目汇编·京剧》,第十六集,第38页。
⑤ 《战国策校注》,《四部丛刊》景元至正本。
⑥ 《续修四库全书》,第1782册,第239页;《传统剧目汇编·京剧》,第十六集,第39页。

是京剧了。"提要"的撰写有时也失于严谨。

五 《三国戏曲集成·晚清昆曲京剧卷》之《反西凉》

2018年,复旦大学出版社出版了胡世厚主编的《三国戏曲集成》①,其中《晚清昆曲京剧卷》中的好几种剧目采用了《梨园集成》本作为底本,整理者又另选出一些本子作为校本,全书校记规范,每戏之前的"解题"亦有学术性;这套书的整理水平比前述的几种丛刊显然要高些。当然,书中仍有些共性问题是今后从事戏曲文献整理工作所应留意的。

一是标点或有错误。马腾的四个儿子初次上场时,同念引子:"槐荫家声重,赖春廷,荣茂康宁。"原本"春廷"为"椿庭"之音假,乃父亲之代称。马腾是汉代伏波将军马援之后,出身世家名门,受封为镇西将军,四个儿子所说的"赖椿庭",即指马腾而言。《三国戏曲集成》本(以下称"胡本")此句误作"槐荫家声,重赖椿廷,荣茂康宁"②。

二是疑误字或失校。

(1)曹操给马腾的伪诏:"因功臣马腾久镇边廷,勒马王事。""勒马"不通,据下文荀攸的念白:"老将军久勤王事,进爵当然。"可知"勒马"当为"勤劳"之误,"勤"字左旁脱了一笔,误成了"勒"③。

(2)马腾对黄奎说的"远隔超外","超"当为"迢"之误④,如清代宫国苞《七夕感怀》:"一水迢迢外,烟波有故居。"⑤

(3)黄奎之妾李春香自报家门:"乃侍郎黄奎之妻付宝。"李春香既叫李春香,明明是妾,怎么又成了"妻付宝"呢?"付宝"显为"副室"之误;妻为正室,妾为副室。下文苗泽所称之"付宝姨娘",亦当作"副室姨娘"⑥。

(4)曹操的定场诗:"今朝守待风云际,扫尽寰宇可惊天。"胡本校曰:"'守'字原本作'跨'。今依文意改。"⑦原文不通,可改为"守待"何尝又通了呢?其实原本字形并不作"跨",而作"跨",乃"跨"字之讹。"跨"又写作"伫",是"伫"

---

① 全书分为《元代卷》《明代卷》《清代杂剧传奇卷》《清代花部卷》《晚清昆曲京剧卷》《现代京剧卷》《山西地方戏卷》《当代卷》,凡8卷12册,搜罗了历代三国戏587种(其中完整剧本471种,残曲、存目116种)。
② 《续修四库全书》,第1782册,第317页;《三国戏曲集成·晚清昆曲京剧卷》,上海:复旦大学出版社,2018,第846页。
③ 《续修四库全书》,第1782册,第317页;《三国戏曲集成·晚清昆曲京剧卷》,第847页。
④ 《续修四库全书》,第1782册,第318页;《三国戏曲集成·晚清昆曲京剧卷》,第851页。
⑤ 《淮海英灵续集》之庚集卷一,清道光刻本。
⑥ 《续修四库全书》,第1782册,第319页;《三国戏曲集成·晚清昆曲京剧卷》,第854页。
⑦ 《续修四库全书》,第1782册,第322页;《三国戏曲集成·晚清昆曲京剧卷》,第867页。

("佇")字的异体。

（5）马腾之子马休临死前唱的："恨不得截刿与屠肠。"①"截刿"令人难解，实为"抉眼"之误，用的是聂政刺韩傀之典故。聂政因怕人认出自己而连累家人，行刺成功后乃自毁容剜眼，破腹而死。他死后，韩国悬赏千金而无人识其名。聂政的姐姐闻知此事，不忍兄弟之名埋没，慨然前往认尸②。

三是音假之字或失考。戏曲唱本的一大特点是大量使用同音（或音近）借字。与经史中的假借字不同，戏曲唱本中大量出现借音字的根源在于旧时代的艺人或抄工文化水平太低，很多字不会写，临时找同音字替代了，故这类借音字带有随意性的特点，无规律可言。同时戏文的读音还受到各地方音与舞台习用音韵（如京剧中之"上口字"）的影响，因此弄清这些借音字也成了戏曲曲本整理过程中的一大难题。

（1）全剧一开场，曹洪的念白："丞相功德威威（巍巍），倘于莫及。""倘于"乃"唐虞"之音假，为唐尧、虞舜之合称。胡本此句作："丞相功德，巍巍倘于莫及。"③由于没有看出音假之字，连带着标点也出了问题。

（2）苗泽与李春香私会时唱的："曲径去通出他蓝桥有期。"④此处之"出"当为"幽"字之形讹；"去"则为"处"之音假（按京戏之音韵，"处"字上口，读与"去"同），全句当作"曲径处通幽他蓝桥有期"。同理，下文韩遂说的"不免往马超去计较便了"之"去"，亦当作"处"，"胡本"作"不免往马超处去计较便了"⑤，另补一个"处"字，反而蛇足了。

（3）李春香的唱词："緞细不语心自剖"，"緞细"不通，胡本改作"仔细"⑥，仍难通。按："緞细"当为"罅隙"之音假，谓生嫌隙也。

（4）众百姓念的"宁做太平犬，莫做离乱人"⑦。"犬"字原脱；"宁"字原作"任"，盖先由"宁"音假为"恁"，而后又形讹为"任"。

六　馀论：戏曲剧本整理的两种路向

根据服务对象之不同，戏曲曲本的整理显然存在两种不同的路向：其一是服务于舞台演出的"剧本整理"。这种仅供排练、演出作参考的本子不一定要

---

① 《续修四库全书》，第1782册，第322页；《三国戏曲集成·晚清昆曲京剧卷》，第864页。
② 《战国策校注·韩策第八》："（聂政）因自面皮、抉眼、屠肠，遂以死。韩取聂政尸暴于市，县购之千金，久之莫知谁。政姊嫈闻之曰：'吾弟至贤。不可爱妾之躯，灭吾弟之名，非је意也。'乃之韩视之。"
③ 《续修四库全书》，第1782册，第317页；《三国戏曲集成·晚清昆曲京剧卷》，第844页。
④ 《续修四库全书》，第1782册，第320页；《三国戏曲集成·晚清昆曲京剧卷》，第854页。
⑤ 《续修四库全书》，第1782册，第324页；《三国戏曲集成·晚清昆曲京剧卷》，第870页。
⑥ 《续修四库全书》，第1782册，第321页；《三国戏曲集成·晚清昆曲京剧卷》，第860页。
⑦ 《续修四库全书》，第1782册，第327页；《三国戏曲集成·晚清昆曲京剧卷》，第881页。

正式出版，且编剧与演员增删剧本的自由度是很大的。舞台表演本身是另一种形态的"文本"，作为表演形态的"文本"是可以"与时俱进"的。其二是以保存文献遗产为目的的"古籍整理"，其服务对象除艺人之外，还包括研究戏曲史的学者，以及有此类阅读需求的观众。古籍整理的原则更强调的是"整旧如旧"。

20世纪50年代组织编纂几种大型剧本丛刊时，对这二者实际上是做了一定分工的。1953—1959年间，由中国戏曲研究院编辑的《京剧丛刊》（共50集，前32集由新文艺出版社出版，第33集开始转由中国戏剧出版社出版），在整理过程中"绝大部分都吸收了对该剧的内容和表演方面有经验的演员参加，并经过实验演出"；出版时，凡重要的改动之处，皆在"前记"或"附注"中予以说明（《编辑凡例》）。简而言之，《京剧丛刊》中的剧本绝大多数是为各剧团排戏提供参考的"舞台演出本"。而《京剧汇编》与《传统剧目汇编·京剧》的编辑方针则侧重于为戏曲艺术保存文献遗产，是为戏曲工作者进一步学习、研究提供资料的。这种分工是有一定必要的，因为有研究价值的剧本，不一定就有舞台演出的价值，反之亦然。如朱瘦竹整理《麟骨床》的初衷，是希望剧界能把戏搬上氍毹，但尽管此戏有方方面面的价值，却不像是能"上座儿"的样子，故朱瘦竹所寄予希望一众名角儿，没有一个对这本戏发生兴趣。

但当时的分工原则，在实际操作过程中并未一以贯之。民国以来，相当部分的艺人与剧评家都在自觉进行"净化舞台"方面的努力，这当然代表了正确的方向。但作为"古籍"或"非物质文化遗产"的古代唱本，没有必要在出版时把一切涉嫌"封建迷信"的因素都当作糟粕而剔除。然而处在"戏改"运动的风口浪尖上，当时出版的几种戏曲剧本丛刊，都不能不抱着"矫枉过正"的态度来审视可能不合时宜的文字。曾有论者称赞《京剧汇编》是京剧艺术遗产的忠实记录，也是它与《京剧丛刊》中所收剧目的不同之处[①]。如结合《京剧汇编·摘星楼》的情况看，说是"艺术遗产"则可，"忠实记录"与否则有待推敲。

另外，戏曲虽为"小道"，但戏曲唱本有其自身特点，单单是把其中的俗体字、疑误字、借音字都弄清楚，已非易事。由于学界对俗语词、俗体字的全面研究起步较晚，一些从事戏曲研究的人，对这方面成果的了解、吸收又尤为不足，因此过去的整理本常有误改的情况。就像修复古建筑一样，"整旧如旧"比重新翻盖要难得多，也费事得多。古籍整理工作的性质近似编辑。编辑不同于编剧，如果赋予编辑以编剧的权限，允许将原本中不认识的字、难懂的地方，径直删除或随手改成一句通顺的话，那古籍整理工作可就太省事儿了。

---

① 《中国京剧史》，北京：中国戏剧出版社，2005年，下册，第1分册，第1609页。

征稿启事

《北京大学中国古文献研究中心集刊》由教育部人文社会科学重点研究基地北京大学中国古文献研究中心主办。本刊从第七辑（2008年）开始，一直是中文社会科学引文索引（CSSCI）来源集刊，2022年入选"中国人文社会科学学术集刊 AMI 综合评价"核心集刊。本刊自2019年始，为半年刊，每年六月底左右和十二月底左右各出版一辑。举凡古文献学理论研究、传世文献整理与研究、古文字与出土文献研究、海外汉籍与汉学研究等中国古文献研究相关领域的学术论文，均所欢迎。来稿内容必须原创，不存在版权问题。本刊享有文章的网络发表与转载权。

来稿格式要求如下：

一、文章请用 microsoft word 文档格式。

二、文章一律横排、用通行规范简化字书写和打印。

三、作者姓名置于论文题目下，居中书写。作者工作单位、职称等用"＊"号注释在文章首页下端。

四、每篇文章皆需500字以内"内容提要"以及关键词3—5个。

五、文章各章节或内容层次的序号，一般依一、（一）、1、（1）等顺序表示。

六、文章一律使用新式标点符号。凡书籍、报刊、文章篇名等，均用书名号《》；书名与篇名连用时，中间加间隔号，如《论语·学而》；书名或篇名中又含书名或篇名的，后者加单书名号〈〉，如《〈论语〉新考》。

七、正文每段第一行起空两格；文中独立段落的引文，首行另起空四格，回行空二格排齐，独立段落的引文首尾不必加引号。独立段落的引文字体变为仿宋体。

八、注释一律采用当页脚注，每页单独编号，注释号码用阿拉伯数字①、②、③……等表示。

九、注释格式与顺序为著者（含整理者、点校者）、书名（章节数）、卷数（章节名）、版本（出版社与出版年月）及页码等。如：〔清〕钱大昕撰，吕友仁校点《潜研堂文集》卷三八《惠先生士奇传》，上海：上海古籍出版社，1989年，第687页。

十、为避免重复，再次征引同一文献时可略去出版社与出版年月，只注出著者、书名、卷数、页码。

十一、每篇稿件字数原则上不超过 3 万字。

本集刊上半年辑的截稿日期为前一年的 11 月 30 日,下半年辑的截稿日期为当年 5 月 31 日。

本集刊实行双向匿名审稿制度,编委会根据评审意见,决定是否采用。来稿无论是否被采用,编辑部都将在统一审稿后通知作者。

本集刊每辑正式出版后,编辑部将向论文作者寄赠样刊两册,并薄致稿酬。

欢迎学界同仁积极投稿。

《北京大学中国古文献研究中心集刊》编辑部通信地址:

北京市海淀区颐和园路 5 号北京大学哲学楼三层《北京大学中国古文献研究中心集刊》编辑部

邮编:100871

E-mail:gwxzx@pku.edu.cn